T0326562

Robert Boulin

Itinéraires d'un gaulliste (Libourne, Paris)

P.I.E. Peter Lang

Bruxelles · Bern · Berlin · Frankfurt am Main · New York · Oxford · Wien

Hubert BONIN, Bernard LACHAISE
et Christophe-Luc ROBIN (dir.)

Robert Boulin

Itinéraires d'un gaulliste (Libourne, Paris)

Collection « France contemporaine »

Avec le soutien de la Ville de Libourne, de la Société historique et archéologique du Libournais, de l'ANR Gaulhore, de Sciences Po Bordeaux, de l'UMR CNRS 5113 GRETHA-Université de Bordeaux, du CEMMC-Centre d'étude des mondes moderne et contemporain, de la Région Aquitaine.

Crédits photographiques : les photos reproduites dans cet ouvrage proviennent, selon les cas : du centre de documentation du journal Sud Ouest ; de la collection particulière de la Société historique et archéologique du Libournais et du Rassemblement pour la République ; ou de la collection particulière d'Hubert Bonin. Toutes figurent dans cet ouvrage « tous droits réservés ».

© P.I.E. PETER LANG S.A.
Éditions scientifiques internationales
Bruxelles, 2011
1 avenue Maurice, B-1050 Bruxelles, Belgique
www.peterlang.com ; info@peterlang.com

Imprimé en Allemagne

ISSN 2033-8716
ISBN 978-90-5201-736-5
D/2011/5678/11

Information bibliographique publiée par « Die Deutsche NationalBibliothek ».

« Die Deutsche NationalBibliothek » répertorie cette publication dans la « Deutsche Nationalbibliografie » ; les données bibliographiques détaillées sont disponibles sur le site <http://dnb.d-nb.de>.

Sommaire

7

Remerciements

Plusieurs institutions ont servi de cadre académique
au colloque et à cet ouvrage :

Institutions universitaires

- Sciences Po Bordeaux ;
- UMR CNRS 5113 GRETHA-Université Montesquieu-Bordeaux IV ;
- Université Michel-de-Montaigne-Bordeaux 3 ;
- Programme Agence nationale de la recherche *GAULHORE Gaullistes : hommes & réseaux* ;
- Université Montesquieu-Bordeaux IV (vice-présidence à la recherche) ;
- La Région Aquitaine (programme CCRDT Aquibanque).

Institutions académiques et libournaises

- Mairie de Libourne ;
- Société historique et archéologique de Libourne ;
- Avec le concours :
  - de Philippe Oulmont, conseiller scientifique à la Fondation Charles-de-Gaulle ;
  - et d'Écoclio. La maquette de cet ouvrage a été préparée par Armelle Jézéquel, de l'UMR CNRS 5116 SPIRIT-Sciences Po Bordeaux, dans le cadre d'une mission conduite par Écoclio-Association aquitaine pour l'organisation de colloques et la publication d'ouvrages académiques.

Introduction

Hubert BONIN, Bernard LACHAISE
et Christophe-Luc ROBIN

Lorsqu'il fut question de consacrer un colloque à Robert Boulin, les trois organisateurs décidèrent qu'il se tiendrait à Libourne, dans la cité où s'inscrivit la carrière politique de cet homme d'État. Co-conducteur de ce projet, le président de la Société historique et archéologique de Libourne ne fut pas le dernier, comme tant de Libournais, à se réjouir de ce choix. En effet, si le souvenir de Boulin n'est pas atténué, trente ans nous séparant de sa mort et cinquante de son élection à la mairie, il est altéré par les circonstances tragiques de son décès. Et depuis bien des années, lorsque son nom resurgit dans l'actualité, voire dans les conversations, c'est généralement pour évoquer ce drame, à tel point que sa mort prématurée a fini par estomper sa vie et son œuvre.

C'est pourquoi nous souhaitâmes que le colloque se détournât du débat sur les conditions de la mort du ministre et sur son impact, d'autant plus que planent effectivement de nombreux doutes sur ces événements et leur environnement. Et si nous comprenons parfaitement que cette quête de vérité intéresse encore beaucoup de monde, et notamment la famille, les amis, fidèles et compagnons politiques, il nous a paru aussi utile qu'enfin des travaux soient consacrés à la vie et à l'œuvre d'un homme politique d'une telle envergure locale et d'une telle dimension nationale, et exclusivement à cela.

D'aucuns auront peut-être pensé que cela réduisait le champ de nos investigations. Au contraire, cela l'a élargi, en s'attachant à un personnage, sa participation et son apport à la vie politique. Certes, cette rigueur scientifique a probablement diminué l'attraction populaire et médiatique, mais elle a éloigné ceux qui étaient alléchés par le parfum d'hypothétiques ou douteuses révélations. Nous leur avons ainsi évité le désagrément d'un déplacement inutile. Aux autres, tant par les présentations et les échanges oraux que par cette publication, nous aurons offert, nous semble-t-il, une belle pierre au monument d'un homme politique exceptionnel. En effet, le nom de Boulin ne saurait demeurer dans l'Histoire que pour sa mort brutale le 30 octobre 1979 dans des circonstances jamais complètement expliquées, même si la justice a retenu jusqu'ici la thèse du suicide.

Né en 1920, Boulin appartient aux gaullistes historiques car, bien qu'il n'ait pas rejoint la France libre, il participe à la Résistance intérieure et s'engage dans la vie politique, dès 1947, en adhérant au RPF[1] du général de Gaulle. Dès lors, toute sa vie est étroitement liée à celle du gaullisme dont il est longtemps un militant et un modeste cadre local sous la IVe République, puis un élu national, au Palais Bourbon, à compter de 1958, et un élu local en tant que maire de Libourne, à partir de 1959, et enfin, l'un des membres du gouvernement durant quatorze ans, de 1961 à 1979 avec une seule interruption de 1973 à 1976, soit un record dans l'histoire de la Ve République et d'une façon plus large de l'histoire de France depuis la Révolution. Un tel parcours, sans échec électoral, sous la Ve République et une aussi longue présence au sein du pouvoir exécutif, sous trois présidents successifs – Charles de Gaulle, Georges Pompidou et Valéry Giscard d'Estaing – méritent attention et doivent susciter de nombreuses questions.

Sa carrière commence sous le patronage de Jacques Chaban-Delmas, jeune député-maire de Bordeaux, et lui reste lié jusqu'au bout. Quel est le rôle exact de Chaban dans l'ascension de l'avocat libournais Boulin ? Pourquoi Boulin ne fait-il ses premières armes dans le forum électoral qu'en 1958 alors qu'il milite depuis 1947 ? Quelle est la nature des liens et des relations entre les deux hommes, proches par l'âge, compagnons dans la même famille politique dès 1947, collègues à l'Assemblée nationale, siégeant dans le même gouvernement entre 1969 et 1972 ? Peut-on parler d'amitié étroite ou d'amitié politique ? L'ancienne concurrence Bordeaux-Libourne n'a-t-elle jamais joué dans leur relation ? Boulin a-t-il été « vassalisé » dans le « système Chaban » ?

La longue carrière ministérielle de Boulin ne peut qu'impressionner et interroger. À quoi doit-elle son début, en 1961, alors qu'il n'a encore qu'une modeste expérience de la vie politique nationale ? Comment et pourquoi le député de la 9e circonscription de la Gironde est-il intégré dans toutes les équipes gouvernementales jusqu'en 1973 sans qu'une spécialisation particulière ne « justifie » cette continuité ? L'interruption de cette carrière gouvernementale – avec l'absence des gouvernements Pierre Messmer II et III, à la fin de la présidence Pompidou, et du gouvernement Chirac, au début du septennat de V. Giscard d'Estaing – suscite tout autant des interrogations tout comme son retour au gouvernement à compter de 1976, même si les divisions de la famille gaulliste autour de l'élection présidentielle de 1974, de la transformation de

---

[1]   Rassemblement du peuple français.

l'UDR[2] en RPR[3] et des débuts du chiraquisme, apparaissent ici plus évidents. Le nom de Boulin est cité au moins à deux reprises pour Matignon, lors de la campagne électorale de Chaban en 1974 puis en 1978-1979 quand V. Giscard d'Estaing envisage de remplacer Raymond Barre dans la perspective de l'élection présidentielle de 1981. Qu'en est-il vraiment ? De quels atouts dispose Boulin pour être « premier minis-trable » : faut-il s'en tenir à sa longue expérience gouvernementale ? Aux liens avec Chaban-Delmas ? À son capital de compétences et à sa réputation d'excellent « ministre technique » ?

D'une façon plus « partisane », il faut s'interroger sur la place qu'il occupe dans le gaullisme : les positions de « compagnon » de longue date, de député et de maire ne suffisent pas pour le propulser dans les milieux dirigeants de cette famille politique. Provincial, dans l'ombre locale de Chaban dont la carrière nationale a commencé sous la IVe République, à l'écart des entourages des cabinets, peu présent au sein de l'appareil du parti si l'on excepte son appartenance au comité central de l'UNR puis de l'UNR-UDT[4] entre 1959 et 1967, comment se hisse-t-il au sommet et comment y reste-t-il ? Quelles sont ses relations avec les « barons » gaullistes et avec de Gaulle, Pompidou et V. Giscard d'Estaing ? Quelles sont ses affinités, voire ses liens, avec les gaullistes de gauche dont il a été souvent proche, semble-t-il, tout en n'étant pas vraiment impliqué dans leur histoire complexe ?

L'exercice du pouvoir national, dans de nombreux gouvernements, ne saurait être analysé seulement en termes de record. L'on doit se demander quelle a été la marque de Boulin dans les divers domaines où il a eu d'importantes responsabilités nationales, notamment à propos de la question des rapatriés, de l'économie, de la santé, de l'agriculture, du travail, des relations avec le Parlement ? L'historiographie de la Ve République n'évoque pas souvent son nom au titre des grandes réalisations du régime, sauf peut-être pour la politique hospitalière au début des années 1970. Quelles conclusions faut-il en tirer ? Malgré sa longévité ministé-rielle, la diversité des postes qu'il a occupés, n'a-t-elle pas freiné voire anéanti la possibilité pour Boulin de laisser une trace durable ? Et pour-tant, s'il est confirmé à chaque remaniement, c'est qu'il doit répondre à ce qu'on attend de lui et qu'il exprime un « capital de compétences » qu'il faut analyser.

Ce sont là beaucoup de questions auxquelles il n'est pas toujours fa-cile de répondre car Boulin n'a pas laissé d'écrits publics sur son action ; et l'historien ne dispose pas de « papiers » inédits de Boulin déposés

---

2   Union des démocrates pour la République.
3   Rassemblement pour la République.
4   Union démocratique du travail.

dans un centre d'archives. Le colloque qui a eu lieu à Libourne en octobre 2009 et cet ouvrage veulent pourtant éclairer son parcours et sa carrière, non pas pour une quelconque « réhabilitation » – inutile d'ailleurs car l'image modeste laissée par le ministre est largement positive –, mais pour comprendre et apprécier, à sa juste valeur, la place dans l'histoire locale – à Libourne et en Gironde – et nationale – au sein du gaullisme et au cœur des politiques menées entre 1961 et 1979. L'apport d'archives privées conservées par la famille Boulin – évoquées par Benoît Collombat, qui les cite dans un ouvrage récent – et des témoignages d'anciens collaborateurs, de quelques-uns de ses compagnons ou adversaires politiques et de collègues des gouvernements ont été précieux et ont permis de répondre aux objectifs de notre recherche collective.

Notre ouvrage constitue par conséquent une analyse riche et plurielle, notamment en histoire politique d'un côté, et en histoire économique et sociale de l'autre. Il veut aider à mieux comprendre comment se tisse une carrière politique de haut niveau pour un militant « banal », c'est-à-dire issu « de la base » et d'une base régionale, sans réseau spécifique lié à une « grande école », à une « écurie » politique ou au « premier cercle » d'un grand homme politique national. Il entend jauger ce qu'est véritablement un grand « ministre technique », qui aura occupé plusieurs postes dans des ministères de gestion d'administrations et de finance. Il souhaite enfin déterminer comme un simple « ministre technique » acquiert au fil du temps et de son expérience l'épaisseur, la stature, d'un « ministre politique » et même d'un « homme d'État ». Une ultime partie établira des « ponts » entre la carrière nationale de Boulin et sa carrière libournaise et girondine, entre son capital d'expertise et de relations parisien et son capital de compétences d'élu local, de député et de maire.

Le genre de la biographie a été réhabilité en histoire politique depuis quelques années, car désormais l'on « donne du sens » à chaque biographie. Elle doit être représentative de vecteurs d'influence, de réseaux, de projets, de mouvements d'ensemble, au sein desquels l'homme étudié devient porteur de significations fécondes. Le cas d'étude Robert Boulin, mené collectivement par des chercheurs issus de plusieurs champs des sciences humaines et sociales, accédera, nous en sommes sûrs, à une telle dimension, en ouvrant la voie à un corpus de réflexions sur ce type de « ministres techniques » qui a porté une partie importante de la vie de la République : aux côtés de la « République des professeurs », des avocats (dont Boulin était, d'ailleurs), des journalistes, la « République des experts » ne réunit pas seulement de hauts diplômés issus des grandes écoles ou de l'École nationale d'administration, mais aussi des hommes issus des rangs des militants de parti et de la base des élus locaux et parlementaires, qui se construisent peu à peu un porte-feuille de compétences leur permettant de « tourner » d'un poste minis-tériel à un autre en acquérant peu à peu une envergure et une réputation robustes. Et Boulin aura incarné à merveille ce type de ministre.

**1946 : le jeune avocat Boulin, du barreau de Libourne,
portant fièrement sa robe avec le ruban de la Croix de guerre**

Le parcours de Robert Boulin

Né le 20 juillet 1920 à Villandraut (Gironde).

Fils de Jean Boulin, contrôleur des manufactures des tabacs, et de Catherine Martineau.

Famille catholique (Boulin fait sa communion solennelle).

Études aux lycées de Talence et Bordeaux puis à la faculté de droit et à la faculté de lettres de Bordeaux.

Licencié en droit.

Avocat au barreau de Libourne (à compter de 1946).

Marié à Colette Lalande le 8 avril 1947 (née en 1925 ; décédée en 2002).

Deux enfants :

> Bertrand (né en 1948 ; décédé en 2002) ;
>
> Fabienne (née en septembre 1951) qui épouse Éric Burgeat (1975).

Un Résistant

Résistance intérieure : au sein du réseau Navarre, membre de l'OCMJ (Organisation civile et militaire de la jeunesse), fondée en 1943 (y ont participé aussi : Jean Foyer, Jean Matteoli, Maurice Plantier, Jean-François Deniau).

Croix de guerre 1939-1945.

Médaille de la Résistance (mars 1947).

Militant et cadre des partis gaullistes

Adhérent du RPF dès 1947. Il fonde le RPF dans la ville de Libourne où il est établi comme avocat (et où il habite) depuis 1946.

Orateur départemental du RPF (dès les élections cantonales de 1949).

Adhérent du Centre national des républicains sociaux dès 1954.

Conseiller national des républicains sociaux (1955-1958).

Il fonde en mai 1958 à Libourne un Comité de Salut public.

Membre du comité central de l'UNR (1959-1961-1963).

Député de la Gironde (9e circonscription) (1958-1978)

La candidature de Boulin aux législatives de 1958 est la première depuis le début de son engagement politique en 1947.

Il est élu six fois de suite, sans interruption (1958, 1962, 1967, 1968, 1973, 1978) et réélu lors d'une élection partielle due au décès de son suppléant devenu député, André Lathière, le 1er septembre 1966.

Mais il n'a que peu siégé à l'Assemblée à cause de ses longues fonctions gouvernementales, sauf en 1958-1961 et en 1973-1976.

Maire de Libourne (sous-préfecture de la Gironde) (1959-1979)

Boulin n'a pas eu d'autre mandat local.

Années 1970 : Boulin au volant de sa bien connue *2 CV* à Libourne

Membre du gouvernement
(24 août 1961-28 mars 1973 et
25 août 1976-29 octobre 1979)

Soit quatorze ans avec une seule interruption (1973-1976), donc un record sous la Ve République pour la durée totale ; mais c'est Robert Galley qui a la longévité ministérielle record sans interruption (1968-1981).

Il est ministre sous trois présidents : de Gaulle, Pompidou et V. Giscard d'Estaing.

Il est ministre auprès de six Premiers ministres : Debré, Pompidou, Couve de Murville, Chaban-Delmas, Messmer, Barre.

Le seul dans le gouvernement duquel il n'a pas siégé est Jacques Chirac.

Postes occupés en 1961-1968 sous de Gaulle :

Secrétaire d'État aux Rapatriés (gouvernement Debré/gouvernement Pompidou, 24 août 1961-avril/11 septembre 1962).

Secrétaire d'État au Budget (gouvernement Pompidou I-II-III, 11 septembre 1962-6 avril 1967).

Secrétaire d'État à l'Économie et aux Finances (gouvernement Pompidou IV, avril 1967-31 mai 1968).

Ministre de la Fonction publique (gouvernement Pompidou IV, 31 mai-10 juillet 1968).

Postes occupés sous Pompidou et V. Giscard d'Estaing :

Ministre de l'Agriculture (gouvernement Couve de Murville, 10 juillet 1968-20 juin 1969).

Ministre de la Santé publique et de la Sécurité sociale (gouvernement Chaban-Delmas I, 20 juin 1969-5 juillet 1972).

Ministre délégué auprès du Premier ministre chargé des Relations avec le Parlement (Messmer I, 5 juillet 1972-28 mars 1973).

Ministre délégué auprès du Premier ministre chargé des Relations avec le Parlement (Barre I, 25 août 1976-mars 1977) avec le rang de ministre.

Ministre délégué à l'Économie et des Finances auprès du Premier ministre (Barre II, mars 1977-mars 1978).

Ministre du Travail et de la Participation (gouvernement Barre III, avril 1978-29 octobre 1979).

Franc-maçon

Entre dans la franc-maçonnerie en 1975, dans la loge 868 « James Anderson » de la Grande Loge de France. Apprenti en octobre 1975, compagnon en novembre 1976, maître en avril 1978. Il adhère en janvier 1977 au groupe fraternel parlementaire.

Robert Boulin est mort le 30 octobre 1979.

Septembre 1939 :
Boulin étudiant à Bordeaux

Avril 1945 : Boulin,
jeune officier, déjà décoré

Sources

En dehors des Archives municipales de Libourne, des Archives départementales de la Gironde et des Archives nationales (notamment CAC de Fontainebleau), ainsi que celles de la préfecture de police de Paris, l'on peut accéder notamment aux dossiers préservés par plusieurs institutions :

- la Fondation Charles de Gaulle, 5 rue de Solférino, 75007 Paris ;
- l'Association Georges Pompidou, 6 rue Beaubourg, 75004 Paris ;
- les Archives du Centre d'Histoire de Sciences Po Paris, 6 rue Jacob, 75006 Paris (contact : Dominique Parcollet : dominique.parcollet@sciences-po.fr) ;
- les Archives de la Région Pays-de-Loire, à Nantes (Archives Olivier Guichard, 23 W1-23 W 861) ;

et les débats parlementaires de la Ve République, désormais en ligne, sur le site de l'Assemblée nationale : [http://www.assemblee-nationale.fr/cinquantenaire/comptes-rendus.asp].

Avril 1947 : Robert Boulin et Colette Lalande, jeunes mariés

Boulin prononçant une allocution

**Année 1970 : Boulin, l'homme de contact
à l'aise avec la population libournaise**

Bibliographie succincte
pour une approche de Robert Boulin

Deux brèves notices biographiques

- Pierre Viansson-Ponté, « Boulin Robert », Pierre Viansson-Ponté, *Les gaullistes : rituel et annuaire*, Paris, Le Seuil, coll. « Histoire immédiate », 1963, p. 76-77.
- François Audigier, « Boulin Robert », *in* Claire Andrieu, Philippe Braud, Guillaume Piketty et Sophie Masse-Quief (dir.), *Dictionnaire de Gaulle*, Paris, Robert Laffont, coll. « Bouquins », 2006, p. 138-139.

Des travaux scientifiques

Sur le gaullisme dans le Sud-Ouest et Jacques Chaban-Delmas :

- Bernard Lachaise, *Le gaullisme dans le Sud-Ouest au temps du RPF*, Talence, Fédération historique du Sud-Ouest/Maison de l'Archéologie, Université de Bordeaux 3, coll. « Recherches et travaux d'histoire sur le Sud-Ouest de la France, 11 », 1997.
- Patrick et Philippe Chastenet, *Chaban*, Paris, Le Seuil, 1991.
- Bernard Lachaise, Gilles Le Béguec et Jean-François Sirinelli (dir.), *Jacques Chaban-Delmas en politique*, 1re éd., Paris, PUF, 2007.

Sur le gaullisme :

- Andrew Knapp, *Le gaullisme après de Gaulle*, Paris, Le Seuil, coll. « Science politique », 1996.
- Serge Berstein, *Histoire du gaullisme*, 1re éd., Paris, Perrin, 2001.
- François Audigier, *Histoire du SAC : la part d'ombre du gaullisme*, 1re éd., Paris, Stock, 2003.
- Jérôme Pozzi, *Les mouvements gaullistes de 1956 à 1976 : la diversité d'une famille politique, réseaux, cultures et conflits*, Thèse d'histoire contemporaine sous la direction de Jean El Gammal, Université de Nancy II, décembre 2008.

Sur son parcours local :

- Benjamin Biroleau, *La carrière politique locale de Robert Boulin, député-maire gaulliste de Libourne de 1958 à 1979*, mémoire de maîtrise d'histoire sous la direction de Bernard Lachaise, Université de Bordeaux 3, 1998 (consultable au CEMMC-Bordeaux 3).

Sur son action de ministre :

- Alain Beltran et Gilles Le Béguec (dir.), *Action et pensée sociales chez Georges Pompidou*, Paris, PUF, coll. « Politique d'aujourd'hui », 2004.
- Pascal Griset (dir.), *Georges Pompidou et la modernité : la tension de l'innovation, 1962-1974*, Bruxelles, PIE Peter Lang, coll. « Georges Pompidou, Études », 2006.

Témoignages

- Robert Boulin, *Radioscopie par Jacques Chancel*, Radio-France, 1971.
- Bertrand Boulin, *Ma vérité sur mon père*, Paris, Stock, coll. « Témoigner, 2 », 1980.
- Michèle Cotta, *Cahiers secrets de la Ve République*, Paris, Fayard :
  - tome 1 : *1965-1977*, 2007 ;
  - tome 2 : *1977-1986*, 2008 ;
  - tome 3 : *1986-1997*, 2009.
- Jacques Foccart et Philippe Gaillard, *Foccart parle : entretiens avec Philippe Gaillard*, Paris, Fayard/Jeune Afrique, deux volumes, 1995 et 1997.
- Jacques Foccart, *Journal de l'Élysée*, Paris, Fayard/Jeune Afrique :
  - tome 1 : *Tous les soirs avec de Gaulle : 1965-1967*, 1997 ;
  - tome 2 : *Le Général en Mai : 1968-1969*, 1998 ;
  - tome 3 : *Dans les bottes du Général : 1969-1971*, 1999 ;
  - tome 4 : *La France pompidolienne : 1971-1972*, 2000 ;
  - tome 5 : *La fin du gaullisme*, 2001
- Jean Mauriac, *L'après-De Gaulle : notes confidentielles, 1969-1989*, Paris, Fayard, 2006.
- Alain Peyrefitte, *C'était de Gaulle*, Paris, Éditions de Fallois/Fayard :
  - tome 1 : *La France redevient la France*, 1re éd., 1994 ;
  - tome 2, *La France reprend sa place dans le monde*, 1999 ;
  - tome 3 : *Tout le monde a besoin d'une France qui marche*, 2000.

Des publications concernant la mort de Robert Boulin

- Jean Garrigues, *Les scandales de la République : de Panama à Elf*, Paris, Robert Laffont, 2004.
- Une solide enquête d'un journaliste de *France-Inter* : Benoît Collombat, *Un homme à abattre : Contre-enquête sur la mort de Robert Boulin*, Paris, Fayard, 2007.

Première partie

L'ascension et la carrière politiques de Boulin

Comment Boulin devient Boulin

De la Résistance au Palais-Bourbon et au gouvernement *via* le compagnonnage gaulliste

Bernard Lachaise

*Professeur à l'Université Michel de Montaigne-Bordeaux 3
et directeur-adjoint du* Cemmc

En novembre 1958, 206 députés gaullistes sont élus dans la première Assemblée nationale de la toute nouvelle Ve République et parmi eux, Robert Boulin. Quelques mois plus tard, en mars 1959, le député Boulin est élu maire de Libourne et deux ans et demi plus tard, en août 1961, il est nommé par le général de Gaulle secrétaire d'État aux Rapatriés dans le gouvernement Michel Debré. Ainsi, en moins de trois ans, Boulin, qui ne détenait en 1958 aucun mandat et qui se présentait aux élections législatives avec les seuls titres de « avocat au barreau de Libourne, Croix de guerre 1939-1945, médaille de la Résistance, capitaine de réserve », a gravi très vite les échelons et appartient au personnel politique parlementaire et gouvernemental. Il est devenu une figure nationale du gaullisme comme en témoigne sa présence dans le *Who's Who* des gaullistes publié par Pierre Viansson-Ponté en 1963 sous le titre *Les gaullistes : rituel et annuaire*. Parmi une centaine – seulement – de gaullistes retenus par le journaliste politique du *Monde*, Boulin est caractérisé par les « signes » suivants : « Résistance intérieure ; RPF[1] ; audiences ; fidèle pendant la traversée du désert ; ministre ; ancien député ; ancien UNR[2] », et sa position est ainsi expliquée : « Douze ans d'activité militante dans le gaullisme valaient bien un mandat de député, la mairie de Libourne et un demi-portefeuille. »[3] Tout ou presque est dit... pour comprendre « comment Boulin – l'avocat de Libourne, compagnon gaulliste depuis 1947 – devient Boulin – le député, maire et ministre » ;

---

[1]   Rassemblement du peuple français.
[2]   Union pour la nouvelle République.
[3]   Pierre Viansson-Ponté, *Les gaullistes : rituel et annuaire*, Paris, Le Seuil, coll. « Histoire immédiate », 1963, p. 76.

comment « l'inconnu » de l'automne 1958 – parmi beaucoup d'autres élus – se retrouve dans l'hémicycle puis autour de la table du Conseil des ministres en quelques semaines puis années.

En 1958, dans le groupe gaulliste de l'Assemblée nationale, Boulin ressemble à la majorité de ses collègues députés : il appartient à ceux qui siègent pour la première fois au Parlement comme 77 % des députés UNR ; aux 90 % qui ne sont pas issus d'un entourage politique parisien et aux 55 % qui n'ont exercé aucun mandat local mais aux 63,60 % des élus qui ont fait leurs premiers pas politiques sous la IVe République, sous la forme d'un compagnonnage gaulliste actif, du RPF aux républicains sociaux[4]. Mais il s'en distingue pour au moins deux raisons : à 38 ans, il est plus jeune que le groupe dont la moyenne d'âge est de 46 ans et 6 mois ; il appartient à la minorité de députés (14 %) qui cumulent trois expériences ou « ressources » : la Résistance, le militantisme RPF et le militantisme chez les républicains sociaux[5]. Cette position fournit une clé d'explication à la double question principale : comment et pourquoi Boulin est-il ainsi propulsé au premier plan politique entre 1958 et 1961 ? Si le jeune âge incite à ne pas poser la question « pourquoi pas avant ? », suffit-il ? Après tout, n'est-il pas aussi jeune que son collègue de Gironde, Jean-Claude Dalbos (qui a juste 30 ans et figure à ce titre parmi les plus jeunes) ou Joël Le Theule (28 ans), Robert Calméjane (29 ans) et il est plus proche par l'âge de Jacques Chaban-Delmas (né en 1915), élu député de la Gironde en 1946 à 31 ans...

En 1958, le profil idéal du candidat gaulliste

Quels sont les atouts personnels dont dispose Boulin dans son ascension politique ? En tout cas, aucun en matière d'hérédité ou de socialisation politique familiale comme en témoignent ses origines sociales et familiales. Le père du futur ministre, originaire de Tonneins (Lot-et-Garonne), Daniel Boulin (1880-1940), était employé des tabacs lors de son mariage en 1910 avec Marcelle Martineau (1889-1981), fille d'un boucher de Villandraut (Gironde). Plus tard, il devient contrôleur de la Manufacture des tabacs de Bordeaux. Le contrat de mariage confirme ce que Boulin a dit en évoquant sa famille : « Mon père était un

---

4   Jérôme Pozzi, « L'Union pour la Nouvelle République (UNR) et les dissidents à la conquête du Palais-Bourbon : victoires et déboires des différents étendards gaullistes », *in* Gilles Le Béguec et Frédéric Turpin (dir.), *Les élections législatives de novembre 1958 : un scrutin fondateur pour la nouvelle République ?*, Pessac, Presses universitaires de Bordeaux, à paraître 2011.

5   Jean Charlot, *L'Union pour la nouvelle république : étude du pouvoir au sein d'un parti politique*, Paris, FNSP/Armand Colin, coll. « Les cahiers de la Fondation nationale des sciences politiques, 153 », 1967, p. 192.

fonctionnaire de niveau moyen. Nous avons toujours vécu d'une manière assez modeste. »[6]

La famille n'est pas politisée. Le jeune Boulin a découvert la politique en se passionnant pour l'Histoire et en commençant, sous l'influence de son instituteur, M. Ferrier, en 1931, un « cahier de vie » où il écrit : « Les faits importants qui se sont déroulés au cours de ma jeunesse. » Quelques grands événements, nationaux ou internationaux, de la seconde moitié des années 1930, les plus attendus (6 février 1934, Front populaire, guerre d'Espagne, etc.) y figurent. Cela dénote un intérêt précoce pour l'actualité politique. Quelques phrases plus personnelles permettent cependant de dire que le très jeune Boulin « baigne » dans un environnement plutôt orienté à droite. Ainsi, son commentaire sur Doumergue « un grand Français qui fut président de la République et qui sauva la France d'une guerre civile après le 6 février 1934 » ou sur les bagarres de Clichy (16 mars 1937) : « On a accusé le parti craie (*sic*) lors du 6 février d'avoir provoqué les bagarres mais cette fois les faits sont probants : c'est le Front populaire qui la montée (*sic*) de toutes pièces. »[7]

Mais l'orientation vers la politique vient plus tard, grâce à la Résistance, à la notabilité acquise à Libourne par le jeune avocat « Maître Boulin » et un compagnonnage précoce et actif dans la famille gaulliste.

Un Résistant

Boulin peut être fier de ses titres de « résistant ». Il est, d'ailleurs, intéressant de souligner qu'il les fasse intégralement apparaître dans sa profession de foi. Si la pratique est dominante chez la plupart des candidats en 1958, elle a une valeur forte chez les gaullistes car elle rattache l'élu à la branche la plus ancienne de « l'arbre généalogique », selon la formule de Chaban-Delmas[8]. Boulin fait partie des 41 % des députés gaullistes de 1958 qui ont participé à la Résistance, chiffre énorme si on le compare à celui des Français[9]...

C'est en 1942 – et non en 1940 comme il a été parfois écrit – qu'étudiant en droit et en lettres à l'Université de Bordeaux, orphelin de père depuis 1940, il entre en contact avec la Résistance et effectue une

---

[6]   Archives privées de Fabienne Boulin-Burgeat. Contrat de mariage devant Me Dunesme à Villandraut (17 avril 1910). Les sommes y figurant n'excèdent pas quelques milliers de francs. Propos de Robert Boulin dans l'émission *Radioscopie* de Jacques Chancel, 20 décembre 1971.

[7]   Archives privées de Fabienne Boulin-Burgeat.

[8]   Jacques Chaban-Delmas, *Mémoires pour demain*, Paris, Flammarion, 1997, p. 414.

[9]   Selon les calculs de Jérôme Pozzi, à paraître, *op. cit.*

première mission de renseignement[10]. Il appartient à une organisation de jeunes résistants, l'OCJM (Organisation civile et militaire Jeunes) née en 1942 à laquelle ont appartenu aussi Maurice Plantier – collègue de Boulin au gouvernement en 1979 –, Jean Matteoli – son successeur au ministère du Travail en 1979 –, Jean Foyer ou Jean-François Deniau[11]. Le 1ᵉʳ septembre 1943, il entre au réseau Navarre et devient responsable départemental des renseignements, comme agent P2, sous le pseudo-nyme de « Bertrand », en hommage à Bertrand de Got, futur pape Clément V, son illustre compatriote de Villandraut, son village natal. Engagé volontaire dans les FFI[12], le 12 juillet 1944, il est membre du bataillon Mickey qui combat dans le Sud-Gironde et en Lot-et-Garonne, et il termine la guerre avec le grade de sous-lieutenant (juin 1945). Cette action dans la Résistance lui vaut plusieurs décorations : la Croix d'honneur franco-britannique ; la Croix de guerre (18 juillet 1946) ; la Médaille de la Résistance (décret du 31 mars 1947 ; JO du 23 décembre 1948) ainsi que les cartes du Combattant et du Combattant volontaire de la Résistance (24 février 1953).

Ce passé de Résistant séduit Colette Lalande, sa future épouse et sa belle-famille. Amédée Lalande, le futur beau-père, écrit :

> Colette avait fait connaissance chez les Feraudet d'un jeune résistant recherché par la Gestapo qui avait trouvé une cache chez eux en attendant de pouvoir rejoindre le maquis. À la Libération, il alla se battre et revint la guerre terminée avec les galons de lieutenant. Franc, sympathique, bien découplé, ses yeux brillaient d'une intelligence lucide... C'est avec joie que j'accueillis la demande en mariage de l'ex-lieutenant FFI.

Et C. Lalande note que, lors de leur mariage, en avril 1947, « les nombreux rubans que tu as gagnés dans la Résistance puis dans l'Armée de Libération éclairent ton vêtement sombre »[13]. Plus tard, ce passé de Résistant, séduit les anciens combattants en 1958 :

> Dans la 9ᵉ circonscription, les Jeunes Combattants ne présentent pas de candidat contre Boulin [...] car Boulin est un « homme neuf », ancien chef de

---

[10] Les informations concernant ses études sont issues de son dossier d'étudiant (N° 20432) conservé aux archives de la Faculté des Lettres de Bordeaux. Celles concernant la Résistance proviennent de son dossier conservé par le service départemental de l'ONAC (Office national des anciens combattants). Nous adressons ici nos remerciements à sa directrice, Madame Danièle Tastet.

[11] Éric Duhamel, « La formation de la classe politique. Le cas français 1945-1956 », *in* Giovanni Orsina et Gaetano Quagliariello (a cura di), *La formazione della classa politica in Europa (1945-1956)*, Rome, Piero Lacaita Editore, 2000, p. 20.

[12] Forces françaises de l'intérieur.

[13] Archives privées conservées par Fabienne Boulin-Burgeat. Nous remercions ici très chaleureusement la fille de Boulin qui nous a ouvert très aimablement, en toute confiance, sa porte, son cœur et ses archives personnelles.

réseau de la Résistance, capitaine de réserve, titulaire de nombreuses décorations.[14]

« *Maître Boulin* », un avocat bien implanté à Libourne même si le temps n'est plus à « la République des avocats »

Depuis 1945, Boulin est installé à Libourne comme avocat au barreau de la ville, d'abord comme stagiaire chez Me Gaucher-Piola puis au sein de son propre cabinet. Il a hésité entre médecine et droit, mais la mort de son père l'a obligé à renoncer à des études longues. La profession d'avocat a été choisie « par goût pour la parole et le désir de servir, d'être utile aux autres »[15]. C'est avec ce titre – et seulement celui-là – qu'il signe tous les articles publiés dans la presse locale et sa profession de foi en 1958. Bien qu'il soit né en dehors de Libourne – à Villandraut – et à l'extérieur de sa future circonscription, son ancrage libournais depuis douze ans, tant résidentiel et familial que professionnel, lui donne évidemment une véritable assise locale qui le rend « incontournable » aux yeux de l'équipe qui attribue les investitures et convaincant car « du terroir » aux yeux des électeurs.

En 1958, il est l'un des 67 députés avocats et l'un des 27 du groupe UNR, puis l'un des rares au gouvernement au temps du général de Gaulle. Et il fait partie de ces élus pour lesquels le mot avocat correspond à une profession et pas seulement à un diplôme ou à un titre[16]. Si ce n'est plus « la République des avocats » – comme sous la IIIe République –, l'historien Gilles Le Béguec a pu écrire :

> Le nouveau régime ne semble pas s'être beaucoup préoccupé de favoriser la carrière des avocats, souvent jeunes et talentueux, entrés à l'Assemblée nationale en 1958 ou 1962 sous la bannière du mouvement gaulliste. L'exception qui confirme la règle est ici celle de Robert Boulin. [...] le cas

---

[14] Jean-Guy Bulcourt, *Les nouvelles formations politiques depuis le 13 mai 1958 en Gironde*, mémoire IEP de Bordeaux, sous la direction d'Albert Mabileau, 1959, p. 22. *NB* : J.-G. Bulcourt écrit non seulement à chaud mais il est un acteur engagé puisqu'un des organisateurs de l'UNR pour les législatives de 1958.

[15] *Radioscopie*, « Jacques Chancel avec Robert Boulin », *France Inter*, 20 décembre 1971.

[16] Les avis sont partagés sur la réussite professionnelle de Boulin selon les témoignages recueillis par Benjamin Biroleau, *La carrière politique locale de Robert Boulin, député-maire gaulliste de Libourne de 1958 à 1979*, mémoire de maîtrise d'histoire, sous la direction de Bernard Lachaise, Université de Bordeaux 3, 1998, p. 8. Au printemps 1947, Boulin est encore avocat stagiaire lorsqu'il épouse Colette Lalande. Issu d'un milieu modeste, il est un homme sans fortune apportant lors du mariage 102 000 francs, en meubles tandis que son épouse, fille de notables, propriétaires viticoles, apporte presque sept fois plus, soit 690 750 F, essentiellement en valeurs mobilières (*source* : Contrat de mariage devant Me Despujols à Landiras, 7 avril 1947. Archives privées de F. Boulin-Burgeat).

Boulin n'est-il pas l'arbre qui cache la forêt ? On admettra volontiers que la
Ve République naissante a cherché à promouvoir, non sans succès, un idéal
de la compétence gestionnaire qui a plutôt joué au détriment des avocats...[17]

Un militant gaulliste 1947-1958, au RPF puis aux républicains sociaux : « un forcené du général de Gaulle »

Un compagnon actif dans les mouvements gaullistes dès 1947

Son engagement politique et son militantisme sont essentiels pour
comprendre qu'il ait été en position – incontestée – d'être le candidat
UNR dans la 9e circonscription de Libourne en 1958. En effet, contrairement à ce qu'écrit plus tard son épouse, « c'est en 1958 que tu es entré
en politique », l'élection comme député est l'aboutissement de longues
années d'action politique. Ce que, d'ailleurs, C. Boulin explique en
écrivant : « Parce que tu es – ce sont tes propres mots – un forcené du
général de Gaulle, tu t'intéresses à la politique. »[18] Et quand il se présente aux législatives de 1958, il explique dans la presse son parcours
politique, dans un article signé : « Robert Boulin, avocat au barreau
de Libourne » :

> Je suis donc candidat ! Depuis douze ans que je participe à la vie politique et
> au cours de l'action menée pour le retour aux affaires du général de Gaulle,
> je n'ai jamais brigué un siège quelconque, que ce soit aux élections législa-
> tives, cantonales ou municipales.

Cette présentation a l'habileté de rappeler l'ancienneté de son gaullisme tout en s'affichant comme un homme neuf. Et il ajoute :

> Aujourd'hui, par-dessus toute ambition personnelle, je crois qu'il est mon
> devoir de le faire [...]. Oui, vraiment, c'est mon devoir, quelle que soit la
> dureté ou la difficulté de la bataille, d'aider le Général, dans son œuvre de
> Rénovation, et en clamant ma méfiance aux ouvriers de la dernière heure.[19]

Boulin a adhéré au RPF, le premier, et seul, mouvement politique
fondé par de Gaulle, dès sa création, en avril 1947 et il installe le Rassemblement à Libourne. Très vite, parmi ses activités de militant domine celle de propagandiste des idées gaullistes, à la fois par l'écriture
d'articles dans la presse et en particulier l'hebdomadaire radical-RGR[20]

---

[17] Gilles Le Béguec, *La République des avocats*, Paris, Armand Colin, coll.
« L'Histoire au présent », 2003, p. 189 et 192.

[18] Archives privées de F. Boulin-Burgeat. Dans sa *Radioscopie* par J. Chancel, Boulin
emploie la formule : « un disciple forcené du général de Gaulle, si l'expression n'est
pas trop forte ».

[19] *Le Résistant de Libourne et de la région*, 31 octobre 1958.

[20] Rassemblement des gauches républicaines.

Le Résistant de Libourne et de l'arrondissement et par l'animation de réunions publiques en tant qu'orateur départemental du RPF, à partir du printemps 1949. Entre juin 1947 et mars 1953, Boulin signe sept longs articles pour dénoncer les insuffisances du régime de la IVᵉ République et le bien-fondé des idées de De Gaulle. Sa première tribune libre – le 13 juin 1947 – s'intitule « L'Union sacrée » et s'achève par :

> Il faut que tous les Français soucieux seulement du salut de la France, qui ne reçoivent d'ordre que de leur conscience, s'unissent par-dessus les partis, dans l'effort de redressement auquel les convie le général de Gaulle.

À plusieurs reprises, il accueille à Libourne de grandes voix du RPF, comme Gaston Palewski ou Jean Fribourg « le clairon du général »[21]. Dont il anime lui même, ici ou là, des réunions à travers le département.

Toutefois, à aucun moment, au temps du RPF (1947-1955), Boulin n'apparaît dans l'organigramme des dirigeants départementaux du mouvement. Tel n'est plus le cas au sein du Centre national des républicains sociaux, le parti fondé par Chaban-Delmas, au milieu des années 1950, après la mise en sommeil du RPF par de Gaulle. Boulin adhère aussitôt alors que d'autres refusent, appliquant à la lettre, le vœu du général de se retirer de la vie politique et de ne pas se compromettre avec le régime. Nul doute qu'ici, la fibre locale et les liens tissés avec Chaban-Delmas depuis 1947 ne soient décisifs. La fédération girondine du nouveau parti devient l'une des premières de France et les gaullistes girondins suivent, sans beaucoup d'hésitations, le député-maire de Bordeaux. Boulin entre vite dans les cadres locaux et nationaux des républicains sociaux. Membre du comité directeur de la fédération départementale, il est nommé le 31 janvier 1955, avec J.-C. Dalbos – puis Jacques Gerville-Réache en 1956 –, secrétaire général à la propagande, l'un pour la 1ʳᵉ circonscription et Boulin pour la seconde[22]. Dès 1955, il est aussi nommé conseiller national des républicains sociaux. Mais, à l'échelon départemental, il n'appartient pas au cercle dirigeant des républicains sociaux comme en témoigne, par exemple, la nomination de Jacques Lavigne (né en 1920) et surtout de Jean Valleix (né en 1928) au poste de secrétaire général du parti (1957). La proximité géographique suffit-elle à expliquer que Chaban ait préféré des compagnons habitant l'agglomération bordelaise ?

---

[21] *Le Résistant de Libourne et de l'arrondissement*, 3 mars 1950 et 17 novembre 1950.

[22] Stéphane Pommier, *Les républicains sociaux en Gironde (1954-1958)*, mémoire de maîtrise sous la direction de Bernard Lachaise, Université de Bordeaux 3, 1998, p. 8 et 33.

Un acteur local du retour de De Gaulle au pouvoir et de l'installation de la *Ve République*

Quoiqu'il en soit, son engagement gaulliste ancien et constant l'amène à jouer un rôle dans la chute de la IVe et la naissance de la Ve République. Au lendemain de la crise du 13 mai 1958, le chef de file du gaullisme local, Boulin, fonde à Libourne un comité de salut public, l'un des six qui fleurissent alors en Gironde. Les sources manquent afin d'apprécier l'action concrète de ce comité. Une chose est sûre : ce comité se transforme dès juin et durant les mois d'été pour devenir un « comité d'action civique pour le référendum »[23]. Dès le retour au pouvoir de De Gaulle, Boulin est enthousiaste : « L'histoire écrira en lettres d'or les événements que nous venons de vivre. L'Algérie aura sauvé la France et la République », écrit-il le 6 juin. Il met ici ces pas dans ceux de Chaban-Delmas qui est à l'origine du « Mouvement pour la Ve République » devenu en juillet 1958, « Union civique pour le référendum en vue de l'avènement de la Ve République », qu'il préside avec Louis Pasteur Vallery-Radot[24].

« Maître » Boulin s'investit alors, en mobilisant ses compétences juridiques et historiques, afin de convaincre les Libournais d'approuver la Constitution de la nouvelle République. Les quatre très longs articles qu'il publie dans *Le Résistant de Libourne et de la région* entre le 6 juin et le 5 septembre en témoignent, tout comme leurs titres[25]. Il publie une brochure sur « Le projet constitutionnel soumis au référendum du 28 septembre 1958 » que Jean-Guy Bulcourt présente comme « un condensé de droit constitutionnel et sa bibliographie se réfère à divers ouvrages (Maurice Duverger, Marcel Waline, André Siegfried, etc.) »[26]. Les écrits de Boulin depuis 1947 permettent-ils de définir son gaullisme, son attitude face à de Gaulle ?

---

[23] J.-G. Bulcourt, 1959, *op. cit.*, p. 5.

[24] J. Charlot, 1967, *op. cit.*, p. 36-37.

[25] Les articles sont intitulés : « Vices congénitaux de la IVe République. Élaboration de la Ve République » (6 juin) ; « L'avant-projet constitutionnel. La constitution de 1875 » (22 août) ; « L'avant-projet constitutionnel. La constitution de 1945 » (29 août) et « Le projet constitutionnel » (5 septembre).

[26] J.-G. Bulcourt, 1959, *op. cit.*, p. 13.

Le gaullisme de Boulin : sans originalité mais sans dévotion aveugle

Durant toute la IVe République, l'un des combats majeurs pour Boulin, ce sont les institutions qu'il faut changer parce que « le régime est mauvais »[27]. L'appel à la « rénovation » est constant :

> La Troisième Force n'était qu'une coopérative de conservation et aujourd'hui, s'il en était besoin, la démonstration en serait faite [...]. Il est grand temps de sonner le Rassemblement de tous pour le Salut public, sans aucune exclusive, ainsi que le préconise Charles de Gaulle depuis bientôt six ans. Tout le reste, ce ne sont que combines de couloirs qui accélèrent notre chute.[28]

Le gaullisme de Boulin est aussi fait d'« une certaine idée » de l'Europe qui l'amène, comme tous ses compagnons, à rejeter le projet de Communauté européenne de défense :

> De Gaulle, qui n'a pas un langage tendre, a résumé son sentiment : l'armée européenne, c'est aujourd'hui l'abaissement et demain le désastre [...]. Alors que faut-il faire ? Il faut partir des réalités, c'est-à-dire des nations. Au lieu d'une fusion intolérable et apatride, il faut une Confédération des États nationaux libres d'Europe, scellés par une alliance défensive couvrant des secteurs limités à l'intérieur du Pacte Atlantique [...]. Pour organiser la défense de l'Europe face à la menace soviétique, faire de cette défense ce qu'elle doit être, c'est-à-dire une part de la défense du monde libre tout entier, il y a autre chose à faire que les plans que l'on propose. C'est à la France qu'il appartient de le vouloir et de le dire ! Mais d'abord qu'elle se mette debout ![29]

Enfin, son gaullisme est anticommuniste et, à la veille des élections de 1951, ses propos reprennent presque mot pour mot les arguments de De Gaulle dans son discours radiodiffusé du 8 juin (« Les deux tiers de l'Europe, la moitié de l'Asie, sont dominés par les Soviets qui préparent la marche en avant ») :

> Devant le monstre soviétique qui étend ses tentacules sur les deux tiers de l'Europe et sur la moitié de l'Asie et qui prépare par ses valets l'invasion de la France, faisons confiance à celui qui a su montrer le chemin de l'honneur, nous redonner la confiance et arracher le pays à la servitude. Nous vivons une période historique. La France choisira le 17 juin son Destin.[30]

---

[27] *Le Résistant de Libourne et de l'arrondissement*, 27 juillet 1956 : « Sombres perspectives ».

[28] *Le Résistant de Libourne et de l'arrondissement*, 25 janvier 1952 : « Les graves problèmes de l'heure ».

[29] *Le Résistant de Libourne et de son arrondissement*, 27 mars 1953 : « L'armée européenne ».

[30] *Le Résistant de Libourne et de son arrondissement*, 15 juin 1951 : « L'heure des vérités ».

Dans sa profession de foi de 1958, en présentant les hommes de l'UNR, il donne une définition du gaullisme :

> Nationaux et républicains, ils n'excluent personne de l'entreprise de rénovation. Sociaux, ils répudient à la fois le libéralisme désuet et un dirigisme collectiviste issu de la fausse prophétie marxiste et sont pour l'association du travailleur à la gestion et à la marche de l'entreprise.

La place accordée à la dimension sociale du gaullisme est forte. Si elle ne suffit pas à faire de lui un gaulliste de gauche, l'homme appartient incontestablement aux gaullistes de sensibilité sociale, comme Chaban-Delmas, au sein de la famille gaulliste.

Si son gaullisme ne présente donc pas d'originalité, Boulin ne peut être assimilé aux gaullistes – et surtout députés – « godillots » dénoncés par l'opposition comme inconditionnels et incapables de jugement personnel comme en témoignent, à trois moments différents, trois de ses positions. Il peut faire preuve d'esprit critique : « Le général de Gaulle n'est ni exempt d'erreurs, ni de critiques ; cependant, la plupart des griefs qu'on lui adresse ne sont ni fondés ni exacts. »[31] Il sait rendre hommage à Pierre Mendès France en 1954 au nom de l'intérêt général de la France :

> Ce siècle sera fertile pour les historiens. Les mois que nous venons de passer et ceux que nous abordons seront à coup sûr de ceux qui compteront dans le déroulement des événements futurs [...]. La République française était en train de mourir et sa présence sur le terrain international devenait virtuelle. Diên Biên Phû sonna le glas de notre décadence (...). Nous étions au bord de l'abîme, la France va-t-elle enfin se réveiller ? C'est la mission historique du nouveau gouvernement [...]. Son chef pour la première fois a tenu un langage énergique ; il a composé un gouvernement sans souci de dosages politiques mais en rassemblant autour de lui une équipe d'hommes de valeur. Saluons en passant le jeune ministre de 39 ans, Chaban-Delmas, qui tant de fois sollicité dans le passé n'a accepté – croyez en celui qui écrit ces lignes – que pour servir son pays et jouer un rôle efficace.[32]

Et après la signature des accords de Genève :

> La tâche d'un chef d'État est souvent difficile. Quand à peine promu chef du gouvernement on vous lance en pâture « une Conférence de Genève », on y gagne ou on y perd ses galons d'Homme d'État. Le président Pierre Mendès France y a gagné les siens. Je ne suis pas le supporter de Mendès France. Je n'ai pas d'actions dans son entreprise personnelle mais les événements sont ce qu'ils sont et la vérité n'a qu'une face [...]. Genève n'est ni une victoire, ni une capitulation, c'est un compromis honorable compte tenu des circonstances. Quand on se décide trop tard à faire appel au chirurgien, il

---

[31] *Le Résistant de Libourne et de son arrondissement*, 18 mai 1951.

[32] *Le Résistant de Libourne et de son arrondissement*, 2 juillet 1954 : « Perspectives ».

faut tailler dans le vif. Depuis sept ans, une grande voix venant de Colombey-les-Deux-Églises nous parlait du « théâtre d'ombres » qui présidait à ses destinées ou « des piqûres de morphine » qui endormaient la douleur nationale […]. Pour ma part, et jusqu'à nouvel ordre, je fais confiance au président Mendès France et à son équipe : il a renoncé à la morphine et va de l'avant tout en conservant ses alliances. C'est ce que lui demande la Nation.

Enfin, plus tard, quand Boulin est membre du gouvernement, il n'hésite pas à exprimer son opinion. Ainsi, le 19 septembre 1962, quand de Gaulle organise un tour de table des ministres sur la révision de la Constitution afin d'avoir leur avis sur l'élection du président de la République au suffrage universel direct et sur l'usage du référendum pour la faire, Boulin fait partie de ceux qui émettent des réserves sur la forme, comme le ministre de la Justice Foyer, vient de l'exprimer, suivi de Raymond Triboulet et il déclare : « Je partage aussi les scrupules du garde des Sceaux », ce à quoi de Gaulle réplique : « Si j'ai bien compris, le garde des Sceaux a des scrupules, mais il les surmonte. »[33] Bien sûr, Boulin a dû aussi surmonter ses scrupules !

L'année 1958, un contexte favorable à tous égards

Cependant, avant d'être ministre, Boulin est élu député en 1958. L'ancienneté de son gaullisme amène à s'interroger : pourquoi pas avant ?

Avant, …ce n'est pas l'heure !

L'explication tient à la fois à la situation politique girondine et en particulier dans la famille gaulliste et d'autre part à des choix personnels. Pour les élections de 1951 et 1956, il n'y avait pas d'espace politique pour lui. L'homme était jeune, sans responsabilité dans l'appareil départemental des partis gaullistes, sans mandat local et au sein d'une circonscription où d'autres personnalités étaient plus représentatives des intérêts locaux, notamment viticoles. En 1951, les candidats du RPF dans la 2e circonscription – Jean-Gabriel Seynat (né en 1901), Gérard Deliaune (1906), Jean Bernardet (1894), Jean Vialard-Goudou (1902) – appartiennent à une autre génération : trois d'entre eux – Seynat, Deliaune et Bernardet – sont des cadres du RPF ; trois d'entre eux – Seynat, adjoint au maire de Bordeaux et conseiller général, Deliaune, maire de Saint-Ciers et Bernardet, maire de Barsac – sont des élus locaux ; enfin, les quatre sont liés au monde de la vigne, trois étant viticulteurs (Deliaune, Bernardet et Vialard-Goudou) et Seynat étant

---

[33] Alain Peyrefitte, *C'était de Gaulle*, tome 1 : *La France redevient la France*, Paris, Éditions de Fallois/Fayard, 1994, p. 227.

vice-président du comité départemental des vins. Et si la candidature d'Abel Boireau, maire et conseiller général de Libourne – déjà investi pour les cantonales de 1949 –, est envisagée encore un mois avant les élections, celle de Boulin n'est jamais évoquée[34].

En 1956, la liste des républicains sociaux est conduite par deux députés sortants – Seynat et Deliaune – et s'ouvre à deux élus locaux, Dr Henri Doublet, conseiller général de La Brède, et Jean Lajarthe, maire d'Abzac. Mais en dehors de cette situation politique fermée, le désir de candidature n'affleure pas Boulin. L'homme s'installe professionnellement, construit sa famille – deux enfants, Bertrand, né en 1948 et Fabienne, née en 1951 – et n'a pas envie de faire de la politique et encore moins une carrière politique[35].

En 1958 : de nouvelles conditions politiques et institutionnelles

Le mode de scrutin change et le choix d'un retour à des circonscriptions conduit à une sélection attentive des candidats offrant les meilleurs atouts pour chaque situation locale. Pour la nouvelle 9e circonscription de Libourne, composée de six cantons (Libourne, Pujols, Coutras, Sainte-Foy, Lussac et Castillon), Boulin fait figure de meilleur candidat potentiel grâce à son assise libournaise, la ville de Libourne pesant lourdement par sa population. Le seul autre prétendant potentiel à cette candidature aurait pu être Boireau, le maire de Libourne lui-même mais il est âgé de 68 ans …et il ne peut incarner ni un homme nouveau, ni un gaulliste de la première heure, surtout après avoir été le maire nommé par Vichy…[36] Or l'UNR a la volonté – et l'obligation – de présenter des hommes nouveaux : ainsi, les candidats gaullistes en Gironde mêlent des élus sortants ou anciens députés de 1951 comme Chaban-Delmas, G. Deliaune, Lucien de Gracia, Émile Liquard et des hommes plus neufs comme J. Lavigne, Arthur Richards et surtout J.-C. Dalbos et Boulin, ces deux derniers sans expérience d'élu.

---

[34] Lettre de Lucien de Gracia, sénateur de Gironde, à de Gaulle, le 9 mai 1951. Archives du RPF. Fondation Charles de Gaulle. Dossier « Élections législatives 1951. Gironde ».

[35] Boulin l'explique clairement dans sa *Radioscopie* par J. Chancel et C. Boulin l'a écrit dans son témoignage « Et un matin mon soleil s'est couché ». Archives privées de F. Boulin-Burgeat.

[36] *Cf.* Christophe-Luc Robin, « La singularité du cas libournais : l'élection en 1947 de l'ancien maire nommé par Vichy », *in* Hubert Bonin, Sylvie Guillaume et Bernard Lachaise (dir.), *Bordeaux et la Gironde pendant la Reconstruction 1945-1954*, Talence, Maison des sciences de l'homme d'Aquitaine, coll. « Publication de la MSHA, 229 », 1997, p. 423-433.

En 1958, Boulin bénéficie aussi de l'appui de Chaban sans qu'il soit facile de dire s'il a été franc mais timide ou plus enthousiaste. C. Boulin se souvient plutôt de la première attitude :

> La rumeur de ton (= celle de R. Boulin) éventuelle candidature à la députation atteignit Bordeaux. Alors, je reçus un coup de téléphone de Jacques Chaban-Delmas disant en substance : « Robert sera merveilleux. Mais, à mon sens, c'est trop tôt... » Je me gardais bien de faire part de cette communication à Robert qui était encore hésitant.[37]

Inversement, selon J.-G. Bulcourt, « Boulin et Dalbos bénéficient de la sympathie agissante du maire de Bordeaux »[38].

Enfin, Boulin est poussé par sa femme qui l'a raconté, en reprenant à peu près les termes utilisés par son mari :

> C'est en 1958 que tu es entré en politique. Tu réponds à mon appel avec la gravité, la patience, la quête attentive des hommes nés en pays de forêts. Je t'apporte la spontanéité, le goût du contact, la joie de vivre que distille mon pays de vignes, ensoleillé, sensuel, généreux. L'un entraîne l'autre à sa suite dans un tourbillon qui dure plus de vingt ans sans que la tête nous tourne [...] ; tu hésitais... J'insistais : je savais que tu serais utile à notre pays. Il s'éleva à ce sujet bien des orages entre nous, pour la première fois. Mais j'obtins gain de cause.[39]

Mais contrairement aux souvenirs de C. Boulin, la candidature ne fut pas enregistrée *in extremis* mais le 1er novembre à 18h, sous l'étiquette « UNR-républicain social »[40].

En 1958, la première élection, levier d'une belle carrière

Les conditions politiques locales et personnelles pour Boulin de 1958 ajoutées au contexte national lui permettent de franchir en quelques années seulement toutes les étapes jusqu'au Palais-Bourbon, la mairie de Libourne et le gouvernement. L'élection de 1958 n'était pourtant pas évidente dans une circonscription dominée par la gauche comme en témoignent ses conseillers généraux (quatre SFIO[41] : Robert Guichard à

---

[37] Archives privées de F. Boulin-Burgeat. Tapuscrit de C. Boulin : « Et un matin mon soleil s'est couché. »

[38] J.-G. Bulcourt, 1959, *op. cit.*, p. 91.

[39] Archives privées de F. Boulin-Burgeat.

[40] Dans son texte, C. Boulin écrit : « C'est moi qui, *in extremis*, m'emparais du formulaire de candidature qu'il avait pourtant rempli, empruntais la voiture d'un ami et au péril de ma vie, après une course folle dans les ténèbres pour arriver à la Préfecture, y déposais le document quelques secondes avant minuit ». La date et l'heure exactes figurent aux Archives départementales de la Gironde (= ADG). 1 W 133. La candidature Boulin est la quatrième sur les six déclarées, la première, celle de Guyon ayant été déposée le 30 octobre à 10h et la dernière, celle de Taïx, le 2 novembre à 23h.

[41] Section française de l'Internationale ouvrière.

Castillon, Jean-Élien Jambon à Coutras, J. Bernadet à Libourne et Jean-Raymond Guyon à Sainte-Foy et deux radicaux-socialistes : Plané à Pujols et Marceau Dupuy à Lussac). Le candidat gaulliste a pour principal adversaire un « poids lourd » de la vie politique girondine et ancien ministre, le socialiste Guyon, bien implanté dans la circonscription, qui plus est appuyé d'un suppléant non moins bien établi, le maire et conseiller général de Coutras, J.-É. Jambon. Mais il affronte aussi cinq autres candidats : un indépendant-paysan, Jean Dubois-Challon, maire-adjoint de Saint-Émilion ; un radical qui n'a pas été insensible au poujadisme, R. Guichard, maire et conseiller général de Castillon ; un communiste, André Gaillard, et un homme en rupture avec la SFIO, Gabriel Taïx... que Boulin aurait sollicité pour être son suppléant avant de choisir André Lathière[42].

Les attaques les plus dures lui viennent du candidat communiste. Ainsi, A. Gaillard, dans sa profession de foi, décrit ainsi son adversaire gaulliste :

> Boulin, ex-RPF, l'homme nouveau de Jacques Chaban-Delmas (12 fois ministre !), du complot du 13 mai, avocat zélé de l'Association Capital-Travail si chère à Pétain dans une République autoritaire.

Quant à Guyon, dans la continuité des critiques socialistes envers le 13 mai et les conditions du retour au pouvoir de De Gaulle, il écrit, dans sa profession de foi du second tour : « Chacun sait que je n'ai pas attendu 1958 pour me dire républicain. Ceux qui se disent aujourd'hui gaullistes si fervents ont-ils toujours été, seront-ils toujours républicains ? »[43] Cette inquiétude pour la République est aussi manifeste chez le radical Jean Odin, ancien parlementaire de la IIIe République, l'un des Quatre-Vingts le 10 juillet 1940 et adversaire constant de Chaban depuis 1946. Il écrit, entre les deux tours à Guyon :

> Je suis surpris et inquiet car les voix de Dubois-Challon vont rejoindre en partie celles de Boulin. J'espère que tu auras celles de Taïx et Guichard, tous deux anciens socialistes. Et je ne puis m'empêcher de penser qu'il serait temps, peut-être, de s'apercevoir que la République est en danger et que les gauches devraient bien trouver un moyen de réaliser un cartel d'une minute.[44]

Au soir du 1er tour, le 23 novembre, Boulin arrive en tête avec 30,45 % des suffrages devant Guyon (27,15 %), Dubois-Challon (18,86 %), Gaillard (10 %), Taïx (8,03 %) et Guichard (7,69 %). Pour le

---

[42] B. Biroleau, 1998, *op. cit.*, p. 22-24.

[43] ADG. 1 W 133.

[44] ADG. Fonds Jean-Raymond Guyon, 65 J 30 : Lettre de Odin à Guyon (25 novembre 1958).

second tour, Boulin bénéficie des désistements en sa faveur de Guichard et Dubois-Challon… soit une situation pire que celle redoutée par Odin. De plus, le maintien de Gaillard provoque une triangulaire avantageuse pour le candidat gaulliste. Le 30 novembre, Boulin obtient 59,23 % des voix loin devant Guyon (31,12 %) et Gaillard (9,59 %). C'est à Libourne qu'il a réussi son meilleur score (66,59 % des voix). Boulin est député, l'un des huit élus gaullistes (sur dix) de Gironde et l'un des quatre « nouveaux » avec A. Richards, J. Lavigne, J.-C. Dalbos[45]. Très vite, fort de son succès et de son score dans la ville mais aussi de l'âge de Boireau, Boulin pense à la mairie de Libourne et ses adversaires le comprennent et le redoutent comme en témoigne cette lettre : « On parle de la préparation aux élections municipales de notre petit Boulin, aspirant à devenir maire. »[46] L'essai est transformé au printemps 1959, quelques mois plus tard.

Cette ascension se révèle à la fois « classique » et originale. Le nouveau député de Libourne et futur ministre doit l'essentiel de sa réussite – en dehors de ses qualités personnelles, humaines et professionnelles – à deux facteurs principaux (la Résistance et la fidélité au gaullisme) et à un facteur secondaire, difficile à apprécier, la proximité avec Chaban-Delmas qu'il n'a cessé d'accompagner du RPF aux républicains sociaux. Ce cheminement est commun à un certain nombre de gaullistes qui constituent peu ou prou « le noyau dur » du gaullisme historique. L'originalité – ou la modernité – tient en l'absence de *cursus honorum* local avant l'élection à l'Assemblée nationale. Force est aussi de souligner que Boulin ne doit rien au passage par un entourage ministériel, à la différence d'environ 20 % des députés de la Ve République.

La consolidation de sa position de 1958, il l'a conduite par la conquête de la mairie, par l'exercice de fonctions gouvernementales et surtout un travail de grande qualité salué par beaucoup comme le montrent les mots de quelques-uns de ses anciens confrères ministres, Jean-Marcel Jeanneney : « Je me souviens de ses interventions claires et pertinentes en Conseil des ministres » ; de Philippe Dechartre : « Homme de rigueur et de dossiers dont la clarté des interventions en Conseil des ministres était impressionnante » ; de Robert Poujade :

---

[45]   Les huit sont : Arthur Richards (Bordeaux I), Jacques Chaban-Delmas (Bordeaux II), Jacques Lavigne (Bordeaux III), Henri Liquard (Bordeaux V), Jean-Claude Dalbos (Bordeaux VI), Lucien de Gracia (7e circonscription. Arcachon), Gérard Deliaune (10e circonscription. Blaye)… et Boulin (9e circonscription. Libourne). Seules deux circonscriptions échappent au raz-de-marée gaulliste : la 4e (René Cassagne, SFIO) et la 8e (Jean Sourbet, CNIP [Mouvement national des indépendants et paysans]).

[46]   ADG. Fonds Jean-Raymond Guyon : 65 J 32. Lettre de J.-P. (4 décembre 1958).

Il avait une réputation de sérieux, d'homme qui connaissait ses dossiers et aussi de loyauté. Il inspirait confiance. De surcroît, bien qu'ayant du caractère, il ne créait pas d'embarras et de zizanies. Il avait des capacités relationnelles, des capacités de négociateur... C'était un pragmatique... Il avait de l'ambition sans inclination pour l'intrigue, ce qui donnait l'image rassurante d'un homme qui s'occupait de ce qu'il avait à faire.[47]

---

[47] Témoignages écrits de Jean-Marcel Jeanneney (20 février 2009) et de Robert Poujade (6 février 2009) à B. Lachaise ; témoignage oral de Philippe Dechartre recueilli par B. Lachaise (Paris, 12 mars 2009).

Robert Boulin dans la famille gaulliste sous la Vᵉ République

Jérôme POZZI

Professeur agrégé et docteur en histoire

Retrouver la place que Robert Boulin a occupée dans sa famille politique, tout comme le rôle qu'il y a joué entre 1958 et 1979, revient pour ainsi dire à tenter de circonscrire un ensemble relativement flou, au sein duquel le député-maire de Libourne semble avoir privilégié l'amitié et le compagnonnage aux dépens de relations partisanes classiques. Certes, le fait qu'il ait été membre du gouvernement pendant quatorze ans et titulaire de neuf portefeuilles ministériels a certainement contribué à limiter sa volonté, réelle ou supposée, d'exercer des responsabilités plus importantes dans le mouvement gaulliste, même si nous pensons que cette situation a été plus choisie qu'elle n'a été subie. Ayant peu siégé à l'Assemblée nationale, alors qu'il est élu et réélu de 1958 à 1978, Boulin n'est pas bien intégré au sein des instances nationales de l'Union pour la nouvelle République (UNR), puis de l'Union des démocrates pour la République (UDR). En effet, il a beau être considéré par ses pairs comme un gaulliste de la première heure et un homme dont les prises de position comptent, notamment à l'échelle locale, il semble en retrait du mouvement gaulliste à l'échelle nationale. Par conséquent, il convient d'éclairer le parcours de celui qui se définissait comme « un enragé du gaullisme »[1] autour de trois périodes clés : tout d'abord, les années 1960, qui sont pour Boulin celles qu'il consacre à ses responsabilités ministérielles au détriment d'un engagement de premier plan au sein de l'état-major de l'UNR ; ensuite, la période qui va de la campagne pour l'élection présidentielle de 1974 à l'été 1976 et qui peut être considérée, à bien des égards, comme le « petit âge glaciaire » des relations qu'il entretient avec Jacques Chirac. Enfin, une dernière partie abordera les années qui vont de son entrée dans le gouvernement Raymond Barre

---

[1] D'après Benoît Collombat, *Un homme à abattre : contre-enquête sur la mort de Robert Boulin*, Paris, Fayard, 2007, p. 52. *Cf.* également le témoignage de Bertrand Boulin, *Ma vérité sur mon père*, Paris, Stock, coll. « Témoigner, 2 », 1980.

(25 août 1976) au lendemain des élections européennes de juin 1979, période qui l'amène à être en porte-à-faux vis-à-vis de sa famille politique.

Boulin en périphérie de sa famille politique dans les années 1960

Ancien militant du Rassemblement du peuple français (RPF) et des républicains sociaux, Boulin est investi par l'UNR[2] pour les élections législatives des 23 et 30 novembre 1958 dans la 9ᵉ circonscription de la Gironde. Cette investiture a reçu le soutien de Jacques Chaban-Delmas[3], mais aussi celui d'Olivier Guichard, ancien chargé de mission du RPF pour le Sud-Ouest (1947-1948) et directeur adjoint du cabinet de De Gaulle à Matignon, en charge des questions électorales. Le fait que Boulin fasse son baptême du feu électoral sous les couleurs du mouvement gaulliste s'inscrit dans la continuité de son engagement partisan sous la IVᵉ République. De ce fait, son investiture est tout à fait légitime et ne soulève pas d'oppositions au sein des instances nationales de l'UNR.

Par ailleurs, il n'est pas resté inactif au printemps 1958, puisqu'il a entretenu des relations épistolaires avec Guichard, dont il est par la suite l'un des proches. En témoigne une lettre écrite en mars 1958 dans laquelle il souligne que le seul moyen pour que de Gaulle revienne au pouvoir est « la voie démocratique par la poussée irrésistible d'un grand courant national »[4]. Il ajoute notamment :

> Bien sûr, il y a des impératifs du moment et les échéances quotidiennes, en particulier l'Algérie : c'est une des raisons de notre maintien à l'intérieur du système. Mais les positions sont devenues inconciliables : on ne peut à la fois combattre à mort le système et y participer. Ce faisant, au contraire, nous retardons l'arrivée du Général et laissons, une fois de plus passer le courant qui lui est favorable. À nous de combattre le système et d'accentuer le courant favorable au retour. Contrairement à ce que vous pensez, cette heure n'est pas proche, le système est contre nous. À nous de savoir ce que nous voulons et d'agir en conséquence.[5]

---

[2] Sur l'UNR et ses satellites, *cf.* notre thèse de doctorat, *Les mouvements gaullistes de 1958 à 1976 : la diversité d'une famille politique, réseaux, cultures et conflits*, sous la direction de Jean El Gammal, Université Nancy 2, 4 tomes, décembre 2008.

[3] Sur la dimension locale et nationale de l'intéressé, *cf.* Bernard Lachaise, Gilles Le Béguec et Jean-François Sirinelli (dir.), *Jacques Chaban-Delmas en politique*, 1ʳᵉ éd., Paris, Presses universitaires de France, 2007.

[4] Archives régionales des Pays-de-la-Loire, Fonds Olivier Guichard, 23 W 233, lettre de Boulin à Guichard, 30 mars 1958.

[5] *Ibid.*

L'action de Boulin en faveur du retour au pouvoir de l'homme du 18 juin se traduit entre le 15 et le 20 mai 1958 par la création d'un Comité de salut public à Libourne[6], dans la foulée des événements d'Alger.

Entré de plain-pied dans la Ve République en accédant au Palais-Bourbon sans avoir exercé un mandat électif auparavant, Boulin est élu maire de Libourne en mars 1959. En parallèle, il entre au comité central de l'UNR lors des assises de Bordeaux (13-15 novembre 1959), avant d'y être réélu, respectivement aux assises de Strasbourg (17-19 mars 1961)[7] et de Nice (22-24 novembre 1963)[8]. Pourtant, même s'il appartient entre 1959 et 1967 à ce qui peut être considéré comme « l'assemblée » du mouvement gaulliste, son action est modeste au sein des instances nationales. À titre d'exemple, il ne présente aucun rapport lors des différentes assises[9] de l'UNR, puis de l'UDR, qui se sont tenues entre 1959 et 1976. Même si cette tâche est plutôt confiée à des parlementaires en exercice qu'à des membres du gouvernement, cette absence est assez surprenante. C'est seulement à l'occasion des assises de Nantes en novembre 1973, date à laquelle il n'est plus au gouvernement, que Boulin préside une commission qui a pour thème « Solidarité et progrès économique »[10] ; ses travaux aboutissent à une résolution dans laquelle apparaît en filigrane la sensibilité « gaulliste sociale » du futur ministre du Travail et de la Participation (avril 1978-octobre 1979). En effet, la motion considère que chaque Français devrait avoir la possibilité de choisir le moment de sa retraite à partir de 60 ans et que les travailleurs immigrés devraient avoir la garantie de salaires et d'une protection sociale identiques à celles des travailleurs français, tout comme des conditions décentes de logement. De plus, il y est question de lutter contre les écarts de revenus excessifs en étudiant la possibilité de mettre en place un impôt négatif[11]. Si sa participation aux grands-messes du mouvement gaulliste est attestée, la portée de son action semble bien limitée. Dans ces conditions, Boulin s'est-il orienté délibérément vers

---

[6] D'après Bernard Lachaise, *Le Gaullisme dans le Sud-Ouest au temps du RPF*, Talence, Fédération historique du Sud-Ouest/Maison de l'Archéologie, Université de Bordeaux 3, coll. « Recherches et travaux d'histoire sur le Sud-Ouest de la France, 11 », 1997, p. 581.

[7] *Cf. Le Monde*, 21 mars 1961.

[8] *Cf. Le Monde*, 25 novembre 1963.

[9] Soit les assises de Bordeaux (13-15 novembre 1959), Strasbourg (17-19 mars 1961), Nice (22-24 novembre 1963), Lille (24-26 novembre 1967), Strasbourg (20-21 novembre 1971), Nantes (16-18 novembre 1973), Nice (14-15 juin 1975) et Paris (5 décembre 1976 – fondation du RPR).

[10] *Le Monde*, 20 novembre 1973.

[11] *Ibid.*

des mouvements périphériques à l'UDR, afin de trouver une plus grande liberté d'action qu'il ne l'aurait eue au cœur du dispositif partisan ?

Sur ce point, on sait que Boulin a entretenu des liens étroits avec le Service d'action civique girondin, le fameux SAC, dont les hommes lui sont fidèles, notamment par le biais de Bertrand des Garets, le délégué départemental du service d'ordre, membre de la très orthodoxe association Présence du gaullisme (PAG) et suppléant de l'intéressé[12] entre 1968 et 1973. Jacques Foccart demande même à Boulin de présider la réunion nationale des délégués de l'officine gaulliste qui a lieu le 28 octobre 1972, ce qu'il accepte[13]. Toutefois, c'est avec l'aile sociale de sa famille politique qu'il semble entretenir des relations cordiales et apaisées, sans doute grâce à une certaine proximité intellectuelle avec les tenants de la « participation ». Sur ce point, nous pouvons dire qu'il a eu des affinités avec les gaullistes de gauche, même si celles-ci restent difficiles à évaluer, dans la mesure où il n'a jamais appartenu, à notre connaissance, à l'un des nombreux groupements de ce rameau du gaullisme. Le fait que ceux-ci cultivent leur particularisme à travers une certaine atomisation groupusculaire a sans doute joué le rôle de repoussoir pour quelqu'un comme lui, soucieux d'efficacité et de surcroît très attaché à l'unité du gaullisme.

Ainsi, le député-maire de Libourne privilégie plutôt les clubs de pensée politique que les formations issues des multiples tentatives de rassemblement des gaullistes de gauche. Il participe notamment aux différents colloques du « Comité d'études pour un nouveau contrat social »[14], club fauriste fondé en janvier 1970, dont il est membre[15]. Il convient ici de souligner que le poste de secrétaire général du Nouveau contrat social est occupé à partir de septembre 1974 par Yann Gaillard, un proche collaborateur d'Edgar Faure, avant qu'il ne soit le dernier directeur de cabinet de Boulin. Dans une même veine, celui-ci appartient aux

---

[12] Boulin a eu quatre suppléants pendant sa carrière politique, à savoir André Lathière (1958-1962 ; 1962-1967), Jacques Boyer-Andrivet (1967-1968), Bertrand des Garets (1968-1973) et Gérard César (1973-1978 ; 1978-1979).

[13] Voir Jacques Foccart, *Journal de l'Élysée*, tome 4 : *La France pompidolienne : 1971-1972*, Paris, Fayard/Jeune Afrique, 2000, p. 527, 553 et 569.

[14] Il s'agit des colloques de Malbuisson (septembre 1970), Antony (février 1971), Boulogne-Billancourt (mars 1972), Beaune (novembre 1972), Poitiers (avril 1975) et Épernay (octobre 1976). Le déroulement de ces différents colloques est rappelé dans l'introduction de l'ouvrage d'Edgar Faure, *Pour un nouveau contrat social*, Paris, Le Seuil, coll. « Politique, 57 », 1973. Voir Raymond Krakovitch, *Edgar Faure : le virtuose de la politique*, Paris, Économica, 2006, p. 177-179 ; et Alain Bienaymé et Raymond Krakovitch (dir.), *Edgar Faure : un homme d'État, 1908-1988*, actes du colloque tenu le 4 avril 2006 à l'Université Paris-Dauphine, Paris, Économica, 2007.

[15] CHAN, Fonds Edgar Faure, 505 AP II 325, liste des membres du groupe d'études parlementaires pour un nouveau contrat social.

Carrefours Société nouvelle[16], créés par Jean Runel en octobre 1969, association qui émane des comités de soutien à la candidature de Georges Pompidou à l'élection présidentielle[17]. Il assiste par exemple à la première convention nationale des Carrefours qui se tient à Paris les 25 et 26 novembre 1972 et semble à son aise au sein d'une structure qui entend placer au centre de son action la notion de participation[18]. D'ailleurs, il apporte sa contribution aux travaux de la commission intitulée « Évolution du système politique et Participation », dont le président est Georges Gorse – député-maire gaulliste de Boulogne-Billancourt – avec pour rapporteur le juriste Jean Waline, alors président de l'université de Strasbourg.

Par ailleurs, Boulin a souvent donné l'image d'un technicien, notamment à travers les différents postes ministériels qu'il a occupés[19], à l'opposé de celle d'un homme d'appareil en prise avec les autres députés gaullistes, ce qui explique entre autres, qu'il ne se soit pas épanoui au ministère des Relations avec le Parlement[20] et qu'il ait refusé, dans la perspective d'une victoire aux élections législatives de mars 1973, l'éventualité de présider le groupe parlementaire UDR à l'Assemblée nationale[21], ce que Pompidou aurait semble-t-il souhaité[22]. Pendant la campagne des législatives, Boulin fait part à plusieurs reprises de son désaccord avec la tactique de dénonciation systématique du Programme commun mise en œuvre par Alain Peyrefitte, alors secrétaire général de l'UDR. Ainsi, Boulin – ministre des Relations avec le Parlement – souligne « la nécessité de donner à la campagne électorale un style moderne en assurant le dialogue et la concertation par de multiples réunions, en s'abstenant de promesses inconsidérées et peu réalistes indignes des citoyens modernes »[23]. Cette position modérée[24], dans le contexte d'une possible victoire des forces de gauche, est assez isolée pour être signalée, alors que Pierre Messmer tire à boulets rouges sur la coalition socialo-communiste dans son discours de Provins[25] du

---

[16] *Cf.* Jérôme Pozzi, 2008, Thèse citée, *op. cit.*, p. 874-879.

[17] CHAN, 99 AS 7, Association Carrefours Société nouvelle, 1971-1974.

[18] *Société nouvelle*, n° 31, décembre 1972-janvier 1973, p. 27-30.

[19] *Cf.* Jean Mauriac, *L'après-De Gaulle : notes confidentielles, 1969-1989*, Paris, Fayard, 2006, p. 105-106.

[20] D'après Jacques Foccart, 2000, *op. cit.*, tome 4, p. 557-558, 564 et 570.

[21] *Cf.* Jean Mauriac, 2006, *op. cit.*, p. 105-106.

[22] D'après Jacques Foccart, *Journal de l'Élysée*, tome 5 : *La Fin du gaullisme*, Paris, Fayard/Jeune Afrique, 2001, p. 126 et 353.

[23] *Le Monde*, 6 février 1973.

[24] *Cf.* Michèle Cotta, *Cahiers secrets de la Ve République*, tome 1 : *1965-1977*, Paris, Fayard, 2007, p. 388.

[25] *Cf. Le Monde*, 9 janvier 1973 et *La Nation*, 9 janvier 1973.

7 janvier 1973. Toutefois, c'est surtout à partir de 1974 qu'il accroît son audience au sein de l'UDR par le fait – ce qui peut paraître paradoxal – qu'il passe pour être l'un des principaux opposants à la prise en main de la Rue de Lille par J. Chirac.

Le petit âge glaciaire des relations entre R. Boulin et J. Chirac

Suite au décès de Pompidou, Boulin rejoint l'équipe de campagne de Chaban-Delmas pour l'élection présidentielle[26] de mai 1974. Il s'oppose au « manifeste des 43 »[27] dont l'instigateur est J. Chirac – conseillé par Pierre Juillet et Marie-France Garaud[28] – et à l'opération qui tente de pousser P. Messmer à se présenter. Une fois passée la déception du premier tour, Boulin se rallie sans ambages à Valéry Giscard d'Estaing qu'il connaît bien puisqu'il a été secrétaire d'État au Budget à ses côtés de 1962 à 1967. Ainsi, le 8 mai 1974, il rejoint le comité des membres fondateurs du mouvement « Action et fidélité Ve République »[29]. Présidé par Guichard, avec pour secrétaire général Alain Ravennes[30], ce mouvement créé dans la précipitation publie un communiqué de presse clair et sans détour :

M. François Mitterrand, hostile au principe même de la Ve République a systématiquement combattu tout ce qu'ont entrepris les gouvernements du général de Gaulle et de Georges Pompidou. À l'intérieur, comme à l'extérieur, pas une voix Ve République ne saurait donc s'égarer sur son nom, ni se réfugier dans l'abstention. Nous appelons au contraire tous les Français à soutenir pleinement et à voter massivement pour Valéry Giscard d'Estaing [...]

---

[26] D'après Jacques Foccart, 2001, *op. cit.*, tome 5, p. 592 ; et Jacques Foccart et Philippe Gaillard, *Foccart parle : entretiens avec Philippe Gaillard*, tome 2, Paris, Fayard/Jeune Afrique, 1997, p. 55.

[27] *Cf.* Jérôme Pozzi, « L'Appel des 43 et le mouvement gaulliste : manœuvre politique, relève générationnelle et fronde des "godillots" », *Parlement[s]*, 1(7-Les politiques au pied du mur), 2007, p. 109-120.

[28] *Cf.* Marie-France Garaud, *La fête des fous : qui a tué la Ve République ?*, Paris, Plon, 2006, p. 106-113.

[29] Archives régionales des Pays-de-la-Loire, Fonds Olivier Guichard, 23 W 258, élections présidentielles de mai 1974.

[30] Compagnon de route du gaullisme, Alain Ravennes (1948-1994) a fondé en 1968 le Mouvement pour l'indépendance de l'Europe (MIE) avec Edmond Michelet, René Capitant et Georges Gorse. Il a appartenu à plusieurs cabinets ministériels dont celui de Michelet à la Culture (1970-1971) et de Gorse au Travail (1973-1974). Membre de la commission des Affaires étrangères de l'UDR et de l'association Présence du gaullisme, Ravennes est en 1974 le délégué général du MIE aux côtés de Guichard. Puis, en janvier 1978, il fonde avec Raymond Aron le Comité des intellectuels pour l'Europe des libertés (CIEL), au sein duquel on retrouve des personnalités telles qu'André Frossard, Maurice Schumann et Jean-Marie Domenach.

afin que la nouvelle majorité s'inspire des orientations essentielles de la Ve République.[31]

Par conséquent, la position raisonnée de Boulin tranche avec la tentation d'un « vote révolutionnaire », que l'on trouve alors dans certains mouvements gaullistes de gauche ou chez quelques cadets de l'UJP[32].

Au lendemain de l'élection de V. Giscard d'Estaing, l'arrivée de J. Chirac à Matignon est ressentie par Boulin comme le prix de la trahison envers Chaban-Delmas. S'il a du respect pour le nouveau chef de l'État, tout en se méfiant de ses velléités de « giscardisation » de l'UDR, il a en revanche peu d'estime pour son Premier ministre. Il lui reproche notamment de passer plus de temps à « faire des coups » qu'à définir une politique claire dans un certain nombre de domaines, notamment en matière économique. Sur ce point, il avait déjà fait part de ses réserves sur l'absence d'une ligne directrice de son mouvement lors des journées parlementaires de l'UDR à Nogent-sur-Marne (16-17 mars 1974). Boulin déplorait alors que le groupe gaulliste n'était pas assez « arc-bouté sur des problèmes de fond »[33], rejoignant par là les préoccupations de Michel Debré. Respectueux d'une certaine légitimité vis-à-vis de celui qui est dorénavant le chef de la famille gaulliste, Boulin, à l'instar des barons, se rallie – tout au moins en apparence – à J. Chirac à l'automne 1974. Toutefois, lors des journées parlementaires de Cagnes-sur-Mer (26-27 septembre 1974), il engage l'UDR à « repenser l'ensemble de son comportement »[34] et à adopter une position pragmatique :

> S'il y a des propositions difficiles et impopulaires, il faut les soutenir si elles sont conformes à l'intérêt national. En contrepartie, réservons-nous le droit de dire quand les propositions du gouvernement sont insuffisantes.[35]

En dépit de cet appel à une certaine liberté de pensée, force est de constater que J. Chirac a affermi son autorité, avec l'aide du secrétaire général Alexandre Sanguinetti et du président du groupe Claude Labbé. Ainsi, les voix qui prônent un certain libre arbitre dans les rangs gaullistes sont de plus en plus marginalisées.

En fait, il faut attendre la fin de l'année 1974 pour voir la situation s'envenimer entre R. Boulin et J. Chirac. Sachant que les barons veulent porter à la tête de l'UDR Guichard lors du conseil national prévu pour

---

[31] Archives régionales des Pays-de-la-Loire, Fonds Olivier Guichard, 23 W 258, élections présidentielles de mai 1974.

[32] *Cf.* François Audigier, « La présidentielle de 1974 : les jeunes gaullistes de l'UJP victimes de la *realpolitik* ? », *Parlement[s]*, 8(2-Jeunes en politique), 2007, p. 69-84.

[33] Michèle Cotta, 2007, *op. cit.*, tome 1, p. 481.

[34] *Le Monde*, 28 septembre 1974.

[35] *Ibid.*

février 1975, ce qu'il ressent comme une menace à son encontre et une « dualité inacceptable »[36] avec Matignon, le Premier ministre décide de les prendre de vitesse. Il se rend au dîner des Barons du 12 décembre et annonce qu'il compte remplacer personnellement Sanguinetti Rue de Lille[37]. Pendant ce temps, celui-ci a été convaincu en coulisses par René Tomasini, Juillet et Charles Pasqua de présenter sa démission[38]. Ainsi, le 14 décembre, devant des membres du comité central médusés, dont la plupart ignorent pourquoi ils sont réunis, Sanguinetti annonce sa démission en prétextant un état de santé défaillant et l'état de délitement dans lequel se trouve le mouvement gaulliste. Dans la foulée, J. Chirac est élu dans une ambiance chahutée[39], même s'il promet d'assumer cette fonction de façon temporaire, afin de préserver l'unité du mouvement.

Les réactions à l'accession de J. Chirac au secrétariat général ne se font pas attendre. Chaban-Delmas parle d'une « pantalonnade »[40] et André Fanton, proche de Debré, d'un « coup d'État ». Pour sa part, Boulin est ulcéré par ce qu'il considère comme un « hold-up »[41]. En signe de protestation, il choisit de démissionner de l'UDR, position pour le moins courageuse car isolée, dans la mesure où les parlementaires qui choisissent cette option sont rares, à l'exception notable de René Ribière[42] et René Galy-Dejean[43]. Dans le journal *Sud Ouest*, Boulin explique les raisons de cette rupture :

---

[36] *Cf.* Pierre Péan, *L'inconnu de l'Élysée*, Paris, Fayard, 2007, p. 287.

[37] D'après Jacques Chirac, *Mémoires*, tome 1, *Chaque pas doit être un but*, Paris, Nil éditions, 2009, p. 179-182.

[38] D'après Charles Pasqua, *Ce que je sais…*, tome 1, *Les Atrides, 1974-1988*, 1ʳᵉ éd., Paris, Le Seuil, 2007, p. 35-36.

[39] *Cf. Le Monde*, 15-16 décembre 1974.

[40] *Ibid.*

[41] *Le Monde*, 17 décembre 1974. À ses détracteurs, J. Chirac répond quelques semaines plus tard : « Le viol de l'UDR ? D'autres ont dit que j'avais perpétré un coup de force. Ca n'est pas moi qui ai commis un coup de force, c'est l'UDR qui avait un coup de faiblesse ! » (d'après l'entretien de J. Chirac dans *Le Nouvel Observateur* du 3 février 1975, cité par Pierre Péan, 2007, *op. cit.*, p. 289).

[42] Le député du Val-d'Oise annonce qu'il quitte l'UDR car l'accession de J. Chirac au secrétariat général est une véritable provocation. Il déclare à l'intention du principal intéressé : « On nous impose l'État-UDR à rebours, non plus la légendaire mainmise du mouvement sur l'État, mais la mainmise du pouvoir sur l'UDR. Avec vous à la tête de l'UDR, je crains que l'épithète fascisant ne puisse bientôt être appliquée à ce que fut le mouvement gaulliste », *Le Monde*, 17 décembre 1974.

[43] René Galy-Dejean rejoint par la suite le Mouvement des démocrates de Michel Jobert et affirme sa désapprobation face à l'accession de J. Chirac au secrétariat général : « Je ne puis qu'exprimer mon inquiétude en pensant que les calculs et manœuvres qui ont sans doute été nécessaires pour préparer un tel coup de force pourraient être appliqués au gouvernement de la France », *Le Monde*, 18 décembre 1974.

Je me suis trouvé devant un coup de force scandaleusement antidémocratique. Alexandre Sanguinetti, lors de son dernier passage à Bordeaux, nous avait annoncé un calendrier qui me paraissait normal [...]. Un procédé scandaleux empêche le déroulement normal des événements. Jacques Chirac a beaucoup d'estomac. Par un réflexe d'honnêteté, je démissionne. Je m'inscrirai au groupe des non-inscrits à l'Assemblée nationale. Dans ma circonscription, je réunirai les militants et je leur conseillerai de rester dans le mouvement.[44]

Son départ est donc une position strictement personnelle, et il ne compte pas entraîner la fédération girondine dans une quelconque dissidence vis-à-vis des instances nationales et ce pour deux raisons. D'une part, il sait que la grande majorité des adhérents et des députés de l'UDR sont derrière J. Chirac, considéré à tort ou à raison comme le garant des intérêts gaullistes. D'autre part, il ne veut pas prendre le risque de faire éclater le mouvement gaulliste, même si la première raison nous pousse à croire qu'il n'était pas en situation de le faire. De ce fait, Boulin a beau publier une tribune dans *Le Figaro* au titre évocateur, « Le 14 Brumaire »[45], il ne souhaite pas aller plus loin dans la critique de la méthode employée par J. Chirac pour arriver à ses fins. D'ailleurs, il ne signe pas le manifeste des 34 parlementaires hostiles au nouveau secrétaire général dont Bernard Marie, député des Pyrénées-Atlantiques, est le porte-parole[46].

Tout compte fait, après quelques semaines de réflexion, Boulin annonce son retour dans les rangs de l'UDR[47] à la veille du comité central du 2 février 1975. Il publie un communiqué dans lequel il justifie son choix :

Le Premier ministre m'ayant expliqué son souci de maintenir la cohésion de l'UDR, de retrouver son originalité par le retour aux sources dans la mutation et le changement en profondeur, et son désir de n'exercer qu'à titre temporaire les fonctions de secrétaire général, je n'ai plus de raison de rester en dehors du mouvement. Je vais donc réintégrer le groupe parlementaire et le parti pour y exercer une action collective, mais qui demeure celle d'un homme libre.[48]

Pourtant, bien qu'il réintègre le mouvement gaulliste, il ne se fait guère d'illusion sur son avenir et confie à Jean Mauriac :

---

[44]   *Sud Ouest*, 16 décembre 1974.

[45]   *Le Figaro*, 17 décembre 1974.

[46]   *Le Monde*, 21 décembre 1974.

[47]   Boulin siège comme non-inscrit à l'Assemblée nationale du 17 décembre 1974 au 20 février 1975.

[48]   *Le Monde*, 2-3 février 1975.

Pour moi, l'UDR n'existe plus. Le gaullisme, c'est autre chose. Le gaullisme existe, il constitue une force vive dans la Nation, il continuera d'exister.[49]

D'ailleurs, à partir de son entrée dans le gouvernement de Raymond Barre[50], Boulin est de plus en plus esseulé dans sa famille politique.

Du retour au gouvernement au lendemain des élections européennes : Boulin *versus* J. Chirac ?

Si son retour au gouvernement peut sembler comme une victoire personnelle sur J. Chirac, elle est perçue dans sa famille comme un affront. Les parlementaires UDR ne comprennent pas que le député-maire de Libourne ait accepté ce poste et lui font sentir lors des journées de Rocamadour (29 septembre-1er octobre 1976), au cours desquelles il reçoit un accueil glacial[51]. Certains l'accusent de trahison et la direction de l'UDR décide même qu'il ne fera plus partie du bureau politique – alors que les ministres gaullistes y sont statutairement membres de droit – et qu'il ne pourra plus s'y rendre que sur convocation[52]. Pris en tenaille entre d'un côté la solidarité gouvernementale et sa fidélité envers le chef de l'État et de l'autre, un groupe parlementaire qui est de plus en plus inféodé à J. Chirac, Boulin ne peut qu'approuver l'appel d'Égletons (3 octobre 1976), dans lequel l'ancien Premier ministre annonce la création future du Rassemblement pour la République (RPR)[53] et la nécessité d'un retour aux sources, c'est-à-dire de l'esprit du Rassemblement. Néanmoins, s'il assiste au congrès fondateur du RPR le 5 décembre à la porte de Versailles, il prévoit en accord avec Guichard, de quitter la salle au cas où les militants se mettraient à huer le nom de V. Giscard d'Estaing, car il sait que les ministres gaullistes du gouvernement sont à portée de tir de J. Chirac.

En effet, Boulin supporte de plus en plus mal les attaques incessantes de l'UDR envers l'Élysée, tout comme les propos acerbes de son chef de file qui remettent constamment en cause selon lui l'autorité du président. Ainsi, en aparté, il n'hésite pas à qualifier J. Chirac de « poujadiste au petit pied »[54] et affirme :

> Chirac est à la fois un bulldozer et un voltigeur de pointe. C'est d'abord un super-Nicoud [en référence au leader du CID-UNATI]. C'est le démagogue

---

[49]   Jean Mauriac, 2006, *op. cit.*, p. 174-175.

[50]   *Cf.* Raymond Barre, *L'expérience du pouvoir* : *conversations avec Jean Bothorel*, Paris, Fayard, coll. « Témoignages pour l'histoire », 2007.

[51]   Michèle Cotta, 2007, *op. cit.*, tome 1, p. 770-772.

[52]   Jean Mauriac, 2006, *op cit.*, p. 207.

[53]   Voir *Le Monde*, 6 octobre 1976.

[54]   Jean Mauriac, 2006, *op. cit.*, p. 191.

des démagogues. Il a attrapé la clientèle de Nicoud, c'est-à-dire les commerçants, les artisans et les lecteurs de *Minute*. Mais, [...] il a commis l'erreur fondamentale de s'attaquer au président. Sous la Ve République, c'est impardonnable.[55]

C'est donc sur cette question du respect de la fonction présidentielle, et ce dans une lecture très gaullienne des institutions, qu'il semble le plus en décalage avec J. Chirac.

Par conséquent, « l'appel de Cochin »[56] lancé le 6 décembre 1978 ne fait que creuser le fossé entre les deux hommes. Le ministre des Relations avec le Parlement ne comprend pas comment J. Chirac peut affirmer que le gouvernement auquel il appartient conduit à « l'abaissement de la France »[57], ce qui l'amène avec ses collègues gaullistes du gouvernement à se réunir chaque semaine à l'hôtel de Lassay, autour de Chaban-Delmas[58], afin de tenter de faire face aux coups de boutoir chiraquiens. Dans le contexte de la campagne pour les élections européennes de juin 1979, la tension entre l'entourage de J. Chirac et les ministres gaullistes du gouvernement est à son comble[59]. Boulin choisit de répondre à l'escalade antigiscardienne de la liste DIFE (Défense des intérêts de la France en Europe) conduite par J. Chirac et Debré, en montrant que les fondements de la pensée gaullienne ne sont pas menacés par la politique du chef de l'État. Ainsi, il déclare à plusieurs reprises : « Je suis gaulliste du fond de mon cœur, je ne l'ai jamais renié. Je suis à l'aise dans ce gouvernement ; aucun des principes que je considère comme essentiels n'est mis en cause. »[60]

Le 31 mars, lors des assises nationales du RPR de la porte de Champerret, les différents orateurs franchissent un pas supplémentaire et mettent en garde les militants contre les conceptions européennes de V. Giscard d'Estaing[61]. Le maire de Paris dénonce cette « Europe non

---

[55] Jean Mauriac, 2006, *op. cit.*, p. 237.

[56] Le texte complet de l'appel de Cochin est reproduit dans Olivier Wieviorka et Christophe Prochasson (dir.), *Nouvelle histoire de la France contemporaine. 20, La France du XXe siècle : documents d'histoire*, Paris, Le Seuil, coll. « Point, Histoire, 120 », 1994, p. 613-615.

[57] Jean Mauriac, 2006, *op. cit.*, p. 257-258.

[58] *Ibid.*

[59] *Cf.* Jérôme Pozzi, « La famille gaulliste et les élections européennes de juin 1979 », *in* Frank Robert, Jean-Michel Guieu et Christophe Le Dréau (dir.), *Anti-européens, eurosceptiques, souverainistes : une histoire des résistances à l'Europe (1919-1992)*, Paris, IRICE, coll. « Les Cahiers IRICE, 4 », 2009, p. 101-112.

[60] *Le Monde*, 2 mai 1979.

[61] *Cf.* Serge Berstein et Jean-François Sirinelli (dir.), *Les années Giscard : Valéry Giscard d'Estaing et l'Europe, 1974-1981*, 1re éd., Paris, Armand Colin, 2005.

européenne et dominée par les intérêts germano-américains »[62], qu'il assimile à une « Europe mollusque ». Quant à Debré, il proclame haut et fort que « La France est en danger ! »[63] et parle de « décadence politique » au sujet des orientations européennes du chef de l'État. La réaction du gouvernement ne se fait pas attendre puisque sous la conduite de Boulin, les onze ministres qui appartiennent au RPR[64] publient une déclaration le 9 avril, dans laquelle ils demandent « que cessent certaines conduites qui portent atteinte à la confiance du pays dans l'avenir »[65] et soulignent que « tout ce qui affaiblit le président de la République affaiblit la France »[66]. Suite à cette déclaration, une réunion du conseil politique du RPR[67] est organisée et décide à l'unanimité, moins trois voix – en l'occurrence celles de Chaban-Delmas, Guichard et Marie – d'exclure les onze ministres des instances dirigeantes du mouvement[68].

Guichard tente de rassembler les députés hostiles aux orientations prises par le RPR, mais il ne parvient pas à en regrouper plus d'une quinzaine sur la soixantaine qu'il escomptait, parmi lesquels on remarque la présence de Gérard César, son suppléant, de Robert Poujade et de Michel Cointat[69]. Ainsi, Boulin et Guichard n'arrivent pas à rassembler les opposants gaullistes au maire de Paris, ce qui les conduit à adopter une attitude strictement défensive. Le 31 mai, devant les attaques répétées du RPR, les ministres gaullistes publient une seconde déclaration qui souligne le « courage et la détermination exemplaires du Premier ministre »[70] et réaffirment la « solidarité qui les unit dans l'action conduite par Raymond Barre »[71].

Tout compte fait, au soir du 10 juin 1979, Boulin peut constater que la stratégie chiraquienne des attaques répétées contre les deux têtes de l'exécutif n'a pas porté ses fruits, puisque la liste RPR arrive en

---

[62] *Le Monde*, 3 avril 1979.

[63] *Ibid.*

[64] En fait six ministres (Peyrefitte, Justice ; Yvon Bourges, Défense ; Boulin, Travail et Participation ; Robert Galley, Coopération ; Maurice Papon, Budget ; Joël Le Theule, Transports) et cinq secrétaires d'État (Maurice Plantier, Anciens combattants ; Jacques Limouzy, Relations avec le Parlement ; Marc Becam, Intérieur ; Jacques Legendre, Travail et Participation ; Jean-Paul Mourot, Justice) sont issus du RPR dans ce troisième gouvernement Barre.

[65] D'après *L'Année politique 1979*, Paris, Presses universitaires de France, 1980, p. 43.

[66] *Ibid.*

[67] Avant 1984, le bureau politique du RPR était dénommé « conseil politique ».

[68] *Le Monde*, 11 avril 1979.

[69] *Le Monde*, 4 mai 1979.

[70] *Le Monde*, 2 juin 1979.

[71] *Ibid.*

quatrième position[72]. Boulin peut ainsi railler la « campagne maladroite et agressive »[73] du RPR, même s'il est désabusé de voir J. Chirac rester à la tête du mouvement. Il dresse un constat amer mais lucide de la situation, dans la mesure où il se rend bien compte qu'il n'y a plus personne en mesure de faire contrepoids à J. Chirac à l'intérieur de la famille gaulliste[74]. Toutefois, au-delà de l'avenir du RPR, c'est celui du gaullisme qui semble compromis à ses yeux, comme le montre cette confidence qu'il fait à Mauriac :

> Le gaullisme est menacé par deux bouts. D'abord par Chirac, le plus grand des démagogues, dont toute la politique se résume à faire des coups, qui improvise, vit dans l'instant, se laisse aller à ses impulsions, commet des erreurs aussi fondamentales que de s'opposer à l'entrée de l'Espagne dans le Marché commun pour flatter les pinardiers du Midi. Ensuite, par les passéistes – les Messmer, les Couve, les Debré –, qui gémissent sur le passé.[75]

La relative absence de Boulin dans l'histoire interne de la famille gaulliste sous la Ve République peut s'expliquer à la fois par la longévité ministérielle de l'intéressé et surtout par son appétence pour des postes techniques, à l'instar du Budget et des Finances, qui font de lui un homme qui a été plus préoccupé par les grands enjeux nationaux que par des problèmes qui relèvent de la politique politicienne et des rouages de l'appareil partisan. Sur ce point, Bernard Tricot, dans ses *Mémoires*, le décrit comme un homme « qui avait des idées et des qualités d'activité remarquables »[76]. Debré écrivait à son sujet : « Son bon sens, son goût des affaires publiques, son courage contre les diverses formes de démagogie lui méritent l'estime des politiques comme celle des fonctionnaires. »[77] Ensuite, les relations agitées que Boulin a entretenues avec J. Chirac et qui l'amènent à s'écarter temporairement de l'UDR, révèlent une certaine conception du gaullisme, dans laquelle le compagnonnage et la fidélité, notamment à l'égard de Chaban-Delmas et Guichard, sont des valeurs essentielles qui ne sont pas négociables. Enfin, l'image du député-maire de Libourne, homme d'ouverture et de dialogue, notamment avec les syndicats et les partenaires sociaux, a sans doute

---

[72] Derrière celles de l'UDF (27,60 %), du PS (23,53 %) et du PCF (20,52 %).

[73] *Le Monde*, 12 juin 1979.

[74] D'après Jean Mauriac, 2006, *op. cit.*, p. 274. Suite à l'appel que lance J. Chirac à l'égard des gaullistes qui ont rompu avec le RPR (5-8 septembre 1979), Boulin déclare : « Je ne cesse de dire à mes amis politiques de mettre fin à la période des critiques pour entrer dans une phase de propositions constructives » (d'après *L'Année politique 1979*, 1980, *op. cit.*, p. 104).

[75] D'après Jean Mauriac, 2006, *op. cit.*, p. 248.

[76] Bernard Tricot, *Mémoires*, Paris, Quai Voltaire, 1994, p. 156.

[77] Michel Debré, *Trois républiques pour la France : mémoires*, tome 4, *Gouverner autrement, 1962-1970*, Paris, Albin Michel, 1993, p. 67.

déboussolé une partie des parlementaires gaullistes et brouillé son image dans les limites *stricto sensu* de sa famille politique. En effet, le style incisif du maire de Paris, auquel les députés UDR s'étaient tant bien que mal habitués depuis son arrivée à Matignon, tranchait nettement avec celui plus policé de Boulin, porteur d'une certaine fibre sociale du gaullisme et en quelque sorte d'une « Nouvelle société ».

Témoignage

Jean CHARBONNEL

Ancien ministre

J'ai connu Robert Boulin en 1961. Conseiller technique du ministre de la Santé publique, j'avais été chargé par le gouvernement de préparer un texte de loi pour – déjà – lutter contre la pollution de l'atmosphère. Ce texte auquel Michel Debré, Premier ministre, tenait beaucoup, fut difficile à mettre en forme car il touchait à une matière entièrement nouvelle et mettait en cause la loi de 1917 de protection des établissements classés, que gérait le ministre de l'Industrie, Jean-Marcel Jeanneney. Nous y parvînmes néanmoins grâce à la bonne volonté de son directeur de cabinet, Raymond Barre, mais il nous fallait, devant une Assemblée nationale de plus en plus réticente, un rapporteur « pointu ». Chaban, consulté, n'hésita pas : « Il faut demander à Robert Boulin ». Celui-ci accepta et le texte – ultérieurement saboté par les groupes d'intérêt – passa, après des discussions difficiles où je découvris sa subtilité et sa finesse.

Élu moi-même en 1962, je devins son collègue et son ami dans les années qui suivirent. Je pus alors apprécier la sincérité et la profondeur de son gaullisme, qu'à travers bien des péripéties, il ne remit jamais en cause. Très fréquemment ministre jusqu'en 1974, il resta un militant attaché à la bonne marche du mouvement : c'est ainsi que, lors des assises nationales de l'UD Ve République de Lille en octobre 1967, il fut souvent à mes côtés pour présider des salles parfois houleuses. Il me dit à cette occasion : « Quelle chance as-tu, à Brive, de pouvoir développer ta commune loin des grandes métropoles régionales ! » Je compris qu'il trouvait parfois Libourne bien proche de Bordeaux et des entreprises du « grand-duc d'Aquitaine »…

J'admirai aussi, comme beaucoup de mes collègues parlementaires ou ministres, le talent avec lequel il prit en charge, pendant ces années, les nombreuses fonctions ministérielles dont il fut chargé : sa connaissance des dossiers, qui couvraient à peu près toutes les activités gouvernementales, la pertinence de ses réponses dans les débats des

Assemblées, sa courtoisie permanente, son courage pour affronter un Sénat avec lequel le général de Gaulle avait rompu, à partir de 1962, les relations « diplomatiques » – tout cela me parut remarquable. Robert Boulin fut un grand ministre, tout en respectant pleinement la dignité des Assemblées, quelque peu malmenées à cette époque.

C'est le même mot de courage qu'il faut prononcer pour apprécier son attitude en 1974. Non seulement il resta fidèle à Jacques Chaban-Delmas lors des élections présidentielles, mais il s'opposa avec détermination, aux côtés d'Olivier Guichard, de Jacques Legendre et de moi-même, à la mainmise, à la fin de l'année, de Jacques Chirac sur l'UDR. Sans mettre en cause la personne du Premier ministre, ni sortir de la majorité présidentielle comme je le fis alors avec Michel Jobert, il écrivit, le 17 décembre, dans *Le Figaro*, un article, qui fit date. Intitulé, de façon significative, « Le 14 Brumaire », Robert Boulin y portait un jugement politique et moral très sévère sur « ce coup d'État réalisé avec audace et force » qui l'« indignait » puisqu'il croyait encore, lui, à « l'honnêteté politique » : il y voyait déjà la marque d'un comportement qui devait s'avérer gros de menaces pour le mouvement qui se recommandait encore, il est vrai de plus en plus faiblement, de l'héritage du général de Gaulle.

Je croisai par hasard, en septembre 1979, Robert Boulin qui se rendait à pied à son bureau du ministère du Travail, Rue de Grenelle : « Il faudra nous voir », me lança-t-il… Le reste appartient à l'Histoire… […] Cependant, je tiens à rendre témoignage à mon ami Robert Boulin, dont la mort tragique m'a vivement affecté. D'abord, en raison de sa fidélité à son engagement gaulliste auquel, au travers de bien des difficultés, dans des circonstances souvent changeantes, il n'a jamais renoncé. Ensuite, en raison de son talent de parlementaire et de ministre qui l'a amené, avec une grande disponibilité et une souple intelligence, à servir l'État et la nation dans des postes, souvent exposés, d'une grande diversité. Enfin, en raison de son courage qui l'a conduit à faire face à un Sénat très critique à l'égard du gouvernement du général de Gaulle, et à être de ceux, peu nombreux, qui ont tenté de s'opposer, le 14 décembre 1974 – « 14 Brumaire », comme il le précisa dans un article retentissant – à la mainmise du Premier ministre d'alors sur le mouvement gaulliste.

Robert Boulin et Jacques Chaban-Delmas, itinéraires croisés

François DUBASQUE

Université de Poitiers

Mettre en lumière les destins croisés de ces deux figures du gaullisme girondin, rechercher leurs liens, les ressemblances et les différences entre leurs carrières, toutes deux marquées par une belle longévité et une indéniable réussite dans l'histoire de la Ve République, c'est entrer dans l'histoire complexe des relations entre Robert Boulin et Jacques Chaban-Delmas. En Gironde, comme au niveau de l'État, histoire et mémoire n'accordent pas la même importance aux deux hommes. Plusieurs biographies ont en effet été consacrées à Chaban-Delmas. Celles de Pierre et Philippe Chastenet[1], de Gilles Savary[2] ou de Pierre Cherruau, ont été publiées de son vivant. En 2006, un grand colloque, organisé à Bordeaux par les professeurs Bernard Lachaise, Gilles Le Béguec et Jean-François Sirinelli, a par ailleurs permis de retracer l'histoire de sa riche carrière politique[3]. Jusqu'alors, il n'existait pas d'équivalent pour Boulin : le livre de Benoît Collombat, intitulé *Un homme à abattre : contre-enquête sur la mort de Robert Boulin*[4], et la thèse de Karine Hamedi publiée chez L'Harmattan sous le titre *Scandale et suicide politiques : destins croisés de Pierre Bérégovoy et Robert Boulin*[5] se concentrent essentiellement sur les circonstances troublantes

---

[1] Patrick et Philipe Chastenet, *Chaban*, Paris, Le Seuil, 1991.

[2] Gilles Savary, *Chaban maire de Bordeaux : anatomie d'une féodalité républicaine*, n[elle] éd. augm., Bordeaux, Aubéron, 2000.

[3] Bernard Lachaise, Gilles Le Béguec et Jean-François Sirinelli (dir.), *Jacques Chaban-Delmas en politique*, Paris, Presses universitaires de France, 2007.

[4] Benoît Collombat, *Un homme à abattre : contre-enquête sur la mort de Robert Boulin*, Paris, Fayard, 2007.

[5] La thèse de sciences politiques de K. Hamedi a été soutenue sous la direction de Philippe Braud, à l'Université de Paris I Panthéon Sorbonne, en 1997. Karine Hamedi, *Scandale et suicide politiques : destins croisés de Pierre Bérégovoy et Robert Boulin*, Paris, L'Harmattan, 1999.

de son décès. Signalons de surcroît la quasi-absence de références à Boulin dans les Mémoires de Chaban-Delmas, *L'Ardeur* et *Mémoires pour demain*[6], ouvrages publiés respectivement en 1975 et 1997.

Le constat de ce déséquilibre conduit évidemment à s'interroger sur la nature des liens entre ces deux personnages. Boulin est-il l'homme lige de Chaban ? A-t-il été vassalisé dans le système Chaban ? Les carrières parallèles de ces deux hommes politiques, compagnons au sein du mouvement gaulliste dès 1947, membre du même gouvernement entre 1969 et 1972, ne masquent-elles pas au contraire une rivalité et des divergences politiques ? Sont-ils unis d'une amitié sincère ou leurs relations relèvent-elles de la seule connivence politique ? Il n'est pas aisé d'apporter à toutes ces questions des réponses définitives. En dehors de quelques travaux universitaires à qui cette communication doit beaucoup – ceux de Jacques Lagroye, analyste du système Chaban[7], de Jean-Guy Bulcourt sur l'Union pour la nouvelle république (UNR)[8], de Damien Féral sur l'UDR[9] et le RPR girondin[10], de Benjamin Biroleau, auteur d'un mémoire sur la carrière locale de Boulin[11], la consultation des archives préfectorales et des articles de presse de l'époque fournit peu d'informations relatives à la relation entre les deux hommes. C'est donc à partir de l'examen comparé de leurs parcours que vont être distinguées deux périodes correspondant à des postures différentes dans la vie publique : le temps des élus, dans la première décennie de la Ve République, qui est aussi celui des succès, puis le temps de la défense du gaullisme ou celui des épreuves.

Portraits croisés de deux figures du gaullisme girondin

Tous deux, issus de la petite bourgeoisie, ont la même origine sociale. Jean Boulin, le père de Robert, était contrôleur à la Manufacture des tabacs de Bordeaux, tandis que celui de Chaban était administrateur

---

[6]   Jacques Chaban-Delmas, *L'ardeur*, Paris, Stock, 1975 et *Mémoires pour demain*, Paris, Flammarion, 1997.

[7]   Jacques Lagroye, *Milieux sociaux et vie politique : étude d'un cas : le député-maire de Bordeaux, 1947-1965*, Thèse de doctorat de Sciences politiques, sous direction Georges Dupeux, Université de Bordeaux 3, 1973.

[8]   Jean-Guy Bulcourt, *L'Union pour la nouvelle république (UNR) en Gironde*, mémoire de DES de droit public, sous la direction d'Albert Mabileau, IEP de Bordeaux, s.d.

[9]   Union des démocrates pour la République.

[10]   Damien Féral, *De l'UDR au RPR en Gironde (1968-1981)*, travail d'études et de recherches, sous la direction de Bernard Lachaise, Université de Bordeaux 3, 2003.

[11]   Benjamin Biroleau, *La carrière politique locale de Robert Boulin (député-maire gaulliste de Libourne de 1958 à 1979)*, travail d'études et de recherches, sous la direction de Bernard Lachaise, Université de Bordeaux 3, 1998.

de société. L'engagement politique débute pour chacun d'eux dans un contexte de crise : sortie de guerre pour Chaban, conflit algérien et chute de la IVe République pour Boulin. À leur premier mandat, à l'âge de 31 ans pour Chaban et de 38 ans pour Boulin, ils sont jeunes et bien entendu considérés comme des hommes neufs. L'un et l'autre ont œuvré dans la Résistance. Les historiens ont depuis longtemps mis l'accent sur l'importance de la Résistance dans l'histoire du mouvement gaulliste et, à cet égard, le parcours de Chaban, bien connu, est exemplaire. Mais Boulin, pour son engagement dans le réseau Navarre et l'Organisation civile et militaire jeunes (OMCJ), est comme lui décoré de la Médaille militaire 1939-1945 et de la médaille de la Résistance.

Après les débuts politiques, leur rapide accession au Palais-Bourbon ne suit pas le *cursus honorum* classique. Ni l'un ni l'autre n'ont en effet exercé de mandat local avant d'être députés. Élu de la 9e circonscription législative, Boulin ne conquiert que quelques mois plus tard la mairie de Libourne par sa victoire sur le socialiste Jean Bernadet. C'est aussi le cas de Chaban, entré dans la première Assemblée de la IVe République en 1946, avant d'être élu maire de Bordeaux l'année suivante. Leur carrière politique se caractérise par une longévité remarquable : Chaban occupe les sièges de député et de maire pendant un demi-siècle ; les précédents records appartenaient à Georges Leygues dans le Lot-et-Garonne (48 ans) et Léon Barthou dans les Basses-Pyrénées (45 ans)[12]. Quant à Boulin, c'est sa mort brutale en 1979 qui met fin à vingt ans de mandats successifs dans le Libournais ; mais ce qui frappe chez lui, c'est avant tout la longévité de sa carrière ministérielle : élu six fois de suite (en 1958, 1962, 1967, 1968, 1973 et 1978) et réélu lors d'une élection partielle consécutive au décès de son suppléant devenu député, André Lathière, en janvier 1966, il n'a en réalité que peu siégé à l'Assemblée sauf en 1958-1961 et en 1973-1976. À partir d'août 1961, il va en effet exercer, durant 14 ans, diverses fonctions gouvernementales avec une seule interruption entre 1973 et 1976. Sur la durée cumulée, il s'agit d'un record sous la Ve République.

Aux similitudes de leurs carrières, s'ajoute la proximité de leur sensibilité et de leurs orientations politiques. Si l'on excepte le passage préalable de Chaban au parti radical, ils ont tous deux adhéré aux groupes gaullistes du RPF[13] au RPR[14]. Le député-maire de Bordeaux, un des fondateurs du RPF, des républicains sociaux, comme de l'UDR, y

---

[12] Bernard Lachaise, « Jacques Chaban-Delmas, "député d'honneur d'Aquitaine" », *Parlement[s]*, *Histoire et Politique*, (Politique en Aquitaine. Des Girondins à nos jours), hors série 2005, p. 27.

[13] Rassemblement du peuple français.

[14] Rassemblement pour la République.

joue toutefois un rôle plus important. Ils partagent enfin les mêmes convictions politiques pour un gaullisme social.

Néanmoins, ces affinités entre les deux hommes, qui sont autant de facteurs de rapprochement, ne doivent pas masquer des divergences fondamentales. Né à Villandraut, ayant poursuivi ses études à Bordeaux, et établi comme avocat à Libourne en 1946, Boulin bénéficie par cet ancrage local d'une réputation d'homme du cru. En revanche, Chaban, parisien malgré des racines bordelaises, est plutôt perçu au début comme un parachuté, à l'image de son ami Félix Gaillard en Charente. Le décalage chronologique dans le déroulement de leurs carrières respectives induit une autre différence notable entre eux. Contrairement à Chaban, Boulin apparaît en effet, à l'avènement de la Ve République, comme une personnalité politique nouvelle : il est certes connu comme militant de longue date au RPF mais n'a jamais exercé de mandat électif avant 1958. La portée et le rayonnement de leur carrière locale permettent d'établir une dernière différence. L'un et l'autre font l'impasse sur le conseil général alors qu'en 1958, cinq des huit députés UNR élus cumulent le mandat de député et celui de conseiller général. En revanche, contrairement à Boulin qui cantonne son action au Libournais à travers ses fonctions de maire et de député, Chaban étend son rayonnement et son influence sur un territoire beaucoup plus vaste. Son pouvoir repose sur trois cercles concentriques : la municipalité de Bordeaux, la Communauté urbaine de Bordeaux (CUB) dont il prend le contrôle en 1966, enfin la région : d'abord par le biais du Comité d'expansion Aquitaine, puis par la Commission de développement économique régional (CODER), enfin comme président du conseil régional, fonction qu'il occupe à deux reprises, d'abord dans le cadre de l'Établissement public régional entre 1974 et 1979, puis de nouveau entre 1985 et 1988.

Si un engagement militant commun au sein du RPF, et des similitudes dans leurs carrières politiques, sont sources d'analogies entre eux, leurs parcours respectifs mettent en évidence, au-delà des points de convergence, un déséquilibre qu'un léger écart d'âge ne suffit pas à justifier. Il y a donc lieu de s'interroger sur la nature du rapport politique entre les deux hommes : Boulin marche-t-il dans les traces de son illustre aîné ? Sa carrière est-elle patronnée par Chaban ?

Le temps des conquêtes ou l'autonomie progressive de Robert Boulin (1958-1972)

Chaban fut-il le parrain de Boulin en politique ? Les réponses à cette question sont souvent contradictoires. Selon J.-G. Bulcourt, Boulin aurait effectivement bénéficié en 1958 « de la sympathie agissante » du député maire de Bordeaux. Colette Boulin, son épouse, fait part au contraire de réticences exprimées par Chaban lorsqu'il apprend la candidature de Boulin à Libourne[15]. Or le témoignage livré par le docteur Jean-Claude Dalbos, ancien député de la Gironde, apporte un éclairage nouveau sur cette question. Des républicains sociaux à l'UNR, en passant par l'Union civique pour le référendum, Chaban joue un rôle incontestable de leader dans l'appareil partisan. C'est lui qui assure la permanence de l'organisation politique gaulliste en Gironde, tandis que dans la plupart des départements, le gaullisme subit de grandes fluctuations électorales. Il est donc devenu inconcevable que le choix d'un candidat puisse se faire sans son assentiment. En 1958, il a en effet la haute main sur le découpage des circonscriptions ainsi que sur les investitures. Par la suite, Jean Valleix, membre de son cabinet, puis secrétaire général du comité départemental de l'UNR, sert de relais à son influence. Que le passé militant de Boulin au RPF[16] en ait fait un candidat tout désigné aux yeux de Chaban, cela ne paraît pas douteux. Que cette candidature l'ait néanmoins gêné comme l'aurait involontairement avoué à J.-C. Dalbos, son directeur de cabinet Robert Manciet, cela semble également probable. Elle a pu en effet être perçue comme une menace pour le système mis en place par Chaban afin de s'assurer la mainmise sur son propre fief lorsque Boulin a décidé d'affronter Jean-Raymond Guyon, député sortant, conseiller général de Sainte-Foy-la-Grande, ancien secrétaire d'État, qui est un poids lourd de la Fédération socialiste de Gironde. Or celui-ci, qui siège au conseil municipal de Bordeaux comme leader de l'opposition, a accepté en 1954 de voter « en dehors de toute considération politique »[17] pour le bienfait de Bordeaux. Le « système Chaban » repose en effet sur le contrôle de ses propres troupes – les députés Arthur Richards et Jacques Lavigne, qui siègent également au conseil municipal, sont ainsi sous sa coupe – mais aussi sur certains égards vis-à-vis de l'opposition en échange de la reconnaissance de sa prééminence. Chacun trouve ainsi son compte dans « le pacte de Bordeaux » fondé sur le compromis, et toute remise en cause menace l'équilibre établi.

Ainsi se pose donc la question de la place de Boulin au sein du système Chaban. Dans les faits, sa candidature de 1958 est placée sous le patronage du maire de Bordeaux. Il met ainsi sur pied un comité d'union civique pour répondre à la demande du président du Centre national des républicains sociaux, mouvement politique auquel il appartient. La métamorphose de cette première structure en comité électoral destinée à la conquête de la circonscription de Libourne fait par ailleurs écho à la

---

[15] Tapuscrit inédit de Colette Boulin (archives familiales).

[16] Adhérent dès 1947, Boulin fonde une antenne du RPF à Libourne puis devient orateur départemental du mouvement dès les élections cantonales de 1949. À ce sujet, voir le chapitre de Bernard Lachaise.

[17] Cité par Jacques Lagroye, 1973, *op. cit.*, p. 184.

création du comité de l'Union pour la nouvelle République dont Chaban est l'un des instigateurs. Boulin ne bénéficie pas moins à Libourne d'une position personnelle très favorable. La situation girondine est différente : elle se distingue en effet par l'existence d'un front gaulliste antichabaniste regroupé sous l'étiquette « Union des Jeunes combattants, résistants et patriotes pour la Rénovation de la République ». Ce mouvement a pour mot d'ordre la lutte contre les tenants de l'ancien système dont Chaban fait partie, selon eux, par sa trajectoire politique sous la IVe République. Ces gaullistes activistes présentent des candidats, contre ceux investis par l'UNR, dans presque toutes les circonscriptions à l'exception de celles d'Arcachon, Blaye et Libourne où Boulin, considéré par eux comme un homme neuf, parvient à fédérer sur son nom ces deux courants gaullistes.

Dans ce climat partisan, la victoire de Boulin sur Guyon, en 1958, minimise la portée du parrainage de Chaban. Ses fonctions ministérielles, à partir d'août 1961, vont conforter sa position personnelle et lui permettre de bénéficier d'une relative indépendance. Ceci est confirmé par Jacques Grondeau, président du Conseil départemental de l'UNR, dont le témoignage a été recueilli par B. Biroleau : « Il n'était pas aux ordres » précise-t-il à propos de Boulin. Exister hors de la sphère Chaban n'est donc pas impossible, car le leadership du maire de Bordeaux s'impose avant tout sur sa ville, puis sur sa banlieue une fois la Communauté urbaine de Bordeaux (CUB) créée en 1966. En revanche, sa force d'attraction diminue à l'échelle du département. Boulin a su, pour sa part, préserver sa propre zone d'influence au sein de son fief, non pas contre, mais à côté de celle de Chaban dont il s'inspire parfois des méthodes. Il s'attache ainsi à faire classer Libourne en zone spéciale de conversion en 1960 afin d'y attirer des entreprises. En 1974, l'introduction au dossier de contrat « ville moyenne » qu'il rédige afin de présenter son projet illustre bien son état d'esprit :

> Telle est bien la vocation de Libourne, situé à 30 km de la métropole d'Aquitaine, qu'est Bordeaux, vivant de ce fait dans son influence, mais voulant maintenir et accroître sa personnalité, au surplus riche et variée, et son activité propre.[18]

Ses sept victoires consécutives aux élections législatives, ajoutées à ses quatre victoires aux élections municipales témoignent de l'adéquation entre cette vision politique et la volonté des Libournais d'être représentés par une personnalité capable – non sans mal parfois il est vrai[19] –

---

[18]   Cité par Benjamin Biroleau, 1998, *op. cit.* p. 121.

[19]   Dans un témoignage rédigé à l'occasion de ce colloque, Jean Charbonnel, ancien député de la Corrèze et maire de Brive-la-Gaillarde, évoque une conversation au cours de laquelle Robert Boulin lui aurait confié : « Quelle chance as-tu, à Brive, de pouvoir développer ta commune loin des grandes métropoles régionales ! » « Je compris, écrit-il, qu'il trouvait parfois Libourne bien proche de Bordeaux et des

de s'affranchir de la tutelle bordelaise et de défendre l'identité de leur ville. Le refus d'une soumission politique pure et simple de Boulin à son influent voisin trouve aussi son fondement dans la rivalité ancienne entre les deux cités de Libourne et de Bordeaux. Comment ce souci d'indépendance se traduit-il concrètement dans les relations entre ces deux personnalités ? Localement, Boulin s'investit dans les différents scrutins. Il est aux côtés de Chaban lors de la campagne présidentielle de 1965 ainsi que lors de celle référendaire de 1969. Il se déplace dans les autres circonscriptions afin de soutenir les candidats gaullistes. Il noue ainsi des liens étroits avec Gérard Deliaune, député de la circonscription voisine de Blaye, et lui apporte son soutien, tout comme Chaban, lorsque les partisans de celui-ci provoquent des bagarres qui font une trentaine de blessés à Guîtres[20], en 1967.

Il est clair en revanche que les campagnes électorales ne sont pas, pour l'un comme pour l'autre, l'occasion d'exprimer une collaboration plus étroite. En témoignent les deux élections législatives partielles auxquelles ils furent confrontés suite au décès de leur suppléant. Ainsi, le sous-préfet de Libourne rend compte que Boulin ne doit sa réélection, en janvier 1966, qu'à sa notoriété lui permettant de bénéficier de très larges sympathies dépassant le cadre de la seule UNR. Accompagné de son nouveau suppléant, Jacques Boyer-Andrivet, il sillonne seul sa circonscription, multipliant les réunions avec la population et les élus locaux. À l'inverse, la SFIO[21], de son côté, a mobilisé de nombreuses personnalités venues de l'extérieur, à commencer par le secrétaire général du parti, Guy Mollet, qui se rend à Libourne le 5 janvier 1966. Réélu dès le premier tour avec près de 54 % des suffrages, Boulin dépasse l'électorat du général de Gaulle dans la circonscription lors du second tour de l'élection présidentielle qui a eu lieu trois semaines auparavant. Il recueille donc le fruit de ses mérites personnels, de nombreux électeurs étant sensibles, au-delà des clivages politiques, à ses efforts en faveur de l'arrondissement de Libourne depuis 1958[22]. Quant à « la bataille de Bordeaux » menée par Jean-Jacques Servan Schreiber contre Chaban-Delmas, alors Premier ministre, en 1970, elle constitue évidemment un cas particulier dans la mesure où l'enjeu est national. Pourtant, si Boulin apporte naturellement son soutien public au député-maire de Bordeaux, Roland Especel, alors jeune attaché de presse de

---

entreprises du grand-duc d'Aquitaine. » Tous nos remerciements à B. Lachaise pour nous avoir signalé ce témoignage.

[20] Archives départementales de la Gironde (Arch. dép. Gironde), 1 W 146 : élections législatives de 1967, et *Sud Ouest*, 10 mars 1967.

[21] Section française de l'Internationale ouvrière.

[22] Archives départementales de la Gironde, 1 W 145 : élection partielle du 9 janvier 1966, et *Le Monde*, 11 janvier 1966.

Chaban, ne se souvient de l'avoir vu au Palais de Rohan qu'au soir des résultats[23].

Dans les rapports qu'entretiennent les deux hommes, l'aide et le conseil n'occupent pas une place privilégiée. Leurs relations ne reposent pas davantage sur l'octroi de postes et de récompenses. Les intéressés ont donc écarté l'idée d'une relation de type féodo-vassalique. Boulin jouit d'une autorité et d'une influence que Chaban ne peut ignorer. Lors de la conférence de presse que celui-ci organise afin de présenter les candidats soutenus par l'UDR dans le département, Boulin est installé à sa gauche[24]. En revanche, qu'il soit absent des agendas du maire de Bordeaux ne constitue pas en soi une surprise puisque les deux hommes entretiennent, durant cette période, des relations cordiales tout en restant distantes, et tournées exclusivement vers l'action politique. Dotés de tempéraments très différents – « l'interlocuteur valable » d'un côté, « le gaulliste de charme » de l'autre, selon la typologie dressée par le journaliste Pierre Viansson-Ponté dans son Annuaire des gaullistes[25] – leurs affinités n'excluent pas l'émission de critiques. Ainsi Boulin aurait-il confié à André Fanton, son collègue dans le gouvernement Chaban, à propos du dilettantisme du Premier ministre : « On ne le changera pas. Il préférera toujours la chaise longue au bureau. »[26]

Le temps des épreuves ou la proximité dans la fidélité au gaullisme (1972-1979)

À partir de 1972, plusieurs raisons vont contribuer au rapprochement de ces deux hommes. Ils affichent tout d'abord une communauté de vues sur les orientations du gaullisme. Boulin, qui adhère au projet de Nouvelle Société de Chaban-Delmas, déplore la décision prise par le président Pompidou de « démissionner » l'intéressé de son poste de Premier ministre. Dans un courrier qu'il lui adresse le 29 juin 1972, il fait part à Chaban de son sentiment dans les termes suivants :

> Votre départ éventuel me paraît une lourde faute psychologique, cautionnant les attaques dont vous avez été l'objet, paradoxalement vous réconfortant dans l'immédiat sur le plan personnel mais laissant une majorité pantelante et vacillante, huit mois avant les élections. Je vois bien le désir légitime de revigorer l'action gouvernementale, mais je crois sincèrement qu'il y a d'autres moyens.

---

[23] Témoignage recueilli par l'auteur, courrier électronique de R. Especel, 30 septembre 2009.

[24] *Sud Ouest*, 11 juin 1968.

[25] Pierre Viansson-Ponté, *Les gaullistes : rituel et annuaire*, Paris, Le Seuil, coll. « L'Histoire immédiate », 1963, p. 76 et 87.

[26] Association Georges Pompidou, archives orales : entretien avec André Fanton, réalisé le 31 janvier 2001 par Anne Leboucher-Sebbab et Frédéric Turpin.

Je vous dis tout cela avec le désintéressement, hormis même les sentiments de reconnaissance et d'affection que je vous porte, mais dans le seul souci qui m'a toujours animé et qui est celui de l'intérêt général.[27]

Cette adhésion se traduit concrètement par son engagement en faveur de l'ex-Premier ministre dans la campagne présidentielle de 1974. Boulin apprécie les projets de réformes sociales et libérales inscrits dans son programme. Il est donc un des premiers à lui apporter publiquement son soutien. Il rejoint ensuite l'état-major de Chaban installé avenue Charles Floquet, dans le VIIe arrondissement de Paris, et dirigé par le doyen Jacques Valade, son suppléant, et par André Chadeau, préfet du Nord, son ancien directeur de cabinet. Boulin, qui occupe un bureau voisin de celui de Valade, est responsable, avec Jacques Limouzy, député du Tarn et maire de Castres, du département politique[28]. Il est plus spécialement chargé des contacts avec les élus locaux. La défaite porte un rude coup aux ambitions nationales de Chaban, mais affecte aussi Boulin évincé du gouvernement Chirac[29].

Confrontés aux épreuves, les itinéraires de Boulin et Chaban suivent, déjà avant l'élection présidentielle, une trajectoire parallèle. Au plan local, la poussée à gauche aux élections législatives de 1973 se confirme en 1978 et ne laisse plus à la droite que quatre sièges sur les dix à pourvoir. Dans la famille gaulliste de Gironde, Boulin, mis en ballottage lors de ces deux scrutins[30], et Chaban restent, parmi les élus, les deux ultimes représentants de l'ancien RPF. L'autorité du « duc » Chaban-Delmas est par ailleurs écornée par la perte, en janvier 1979, de la présidence de Région au profit d'Alain Labarrère, maire de Pau. Pour les deux hommes politiques, les difficultés s'accumulent également sur le plan national. Chaban est remplacé par Pierre Messmer en juillet 1972 tandis que Boulin est, pour la première fois depuis 1961, sorti du gouvernement en mars 1973. Tous deux entament alors une traversée du désert que la défaite à l'élection présidentielle et la perte d'influence au sein du mouvement gaulliste ne vont que prolonger.

[27] Lettre de Boulin à Chaban-Delmas, 29 juin 1972 (archives privées).

[28] *Sud Ouest*, 23 avril 1974.

[29] À l'issue du premier tour de scrutin, Chaban-Delmas, crédité de 15 % des suffrages, termine en troisième position. Dans *Sud Ouest* du 6 mai 1974, le journaliste Pierre Veilletet souligne que les barons du gaullisme ne se bousculaient pas au QG de campagne du candidat malheureux, à l'exception de Robert Boulin et de Maurice Schumann. Selon les frères Chastenet, c'est à l'invitation pressante d'Alain Peyrefitte et de Boulin que Chaban finit le 13 mai par appeler à voter pour le candidat Valéry Giscard d'Estaing. *Cf.* Patrick et Philipe Chastenet, 1991, *op. cit.*, p. 472.

[30] Aux élections législatives de mars 1978, Boulin, battu dans trois cantons sur six, l'emporte finalement de justesse, avec seulement 867 voix d'avance sur 55 229 suffrages exprimés, face au candidat socialiste Pierre Lart, maire de Sainte-Foy-la-Grande.

Leur opposition commune à J. Chirac constitue en effet, durant cette période, un autre motif de rapprochement. Lorsqu'en décembre 1974, le nouveau Premier ministre prend l'UDR en main, Boulin démissionne pour protester contre ce qu'il qualifie, dans un article retentissant intitulé « Le 14 Brumaire » publié dans *Le Figaro* du 17 décembre, de coup de force antidémocratique. Rentré toutefois rapidement dans le rang, il justifie, dans une lettre qu'il adresse à Chaban-Delmas le 19 février 1975, son revirement en ces termes :

> Nous sommes confrontés à deux hypothèses : Ou l'habileté, le savoir-faire, les apparences bien vendues à l'opinion nous font revenir à la période du père Queuille, avec une majorité à la Pinay (40 communistes à l'extrême gauche, 40 RPF à l'extrême droite) et il nous reste alors à nous occuper ardemment de nos mairies en traversant ensemble le désert. Ou bien nous restons, avec aggravation, dans la zone de turbulence, où s'accumulent les difficultés, alors l'édifice s'effondrera et le costume du magicien apparaîtra soudain terne, à l'image de ces costumes de théâtre qui cessent de briller dès que s'éteignent les feux de la rampe. Je crois hélas à la deuxième hypothèse, et unis comme toujours, il nous faut, dans la hâte, la préparer, en demeurant sur la même route.[31]

Ce document apporte un éclairage particulier, digne d'intérêt, sur l'évolution des rapports entre ces deux gaullistes girondins. Le ton même utilisé par Boulin à l'égard de celui qu'il qualifie de « mon cher Premier ministre et ami » semble désormais plus personnel. Mais si le retour de Boulin au gouvernement en 1976 et l'élection de Chaban à la présidence de l'Assemblée nationale en 1978, en dépit du soutien du RPR à Edgar Faure, sonnent comme un air de revanche, ils n'en sont pas moins maintenus à l'écart du mouvement gaulliste. C'est pourquoi Boulin participe à l'hôtel de Lassay à des réunions organisées par Chaban dans l'idée de contrer le trio Pierre Juillet, Marie-France Garaud et Charles Pasqua.

C'est donc dans l'adversité que sont scellés les liens d'amitié entre Boulin et Chaban – une amitié sincère comme en atteste le courrier à l'attention de l'Agence France presse, rédigé par Boulin quelques heures avant sa mort, et dont Chaban reçoit une copie avec la mention « À mon fidèle ami de toujours et qui connaît mon désintéressement »[32]. L'émotion qui étreint le président de l'Assemblée nationale lorsqu'il prononce dans l'hémicycle un hommage solennel à titre posthume au député de Libourne, évoquant les responsabilités de la presse dans ce qu'il qualifie d'assassinat, en est une autre illustration très explicite.

---

[31] Lettre de Boulin à Chaban-Delmas, 19 février 1975 (archives privées).
[32] *Sud Ouest*, 1ᵉʳ novembre 1979.

Si Chaban a indéniablement joué un rôle dans l'ascension politique de Boulin, celui-ci a su préserver sa liberté de jugement et ménager sa propre marge de manœuvre. Deux fiefs gaullistes, tenus par deux personnalités d'envergure nationale, coexistent donc en Gironde au cours des deux premières décennies de la Ve République. Une longue habitude de collaboration, placée sous le signe de la loyauté et de la confiance réciproque, s'est progressivement muée en une véritable amitié. À la mort de Boulin, Chaban déclare : « Il était pour moi un ami, comme un jeune frère. »[33] Cette courte phrase témoigne d'une affection sincère de l'un pour l'autre. Elle ne les place pas pour autant sur un pied d'égalité. En définitive, Chaban a toujours conservé dans ses rapports avec Boulin – comme sans doute avec Yves Guéna à Périgueux, autre forte personnalité régionale du gaullisme – une stature de *Primus inter pares*. De fait, contrairement au chabanisme qui renvoie à la réalité d'une pratique politique locale, celle du compromis, il faut bien constater le caractère très personnel de l'action politique de Boulin. Alors que Chaban a su transmettre son fief en héritage, c'est le socialiste Gilbert Mitterrand, une fois Boulin disparu, qui domine la vie politique du Libournais dans les années 1980.

---

[33]   *Sud Ouest*, 31 octobre 1979.

Approche comparée des carrières politiques
de Robert Boulin et Jacques Chaban-Delmas

	Boulin	Chaban-Delmas
Date de naissance	1920	1915
Lieu de naissance	Villandraut (Gironde)	Paris (XIIIe). Des racines borde-laises mais n'a jamais vécu en Gironde
Milieu social	Petite bourgeoisie : fils de Jean Boulin, contrôleur des Manufactures des tabacs, et de Catherine Martineau	Petite bourgeoisie
Études	Lycées de Talence et Bordeaux, facultés de Droit et Lettres de Bordeaux	Lycée Lakanal à Sceaux, faculté de Droit de Paris et École libre de sciences politiques
Profession	Avocat	Inspecteur des Finances
Engagement dans la Résistance	Résistance intérieure. Croix de guerre 39-45 et médaille de la Résistance	Délégué militaire national avec le grade de général de brigade. Compagnon de la Libération, Croix de guerre 39-45 et médaille de la Résistance
Étiquette politique	RPF (dès 1947), républicains sociaux (conseiller national 1955-1958), UNR (comité central (1959-1961-1963), UDR, RPR	Parti radical (1946), RPF (dès 1947), républicains sociaux (président national), UNR, UDR, RPR
Cursus local, fonctions exécutives	Maire de Libourne 1959-1979	Maire de Bordeaux 1947-1995 Président de la Communauté urbaine de Bordeaux 1967, 1983, 1989-1995 Président du Conseil régional d'Aquitaine 1974-1979 et 1985-1988
Mandats nationaux	Député de la Gironde (9e circonscription) 1958-1979	Député de la Gironde 1946-1997 Président de l'Assemblée nationale 1958-1969, 1978-1981 et 1986-1988
Âge au premier mandat	38 ans	31 ans
Fonctions ministérielles	Secrétaire d'État puis ministre sous de Gaulle, Pompidou et V. Giscard d'Estaing de 1961 à 1973 et de 1976 à 1979, soit 14 ans de présence au gouvernement (dix portefeuilles)	Ministre des gouvernements PMF 1954-1955, ministre d'État du gouvernement Mollet 1956-1957, ministre du gouvernement Gaillard 1957-1958, Premier ministre 1969-1972
Vie familiale	Marié, deux enfants	Marié trois fois, quatre enfants
Franc-maçonnerie	Oui	Non
Décès	30 octobre 1979, à l'âge de 59 ans	10 novembre 2000, à l'âge de 85 ans

Du compagnonnage à la fraternité : itinéraire d'un gaulliste en maçonnerie

Jean PETAUX

Enseignant-chercheur à Sciences Po Bordeaux

« Robert Boulin est mort le 24 octobre 1975 pour renaître le même jour dans le temple de la Grande Loge de France, Respectable Loge 868 "James Anderson", à l'orient de Paris » : cette affirmation surprenante, surtout quand on connaît les circonstances tragiques de la mort du ministre du Travail et de la Participation du gouvernement Barre, dans la soirée du 29 au 30 octobre 1979, ne prend sens que dans une lecture initiée du propos. Christophe Bourseiller, dans un témoignage personnel et récent, après de nombreux autres auteurs, évoque sa propre initiation à la Grande Loge nationale de France :

> On m'entraîne vers un sous-sol dallé [...]. Plusieurs portes anonymes dissimulent de petits cabinets de réflexion. Je me souviens de symboles alchimiques, d'une tête de mort posée sur une tablette. Être ou ne pas être, je dois méditer. Ma mission consiste précisément à rédiger dans le vestiaire un « testament philosophique ». Je rédige le fameux testament [...]. Plus tard j'assiste à la crémation de mon testament [...]. Un orateur au verbe acéré m'explique en une longue tirade, que je viens de vivre une seconde naissance. J'appartiens désormais à la caste des initiés[1].

---

[1] Christophe Bourseiller, *Un maçon franc : récit secret*, Monaco/Paris, Alphée J.-P. Bertrand, 2010, p. 42 et 46. Dans ce court ouvrage, C. Bourseiller, acteur, écrivain et journaliste, témoigne de son entrée en maçonnerie (Grande Loge nationale de France) de 1984 à 1990 puis des dix années passées à la Grande Loge de France. Son récit est tout à fait éclairant et passionnant. Tout ce qui est rapporté est, évidemment, parfaitement connu des initiés et profanes qui se s'intéressent aux différents aspects de la franc-maçonnerie (rituels, symbolisme, débats, relations avec le monde extérieur). L'évocation de son initiation qui est faite ici, dès l'ouverture de la présentation d'une étude sur la trajectoire maçonnique de Boulin, n'a pas d'autre ambition que de montrer au lecteur l'état d'esprit du profane Boulin, au moment de son initiation. Tant il est vrai que le rituel vécu alors recèle à la fois une dimension universelle et individuelle. Chaque initié vit un rite de passage comme une expérience intime qui le relie à une communauté, à une historicité et à un invariant structurel, celui du groupe

Évoquer les relations entre Boulin et la franc-maçonnerie, dans un texte à prétention scientifique, à la confluence entre la science politique et l'histoire, c'est s'exposer à toutes les infortunes possibles de la vertu... et s'aliéner, plus ou moins à coup sûr, la plupart des lecteurs. Aux uns, férus de symbolisme et de rituels plus ou moins secrets[2], il manquera dans ce texte, des informations inédites sur le comportement de Boulin lors de son initiation ou sur son travail de maçon. D'autres considéreront, à l'inverse, qu'il aura été trop dit et trop révélé dans une transgression du serment du secret prononcé par Boulin lui-même. Certains espéreront trouver ici quelques révélations sur les relations toujours sulfureuses entre « politique » et « maçonnerie », sur les « Frères la Gratouille » toujours prompts à comploter entre amis, sur le dos de la République et de la morale : ils en seront également pour leurs frais. Ce qui nous a guidés, dans une démarche que l'on qualifiera de « compréhensive »[3], relève de deux questions de recherche :

Pourquoi et comment Boulin est-il entré à la Grande Loge de France ?

Quelle a été la nature de sa pratique maçonnique ?

N'ignorant rien du célèbre aphorisme d'André Malraux, dans *Antimémoires*, collègue ministre de Boulin définissant un homme « comme un misérable petit tas de secrets », on conviendra aisément que les réponses que nous apporterons à ces questions demeureront comme autant d'hypothèses et non de certitudes[4].

---

dans lequel il entre. Le fait que l'initiation de C. Bourseiller se déroule à la Grande Loge nationale de France ne change pas par rapport à la Grande Loge de France.

[2] En réalité, « pas secrets du tout » comme en témoigne l'abondante production vendue en librairie ou publiée sur Internet désormais qui dit et décrit, par le menu et en détails, tout ce qui se déroule au sein des loges et des différentes obédiences. C'est bien plutôt l'abondance de productions sur la question qui surprend et interpelle.

[3] Nous employons à dessein ce terme emprunté au sociologue Max Weber qui emploie le verbe *Verstehen* pour définir les sciences de l'histoire et de la société. Comme l'indique avec la pertinence qu'on lui connait Raymond Aron : « Il faut avoir le sens de l'intérêt de ce que les hommes ont vécu pour les comprendre authentiquement, mais il faut se détacher de son propre intérêt pour trouver une réponse universellement valable à une question inspirée par les passions de l'homme historique », *in* Raymond Aron, *Les étapes de la pensée sociologique : Montesquieu, Comte, Marx, Tocqueville, Durkheim, Pareto, Weber*, Paris, Gallimard, coll. « Tel », 1994, p. 509.

[4] « Mais, ne proposant cet écrit que comme une histoire, ou, si vous l'aimez mieux, que comme une fable, en laquelle, parmi d'autres exemples qu'on peut imiter, on en trouvera peut-être aussi plusieurs autres qu'on aura raison de ne pas suivre, j'espère qu'ils sera utile à quelques uns sans être nuisible à personne, et que tous me sauront gré de ma franchise », René Descartes *in* Jean-Marie Péret et Jean Petaux, *Méthodologie de l'épreuve de culture générale : pédagogie, mode d'emploi : Sciences Po, concours administratifs*, Talence, Presses universitaires de Bordeaux, coll. « Parcours universitaires », 1996, p. 9.

Boulin a été très peu de temps maçon : à peine plus de quatre années. Il n'a rien connu des « grades supérieurs »[5] et son parcours en maçonnerie a été très classique, pour ne pas dire banal. C'est cette banalité-là, faite néanmoins de rencontres, d'échanges, d'amitiés et de chaleur humaine, que nous allons nous attacher à décrire désormais, sans ignorer les interrogations que Boulin n'a pas manqué de formuler à lui-même et à ses « Nouveaux frères »[6], pendant son trop court voyage en leur compagnie. Son itinéraire en maçonnerie doit être examiné, d'une part, comme une expérience personnelle, celle d'un homme politique forgé au bien public et à l'ambition de servir. Il doit, d'autre part, être envisagé sous l'angle d'une interaction entre un individu et un groupe social en apparence homogène et en réalité totalement hétérogène : une loge parmi des centaines d'autres au sein de la Grande Loge de France, confronté (minimalement) à la présence d'un ministre (il ne fut pas le seul) dans ses rangs, mais aussi (fortement en revanche) aux circonstances de la disparition de ce « frère ministre » (il fut bien le seul dans ce cas-là, et le demeure vraisemblablement encore)[7].

---

[5] Expression qui désigne les « hauts grades » en maçonnerie à partir du 4e degré (Maître secret) jusqu'au plus élevé, le 33e (Souverain Grand Inspecteur général).

[6] Titre du chapitre que Benoît Collombat consacre aux relations entre Boulin et les francs-maçons dans son remarquable ouvrage (p. 60-69), Benoît Collombat, *Un homme à abattre : contre-enquête sur la mort de Robert Boulin*, Paris, Fayard, 2007. S'il n'évoque que fort peu la dimension maçonnique de la biographie du ministre, les informations qu'il présente nous ont été utiles dans la recherche des derniers témoignages disponibles : qu'il en soit ici remercié. Il reste, sans la confiance et la disponibilité dont a fait preuve à notre égard Fabienne Boulin-Burgeat, qui nous a ouvert la totalité des archives maçonniques de Boulin encore disponibles, rien de ce qui figure dans ce texte n'aurait pu être écrit. Nous espérons ne pas avoir trahi cette confiance spontanée. Nous avons fait en sorte, par ailleurs de respecter la clause de confidentialité propre au milieu étudié. Seuls les témoins interrogés qui ont accepté de se « dévoiler » sont ainsi cités nommément, pour ce qui concerne les autres on trouvera simplement la mention « Entretien privé ». Cette précaution ne nous semble pas entamer la rigueur dont nous souhaite faire preuve : le présent texte ne porte pas sur la question de savoir « qui en est et qui n'en est pas » (question pour le coup « rituelle », accréditant plus ou moins consciemment la thèse antimaçonnique et vichyste du complot synarchique), mais bien plutôt sur l'interrogation suivante : Qui était le Robert Boulin franc-maçon ?

[7] L'auteur du présent chapitre a accepté de se conformer à la règle éditoriale consistant à ne pas traiter les semaines qui ont précédé la disparition de Boulin, les circonstances elles-mêmes et la période qui a suivi. Il y a bien, néanmoins, dans les réactions de l'obédience en général et dans celles de ses frères appréhendées individuellement, matière à considérer que la relation entre Boulin et la maçonnerie, s'est, en quelque sorte, poursuivie *post mortem*, tout autant dans les interprétations des conditions de sa mort par ses frères que dans leurs conséquences sur l'obédience. Ces éléments non traités dans les pages suivantes feront l'objet d'une publication ultérieure.

Un député gaulliste frappe à la porte d'un temple

La première particularité qu'il convient de souligner dans la trajectoire biographique de Boulin, c'est qu'il n'est pas ministre quand il est initié. Cet homme politique, qui a été membre d'un gouvernement du 24 août 1962 au 30 octobre 1979, n'a connu qu'une seule période où il n'a pas siégé au Conseil des ministres : du 29 mars 1973 au 27 août 1976. Il entre à la Grande Loge de France pendant ce court laps de temps où il est simplement député-maire de Libourne. La seconde caractéristique de son engagement maçonnique réside dans le fait qu'il choisit une obédience, la Grande Loge de France, moins portée sur la chose politique que le Grand Orient de France, plus symbolique qu'opérative, plus spirituelle que sociale, car, si le Grand Orient érige la laïcité au premier rang de ses principes, la Grande Loge de France ne récuse en rien les religions et les croyances individuelles dès lors qu'elles sont tolérantes et non sectaires.

Enfant de chœur, résistant et homme politique

Boulin est né le 20 juillet 1920, dans une famille pieuse originaire de Villandraut, aux confins de la Gironde et des Landes, dans une atmosphère et une socialisation plus conforme aux romans de François Mauriac qu'aux luttes prolétariennes ou aux combats pour le triomphe de l'athéisme dans la République radicale. Benoît Collombat le dit fort bien :

> Croyant sincère, éduqué selon les principes de la religion catholique, Robert Boulin en choisissant comme nom de résistant celui d'un souverain pontife[8], se plaçait sous les auspices d'une protection divine. Lui dont les parents n'arrivaient pas à avoir d'enfant, sait que sa mère, Marcelle, est partie un jour en pèlerinage à Lourdes pour implorer la Vierge. Et que neuf mois plus tard son fils Robert est né. Comment ne pas croire au miracle ? Ce n'est sans doute pas un hasard que le fils de Robert Boulin, né en 1948, s'appelle Bertrand. Les prénoms ont une âme. Robert Boulin, quant à lui, porte le nom d'un mort : celui de son oncle Robert qu'il n'a jamais connu, mort du typhus pendant la Grande Guerre.[9]

Fabienne Boulin-Burgeat confirme pleinement la socialisation religieuse de son père, évoquant son « statut » d'enfant de chœur durant son

---

[8] « Bertrand » en référence à « Bertrand de Got », futur Clément V, né près de Villandraut et enterré à Uzeste.

[9] Benoît Collombat, 2007, *op. cit.*, p. 51. Cette anecdote du « pèlerinage » pour avoir un enfant, pour paraître évidemment désuète aujourd'hui, était communément pratiqué jusqu'aux années 1960, dans les rangs des catholiques pratiquants. Cela correspond à une forme de religiosité « concrète » dont le « succès » renforçait, bien évidemment, la pratique puisqu'il était manifeste « qu'il fallait y croire » pour que l'entéléchie puisse s'opérer.

enfance et adolescence, fonction qui lui procurait beaucoup de joie et de sens des responsabilités. Le 5 août 1940, Daniel Boulin contrôleur des Manufactures des tabacs, habitant Talence avec son épouse et son fils Robert qui vient de passer (tardivement) son baccalauréat, décède brutalement, d'une rupture d'anévrisme, en attendant le bus qui doit le conduire à son travail, à Bordeaux, près de la rue de Belfort. Est-ce pour cela que l'adulte qu'il est en train de devenir, confronté au décès brutal de son père, commence à s'intéresser à la métempsycose ? Toujours est-il qu'il complète sa culture religieuse et sa passion pour les textes fondateurs, porteurs d'explications générales, par une exploration encore plus aboutie des « religions du Livre », lisant tout aussi bien, la *Thora*, les *Évangiles* et le *Coran*, les faisant également lire à ses deux enfants, quand ils furent en âge de le faire.

Boulin, dans un *Cahier de vie*[10] commencé à 11 ans, le 7 janvier 1931 et tenu jusqu'en 1939, relate, à l'aide de coupures de presse minutieusement collées sur les pages de ce gros cahier relié, les événements du temps : de la disparition des héros de la Grande Guerre (Foch, Joffre) aux aventures de la « Postale » et aux détails de la guerre civile espagnole, montre clairement qu'il déteste les dictateurs dont l'ambition menace l'Europe. Pour autant, Boulin, semble-t-il, n'a pas de maître à penser[11]. Sensible aux écrits de Montaigne, impressionné par le système philosophique d'un Montesquieu, réceptif aux émotions d'un Mauriac (certainement aussi aux sentiments et à la culture qu'il dissèque) il est, somme toute, pareil à la plupart des jeunes lettrés girondins de sa génération : formé aux humanités gréco-latines, hésitant entre une inscription à la Faculté de médecine et une autre à la Faculté de droit de Bordeaux. Il choisit cette dernière lorsque les Allemands occupent Bordeaux et s'engage rapidement dans le réseau Navarre dont il devient l'un des principaux agents, en Gironde et dans le Sud-Ouest. Après la Libération, devenu avocat, inscrit au barreau de Libourne, il n'abandonne aucunement sa pratique religieuse et confond, presque naturellement, son engagement aux côtés de « son » grand homme, le général de Gaulle, dès 1947 dans les rangs du RPF (Rassemblement du peuple français) avec une double référence : l'attachement à la liberté s'incarnant dans un anticommunisme résolu et jamais démenti et l'appartenance au catholicisme (anticommunisme et catholicisme, se nourrissant l'un l'autre au demeurant).

Il n'est pas étonnant dès lors qu'élu député de la Gironde le 30 novembre 1958, dans les rangs de la toute nouvelle Union pour la Nouvelle République (UNR), devenu maire de Libourne l'année suivante, Boulin

---

[10]   Archives familiales, document présenté par Fabienne Boulin-Burgeat.

[11]   Entretien avec F. Boulin-Burgeat, 22 avril 2010.

rencontre régulièrement l'aumônier des parlementaires et assiste aux cérémonies religieuses organisées avec les élus de la nation, dans une République par ailleurs « laïque et sociale ». De même, beaucoup plus tard, celui-ci, ministre, déjeune tous les mois avec monseigneur Marius Maziers[12], archevêque de Bordeaux de février 1968 à mai 1989, proche de la Jeunesse ouvrière chrétienne. Ses travaux parlementaires montrent un député jusqu'en 1961 favorable à la Loi Debré sur l'enseignement privé en 1959 et ne démentent en rien l'attachement réel que le député-maire de Libourne maintient à l'égard de ce que Jacques Lagroye, appliquant cette catégorie au député-maire de Bordeaux, à la même époque, nomme « le milieu catholique »[13].

Recherche spirituelle et quête de sens : d'une religiosité l'autre

De l'avis général, et en croisant les témoignages des acteurs de l'époque, Boulin est un ministre peu enclin à goûter et à abuser des ors des palais d'État. Adoptant un train de vie plutôt modeste, installé avec son épouse et ses deux enfants à Paris puis à Neuilly dans les années 1960, il fait la navette toutes les semaines entre la capitale et « sa » ville de Libourne, sans autre protocole que celui offert par le train de nuit partant de Paris-Austerlitz. F. Boulin-Burgeat se souvient de vacances, quasi immuables, partagées entre Villandraut, Barsac (lieu de résidence de la famille maternelle) et la côte Atlantique, jusqu'à ce qu'à la fin des années 1960, les Boulin choisissent comme lieu de villégiature estivale l'île de Port-Cros, dans le golfe d'Hyères et, dans le confinement d'un des rares hôtels de l'époque, fassent la connaissance d'autres résidents : Jean-Louis Barrault et Madeleine Renaud et quelques autres habitués. Parmi ceux-là figure notamment un gynécologue-obstétricien disert, courtois, attentif et curieux, doté d'un magnétisme certain, déjà connu en France pour ses prises de position en faveur de ce que l'on ne nomme pas encore « la cause des femmes » : le docteur Pierre Simon[14],

---

12 Marius Maziers, a été l'un des rares archevêques de Bordeaux et Bazas à ne pas être créé cardinal par Rome ; son inclinaison « gauchisante » n'y est sans doute pas pour rien. Tout au long de sa présence à la tête du diocèse de Bordeaux il manifesta un intérêt réel pour les questions politiques. Plusieurs personnalités politiques girondines de droite et de gauche, telles Michel Sainte-Marie, député-maire PS de Mérignac, partageaient sa table régulièrement. L'auteur fut témoin, à plusieurs reprises, des conversations que Mgr Maziers a pu avoir avec Catherine Lalumière, ministre socialiste et protestante, entre 1981 et 1986.

13 Jacques Lagroye, *Société et politique : J. Chaban-Delmas à Bordeaux*, Paris, Pédone, coll. « Bibliothèque, série Vie locale, 4 », 1973.

14 Pierre Simon est une personnalité déjà connue, en France, dans les années 1960. Né à Metz en 1925, neveu du grand rabbin Kaplan, caché pendant la guerre et échappant ainsi à l'extermination, il fait des études de médecine et devient gynécologue-obstétricien, sans pour autant acquérir un statut hospitalo-universitaire qui aurait pu lui apporter la reconnaissance sociale offerte, dit-on, aux « professeurs d'Université » (comme certains

« co-importateur » en France, dès les années 1950, d'une méthode révolutionnaire apprise lors d'un séjour en URSS, en 1953, l'accouchement sans douleur. De cette rencontre date sans aucun doute ce qui va être le début du cheminement de Boulin vers la franc-maçonnerie. Un témoin de l'époque, proche de Simon, qu'il fréquente depuis 1963, Jean Verdun, Grand Maître de la Grande Loge de France de 1985 à 1988, évoque les premiers contacts entre les deux hommes :

> L'époque, la fin des années 60, n'a rien à voir avec celle d'aujourd'hui. Il y avait une certaine réserve dans l'approche des futurs maçons, y compris ceux qui occupaient des responsabilités politiques. Tout cela ne s'étalait pas dans la presse hebdomadaire à longueur de dossiers. J'ai connu Pierre Simon en 1963 et nous étions dans la même loge, celle dont il a été le Vénérable, « La Nouvelle Jérusalem ». Pierre Simon était quelqu'un de très connu sur Paris, et il s'était, progressivement, forgé une réputation, justifiée d'ailleurs, de spécialiste des questions se rapportant à la sexualité. En revanche, dire, comme cela a été dit, que c'est en loge que s'est élaborée la loi sur la pilule, à l'initiative de Pierre Simon, c'est une pure ineptie. D'ailleurs, Neuwirth n'était pas frère. Lorsqu'il rencontre Robert Boulin, celui-ci est ministre de l'Agriculture[15], Pierre Simon est un homme qui veut connaître tous les hommes et faire aussi partager sa passion pour les idées qu'il défend : la cause des femmes, l'épanouissement d'une sexualité libre et débarrassée du poids des tabous religieux et autres. Il va vers Boulin comme il serait allé vers d'autres et ne se dit certainement pas : « Je vais ferrer un gros poisson politique. » Je pense que c'est tout naturellement que l'un et l'autre ont sympathisé et qu'ils ont ainsi commencé à parler ensemble de la franc-maçonnerie.[16]

---

d'entre eux le pensent…). Fondateur du Mouvement français pour le Planning familial en 1956, précédemment créateur du Club des Jacobins en 1951 avec Charles Hernu (autre « maçon » célèbre en politique), membre du Parti radical, il appartient à la Fédération de la gauche démocrate et socialiste (FGDS) après la présidentielle de 1965 et est candidat, sans succès, à la députation en 1967 dans une circonscription parisienne, sous les couleurs de la Fédération présidée par François Mitterrand. Hostile à une alliance avec les communistes, il demeure au Parti radical valoisien après la signature du Programme commun de la Gauche, en 1972, lorsqu'une partie des Radicaux, emmenée par Robert Fabre, fait scission et crée le MRG, en adhérant à l'Union de la Gauche. Simon a été initié, dans les années 1950, à la Grande Loge de France dans l'une des loges les plus dynamiques, qui compte dans ses rangs de nombreux dignitaires de l'obédience, la loge 376 « La Nouvelle Jérusalem ». Il occupe pendant deux périodes le fauteuil de Grand Maître de la Grande Loge de France, entre juin 1969 et juin 1971 et de juin 1973 à juin 1975. Il est décédé le 11 mai 2008. Nous ne l'avons pas interrogé.

15   Dans le gouvernement Couve de Murville, du 10 juillet 1968 au 20 juin 1969.

16   Entretien téléphonique avec Jean Verdun, 24 avril 2010. Écrivain, homme de théâtre, c'est une personnalité tout à fait étonnante qui présente la particularité d'avoir été Grand Maître de la Grande Loge de France (1985-1988) et d'en démissionner en 1998 après avoir été traduit en justice maçonnique en 1997 et condamné à un an de suspension pour « violation du secret maçonnique ». Il a publié de nombreux ouvrages dont certains sur la maçonnerie. Il est désormais membre du Grand Orient de France.

Plus prosaïquement et directement, F. Boulin-Burgeat se rappelant des premières rencontres entre son père et Simon, dit avec sa franchise habituelle :

> Je pense que Simon lui a fait du « rentre-dedans » d'emblée. Mais cela n'empêche pas qu'ils sont devenus tous les deux très amis et que nous avons eu des relations très proches. C'est Pierre Simon qui m'a d'ailleurs accouchée de mes trois enfants.[17]

Le 20 juin 1969, à la faveur de la nomination de Chaban-Delmas à Matignon, Boulin change de portefeuille ministériel et occupe le poste de ministre de la Santé publique et de la Sécurité sociale. Il a, à ses côtés, comme secrétaire d'État à l'action sociale et à la réadaptation, l'une des rares femmes ayant occupé une fonction ministérielle à l'époque, Marie-Madeleine Dienesch. Le député-maire de Libourne, constituant son cabinet, appelle dans son équipe Simon, mais celui-ci ne figure pas parmi les « officiels » du cabinet dont les noms sont publiés au *JO*. En revanche on trouve déjà dans la liste de ses plus proches collaborateurs, Yann Gaillard[18], jeune énarque, inspecteur des finances, en qualité de directeur de cabinet.

Entre 1969 et 1972, Simon, conseiller technique au cabinet de Boulin, poursuit parallèlement son activité professionnelle de gynécologue-obstétricien. Sur le point de devenir pour la première fois Grand Maître de la Grande Loge de France, il travaille aussi à la publication d'une grande enquête sur les pratiques sexuelles françaises qui passe à la postérité sous le titre générique de *Rapport Simon*[19] équivalent du célèbre *Rapport Kinsey* américain. On trouve dans le fonds d'archives « Pierre Simon » légué à l'Université d'Angers, de nombreuses notes internes et échanges de courriers entre Simon, au cabinet du ministre et la direction générale de la Santé, sur les décrets d'application de la loi Neuwirth, attestant bien du travail réglementaire et technique accompli par le Grand Maître de la Grande Loge de France auprès du ministre.

Peut-on pour autant en conclure que Simon joue un rôle de mentor de Boulin en matière de régulation des naissances, de contraception moderne ou de procréation médicalement assistée voire, puisque c'est à

Né en 1931, sa mère était la sœur d'André Diethelm, proche de Georges Mandel avant 1939 et premier ministre de la Guerre du général de Gaulle en 1944, décédé en janvier 1954. J. Verdun a noué des relations très étroites avec Boulin et une partie de sa famille, après l'initiation de celui-ci.

[17] Entretien avec F. Boulin-Burgeat.

[18] Yann Gaillard, aujourd'hui sénateur UMP de l'Aube, a été également proche collaborateur d'Edgar Faure, président de l'Assemblée nationale. Il est le directeur du cabinet de Boulin en 1978-1979.

[19] Pierre Simon, *Rapport Simon sur le comportement sexuel des Français*, Rapport dit « Simon », préface de Boulin, Paris, P. Charron/R. Julliard, 1972.

ce moment-là que la question s'inscrit sur l'agenda politique, sur l'interruption volontaire de grossesse ? Nous ne le pensons pas, car Boulin a manifestement ses propres convictions en la matière et, s'il entend les thèses d'un de ses conseillers (parmi d'autres), s'il apprécie sa conversation, il n'en fait aucunement un *think tanker* privilégié, même si Simon a souvent cherché à surévaluer son influence, attitude classique au demeurant. À l'évidence, ce qui l'intéresse dans sa fréquentation de Simon, c'est surtout une recherche croissante de spiritualité et, parallèlement, une certaine lassitude dans sa pratique religieuse au sein d'une Église catholique certes postconciliaire mais également sous le choc de la récente encyclique de Paul VI, *Humanae Vitae*, dont la condamnation sans appel de la pilule contraceptive le déconcerte comme plus d'un catholique pratiquant.

Remplacé au ministère de la Santé le 5 juillet 1972 par Jean Foyer[20], farouche opposant à l'avortement, et en charge des Relations avec le Parlement jusqu'au 28 mars 1973 et bien que réélu sur la circonscription de Libourne quelques jours auparavant, Boulin paie certainement sa fidélité à Chaban-Delmas et, pour la première fois depuis 1961, se retrouve purement parlementaire. À ce moment-là de sa trajectoire politique, selon ses plus proches, il considère qu'il ne redeviendra plus jamais ministre, d'autant que l'issue de la présidentielle de 1974, où il a clairement combattu pour Chaban-Delmas contre V. Giscard d'Estaing soutenu par J. Chirac, et le choix de ce dernier comme Premier ministre, lui ôtent, semble-t-il, toute espérance. La tribune libre qu'il signe dans *Le Monde* pour protester contre la « prise de l'UDR[21] » par le sabreur

---

[20] Il est évident que Foyer, député de Maine-et-Loire, ancien garde des Sceaux de De Gaulle, futur héraut de la lutte anti-IVG, ne conserve pas Simon à son cabinet qui revient, ensuite, au cabinet de Michel Poniatowski et de Simone Veil, jusqu'au vote de la loi du 17 janvier 1975 libéralisant l'avortement. Sur cet épisode, et l'influence des francs-maçons, le témoignage que nous livre Foyer le 18 décembre 1976 est particulièrement éclairant : « Le plus important dans l'affaire de l'avortement a été le ralliement à la thèse de la libéralisation de l'actuel président de la République [V. Giscard d'Estaing] [...]. Moi-même, président de la Commission des lois, je le fais venir dans mon bureau, environ trois semaines avant la mort du président Pompidou [2 avril 1974]. Cela fait bientôt trente ans que je connais Monsieur Giscard d'Estaing, j'ai surtout eu le loisir de le "pratiquer" pendant six ans quand il était aux Finances de 1960 à 1966. Je lui dis : "Écoutez, vous avez des ambitions à la présidence de la République, je ne sais pas dans quelles conditions cela se présentera, j'ignore si je ne serais pas appelé à un moment donné à choisir entre vous et le candidat de la gauche. Je vous en supplie, cessez de soutenir cette mauvaise cause de l'avortement !" J'ai alors trouvé un homme extraordinairement fuyant, prenant la tangente. C'était à peu près à la même époque qu'il avait commencé à prendre des contacts plus qu'ostensibles avec certains milieux maçonniques ; par la suite, c'est lui qui a voulu le vote de la loi de 1975 », *in* Jean Petaux, *Le Maine-et-Loire face à l'avortement : l'évolution des mentalités en Anjou*, Cholet, les Éditions du Choletais, 1979, p. 71.

[21] Union des démocrates pour la République.

Chirac », le 17 décembre 1974, achève d'ailleurs de sceller la rupture entre le « gaulliste Boulin » et le « chiraquien Chirac »[22].

Au même moment, au terme du long et passionné débat sur la loi Veil, trois jours plus tard, le 20 décembre 1974, Boulin est l'un des rares députés à ne pas prendre part au vote avec huit autres collègues[23]. Au cours des débats, l'ancien ministre de la Santé ne prend qu'une seule fois la parole, le 27 novembre 1974 :

> Je ne suis pour ma part, ni pour, ni contre, mais je choisirai lors du vote. Je trouve, en effet l'affaire fort compliquée. Autrement dit, tirant les leçons de la bataille de Poitiers, j'essaierai de me garder à droite et de me garder à gauche et de n'être selon l'expression consacrée, ni libéral, ni intégriste.[24]

Il s'attire une réplique assez cinglante de Simone Veil, défendant son projet de loi :

> M. Boulin, après avoir précisé qu'il n'était ni pour, ni contre, mais au milieu [Sourires] a préconisé de partir non d'une position juridique mais d'une conception pragmatique.[25]

C'est dans ce contexte personnel et politique que Boulin, après avoir été plusieurs fois sollicité par son ami Simon et après avoir également décliné à plusieurs reprises, invoquant essentiellement le « manque de temps », pose donc sa candidature à l'entrée à la Grande Loge de France. À l'été 1975, imaginant même qu'il va purement et simplement se replier sur Libourne, il accède au souhait de Simon qui, manifestement, n'en veut pas à son ami de n'avoir pas défendu la cause des femmes et l'IVG. En tout état de cause, compte tenu de la chronologie, toute interprétation consistant à trouver un lien de causalité entre son entrée en loge et une avancée de la loi sur l'IVG est nulle et sans fondement – ne

---

22   Benoît Collombat, 2007, *op. cit.*, p. 72. L'auteur cite un extrait de la tribune de Boulin joliment intitulée « Le 14 Brumaire » : « Ce coup d'éclat, réalisé avec audace et force, continue à m'indigner en posant pour moi un problème de conscience qui a entraîné mon départ (je crois encore – naïf que je suis à l'honnêteté politique), mais surtout en matière politique, quand on fonce à tombeau ouvert, il faut vérifier que la voie n'est pas sans issue. » Boulin décide alors de rendre sa carte à l'UDF et siège dans les rangs des Non-Inscrits du 17 décembre 1974 au 20 février 1975 (hors session parlementaire, en fait...) (Assemblée nationale, Cinquième législature, 2 avril 1973-2 avril 1978, *Table des débats*, p. 430).

23   *JO des Débats de l'Assemblée nationale*, 1re séance du 20 décembre 1974, p. 8267. Parmi les neuf figurent, outre Boulin, Pierre Sudreau et Émile Zuccarelli. Ce dernier, fils de maçon et souvent lui-même considéré comme tel, ne l'est pas en réalité.

24   *JO des Débats de l'Assemblée nationale*, 2e séance du 27 novembre 1974, p. 7119.

25   *JO des Débats de l'Assemblée nationale*, 2e séance du 28 novembre 1974, p. 7195. Boulin ne figure pas parmi les cinquante députés et sénateurs, emmenés par Foyer, qui saisissent, dès le 20 décembre 1974, le Conseil constitutionnel pour faire annuler la loi nouvellement votée.

serait-ce, à l'évidence, que parce que Boulin est hostile, en conscience, à une libéralisation des conditions de l'IVG[26].

Boulin reçoit donc trois courriers successifs, un premier daté du 15 septembre 1975 signé « Pasteur Michel Viot », un deuxième du 29 septembre 1975 signé « Albert Monosson » et une troisième lettre. Ces missives, sans en-tête autre que le nom de leur auteur, sans signe distinctif particulier, sont en réalité écrites par les trois « frères enquêteurs », qui, comme pour tous les candidats à l'entrée en maçonnerie, quelque soit l'obédience (Grand Orient de France, Grande Loge de France ou Grande Loge nationale de France pour ne citer que les trois plus importantes en France), ont un entretien particulier avec l'impétrant, rédigent les rapports qui seront lus en loge avant le vote.

Expédié à son adresse personnelle à Neuilly, le texte de ces courriers est d'une rare banalité et fait tout autant penser à l'adhésion à une association philatéliste qu'à autre chose :

> Monsieur le Ministre, J'ai bien reçu votre candidature à notre Association. Pourriez-vous me téléphoner afin que nous convenions d'un rendez-vous ? Je vous prie de croire, Monsieur le Ministre, à l'assurance de mes sentiments les meilleurs.[27]

Un maçon libre dans une loge libre, mais pas n'importe laquelle

En réalité, l'histoire même de l'entrée de Boulin à la Grande Loge de France, est à la fois particulière et conforme à la règle de l'obédience. Boulin et quatre autres « profanes » vont être initiés[28] en même temps à la Grande Loge de France, rue de Puteaux à Paris, dans la loge n° 868, « James Anderson », le 24 octobre 1975. Sur les circonstances de son initiation, les versions semblent apparemment diverger, mais il faut sans doute, tout simplement, corriger celle de B. Collombat qui évoque la thèse d'une « initiation spéciale » :

> Contrairement à la tradition maçonnique qui veut que l'initié prête serment sur le volume de la Loi sacrée, placé sur l'autel du Vénérable avec l'équerre et le compas, Robert Boulin a droit à une « dérogation ». Il prête serment sur

---

[26] Information confirmée par F. Boulin-Burgeat qui se souvient de discussion entre « père » et « fille » sur cette question.

[27] Albert Monosson, décédé en 1993, appartenait à la loge Abbé Grégoire. Il a été Grand Maître adjoint de la Grande Loge de France dans les années 1980 et fait l'objet d'un portrait, avec d'autres figures importantes de la GLF, dans Henri-Charles Tort-Nouguès, *Figures de francs-maçons de la Grande loge de France*, Paris, G. Trédaniel, 2001. Sur Michel Viot, voir *infra*.

[28] Entretien privé.

la *Bible*. Boulin est initié à la loge 868, « James Anderson », créée de toutes pièces pour lui par Pierre Simon et Michel Viot.[29]

La présentation que fait B. Collombat n'est que partiellement conforme aux faits. Boulin, comme tous les initiés au grade d'Apprenti, rentrant à la Grande Loge de France, a bien prêté serment sur la *Bible* ouverte à l'Évangile selon Saint-Jean, comme c'est la règle. Il n'y a eu aucune dérogation pour lui. Laisser croire qu'il y aurait une « initiation spéciale » pour l'ancien ministre, au motif qu'il serait resté croyant ou pour quelque autre raison, est sans fondement, sauf à accréditer l'idée d'un « traitement de faveur » dû à son statut ministériel antérieur. En réalité il n'était bien évidemment pas le premier ministre à être initié et ne fut, sans doute, pas le dernier, à la Grande Loge de France ou ailleurs... Dans la loge « James Anderson », Boulin retrouve d'ailleurs un autre ancien ministre gaulliste, Hubert Germain[30].

En revanche, cette loge[31] a bien été créée « à l'orient de Paris »[32], *ex-nihilo*, sur la volonté de Simon, Grand Maître jusqu'en juin 1975 ainsi que d'autres hauts responsables de l'obédience (Monosson, Verdun, Michel de Just ou encore Viot). Selon Verdun qui a été désigné, à la création de la loge « James Anderson », à l'été 1975, « inspecteur »[33], il

---

[29] Benoît Collombat, 2007, *op. cit.*, p. 62.

[30] *Ibid.* Germain, Compagnon de la Libération, a été l'un des plus brillants jeunes officiers de la 13ᵉ DBLE du général Koenig pendant la Seconde Guerre mondiale. Député de Paris à partir de 1962, il est successivement ministre des PTT de 1972 à 1974 (et siège donc au Conseil des ministres en même temps que Boulin) et ministre des Relations avec le Parlement (de mars à mai 1974).

[31] Le pasteur James Anderson est considéré comme le fondateur de la franc-maçonnerie en publiant en 1723 *The Constitutions of the Free-Masons* qui passent à la postérité sous le nom de « Constitution d'Anderson ». Le Grand Orient de France, principale obédience française, fait prêter à chaque nouvel entrant serment de fidélité à la maçonnerie sur les « Constitutions d'Anderson », alors que la Grande Loge de France fait prêter serment sur la *Bible* entendue comme « Loi sacrée », d'où, vraisemblablement, la confusion de Collombat.

[32] Expression rituelle signifiant que le siège de la loge se situe à Paris, en l'espèce 8 rue Puteaux, 75017 Paris, *in* Luc Nefontaine, *La franc-maçonnerie : une fraternité révélée*, 1ʳᵉ éd., Paris, Gallimard, coll. « Découvertes, 211 », 1994, p. 152. Deux autres ouvrages peuvent être également mentionnés : Paul Naudon, *La franc-maçonnerie*, 18ᵉ éd., Paris, Presses universitaires de France, coll. « Que sais-je ?, 1064 », 2002 ; Alain Graesel, *La Grande Loge de France*, Paris, Presses universitaires de France, coll. « Que sais-je ?, 3791 », 2008. *Cf.* les sites Internet des obédiences désormais très complets et didactiques dont, entre autres, celui de la Grande Loge de France : [www.gldf.org].

[33] Un « Inspecteur » est un membre du « Conseil fédéral » de l'obédience (la GLF) réunissant les 33 plus hauts dignitaires de l'organisation. C'est en quelque sorte un « surveillant général » chargé de garantir la conformité des travaux de la loge (encore désignée sous le nom « d'atelier »). J. Verdun nous dit à ce sujet : « J'imagine que Pierre Simon a voulu que ce soit moi qui soit l'Inspecteur de "James Anderson" – ce

a bien été pensé, à ce moment-là, de créer une « loge particulière », une « loge d'élite » destinée à favoriser un haut niveau de réflexion symbolique et intellectuelle. Mais J. Verdun corrige aussitôt cette affirmation :

Moi, des loges d'élite j'en ai connu dix, vingt, cinquante, qui ont été créées dans cette intention initiale. Ce n'était pas du tout une « loge d'élite » parce que Boulin allait y entrer. C'était conçu comme une « loge d'élite » pour que ses membres puissent échanger et travailler non pas du tout sur des questions politiques ou sociales mais sur des questions de spiritualité, de symbolisme, etc. Le problème c'est que les loges qui sont créées initialement pour être des loges d'élite, ne le restent pas indéfiniment.[34]

Pour autant le choix du nom (James Anderson), celui du Vénérable de la loge (Viot), la présence de hauts dignitaires de l'obédience, tout cela ne doit rien au hasard : l'on sent bien l'influence de Simon, vraisemblablement, disent les principaux témoins, pour que Boulin et d'autres futurs apprentis soient dans une sorte de « cocon », sans être sollicités par des dizaines de frères, saisissant l'opportunité d'une rencontre fraternelle pour demander tel ou tel service[35] et puissent ainsi

---

[34] n'était pas la seule loge dont j'avais l'inspection – pour être sûr qu'il n'y aurait pas de problème en son sein dans les premières années de fonctionnement. »
Entretien avec J. Verdun. Dans la loge « James Anderson » figurent quelques personnalités originales (tels le peintre Jacques Birr, peintre animalier qui a réalisé plusieurs collections de timbres-poste, ou bien encore un vétérinaire reconnu). En revanche, contrairement à ce qu'écrit Collombat, l'ancien préfet de la Gironde, préfet de Région Gabriel Delaunay, n'y figure pas. Interrogée par nous, Michèle Delaunay, députée socialiste de la Gironde, nous confirme que son père, bien que considéré comme « un maçon sans tablier » par nombre de frères, ne fut jamais initié dans une quelconque obédience, par manque de temps et sans doute, aussi, ajoute-t-elle de manière amusée, parce qu'il n'était pas attiré par les questions symboliques et rituelles (entretien téléphonique du 27 avril 2010). Les archives maçonniques de Robert Boulin comportent une liste des membres de la loge que nous n'avons pas souhaité publier.

[35] J. Verdun : « Robert Boulin est entré dans une loge qui se voulait ambitieuse. Lui ne s'est pas rendu compte qu'on lui avait préparé une niche, il pensait qu'il était dans une loge ordinaire, comme les autres ». Un autre ami maçon de Boulin, Jacques Douté, propriétaire de l'Hôtel Loubat à Libourne, Vénérable Maître de la loge 840, « Esprit des Lois » à l'Orient de Libourne, ami de longue date avec le député-maire nous dit : « J'ai toujours dit à Robert que s'il devait rentrer chez nous, il ne devrait pas "maçonner" à Libourne pour éviter tous les "tapeurs" possibles et imaginables et qu'il serait mieux à Paris ». Entretien téléphonique du 30 avril 2010 ; et J. Douté d'ajouter : « Une fois, au début des années 70, j'ai été témoin à Libourne, dans mon restaurant, d'une conversation entre Michel Baroin, qui allait devenir Grand Maître du Grand Orient de France entre 1977 et 1978, et Robert Boulin. Je me souviens que celui-ci a dit à Robert : " Tu devrais rentrer en maçonnerie. Mais va plutôt à la GL, ils sont plus attirés par les questions symboliques et spirituelles, ça te correspond mieux". » Libourne, sous-préfecture de la Gironde, a la réputation d'être une cité à forte pratique maçonnique. Plusieurs adjoints de Boulin étaient francs-maçons, certains de ses opposants, et non des moindres, aussi.

s'adonner tranquillement à leur quête spirituelle. Le témoignage du Vénérable de la loge « James Anderson », le pasteur Viot[36], qui initie Boulin, confirme l'intention originelle de Simon :

> Pierre Simon et moi pensions tous les deux que la franc-maçonnerie se devait avant tout d'être spirituelle et, qu'en ce sens, nous devions nous rapprocher de la Grande Loge nationale de France, seule obédience française reconnue par la franc-maçonnerie universelle. L'idée consistait à concevoir les éléments théoriques pour se rapprocher d'une franc-maçonnerie régulière. On s'est aperçu avec stupeur qu'il n'y avait pas de loge au nom du pasteur Anderson à la Grande Loge de France. « James Anderson », c'était un peu une loge de recherche en quelque sorte. Je vais rester trois ans au « plateau » de Vénérable, de 1975 à 1978.[37]

---

[36] S'il existe des trajectoires humaines qui ne laissent pas de surprendre l'observateur, celle de M. Viot offre au moins l'intérêt de ne pas être banale. Pasteur luthérien de la paroisse protestante des Billettes (24 rue des Archives à Paris), Viot est initié à la Grande Loge de France en 1969 dans la loge 376 « Nouvelle Jérusalem », celle de Simon. Celui-ci le considère rapidement comme un expert pour les relations avec les principales religions, compte tenu de sa formation de théologien et de ses fonctions pastorales. La paroisse protestante des Billettes à Paris est un des hauts lieux de la musique baroque de la capitale et sa fréquentation va bien au-delà des simples membres de l'Église réformée. Le quartier dans lequel elle se situe, en pleine mutation dans les années 1970, accueille de nouvelles catégories sociales ouvertes à ce que l'on appelle plus tard les « Nouveaux Mouvements Sociaux » voire les « Nouvelles Marginalités », philosophiques, sexuelles, etc. M. Viot, pasteur, franc-maçon, devenu Maître au sein de la loge « Nouvelle Jérusalem », investi de la confiance de Simon, est donc, d'une certaine manière, tout désigné pour occuper le « plateau » de Vénérable de cette nouvelle loge « James Anderson ». C'est la raison pour laquelle il « enquête » Boulin, sans le connaître autrement que par ses responsabilités ministérielles passées et parlementaires actuelles. M. Viot vit, postérieurement à cette période, une évolution personnelle particulière : il quitte la GLF en 1987 pour entrer à la GLNF, seule obédience française reconnue par la maçonnerie anglo-saxonne, déiste, et y demeure jusqu'en 2001. Devenu Inspecteur ecclésiastique de l'Église luthérienne de France (fonction correspondant au grade d'évêque dans le catholicisme) dans les années 1980, Viot quitte le protestantisme pour rejoindre l'Église catholique où il est accueilli par l'évêque de Chartres en juin 2001 (*Le Monde*, 17 juillet 2001 et *La Croix*, 16 juillet 2001). Ordonné prêtre au terme d'une année de « probation », après avoir été vicaire de Romorantin, puis aumônier de la prison de Blois, il est désormais responsable du secteur pastoral de Chaumont-sur-Loire, Herbault et Onzain. Il a créé en 2008 l'association Écouter avec l'Église. Toujours très actif, ayant abandonné toute responsabilité maçonnique à la demande des Évêques en 2001, il se considère toujours soumis au secret maçonnique. Signataire de nombreuses tribunes libres dans divers organes de presse, il a publié dans les colonnes du *Monde* une « libre opinion » intitulée « Qu'on cesse de déformer les propos du pape ! » (11 avril 2009) ainsi qu'un ouvrage préfacé par Mgr Jean-Michel Di Falco, *Le vrai et le faux : comprendre la pensée de Benoît XVI*, Paris, Éditions de l'Œuvre, coll. « l'Œuvre spirituelle », 2009, dans lequel il prend vigoureusement la défense du souverain pontife. Nous avons eu un long entretien téléphonique avec M. Viot, le 2 mai 2010.

[37] Entretien avec M. Viot, 2010, *op. cit.*

Au soir du 24 octobre 1975, Boulin vit tout simplement ce que raconte malicieusement C. Bourseiller ; et il y a fort à parier qu'il ressent, pratiquement la même chose que lui, tant il est vrai que l'ethnologie nous apprend que tout initié revit son initiation en assistant à celle d'un autre :

> Tout se précipite. On m'intime de courber le dos. J'entre à genoux, comme un esclave, comme un forçat. C'est l'école de l'humilité […]. Soudain on m'enlève le bandeau. Je dois scruter l'assemblée qui pointe sur moi des épées menaçantes. Dans cette foule souriante et pourtant hostile, vais-je découvrir un ennemi ? La franc-maçonnerie abrite-t-elle une canaille, une raclure que je ne saurais voir ? […] Ainsi de bonne foi, je ne me reconnais aucun adversaire notable.[38]

Franc-maçon, parlementaire puis ministre

Voilà donc Boulin, député gaulliste, plus ou moins en rupture de ban avec l'UDR, héritier d'une tradition, celle des « compagnons du général » et des « barons du gaullisme », qui à défaut de se faire rare, au mitan des années 1970, est en phase de reflux spectaculaire face à l'émergence des chiraco-pompidoliens, initié au grade d'Apprenti, avec quatre autres « jumeaux » selon la terminologie consacrée, un soir de l'automne 1975. Que va-t-il faire de son initiation ? Apprenti de la Vénérable loge « James Anderson », le frère Boulin est astreint au silence qui régit le statut des jeunes maçons, assis sur la « colonne du nord », dans le secret du temple et, pendant les tenues, « sous le maillet » du « Deuxième Surveillant » de la loge. C'est le début, pour lui, de son parcours maçonnique qui le conduit au grade de Maître. L'examen de ses travaux et autres « planches » révèle un maçon assidu et soucieux de respecter les codes propres au rituel. C'est dans cet état que survient sa disparition. C'est aussi avec cela que l'obédience va devoir composer, après sa mort et tout au long de l'affaire qui va s'ensuivre.

L'apprentissage du franc-maçon

Pour Viot, ce qui demeure le plus prégnant dans la trajectoire maçonnique de Boulin, c'est le sentiment d'un intérêt réel de ce dernier pour les travaux en loge :

> Il voulait prendre ses distances avec la politique. Mais en même temps c'était un homme de relations humaines. Il a trouvé en loge une fraternité profonde, sans doute comme une sorte de référence à son âge d'or, celui de la Résistance et des « réseaux clandestins » de compagnons… De « frères d'armes » en somme. C'était quelqu'un d'extrêmement sympathique, très simple et manifestement très heureux d'être parmi nous. Il était maire de Libourne et élu local depuis de très nombreuses années : ce qu'il aimait le plus c'était le

---

[38] Christophe Bourseiller, 2010, *op. cit.*, p. 46.

contact humain et personnalisé. C'est sans doute la raison pour laquelle il s'est montré très assidu, assistant aux deux tenues[39] mensuelles et participant aux Agapes organisées après chaque tenue, en « Salle humide », c'est-à-dire au Foyer écossais.[40]

L'intéressé lui-même, Boulin est invité à prendre la parole, une première fois en loge, pour livrer ses impressions. Cette planche, rituelle, advient assez rapidement pour lui : le 23 janvier 1976, soit trois mois après son initiation, après qu'il ait assisté tout au plus à six tenues[41]. Sa « planche d'impression », dactylographiée en lettres capitales (comme pour les discours prononcés par les ministres amenés à prendre la parole en public) comporte six pages de texte :

> Vous m'avez demandé en tant qu'apprenti de faire un travail fondé sur trois thèmes :
> . Quelle image de la F.M. vous faisiez-vous avant votre initiation ?
> . Quels éléments spécifiques vous ont attirés à la FM ?
> . Qu'avez-vous ressenti au moment de votre initiation ?[42]

Répondant à la première question, Boulin a une curieuse manière d'entamer son propos, dans un atelier de la Grande Loge de France où toute référence politique est plutôt mal venue :

> De Gaulle dit dans *L'Armée de métier* : « Dès ma première enfance, tout me destinait au service de la France. » Je pourrais dire, pour ma part, que tout me destinait, dès ma première enfance, à me défier de la FM.[43]

Il développe alors les raisons qui ont pu le tenir non seulement éloigné de la maçonnerie mais le nourrir de sentiments hostiles :

> Au-delà de mes 13 ans et pour mon entourage, la FM était le vestige d'un temps ou l'on croyait à la science, à la raison, au libre examen, où l'on avait

---

[39] Comprendre « réunions ».

[40] Entretien avec M. Viot. Cela est confirmé par J. Douté : « J'étais vice-président du Club écossais, le Foyer fraternel de la rue Puteaux à Paris et j'y montais donc deux fois par mois. Je peux témoigner que Robert était très assidu et qu'il fréquentait régulièrement le Foyer. »

[41] Il est plutôt de tradition et de coutume de laisser s'écouler une année avant de donner la parole à un Apprenti. C'est du moins ce qui ressort des différents ouvrages consultés. Même si, là encore, il n'y a pas particulièrement de règle. Traditionnellement, la Grande Loge de France est réputée plus soucieuse du respect du rituel que le Grand Orient (la plupart du temps il s'agit du REAA – Rite écossais ancien et accepté – également commun au GO). On constate qu'il peut y avoir de nombreuses amodiations de la règle.

[42] Robert Boulin, *Planche d'impression*, 23 janvier 1976. Archives privées.

[43] *Ibid.*

une confiance illimitée dans le progrès[44] : le FM est un Monsieur Prud'homesque, barbu, décoré, qui se croit chargé de défendre l'humanité contre l'intolérance des religions et des dogmes, sans exclure les « mangeurs de curés ». Cette vision sommaire et caricaturale, largement estompée dans mon esprit reste présente pour une large part le sentiment commun de l'opinion publique.[45]

Boulin aborde alors la deuxième interrogation, dans cette « figure imposée » qu'est la « planche d'impressions », prononcée au « plateau » de l'Orateur, devant ses frères. C'est une drôle de situation sans doute pour un homme politique totalement rodé à l'exercice de la prise de parole en public, mais qui se retrouve au sein du temple, dans une atmosphère particulière, dans une position physique également particulière fixée par le rituel. Il s'agit désormais de traiter de la question des « éléments spécifiques qui vous ont attirés à la FM » :

Je me suis sommairement expliqué, de la chose sous le bandeau[46] mais je veux ici indiquer deux éléments déterminants pour moi : Un d'ordre spiritualiste[47] ; un d'origine sociale.[48]

Alors, le jeune Apprenti développe son propos, dans un discours parfois maladroit mais tout à fait personnel :

Pour rechercher la perfectibilité terrestre en tant que catholique j'ai eu le sentiment que le dogme – sorte d'auto-défense d'une Église primitive – s'était opposé au courant mystique suspect de déviation. L'homme [ajouté à la main] recherche le chemin de la connaissance par la raison et la foi combinée qui plonge ses racines en Chaldée, Égypte, Grèce. Or la raison qui a ses limites doit faire une part à l'intuition (Bergson : « Les deux sources de

---

[44] Après avoir barré le mot au stylo, Boulin le réécrit en lettres capitales de son écriture caractéristique, montrant ainsi qu'il a travaillé jusqu'à la dernière minute ce texte personnel qui va connaître d'autres modifications dans les feuillets suivants.

[45] La formulation de cette dernière phrase n'est pas parfaite, mais totalement authentique.

[46] Comprendre « lors de la cérémonie » d'initiation lorsque le candidat à l'entrée répond, les yeux bandés, aux questions que lui posent des voix inconnues. Ces questions pouvant être : « Qu'est-ce que le trépas ? S'agit-il d'une délivrance, d'une progression, d'une avancée ? Monsieur que pensez-vous de l'aristocratie ? Envisagez-vous la franc-maçonnerie comme une forme d'élite ? », *in* Christophe Bourseiller, 2010, *op. cit.* p. 26-27.

[47] Boulin a-t-il fait lire sa « planche d'impression » à un frère plus ancien que lui avant de la prononcer ? A-t-il corrigé de lui-même le texte ou s'est-il entouré d'avis autorisés ? Toujours est-il qu'à la place du mot « spiritualiste », figure dans la première version dactylographiée, le mot « religieux » dûment rayé et remplacé, là encore, de sa propre main, en lettres capitales, par le mot « spiritualiste », comme si « religieux » appartenait au vocabulaire antérieur, celui de la partie strictement catholique de sa trajectoire personnelle.

[48] Robert Boulin, *Planche d'impression*, 23 janvier 1976. Archives privées.

la morale de la religion ») mais elle doit user (originellement il était écrit : « elle use ») de symbole qui est une image sensible employée pour exprimer une idée occulte mais analogique :
le langage ne peut exprimer la totalité de l'idée rationnelle,
au contraire le symbole par sa plasticité épouse chaque aspect de l'expression.
Tout en distinguant « le ciel et la terre » (Monosson)[49] et en songeant que le FM doit avoir un but de vie sur terre, il m'est apparu qu'au-delà du dogme, rigide et rationnel existait un monde silencieux et secret, j'allais dire vibratoire, celui des correspondances[50] occultes, incommunicables mais sensibles (c'est ce que je comprends du secret du FM). Bref, il n'y a pas disparité entre les procédés objectifs et les procédés subjectifs d'approche de la vérité. Si l'on veut une image, c'est tout le supplément qu'apporte par rapport au poème de Mallarmé la musique de Debussy dans *Prélude à l'après-midi d'un faune*.[51]

Il faut prendre en considération au second point de la réponse, de nature « sociale » qui devient « sociologique » à ce moment-là du texte :

Outre le fait que dans un monde épris de clarté, de connaissances rationnelles, la communication symbolique est plus que jamais la clé de notre temps. En outre : le monde moderne rythmé à la cadence de la machine, tourné vers la contemplation de son propre nombril, tel le Bouddha, est schizophrénique. Il a besoin de communication, d'échanges, de fraternité humaine.[52]

Progressivement se dessine ici le portrait d'un Boulin jeune maçon attiré par tout ce qui concerne la compréhension du symbolisme. Les impressions qu'il livre, puisqu'il s'agit bien de cela, sont tout à la fois orientées vers l'ésotérisme et demeurent très imprécises, alors qu'il s'exprime ici pour la première fois en loge, devant « ses frères » et sans nécessaire retenue. Mais l'homme, de l'avis de ses plus proches, est « réservé et secret sur ses propres sentiments, parlant fort peu de lui, n'aimant pas s'épancher »[53].

Néanmoins, dans la troisième partie de sa « planche », il revient, de manière plus précise, sur les sentiments ressentis lors de la cérémonie d'initiation, trois mois plus tôt, sans pourtant, là encore, emphase, abandon ou réelle confidence. Le propos demeure pudique au point d'apparaître vaguement distancié :

Outre l'ambiance (la musique, la flûte) j'ai profondément ressenti dans les symboles dont certains remontent dans la nuit des temps, l'expression du

---

[49] Sans doute soucieux de bien faire, il cite ici le nom d'un des maîtres de la loge, et pas n'importe lequel, celui qui l'a enquêté pour entrer à « James Anderson ».
[50] En marge, à la main, est ajouté « Baudelaire ».
[51] Robert Boulin, *Planche d'impression*, 23 janvier 1976. Archives privées.
[52] *Ibid.* On retiendra cette étrange allusion au « nombril du Bouddha »…
[53] Entretien avec F. Boulin-Bourgeat.

syncrétisme où se reflètent les divers courants de la tradition de l'Occident et du Proche-Orient. La référence au Grand Architecte de l'Univers a paradoxalement pris pour moi la vision d'une forme plus universelle, par rapport à ma croyance religieuse.

Le bandeau où avant d'être initié je suis privé de lumière.

Mes liens terrestres avec le pain et le sel où l'on retrouve l'alchimie.

Le dépouillement signe d'humilité.

La sincérité par le cœur à nu.[54]

Ce ressenti personnel, finalement très « consensuel », prend, à la fin de son intervention, une dimension soudainement plus extravertie et intime :

Deux choses m'ont marqué :

1) L'aide et l'assistance de mes frères sur les obstacles et la chaîne de solidarité à la fin ;
2) La mort symbolique et la naissance à nouveau (Saint Jean) : « Voici que j'étais dans la nuit et tu m'as donné la lumière », mais c'est un autre homme qui l'a reçue.

Je suis dans le communicable. L'homme à la mesure de toute chose n'est qu'une partie d'un tout. Mais comment passer d'une attitude opérative à une attitude spéculative ?

Comment abattre les bornes que l'intelligence humaine assigne à ce qui est un et sans limite, et demeurer un exemple ? C'est ce qui me reste à apprendre.[55]

Boulin utilise les « mots » qu'il faut dans son discours devant l'ensemble de la loge, comme s'il y avait un répertoire presque obligé et que l'on retrouve dans le vocabulaire maçonnique : « pratique opérative », « pratique spéculative », « la partie d'un tout » et, à la fois modestie et excellente prédisposition : « C'est ce qu'il me reste à apprendre ». Nul besoin d'être initié pour parler ce langage, mais un initié se doit, sans doute, de montrer au reste du groupe qu'il sait manier les notions et les concepts… ou que, à défaut de les maîtriser complètement, il en connaît le bruit et la musique.

Que retenir de cette première « planche » de Boulin ? Il la prononce en janvier 1976 et l'a manifestement écrite et relue avec soin, comme en témoignent les corrections et ajouts que nous avons mentionnés. L'auteur traduit aussi, avec pudeur, un sentiment de bien-être à un double niveau : d'une part, c'est une évidence, les questions théoriques se rapportant au spiritualisme (spiritisme ?) l'intéressent et le passionnent, d'autre part l'amitié et le compagnonnage qu'il commence à tisser en loge, répondent à son attente. Pour autant, quand il consacre cinq lignes à cette seconde dimension, il en écrit quinze sur la première, comme si cet

---

[54]   Robert Boulin, *Planche d'impression*, 23 janvier 1976. Archives privées.

[55]   *Ibid.*

être silencieux et finalement secret répugnait à mettre des mots sur des amitiés naissantes, ce qui n'empêche en rien les sentiments d'exister.

À la fois franc-maçon et ministre

Le temps passe, toujours silencieux en tant qu'Apprenti, Boulin, au retour des vacances d'été de 1976, apprend, par le « Second surveillant » de « James Anderson » qu'il va lui falloir préparer sa « planche d'augmentation de salaire », terminologie habituellement utilisée pour signifier le passage au grade de Compagnon, deuxième degré de la maçonnerie. Le rituel veut que l'Apprenti devant faire montre d'une première aptitude à manier les premiers signes maçonniques, fasse une communication portant sur un point symbolique. En l'occurrence, il a été invité à « plancher » sur le « mot de passe » *Schibboleth*[56]. Mais il s'est passé, ce même été 1976, un événement politique de portée nationale, quand, le 25 août 1976, le Premier ministre J. Chirac claque spectaculairement la porte de Matignon. Le président V. Giscard d'Estaing nomme Raymond Barre Premier ministre. Or son gouvernement accueille Boulin, au même poste que celui qu'il occupait lors de son dernier séjour dans un ministère, celui chargé des Relations avec le Parlement.

Sur un bristol à en-tête du ministre chargé des Relations avec le Parlement, le frère Boulin s'est livré à une drôle de mise en page : sur trois lignes, l'une sur l'autre, figurent écrits à la main, toujours en lettres capitales, les mots « Apprenti », « Compagnon » et « Maître », chacun suivi d'une date au tampon dateur utilisé pour enregistrer le courrier : « APPRENTI : 24 OCT. 1975 ; COMPAGNON : 26 NOV. 1976 ; MAÎTRE : 27 AVR. 1978. »[57] Comme, à la dernière date mentionnée, Boulin était ministre du Travail et de la Participation depuis vingt-deux jours, on peut imaginer qu'il a continué à utiliser ce petit mémo, conservé dans ses archives maçonniques. De la même manière, n'étant pas ministre en octobre 1975, il n'a pu apporter cette information que postérieurement, à son retour au gouvernement, vraisemblablement au moment de son élévation au grade de Compagnon.

Le texte de la planche de Boulin pour devenir Compagnon montre un réel souci de son auteur de ne rien omettre de l'analyse symbolique du mot *Schibboleth*. Le ministre qu'il est redevenu semble se soumettre parfaitement au règlement propre à la Grande Loge de France. Ce que

---

[56]   Nous n'épiloguerons pas sur le sujet de sa planche d'augmentation de salaire. Le thème du « mot de passe » *Schibboleth*, mot hébreu, est cité au chapitre des Juges (12-6) dans l'*Ancien Testament*. Le symbole de ce mot de passe, renvoie, disent les maçons à la « question de la différence et de l'identité groupale », *in* Daniel Béresniak, *Rites et symboles de la franc-maçonnerie*, tome 1 : *Les Loges bleues*, Paris, Detrad, 1994, p. 182.

[57]   Archives privées.

confirme une autre curiosité, présente dans ses archives maçonniques : un paquet de fiches bristols, rédigées recto-verso, à la main, et se présentant comme des « fiches de cours » sur des sujets maçonniques tels que le « Nombre d'or » (avec schémas géométriques à l'appui, tracés à la règle et au compas), ou bien « La chaîne d'union » voire des philosophes (Hobbes, Locke, Spinoza), des figures imaginaires (Osiris, les Rois mages, Parcifal, Lancelot) ou des faits historiques (les Stuart, la Séparation de l'Église et de l'État). Pour avoir eu entre les mains la trentaine de cartons couverts de notes manuscrites à l'encre bleue, souvent en lettres capitales, il ressort une impression comparable à celle évoquée par B. Collombat dans son ouvrage et qui le décrit comme « un étudiant consciencieux [...], il cherche simplement à questionner le monde. À nourrir sa réflexion. À se trouver, aussi, un nouveau "compagnonnage"... »[58]

L'on pourrait ajouter que tout cela ressemble précisément à la figure d'un autodidacte en formation dans une quelconque « École philomatique », à moins que ce ne soit la traduction concrète de l'adhésion à un système interprétatif totalement nouveau pour lui, qu'il désire authentiquement explorer et connaître. Comme le précise Viot, son Vénérable pendant les trois premières années de maçonnerie, qui présidait à ses deux « augmentations de salaire », c'est-à-dire à son passage au grade de Compagnon puis de Maître :

> La franc-maçonnerie était pour lui un lieu de respiration. Il écoutait beaucoup et j'ai bien vu qu'il était très heureux d'écouter, sans pouvoir prendre la parole quand il était Apprenti. Passé chez les Compagnons, il est intervenu normalement, sans prétention aucune, alors qu'il était redevenu ministre. Dans la loge il savait que personne ne l'embêterait avec ça. En revanche, comme il est de coutume, il y avait pas mal de « visiteurs » qui venaient à « James Anderson » et il fallait veiller à ce que là encore il ne soit pas importuné par d'autres frères.[59]

---

[58] Benoît Collombat, 2007, *op. cit.*, p. 72.

[59] Entretien avec M. Viot. Ce n'est pas la première fois qu'apparaît cette crainte des « importuns » croisant Boulin, preuve, s'il en était besoin, que la maçonnerie est aussi un groupe humain avec des intérêts hétérogènes et pas toujours identiques. Traditionnellement les Compagnons sont invités à « voyager » dans d'autres loges pour parfaire leurs connaissances des « Loges Bleues » (du 1er au 3e degré). Interrogés sur la question de savoir si Boulin a fréquenté d'autres loges que la sienne, entre octobre 1976 et octobre 1979, Verdun et Viot, bien qu'en total désaccord sur tout (euphémisme) répondent quasiment la même chose. Verdun : « Je venais régulièrement à "James Anderson", j'ai vu combien Robert Boulin y était bien, respecté et jamais embêté. Mais je ne pense pas qu'il soit allé voir ailleurs. Je ne l'y encourageais pas... » Viot : « On lui a déconseillé fortement de "visiter" pour éviter d'être sollicité pour un oui ou pour un non. Ça a fuité assez vite le fait qu'il était devenu maçon. Je le lui avais dit : "Tu verras ça circulera, ça le fait pour toute personne un peu connue,

En dépit de ces mises en garde répétées et plutôt bienveillantes, Boulin entre à la Fraternelle parlementaire, présidée par le frère Michel Reyt[60], en janvier 1977. Les Fraternelles, structures plus ou moins informelles, regroupant les maçons en fonction de leurs activités professionnelles, fonctionnant souvent de manière « inter-obédientielle » (Reyt par exemple est membre du Grand Orient) n'ont pas bonne réputation, au sein-même de la maçonnerie, considérées comme des « réseaux parallèles » et réputées pour connaître un fort niveau d'affairisme à peine dissimulé. Boulin y est-il assidu ? La question demeure posée et, sur ce point, ses archives maçonniques sont muettes.

Boulin passe donc une année parmi les Compagnons, à regarder les plus récemment entrés siéger en vis-à-vis sur la « colonne du Nord », celle des Apprentis, tout en étant ministre et en retrouvant la Rue de Rivoli, qu'il connait bien pour y avoir séjourné six années en charge du Budget de 1962 à 1968. Du 30 mars 1977 au 5 avril 1978 en effet, c'est-à-dire juste après les élections législatives gagnées par la majorité présidentielle, en une heureuse surprise, Boulin est promu ministre délégué à l'Économie et aux Finances dans le deuxième gouvernement Barre. C'est pendant cette période, qu'il reçoit, à l'en-tête de la « Respectable Loge 868 », un courrier daté du 12 septembre 1977 et adressé, comme de coutume, au TCF[61] R. Boulin :

> Le V.M. et les deux Surveillants souhaitent te voir préparer une planche. Ils ont songé au sujet suivant : « La quête de l'Immortalité », dont le titre peut bien entendu être revu. Il faudrait que tu te tiennes prêt à partir du vendredi

---

[60]   alors un ministre tu imagines !"… » Sur la question de la sollicitation et de la conciliation avec la notoriété, Verdun se souvient d'un producteur d'une émission de radio très populaire sur Paris Inter, dans les années 1960. Celui-ci, initié à la GLF, en est ressorti quinze jours plus tard, ne supportant pas la pression et les demandes répétées de ses « nouveaux frères ». Bourseiller, homme de radio et de télévision lui aussi, mais à la notoriété beaucoup moins grande, dans les années 1980, est confronté à la même situation dès le soir de son initiation, par un frère musicien qui veut à tout prix faire passer à l'antenne de *TF1* son « single » (2010, *op. cit.*, p. 54).

[60]   Michel Reyt, président fondateur de la société SAGES, mêlé à plusieurs affaires de financement de partis politiques, à gauche et à droite, à partir des années 1990. L'adhésion de Boulin à la Fraternelle parlementaire est évoquée par Collombat, p. 63. Cette information est corroborée par Viot au cours de notre entretien : « Oui, je l'ai su en effet. Je lui ai dit qu'il n'avait pas besoin de ça. Les "Fraternelles", ça nourrit les fantasmes de l'extérieur, sur le modèle : "Ils sont tous copains-coquins." En réalité, c'est inutile : tous les parlementaires se tutoient, se fréquentent. Une seule fois Robert Boulin, à ma connaissance, en maçonnerie, a été sollicité par des frères "affairistes". Sans conséquence aucune et ça s'est vite arrêté. De toute manière il était, lui-même, d'une honnêteté parfaitement scrupuleuse et n'avait aucun goût pour les questions d'argent. »

[61]   Comprendre « Très Cher Frère », Boulin. Archives privées.

13 janvier 1978. Veux-tu me proposer une ou deux dates et me signaler tes impossibilités s'il y en a ?[62]

La mise à mort rituelle et symbolique : le ministre devient Maître

En réalité, ce ne sont pas les élections législatives qui viennent téléscoper l'agenda du frère ministre Boulin, mais ses responsabilités ministérielles. La date du 26 janvier 1978, choisie par Boulin pour présenter sa « planche » tombe, de fait, la veille de son départ à Washington pour une réunion du G7 à laquelle il ne peut se dérober en tant que ministre délégué à l'Économie et aux Finances. Malgré cela, il ne déplace pas son intervention devant la loge « James Anderson » : la « quête de l'Immortalité » est à l'ordre du jour de la tenue du 26 janvier 1978. Le texte qu'il produit, dactylographié, et corrigé par ses soins, signé et authentifié de sa main, est une longue réflexion de seize pages qui révèlent une toute autre maturité d'esprit en matière de réflexion maçonnique que la toute première « planche d'impression » réalisée trois ans auparavant. À l'évidence, le frère Boulin s'est formé au vocabulaire de la loge et maîtrise bien mieux la « grammaire » maçonnique. D'emblée, le style semble plus affirmé :

> Je dois préciser, dès le début, que la matière est immense et nécessiterait, à elle seule, plusieurs planches et qu'il faut préciser, d'entrée de jeu, que, dans la demi-heure que je me suis assignée, je ne pourrai qu'effleurer une partie[63] du sujet, procéder plus par évocation, que démonstration et que, de ce fait, une large part, de cette planche pourra paraître, à juste titre, comme incomplète, allusive eu égard aux problèmes posés. Je vous prie de m'en excuser d'avance, conscient que je suis de la difficulté, à laquelle se joint mon manque d'expérience.[64]

---

[62] Interrogé sur ce courrier, Viot (c'est le Vénérable Maître à laquelle le texte fait référence) indique qu'il s'agit-là du texte habituel et que Boulin n'a bénéficié d'aucun traitement de faveur particulier. La conjonction des événements est d'ailleurs intéressante puisque, au début de 1978, on peut imaginer que Boulin, candidat à sa propre réélection au siège de député de la Gironde, sur la circonscription de Libourne, va être sans doute plus souvent « sur le terrain » que de coutume, en compagnie de son suppléant Gérard César, appelé, selon toute vraisemblance à siéger à sa place à l'Assemblée, comme lors des précédentes législatures ce fut le cas pour Bertrand des Garets, antérieurement suppléant de Boulin. En l'occurrence, pour le bon déroulement des travaux de la loge « James Anderson », ce qui se passe dans le monde profane, élections ou pas, candidature ou pas, ne saurait interférer sur le calendrier de l'atelier, fixé et élaboré environ six mois en amont.

[63] Boulin a rayé l'adjectif « grande » qui précédait « partie »… Préférant demeurer modeste sans aucun doute.

[64] Boulin, Planche d'augmentation de salaire au grade de Maître, 26 janvier 1978. Archives privées.

Le contenu de ce texte est d'inspiration très symbolique et ne cache pas son ambition philosophique. C'est la loi du genre que de disserter sur des notions comme « La quête de l'Éternité », « La quête de l'Immortalité », « Le problème de la mort », une « Aspiration au Bonheur », autant de questions initiales abordées dans son introduction par Boulin. Citant Malraux qu'il désigne comme « cet ami génial au jugement fulgurant », il reprend un propos de l'auteur de *La Condition humaine* : « Tout Homme vivant porte un visage de MORT »[65].

Tout au long de son texte, Boulin mobilise les fameux bristols qu'il a remplis depuis son initiation dans la loge « James Anderson » en octobre 1975. On retrouve en effet les évocations de *Perceval*, de *Tristan et Isolde*, de *Lancelot*, autant de mythes païens ou religieux sollicités pour tenter de répondre philosophiquement à la question posée. Cela n'a rien d'extraordinaire en soi, hormis le fait que celui qui planche ici et qui doit mobiliser ses connaissances acquises, jusqu'à les remettre en intrigue pour rédiger sa planche, est l'un des principaux ministres du gouvernement Barre et qui va se retrouver face à ses six autres collègues chargés des finances dans les six plus grandes puissances économiques du globe, qui traite, dans une première partie « Des religions sous leur face occulte » et dans une seconde « Du plan maçonnique des mythes et légendes ». C'est dans cette partie que sont convoqués à la barre de la loge en quelque sorte, Héraclès, Perceval, la Cène, le Graal et Gauvain, Lancelot et Guenièvre et puis Isolde qualifiée de femme FATALE (en capitales dans le texte). Pour conclure, Boulin, écrit :

> Le maçon qui s'interroge, en ce monde terrestre, sur la recherche de sa Vérité et les moyens d'y parvenir, doit être conscient de la valeur des rites symboliques qui jalonnent sa démarche. Outre qu'ils obéissent à des normes et des règles, ils suggèrent des réflexions et appellent, par voie de conséquence, des réponses. La démarche se situe, aussitôt, sur le plan permanent, sur le plan de l'éternel, sans cesse renouvelé, sans cesse remis en cause par cet immense élan fraternel, que représente la maçonnerie, et qui dépasse les frontières nationales. Mais il permet, au-delà du Cosmos, d'interroger son frère, somme de TOUT, Carrefour du Passé et de l'Avenir et ainsi de le mieux comprendre en s'interrogeant ainsi, soi-même.* C'est le sens de cette voie éternelle qui conduit nôtre QUÊTE : L'IDENTITÉ AVEC LE DESTIN ! J'ai dit Vénérable Maître. Robert BOULIN.[66]

Nous avons conservé la ponctuation de Boulin lui-même…

[65] Le mot figure en lettres capitales dans son texte, qui est dactylographié en minuscules.

[66] Robert Boulin, Planche d'augmentation de salaire au grade de Maître, 26 janvier 1978. Archives privées. Reproduction intégrale du texte, sans changement ni correction.

Le moins qu'on puisse dire c'est que le ministre Boulin écrit et pense comme un frère quand il est en situation de s'exprimer dans ce registre-là ou sur cette scène-là. Autant comme certains maçons d'occasion ou d'opportunité peuvent, sans doute, faire le « service minimum », sans grand souci de recherche et de spéculation intellectuelle, autant comme Boulin cherche à se montrer à la hauteur de l'ambitieuse loge 868 « James Anderson ». Il est maçon, il ne joue pas au maçon. Il a incontestablement travaillé son exposé, et le livre pendant trente minutes avec conviction et gravité. Certains témoins de cette planche s'en souviennent encore. Ainsi Guy-Pierre Geneuil, membre de la loge « Qui ? Vérité », administrateur du Foyer Fraternel Club écossais avec Jacques Douté, évoque-t-il la planche de Boulin : « Je me souviens parfaitement de son travail sur l'Immortalité pour devenir Maître. Il avait travaillé dur ! C'était très fort ! »[67] De même, Jacques Douté : « Je suis monté à Paris pour assister à sa planche d'augmentation de salaire au grade de Maître, sur l'Immortalité, c'était drôlement bien : il avait beaucoup travaillé la question. »[68] Un ancien membre de la Grande Loge de France, ayant cessé aujourd'hui de fréquenter l'obédience et les loges parisiennes, remet en perspective la dernière planche de Boulin et sa démarche. Son témoignage ne porte pas directement sur le ministre de l'Économie et des Finances qu'il n'a pas connu, mais sur la démarche générale au sein de la Grande Loge de France :

> Je ne suis pas étonné que Boulin ait dû accumuler de nombreuses références symboliques et théoriques, y compris en « potassant » ses bristols comme un pur étudiant. La Grande Loge de France fonctionne ainsi, consacrant la quasi-totalité des travaux en loge à des questions ésotériques, symboliques, philosophiques souvent très théoriques et, pour tout dire, parfois ennuyeuses… On aime ou on n'aime pas, c'est certain. Il faut vraiment avoir un goût et un penchant forts pour la spiritualité et la recherche pour apprécier cela. Mais, par ailleurs, les frères qui y prennent goût deviennent parfois de vrais experts, très férus de symbolique maçonnique. Cela éloigne énormément de la réalité et de la contingence, mais c'est sans doute le but recherché. Généralement, les acteurs politiques ne vont pas dans cette direction-là en maçonnerie. D'autant, encore une fois qu'à la Grande Loge de France toute discussion politique est proscrite, en loge évidemment mais même en « Salle humide » où ont lieu les agapes d'après tenues. J'ai d'ailleurs assez peu

---

[67] Entretien téléphonique avec Guy-Pierre Geneuil, 30 avril 2010. G.-P. Geneuil, gitan, se présente comme garde du corps du général de Gaulle au temps du RPF, catcheur, combattant anti-OAS, longtemps compagnon de l'actrice Jean Seberg, responsable de la sécurité de la Grande Loge de France, chargé du service d'ordre et du « filtrage » lors des « tenues blanches ouvertes » (conférences maçonniques ouvertes aux non-initiés).

[68] Entretien téléphonique avec Jacques Douté.

croisé de politiques en loge. Lorsqu'ils sont initiés, ils maçonnent peu et, généralement, ils se foutent complètement du symbolique.[69]

Le 27 avril 1978, Boulin est initié au grade de Maître. La cérémonie, bien plus symbolique encore que les deux précédentes, procède d'un rituel extrêmement codifié qui évoque la mort du prophète Hiram, préférant succomber plutôt que de révéler à ses agresseurs les secrets de la construction du Temple de Jérusalem. Tout Maître est donc appelé à connaître une nouvelle mort symbolique encore plus chargée de sens que les expériences précédentes. Boulin achève ainsi son parcours dans les premiers grades de la maçonnerie, dans ce qu'il est convenu d'appeler les « loges bleues » avant d'éventuellement rejoindre les « Hauts grades ». En ce qui le concerne, l'expérience maçonnique n'est encore qu'à ses débuts. En moins de trois années, il aura franchi les trois premiers grades maçons ; il s'agit là d'un parcours plutôt accéléré. Interrogés sur cette question des « montées en grade » rapides, les témoins de l'époque, responsables de la loge « James Anderson » n'y voient pas autre chose que la reconnaissance d'une grande assiduité et d'un grand intérêt du « jeune frère Boulin » pour les travaux en atelier.

La courte vie maçonnique de Boulin, au sein de la Grande Loge de France, révèle essentiellement trois caractéristiques qui interagissent les unes et les autres. Le premier élément que l'on peut identifier permet d'affirmer que Boulin n'a rien obtenu de particulier de la Grande Loge de France, en termes d'avantages matériels, tant au plan des ressources politiques dans sa trajectoire personnelle qu'au niveau d'une quelconque influence économique ou sociale. La deuxième proposition que l'on peut formuler corrige la première. Boulin a manifestement trouvé au sein de la loge *James Anderson* ce qu'il cherchait : le supplément d'âme qu'il attendait à un moment de basse intensité de l'exercice de son métier politique. Il ne l'a pas trouvé ailleurs, parce qu'il ne fréquentait pas d'autres loges et, qu'en conséquence, il ne connaissait rien d'autre

---

[69] Entretien privé. La confirmation de l'interdiction de l'évocation des questions politiques se trouve dans les soucis rencontrés au sein de l'obédience par Michel de Just, également membre de la loge « James Anderson » et devenu Grand Maître de la Grande Loge de France de juin 1978 à juin 1981, autrement dit une année avant la disparition de Boulin. Entre les deux tours de l'élection présidentielle de 1981, M. de Just a accordé une interview au *Figaro* à Sylvie Pierre-Brossolette ; le Grand Maître de la Grande Loge de France y indiquait qu'il ne lui semblait pas envisageable de voter pour un candidat (François Mitterrand) allié aux communistes. Cet entretien provoqua un scandale considérable au sein de l'obédience. M. de Just arrivant, en juin 1981, au terme de ses trois années de présence au fauteuil de Grand Maître, il abandonna à l'échéance prévue, sa charge. Il était peu envisageable d'après les experts de la Grande Loge de France qu'il demeure dans ses fonctions après avoir enfreint une règle quasi-immuable à la Grande Loge de France.

de la Grande Loge de France que ce qu'il vivait dans son propre atelier (tel le héros du film *The Truman Show*).

Au final, on reviendra à Max Weber, dont les propos sur la vocation politique trouvent dans la figure du frère Boulin, une incarnation que la mort ne saurait effacer[70] :

> On le voit maintenant : l'éthique de la conviction et l'éthique de la responsabilité ne sont pas contradictoires, mais elles se complètent l'une l'autre et constituent ensemble l'homme authentique, c'est-à-dire un homme qui peut prétendre à la « vocation politique ».

Boulin avait certainement la capacité à prétendre à la vocation politique. Les dernières années de sa vie montrent, et ce n'est pas faire injure à sa mémoire, qu'il avait, tout autant, la « vocation maçonnique » surtout parce que, contrairement à nombre de ses frères, il y rentra pour ne rien y gagner, ce qui se révéla funestement exact jusqu'au bout puisqu'il n'y obtint ni le soutien qui aurait pu le sauver ni la reconnaissance fraternelle qui aurait dû le défendre.

---

[70] Max Weber, *Le Savant et le politique*, Paris, Union générale d'éditions, coll. « le Monde en 10-18, 134 », 1963, p. 219.

Le Ministre
Chargé des Relations
avec le Parlement

Paris, le
78 rue de Varenne - 75700 Paris
Tél. 555.80.00

APPRENTI : **2 4 OCT. 1975**

COMPAGNON : **2 6 NOV. 1976**

MAÎTRE : **2 7 AVR. 1978**

L'image de Robert Boulin
dans les médias

Patrick Eveno

Professeur à l'Université Paris 1-Panthéon-Sorbonne

L'historien mesure généralement la dimension d'un homme politique à l'aune de ses réalisations, de ses campagnes électorales et de ses capacités à être élu, de ses discours et de ses prises de position. Avec Robert Boulin, qui a accompli une belle carrière politique, mesurée ici par d'autres chapitres, nous sommes dans un cas de figure atypique. En effet, l'image de Boulin dans les médias a été étouffée par le suicide du ministre et par « l'affaire » (ou les multiples pseudo-affaires) qui l'entoure[1]. Ainsi, l'historien des médias est confronté dans les archives à un bruit médiatique considérable à partir d'octobre 1979. Notre étude est fondée sur le dépouillement des archives de deux grands quotidiens nationaux, *Le Figaro* et *Le Monde*, sur l'étude des émissions de *France Inter* et sur celle des différentes chaînes de la télévision française. Les services de documentation du *Figaro* et du *Monde*, ainsi que les documentalistes de l'INA (Institut national de l'audiovisuel) doivent en être remerciés. Il faut d'abord remarquer que Boulin n'a presque pas d'existence médiatique en dehors de sa présence au gouvernement et que c'est « l'affaire Boulin » qui le propulse finalement sous les projecteurs médiatiques.

Dans un premier temps, j'ai analysé les médias libournais, mais j'ai rapidement réalisé que l'image de Boulin y était figée. Dans les

---

[1] J'emploie à dessein le terme « suicide », parce qu'aucun média, aucun politique ou aucun juge ne met en cause la réalité du suicide dans les jours et semaines qui suivent le décès du ministre. Je ne suis pas sans savoir que les enfants et la veuve de Robert Boulin ont entrepris à partir de 1983 de démontrer que le décès du ministre était le résultat d'un meurtre et non d'un suicide. Libre au lecteur, s'il le désire, de lire « assassinat » à la place de « suicide ». Quant au terme « affaire » Boulin, qui est maintenant devenue l'expression consacrée pour parler des circonstances du décès, il ne faut pas oublier qu'en octobre 1979, il s'agissait des arcanes de la vente du terrain de Ramatuelle par Henri Tournet à Boulin.

deux hebdomadaires locaux, il est très peu mentionné avant son élection en tant que député le 30 novembre 1958 et son élection comme maire en 1959. *L'Avenir du Libournais* est l'hebdomadaire de l'opposition à Boulin ; il est dirigé par Lucien Figeac, radical farouchement antigaulliste, qui donne la parole au SFIO[2] Marcel-Edmond Naegelen ou au centriste Pierre Marcilhacy, ainsi qu'à Pascal Pia, ancien de *Combat* et du RPF[3], passé par *Carrefour* et rédacteur en chef du *Journal du Parlement*. *L'Avenir du Libournais* devient ensuite le porte-parole de la FGDS[4]. *Le Résistant de Libourne*, hebdomadaire de centre-gauche, devient quant à lui le porte-parole de Boulin, mais seulement après que celui-ci a été élu député et maire. En bref, les deux hebdomadaires locaux sont de peu d'utilité pour notre analyse parce que trop classiques dans leur genre et surtout dans leurs prises de position politiques, et donc convenus.

En ce qui concerne les médias nationaux, la première apparition de Boulin est située dans *Le Monde* du 2 décembre 1958, à la suite de sa première élection à l'Assemblée nationale le 30 novembre, alors que sa première prestation radiodiffusée à *France Inter* dans les actualités se fait le 7 octobre 1961, et sa première apparition télévisuelle le 24 novembre 1961 lors du magazine *Faire Face* consacré aux problèmes des rapatriés. L'audiovisuel public ne s'intéresse donc à lui qu'après sa nomination en tant que secrétaire d'État aux Rapatriés. La présence médiatique de Boulin, mesurée à travers *Le Monde*, *France Inter* et la télévision, suit la plus ou moins grande considération que les médias ont pour son parcours ministériel. C'est un ministre discret, qui ne connaît que deux périodes de forte exposition médiatique, lorsqu'il occupe des ministères importants, en 1968-1972, à l'Agriculture puis à la Santé, et en 1977-1979, à l'Économie puis au Travail. Pendant une bonne partie de sa carrière ministérielle, il est un ministre trop « technique » (Rapatriés, Budget, 1961-1968) ou trop « discret » pour les médias lorsque celui-ci est aux affaires parlementaires (1972-1973 et 1976-1977) et se consacre à la gestion des déchirements de la majorité entre chabanistes, giscardiens et chiraquiens : les médias audiovisuels ont besoin d'exposer des choses simples qui peuvent être illustrées, ce qui n'est pas le cas des querelles entre factions parlementaires. Surtout, il est, par stratégie, un ministre un peu discret, comme il le dit lui-même : « J'ai eu Danièle Breem comme attachée de presse quand j'étais au Budget et je lui avais donné la sévère consigne de faire en sorte que les projecteurs ne soient jamais braqués sur moi. »[5]

---

[2]   Section française de l'Internationale ouvrière.

[3]   Rassemblement du peuple français.

[4]   Fédération de la gauche démocrate et socialiste.

[5]   Jean Bothorel, « Boulin, un homme commode », *Le Matin*, 21 juin 1978.

La carrière nationale de Boulin dans les médias

La carrière médiatique nationale de Boulin peut être mesurée à partir des archives de l'Inathèque et du *Monde*.

À la télévision

Boulin fait sa première apparition télévisuelle le 24 novembre 1961 lors du magazine *Faire Face*, consacré aux problèmes de rapatriés : dans les années 1960, le critère d'apparition des hommes politiques à l'écran est assez limpide : la télévision est « la voix de la France », donc de l'État, ce qui signifie en français de la Ve République, la voix du président, du gouvernement ou des ministres. Gérard Jaquet, secrétaire d'État à l'Information du gouvernement Guy Mollet, avait tracé le cadre dès le 27 mars 1957 :

> La radiotélévision [...] est une technique [...]. Elle peut être aussi à certains moments un puissant moyen de propagande. Mais à nos yeux, la radiodiffusion doit devenir un service public qui a une mission à remplir [...]. La radiotélévision est avant tout un moyen d'information, d'éducation et de divertissement au service de la nation et du public [...]. La radiotélévision représente le pays aux oreilles et aux yeux des publics nationaux et internationaux. Elle traduit l'esprit de la nation, son héritage, ses aspirations, ses valeurs les plus caractéristiques [...]. Sur le plan de l'information, la radiotélévision est un facteur décisif dans la formation de l'opinion publique.[6]

L'essentiel est dit, qui est repris ensuite, comme l'exprime ainsi de Gaulle à Alain Peyrefitte, le 16 avril 1962 : « Notre radio, notre télévision, c'est monstrueux ! Cet établissement, qui devrait être la voix de la France, a été soviétisé. »[7] Son successeur, Pompidou, a repris au moins à deux reprises l'expression « la voix de la France », et la première fois le 2 juillet 1972 : « Être journaliste à l'ORTF[8], ce n'est pas la même chose qu'être journaliste ailleurs. L'ORTF, c'est la voix de la France », puis lors d'une conférence de presse, le 21 septembre 1972 :

> Qu'on le veuille ou non, le journaliste à la télévision n'est pas un journaliste comme un autre. Il a des responsabilités supplémentaires. Qu'on le veuille ou non, la télévision est considérée comme la voix de la France, et par les Français, et par l'étranger. Cela impose une certaine réserve.

---

[6] Gérard Jaquet, conférence des Ambassadeurs, 27 mars 1957, cité par Évelyne Cohen, « L'information entre contrôle, censures et libertés, 1954-1974 », *in* Évelyne Cohen et Marie-Françoise Lévy, *La télévision des Trente Glorieuses : culture et politique*, Paris, CNRS éd., coll. « CNRS histoire », 2007, p. 17-18.

[7] Alain Peyrefitte, « De Gaulle et la communication », *in* Alain Plantey (dir.) et Institut Charles de Gaulle, *De Gaulle et les médias*, Paris, Plon/Fondation Charles de Gaulle, coll. « Espoir », 1994, p. 101-102.

[8] Office de radiodiffusion-télévision française.

Ministre durant quinze ans, Boulin bénéficie donc d'un accès privilégié à la télévision. Il fait 191 apparitions télévisées en vingt ans de carrière politique nationale. Cependant, les 193 apparitions télévisées en trente ans depuis sa mort, dont 104 dans les dix jours qui suivent son décès, éclipsent en grande partie l'image médiatique de l'homme d'État au profit d'une image troublée d'un homme qui s'avère soudain broyé par l'impitoyable machine des luttes politiques et des éclairages médiatiques. La moitié des archives de l'INA qui lui sont consacrées sont postérieures au décès du maire de Libourne.

Nombre d'occurrences télévisées de Boulin

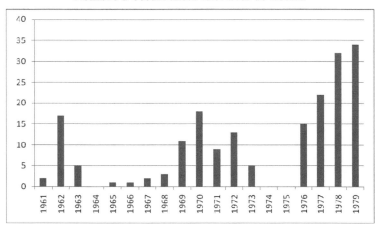

Si l'on répartit ses apparitions télévisées en fonction de son poste ministériel, on peut noter que c'est la qualité du portefeuille occupé qui engendre la notoriété médiatique. Pendant un an, lorsqu'il est secrétaire d'État aux Rapatriés (gouvernements Debré puis Pompidou, 24 août 1961-11 septembre 1962) : il n'a droit qu'à seize apparitions, alors que son action prête à controverses ; mais la télévision de l'époque n'aime pas que les ministres puissent être mis en cause. Pendant six ans, il est ensuite secrétaire d'État au Budget (gouvernements Pompidou I-II-III, 11 septembre 1962-6 avril 1967) et secrétaire d'État à l'Économie et aux Finances (gouvernement Pompidou IV, avril 1967-31 mai 1968). Ce secrétariat d'État particulièrement technique et trop soumis au ministre de tutelle ne lui vaut que douze apparitions télévisuelles. Les quarante jours passés comme ministre de la Fonction publique (gouvernement Pompidou IV, 31 mai-10 juillet 1968) ne laissent aucune trace à la télévision. Ministre de l'Agriculture (gouvernement Couve de Murville, 10 juillet 1968-20 juin 1969) pendant un an, avec cinq apparitions, il laisse peu de traces. C'est avec le poste de ministre de la Santé publique et de la

Sécurité sociale (gouvernement Chaban-Delmas I, 20 juin 1969-5 juillet 1972), qu'il occupe pendant trois ans, que la télévision s'empare de Boulin : 45 apparitions. Avec neuf apparitions, la fréquence se réduit quand il est ministre délégué auprès du Premier ministre et chargé des Relations avec le Parlement (Messmer I, 5 juillet 1972-28 mars 1973).

Vient alors un trou noir médiatique lorsque, pendant plus de trois ans, Boulin n'est plus ministre : il n'apparaît plus à la télévision. Les feux de la rampe reviennent sur lui avec seize apparitions quand il est sept mois ministre délégué auprès du Premier ministre chargé des Relations avec le Parlement (Barre I, 25 août 1976-30 mars 1977). Et la machine médiatique s'emballe progressivement, avec vingt-trois apparitions lors de son passage durant un an comme ministre délégué à l'Économie et des Finances auprès du Premier ministre (Barre II, 30 mars 1977-4 avril 1978). Mais surtout au cours des dix-huit mois qu'il passe au ministère du Travail et de la Participation (gouvernement Barre III, 5 avril 1978-29 octobre 1979), ce qui lui vaut 64 apparitions télévisuelles.

**Nombre d'occurrences télévisées de Boulin
selon son poste ministériel**

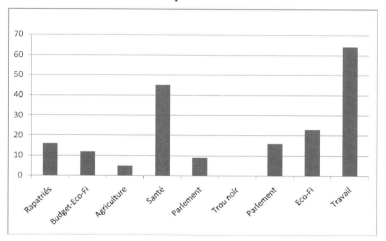

Au cours des premières émissions, Boulin apparaît assez tendu, mais il apprend vite ; homme de dossiers, pédagogue, sûr de lui, parfois cassant, il maîtrise rapidement l'outil télévisuel. Pour l'essentiel, ses passages à la télévision sont des interventions de quelques secondes ou de quelques minutes lors d'un journal télévisé. Toutefois, il participe à neuf émissions de type magazine, c'est-à-dire à des programmes où le temps de parole est plus long, où il est possible de développer ses arguments et de contredire ses adversaires ou de se faire contredire par eux.

Ainsi, le 8 décembre 1961, il participe à une édition spéciale de *Faire face* (sur la chaîne unique de l'époque) le magazine d'Igor Barrère et Étienne Lalou[9]. Puis le 7 février 1969, il est l'invité de l'émission *Face à Face*, sur la 1re chaîne ; le 1er décembre 1969, il est *Face à la presse*, sur la 1re chaîne ; le 2 décembre 1971, il débat de l'âge de la retraite dans le magazine *L'Actualité en question*, sur la 1re chaîne ; le 22 septembre 1972, il participe au magazine *Actuel 2* de la deuxième chaîne, sur le thème « À quoi sert un député ? » ; le 28 mars 1973, il passe à l'émission *À Armes égales*, sur la 1re chaîne, d'Alain Duhamel et Michel Bassi, sur le rôle du Parlement, face à André Chandernagor ; enfin, le 14 juin 1977, il participe à l'émission *Les Dossiers de l'écran* de la deuxième chaîne, sur le thème du « citoyen devant l'impôt ».

Sur la radio publique France Inter

Boulin se sera exprimé 331 fois à *France Inter* entre sa première prestation dans les actualités, le 7 octobre 1961, et l'annonce de son décès, le 30 octobre 1979 à 13h02, quelques heures après la découverte du corps, vers 9h du matin). Mais 138 émissions lui sont consacrées sur ce média depuis le 30 octobre 1979 : son décès a, en grande partie, éclipsé les quarante ans de sa vie politique et biaisé toutes les analyses médiatiques réalisées *a posteriori* puisque 30 % des émissions de *France Inter* à son sujet ont été consacrées au suicide et à l'affaire. Pour l'essentiel, il s'agit d'interventions de quelques secondes ou de quelques minutes lors d'un journal parlé.

Toutefois, Boulin participe à six émissions où le temps de parole est plus long : le 14 octobre 1970, il est « l'invité du matin » pour parler de la Sécurité sociale ; le 20 décembre 1971, il est l'invité de Jacques Chancel à *Radioscopie* ; le 17 mai 1978, il participe aux entretiens *Le téléphone sonne* pour parler de la crise économique ; le 8 mars 1979, il est l'invité du *Petit-Déjeuner* de *France Inter* ; puis le 29 avril 1979 du *Club de la presse* et le 18 septembre 1979, il est à nouveau l'invité du *Téléphone sonne* pour parler de l'emploi des jeunes.

L'émission *Radioscopie* du 20 décembre 1971 est particulièrement intéressante parce Boulin y retrace son parcours et révèle un peu de ses idées. Ce qui domine, hors ses qualités d'orateur, c'est le « service de l'État », expression qui revient 23 fois dans les 51 minutes que dure l'émission (hors les deux morceaux de musique) ; il y est beaucoup moins question de l'intérêt de la France, jamais de celui de la nation ou du peuple. Sa philosophie politique se traduit en quelques phrases : « Je ne suis pas un homme politique », « je suis un homme sans ambition »,

---

[9]   Ce magazine est diffusé de juin 1960 à février 1962 ; il est sabordé par ses producteurs parce qu'ils ne peuvent diffuser un numéro sur les militants communistes.

« un homme politique est toujours un homme compromis parce qu'il est engagé », « il faut sacrifier sa popularité immédiate à l'intérêt de l'État », « il faut faire les choses, être populaire, ça vient par surcroît. » Il parle durant moins d'une minute de Libourne et de sa fonction de maire, pour dire simplement que cela plaît à la population d'avoir un ministre pour maire. Il évoque enfin un peu son père, sa femme et son fils.

Nombre d'occurrences de Boulin sur *France Inter*

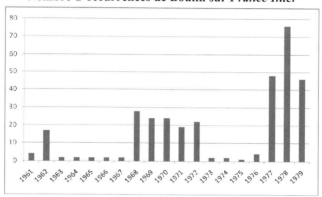

Nombre d'occurrences de Boulin en fonction de son poste ministériel

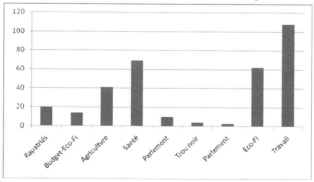

Boulin dans Le Monde

Entre sa première apparition dans le quotidien *Le Monde*, daté du 2 décembre 1958, date de sa première élection à l'Assemblée nationale le 30 novembre, et l'annonce de son décès dans l'édition datée du 31 octobre 1979 (donc parue le 30 après-midi, quelques heures après la découverte du corps, vers 9h du matin), Boulin occupe 673 feuilles dans la documentation du journal[10], et 213 feuilles depuis le 31 octobre 1979 : le suicide de celui-ci a en grande partie éclipsé les quarante ans de sa vie politique et biaisé toutes les analyses médiatiques réalisées *a posteriori*. Un quart du dossier du *Monde* à son sujet est consacré au décès et à « l'affaire Boulin ».

Le début de la carrière politique de Boulin, marqué par les élections du 30 novembre 1958 (député) et du 15 mars 1959 (maire de Libourne), laisse peu de traces. Il faut attendre sa nomination comme secrétaire d'État aux Rapatriés pour que le volume du dossier de presse s'étoffe avec 35 feuilles. Secrétaire d'État au Budget puis secrétaire d'État à l'Économie et aux Finances, il a droit à 85 feuilles. Ministre de l'Agriculture, Boulin occupe 71 feuilles : il est confronté au *plan Mansholt*, auquel il est d'abord hostile, mais qu'il accepte finalement. Ministre de la Santé publique et de la Sécurité sociale, Boulin occupe un ministère majeur, ce qui se traduit par la parution de 204 feuilles. La réforme de l'assurance-maladie et des études médicales, ainsi que les lois sur la politique hospitalière (1970), sur les retraites et sur les handicapés, le placent en première ligne dans les médias. Il obtient même quelques épisodes de gloire, notamment avec sa lettre au Premier ministre pour un assouplissement de la législation sur l'avortement[11] ou lors du grand entretien qu'il accorde au journal[12].

Une phase de plus grande discrétion arrive ensuite, mais Boulin ne disparaît jamais totalement des colonnes du *Monde*. Ministre délégué auprès du Premier ministre chargé des Relations avec le Parlement, il occupe 26 feuilles. Cependant, entre avril 1974 et l'été 1976, c'est une traversée du désert médiatique : d'abord chargé des relations politiques du candidat Chaban-Delmas, le 15 décembre 1974, il quitte l'UDR[13] lorsque J. Chirac, alors Premier ministre, est élu secrétaire général ; il y retourne le 23 février 1975. Cette éclipse ne lui vaut la parution que de vingt feuilles. Boulin tente de s'opposer à J. Chirac, notamment par un entretien avec *Sud Ouest* le 16 décembre 1974 et par la publication dans *Le Figaro* du 17 décembre 1974 de son article « 14 Brumaire » ; néanmoins, cette contribution médiatique n'a pas un fort retentissement dans la classe politique et il doit rentrer dans le rang.

---

[10] Le recensement n'est pas au nombre d'articles publiés, ce qui ne tiendrait pas compte de leur longueur : certains ne sont que des brèves, d'autres occupent une page. Le nombre de « feuilles » de la documentation permet d'appréhender le volume consacré par le quotidien de la rue des Italiens à Boulin : certaines feuilles comptent plusieurs articles, mais les plus longs occupent plusieurs feuilles.

[11] *Le Monde*, 5 août 1971.

[12] « La France a-t-elle une politique de santé ? », *Le Monde*, 1er septembre 1971.

[13] Union des démocrates pour la République.

Redevenu ministre, délégué auprès du Premier ministre chargé des Relations avec le Parlement, Boulin doit gérer les relations avec les gaullistes et J. Chirac, ce qui explique que dix-sept feuilles lui soient consacrées. Le renouveau médiatique arrive avec le poste de ministre délégué à l'Économie et des Finances auprès du Premier ministre, avec soixante feuilles, mais surtout avec les dix-huit mois passés au ministère du Travail et de la Participation. Avec 155 feuilles, il occupe un ministère majeur, où il est confronté à la montée du chômage, à la faillite de la société Manufrance (grosse maison de vente par correspondance à Saint-Étienne) et du groupe Boussac (premier groupe textile français), au plan de restructuration de la sidérurgie. À ces problèmes de gestion ministérielle s'ajoute la radicalisation anti-giscardienne du RPR[14], constitué le 5 décembre 1976 : Chaban-Delmas et les membres du gouvernement, donc Boulin, sont écartés des instances dirigeantes du RPR le 9 avril 1978.

Nombre de feuilles consacrées à Boulin dans *Le Monde*, selon le poste ministériel

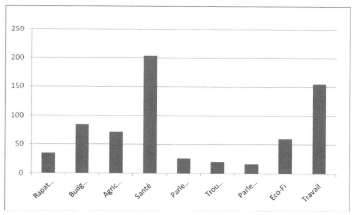

Sur l'ensemble des trois médias pris en référence, on retrouve le même profil décrit précédemment ; il n'est donc pas nécessaire d'y revenir plus longuement. On peut juste noter que Boulin disparaît complètement de la télévision lors de son absence ministérielle, alors que *France Inter* et *Le Monde* continuent à suivre l'homme politique. Il faut ajouter, mais ce n'est pas une surprise, que la presse écrite accorde beaucoup plus de place que les médias audiovisuels à son sujet.

---

14 Rassemblement pour la République.

Comparaison des occurrences de Boulin ministre

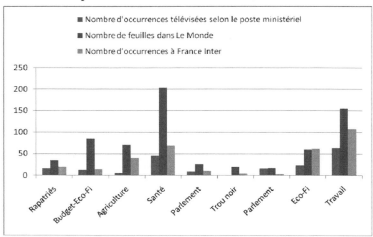

Une surexposition médiatique : des polémiques à « l'affaire du suicide »

À partir du printemps 1978, la présence médiatique de Boulin s'accroît : le « ministre inusable », « l'homme commode », comme on disait parfois pour évoquer sa longue carrière de ministre « technique », entre dans une période de surexposition médiatique. Citons quelques passages remarqués : tels l'émission « Le téléphone sonne », sur *France Inter*, le 17 mai 1978, une page entière respectivement dans *Le Matin* le 21 juin 1978, *France-Soir* le 2 août 1978, *Le Figaro* le 25 septembre 1978 et *La Croix* le 10 février 1978, un passage au « Petit-Déjeuner » de *France Inter*, le 8 mars 1979, deux pages dans *Paris-Match* le 16 mars 1979, cinq pages dans *Le Nouvel Observateur* le 19 mars 1979, un entretien au « Club de la presse » sur *France Inter*, le 29 avril 1979, une page dans *L'Aurore* le 14 août 1979 et dans *Paris-Match* le 14 septembre 1979, un débat à nouveau à l'émission « Le téléphone sonne » sur *France Inter* le 18 septembre 1979, une page dans *L'Express* le 6 octobre 1979 et *Le Journal du Dimanche* le 14 octobre 1979, un nouveau passage au « Club de la presse » d'*Europe 1*, le 21 octobre 1979, etc.

Cette forte exposition médiatique est liée à sa promotion à un poste ministériel sensible en pleine crise de restructuration économique et sociale et parfois même aux rumeurs sur ses chances d'accession à Matignon. Cela dit, elle a pu conduire à une certaine sensibilité, chez un homme placé au cœur de ce nœud politique et médiatique. Or cette forte présence dans les médias est renforcée par l'émergence de polémiques sur des « affaires » dont certains dossiers commencent à percer. On rappelle ainsi que Boulin a été membre du conseil d'administration de la CFAO (Compagnie française de l'Afrique occidentale)[15] mais pendant son intermède hors du gouvernement, une société de négoce en Afrique subsaharienne, de Perrier, la firme de boissons ; et a été membre de celui de l'Office commercial pharmaceutique[16], une entreprise de distribution en gros de médicaments aux pharmacies. Un soupçon d'affairisme apparaît alors, évidemment non justifié, mais il est vite dissipé car de telles pratiques de multiplicité des activités sont monnaie courante au Parlement. Boulin connaît même son heure de gloire : le 5 octobre 1979, le président V. Giscard d'Estaing est à Libourne, où il laisse pressentir que le maire de la ville pourrait être un excellent Premier ministre.

Toutefois, les polémiques reprennent, avec ardeur, au cœur de la majorité giscardienne, quand, le 10 octobre 1979, *Le Canard enchaîné* révèle que le président de la République a reçu une plaquette de diamants de trente carats de la part de l'ancien empereur de Centrafrique, Jean-Bedel Bokassa. Le 9 octobre 1979, le procès du talc Morhange aborde la question de la responsabilité du gouvernement de l'époque : en août 1972, 200 enfants sont contaminés par de l'hexachlorophène en concentration excessive dans le talc ; 36 enfants décèdent. Or, le 5 mai 1972, le ministre de la Santé de l'époque, celui-ci, avait déclaré à l'Assemblée nationale : « Considéré comme un excellent désinfectant, sans propriétés allergisantes, l'hexachlorophène est utilisé sans inconvénient dans différentes préparations », ce qu'on lui reproche *a posteriori*, alors même que c'est un accident technique qui a provoqué la pollution d'un lot du produit et non la composition de la formule autorisée. *L'Humanité* du 11 octobre 1979, sous le titre « manipulations pour un procès », rapporte cette phrase en soulignant qu'elle a été publiée puis enlevée par l'AFP. Il ne s'agit pas de savoir si Boulin a ou non une part de responsabilité dans l'affaire du talc Morhange, mais de souligner que le ministre est mis en cause au moment ou se déclenche l'affaire des terrains de Ramatuelle.

Une semaine plus tard, le 17 octobre 1979, l'hebdomadaire de droite extrême *Minute* évoque l'affaire des terrains de Ramatuelle dans laquelle le promoteur Henri Tournet cherche à compromettre Boulin. Le 21 octobre 1979, interrogé au *Club de la presse* d'*Europe 1*, Boulin affirme : « Un ministre doit être exemplaire », et il ajoute : « J'ai l'âme et la conscience tranquilles. » Le 24 octobre 1979, *Le Canard enchaîné* titre sur « Les permis très édifiants de M. le ministre ». Le même jour, en marge du Conseil des ministres, V. Giscard d'Estaing tance Boulin

---

[15] *Cf.* Hubert Bonin, *CFAO (1887-2007) : la réinvention permanente du commerce outre-mer*, Paris, Publications de la SFHOM, 2008, p. 521.

[16] *Les Échos*, 1er avril 1975.

pour avoir accepté de parler aux journalistes de *Minute* et du *Canard enchaîné*. Les 25 et 27 octobre 1979, *Le Monde* évoque longuement l'opération immobilière de Ramatuelle. Boulin aurait placé une partie de son patrimoine personnel en investissement dans un lot à bâtir situé sur un lotissement pour lequel l'obtention du permis de construire apparaît discutable, ce qui ouvre la voie à un soupçon de collusion, d'où le déchaînement d'une certaine presse, alors même que le ministre ne peut guère lui répondre à cause de sa position statutaire. Dans les jours qui suivent le décès, pour nombre de commentateurs, c'est la presse qui a tué Boulin. André Chambraud, journaliste au *Point*, ajoute :

> Les mêmes qui, quelques heures auparavant, accusaient la presse d'avoir tué Robert Boulin, affirmaient qu'il avait eu mille raisons personnelles de se suicider. La calomnie, tantôt sans preuve, tantôt longuement argumentée, se donnait libre cours. Bref, on pleurait le mort et en même temps, avec un acharnement sauvage on le piétinait : faut-il le cacher ? Aux yeux du monde cruel de la politique, Boulin était considéré depuis longtemps comme un homme personnellement vulnérable, donc suspect.[17]

Pour l'historien, il est certain que, dès le début d'octobre 1979, avant même son décès, l'image médiatique de Boulin est submergée par les « affaires » de la fin du septennat de V. Giscard d'Estaing, affaires alimentées aussi bien par les « amitiés gaullistes » et les querelles internes à la droite entre chiraquiens et giscardiens, que par les basses œuvres de quelques mitterrandiens. Au final, l'image de Boulin est celle d'un ministre technique et compétent qui ne cherche pas les feux de la rampe et qui fait peu parler de lui. Toutefois, à partir du printemps 1978, les médias s'emparent d'un ministre qui exerce des fonctions de plus en plus importantes et dont la stature d'homme d'État, voire de « premier ministrable » progresse sensiblement. Mais alors ils s'emparent également de « l'homme Boulin », qui devient victime d'une sorte d'emballement médiatique voire d'une cabale de la part de certains cercles ou clans, certainement pour briser son ascension : au mois d'octobre 1979, les « affaires » conduisent les médias à s'intéresser de près à toutes ces facettes de Boulin, ce dont certains hommes politiques les accusent après son décès[18].

Saisir la perception de Boulin dans les médias et la « représentation » qu'ils se font du profil de l'homme politique permet ainsi de mieux

---

[17] Cité par Jacques Derogy et Jean-Marie Pontaut, *Enquête sur les « affaires » d'un septennat*, Paris, Robert Laffont, 1981, p. 52.

[18] Le journal télévisé de la deuxième chaîne (A2) du 30 octobre 1979 accorde 34 minutes et 21 secondes au suicide et à la carrière de Boulin. Voir : [http://www.ina.fr/ politique/allocutions-discours/video/CAB04020283/ja2-20h-emission-du-30-octobre-1979.fr.html].

comprendre les enjeux de la progression d'une carrière politique dans le cadre de la double économie des médias qui s'affirme sous la Ve République, celle de la presse traditionnelle et celle des médias audiovisuels : veiller à son propre impact dans ce double circuit devient par conséquent l'un des éléments essentiels du portefeuille de compétences d'un homme politique, surtout quand il aspire à passer d'une dimension de ministre technique à celle d'homme d'État, ce qui a été à l'évidence le cas de Boulin ; mais a-t-il pu faire face à une « médiatisation » aussi intense, alors que son équipe de communicants restait limitée au sein de son cabinet ou de ses réseaux parisiens ?

Visite officielle de De Gaulle à Libourne, le 15 avril 1961

DEUXIÈME PARTIE

BOULIN MINISTRE

L'entourage de Robert Boulin

Hervé CHAUVIN

Professeur agrégé, doctorant du CEMMC,
Université Michel-de-Montaigne-Bordeaux 3

Robert Boulin, secrétaire d'État d'août 1961 à mai 1968, puis ministre de mai 1968 jusqu'à son décès fin octobre 1979 – hormis une interruption entre mars 1973 et août 1976 – a occupé des fonctions ministérielles durant près de seize ans, battant ainsi le record de longévité ministérielle détenu par Colbert… Il a précisément été à trois reprises secrétaire d'État – aux Rapatriés, au Budget, à l'Économie et aux Finances – puis sept fois ministre – de la Fonction publique, de l'Agriculture, de la Santé publique et de la Sécurité sociale, en charge des Relations avec le Parlement à deux reprises, de l'Économie et des Finances, puis enfin du Travail et de la Participation. Notons déjà que ce parcours est composé de passages particulièrement brefs, mais également de responsabilités exercées plus longuement comme le secrétariat d'État au Budget – presque cinq années consécutives de 1962 à 1967 ou encore en tant que ministre de la Santé publique et de la Sécurité sociale, trois ans de 1969 à 1972 : ceci n'est pas sans conséquence sur les profils de ses cabinets.

Nous avons identifié 67 collaborateurs officiels du ministre, qui figurent dans les compositions de cabinets parues dans le *JORF*[1], chiffre auquel il faut rajouter une poignée de collaborateurs officieux, ainsi que des conseillers extérieurs. Comme toute recherche sur ce sujet, il s'agit d'un exercice périlleux pour trois raisons : l'écrit est résiduel, les témoignages souvent biaisés et les informations sur les membres officieux des cabinets lacunaires voire inexistantes[2]. Nos investigations ont principalement porté sur la liste des collaborateurs officiels, pour lesquels nous avons rassemblé des informations biographiques, avant de procéder à

---

[1] Journal officiel de la République française.

[2] Guy Thuillier, *Pour une histoire de la bureaucratie en France*, Paris, coll. « Histoire économique et financière de la France. Animation de la recherche », 1999. Voir notamment « L'histoire d'un cabinet ministériel », p. 129-140.

une série d'entretiens. Ont été sollicités en priorité les directeurs de cabinets, comme Antoine Dupont-Fauville, Yann Gaillard, Pierre Cortesse, Jean-Yves Haberer, mais également d'autres collaborateurs, comme Philippe Nivet-Doumer, attaché parlementaire puis attaché de cabinet de Boulin en 1962, ainsi qu'Éric Burgeat, gendre du ministre et conseiller technique[3] en 1978-1979. Le problème majeur de cette démarche est que plusieurs de ses collaborateurs, parmi les plus proches, et donc potentiellement les plus intéressants sont aujourd'hui décédés, tels Jean Bergeras, Gilbert Rastoin, Michel Audiat ou encore Jérôme Brault.

Notre contribution s'attachera à répondre aux problématiques habituelles que l'on se pose sur les cabinets ministériels : quelles permanences et quels changements peut-on observer durant cette longue carrière de presque seize ans ? Le passage dans un cabinet de Boulin fut-il un accélérateur de carrière pour ses collaborateurs ? Le maire de Libourne fut-il un ministre que l'on suit, ou encore un ministre influant, imposant ses collaborateurs ou, au contraire, quelqu'un se voyant dicter la composition de ses cabinets ?

Les collaborateurs de Boulin : profil et composition des cabinets ministériels

Le dépouillement du *Journal officiel* nous permet de relever les noms de 67 collaborateurs officiels du ministre Boulin durant sa longue carrière[4]. Dans l'ensemble, ses cabinets s'avèrent être de petite taille, avec généralement huit ou neuf collaborateurs (directeur de cabinet, chef et chef adjoint de cabinet, chargé de mission, attaché parlementaire ou attaché de presse, épaulés par deux ou trois conseillers techniques). D'après son gendre É. Burgeat, Boulin en limitait la taille par principe, et préférait s'appuyer sur les services des administrations[5]. Les entretiens menés confirment la présence en leur sein d'au moins neuf membres officieux, dont six ont été identifiés. Il s'agit d'une part de collaborateurs qui ont officiellement fait partie d'un ou plusieurs cabinets, ou qui y accèdent après une collaboration officieuse, comme

---

[3] Ont également été sollicités comme directeurs de cabinet Jean Gonot (1965-1967), André Bord (1968-1969), Jacques Baudoin (1976-1977) sans succès. Jérôme Brault, chef adjoint de cabinet en 1978-1979, est décédé. Georges Gil (directeur adjoint de cabinet en 1978-1979) a répondu qu'il n'était plus en mesure de répondre à un entretien. Également sollicité, Jacques Boyon, conseiller technique de 1968 à 1972, puis directeur de cabinet de 1972 à 1973, n'a pas donné suite après une première réponse écrite.

[4] Il faudrait inclure dans ce décompte, Dominique Danic-Careil, chargée de presse du cabinet de 1977-1978, qui ne figure pas au *Journal officiel*, portant ainsi le total à 68 collaborateurs. *Cf.* entretien avec J.-Y Haberer, novembre 2008.

[5] Questionnaire remis par É. Burgeat, août 2009.

P. Nivet-Doumer, J. Bergeras, J. Brault, ou encore Gisèle Godest ; sur les six officieux restants, nous pouvons mentionner les noms du médecin Pierre Simon[6], intégré au cabinet de Boulin, ministre de la Santé publique et de la Sécurité sociale (1969-1972) et de Guy Aubert, fils d'un industriel du Sud-Ouest, « fidèle entre les fidèles, placé au cabinet en signe de reconnaissance »[7]. On observe que les officieux y sont peu nombreux dans la première partie de la carrière du ministre (1962-1973)[8], mais plus présents par la suite, après son retour aux affaires en 1976 : Brault, Godest et Aubert sont présents au cabinet dirigé par J.-Y. Haberer, et Y. Gaillard évoque quant à lui la présence « des amis du Sud-Ouest » avec qui il a peu de contacts[9]. Enfin, É. Burgeat nous a confirmé que Boulin faisait également appel à plusieurs conseillers extérieurs, parmi lesquels Bernard Brunhes, futur conseiller social de Pierre Mauroy à Matignon, ou encore Yves Chaigneau ; par ailleurs Guy Thuillier, conseiller technique du cabinet, bien connu des historiens pour ses travaux sur les cabinets ministériels, animait également des groupes de réflexion avec des experts extérieurs, fonctionnaires, et représentants de la société civile.

Il est également intéressant de détailler le groupe des collaborateurs du ministre Boulin en fonction de leur durée de participation aux différents cabinets. On observe alors qu'une majeure partie de ces derniers – 39 sur 67, soit 58 % – n'est restée en leur sein que sur une courte durée, inférieure ou égale à un an[10]. Il s'agit essentiellement de conseillers techniques, qui n'y font qu'un bref passage. Ce phénomène est renforcé par la brièveté de certaines fonctions occupées par Boulin, un mois ministre de la Fonction publique, moins d'un an en tant que secrétaire d'État aux Rapatriés, ou ministre chargé des Relations avec le Parlement en 1972-1973 (neuf mois) et 1976-1977 (huit mois), et seulement un an

---

[6] Médecin gynécologue réputé, cofondateur du Planning familial, Grand maître de la Grande loge de France (1969-1971, 1973-1975), décédé en mai 2008.

[7] Entretien avec J.-Y. Haberer, novembre 2008.

[8] Philippe Nivet-Doumer, attaché parlementaire du cabinet Boulin (1961-1962), le suit un temps au Budget en 1962. Jean Bergeras est le seul officieux rapporté par A. Dupont-Fauville, directeur de cabinet de 1962 à 1965.

[9] Entretien avec Yann Gaillard, novembre 2008. Dans le dernier cabinet de Boulin sont également intervenus trois officieux – un fonctionnaire de la délégation à l'Emploi, un autre de la direction des Relations du Travail ainsi qu'un jeune assistant pour Jérôme Brault, chef adjoint de cabinet et chargé des relations avec le Parlement.

[10] À savoir : A. Pasquier, H. Ecal, J.-F. de Béarn, C. Mellac, J. Toutain, M. de Wailly, M.-A. Marchand, J. Driol, C. Trabuc, P. Cortesse, M.-T. Guinier, P. Bochin, A. Bord, J. Armengaud, J.-P. Bourgin, P. Peigné, J.-R. Bernard, J.-C. Pasty, G. Ganteil, P. Le Ménestrel, P. Charbonneau, M. Burlot, M. Lagrave, J. Leclercq, J. Berthault, J. Baudoin, D. Schuller, G. Godest, J. Laury, L. Rossignol, J.-Y. Haberer, A. Farge, R. Baconnier, P. Bilger, P. Bouquet, P. Dulac, J.-L. Lepine, C. Mulhomme, G. Jacquin de Margerie.

à l'Agriculture entre juin 1968 et juin 1969. Un second groupe de collaborateurs (17 sur 67, soit 25 %) a accompagné le ministre entre un et trois ans : il s'agit des membres de cabinets durables, comme celui de la Santé publique et de la Sécurité sociale de 1969 à 1972, parmi lesquels se trouvent le chef adjoint de cabinet M. Audiat et les conseillers techniques Henri Culaud, Jacques Maumy et Rémi Dhuicque, ainsi que la plupart de ses collaborateurs après son retour de 1976 – Georges Gil, G. Rastoin, Marcel Cats, J. Brault, Jean-Jacques Dupeyroux[11]… Enfin, un dernier groupe peut être distingué, celui des collaborateurs ayant accompagné Boulin sur une assez longue durée : ils sont au nombre de onze, soit un peu plus de 16 %. Il y a d'une part les conseillers techniques qui sont restés longtemps au cabinet Boulin, secrétaire d'État au Budget : Pierre Laduré (trois ans et demi), André Debron (cinq ans), Jacques Rool (cinq ans et demi) et Jean Chenard (six ans). On note aussi la présence du conseiller technique G. Thuillier à deux reprises, de 1969 à 1972, puis de 1978 à 1979, soit quatre ans et demi, de Jacques Boyon, conseiller technique de 1968 à 1972, puis directeur de cabinet de Boulin en 1972-1973 (cinq ans), de Y. Gaillard, son directeur de cabinet de 1969 à 1972, puis de 1978 à 1979 (quatre ans et demi), et enfin de ce que l'on pourrait qualifier de première équipe politique du ministre, composée par Henri Martinet[12], Jacques Paquet[13], et Roger Trétare[14], qui accompagnent Boulin jusqu'à son départ de 1973. Une place particulière doit être consacrée à Bergeras, l'avocat et ami libournais, élu local, qui l'a accompagné six ans de manière officielle[15], mais également officieuse tout au long de sa carrière ministérielle, jusqu'à leur dispute quelques jours avant le décès du ministre[16].

Les collaborateurs de Boulin sont principalement issus des grands corps de l'État – Préfecture, Cour des comptes, Inspection des Finances… – avec une nette prédominance d'Énarques, conformément à l'évolution des cabinets ministériels sous la Ve République. Ces derniers,

---

[11] Respectivement directeur adjoint de cabinet (1977-1978), directeur adjoint de cabinet (1978-1979), chef de cabinet (1978-1979), chef adjoint de cabinet (1978-1979), chargé de mission auprès du ministre (1978-1979).

[12] Chef de cabinet de Boulin, de 1962 à 1968 ; chargé de mission de 1968 à 1972, conseiller adjoint au directeur de cabinet de 1972 à 1973.

[13] Chef adjoint de cabinet de 1966 à 1968 ; chef de cabinet de 1968 à 1973.

[14] Occupant divers postes de chargé de mission, d'attaché de cabinet et d'attaché parlementaire, avant de devenir chef adjoint de cabinet en 1968-1969.

[15] Conseiller technique de 1961 à 1962 ; chargé de mission de 1962 à 1965, conseiller technique en 1972-1973 ; chargé de mission en 1976-1977, chef de cabinet de 1977 à 1978.

[16] Entretien avec Antoine Dupont-Fauville, octobre 2008.

au nombre de 27[17], constituent donc 39 % des cabinets Boulin, ce qui les situe bien devant toutes les autres provenances. Quatre collaborateurs sont issus du corps préfectoral – Alexandre Pasquier, Henri Écal, Jean-François de Béarn, H. Martinet –, deux ont fait l'École polytechnique (Dominique Voillereau, Jacques Leclercq), et une dizaine d'autres proviennent de l'administration et du ministère des Finances. Cette nette prédominance d'énarques, d'administrateurs et de fonctionnaires du ministère des Finances est liée aux postes « techniques » occupés par le maire de Libourne : secrétaire d'État au Budget, secrétaire d'État à l'Économie et aux Finances, ministre délégué à l'Économie et aux Finances, puis ministre du Travail et de la Participation. On relève encore quatre ingénieurs agronomes – André Bord, Jean Armengaud, Jean-Pierre Bourgin, Gabriel Ganteil – trace du court passage de Boulin au ministère de l'Agriculture, ou encore deux membres provenant du corps médical – André Maumy et Pierre Charbonneau, du temps ou Boulin était ministre de la Santé publique et de la Sécurité sociale. Il y a encore quelques cas de provenance atypique à mentionner : G. Gil de l'Inspection du Travail, J.-J. Dupeyroux de l'Université, ou encore J. Brault, qui a fait des études de journalisme.

Au sein de ces cabinets, la place des femmes est, comme on a pu le constater, particulièrement modeste, avec seulement quatre collaboratrices officielles – ce qui représente à peine 6 % : Marie-Aleth Marchand, chef de secrétariat particulier (1961-1962), Marie-Thérèse Guinier, conseiller technique (1972-1973), G. Godest, chef de cabinet de 1976 à 1977 et Jaqueline Laury, chef adjoint de cabinet de 1976 à 1977. G. Godest suit par ailleurs Boulin officieusement après 1977. Il faut encore mentionner Armelle Montard, secrétaire personnelle du ministre pendant 14 ans.

Boulin fut-il un ministre d'influence ?

L'image publique de Boulin, celle d'un gaulliste fidèle, travailleur dévoué et « ministre à tout faire » ne correspond pas à celle d'un ministre visant les plus hauts postes, d'un ministre influent et ambitieux. L'étude attentive de ses cabinets semble conforter cette appréciation. Choisi par le général de Gaulle, il se voit tout d'abord imposer ses directeurs de cabinets, qui composent eux-mêmes leurs équipes. D'après son attaché parlementaire P. Nivet-Doumer, Boulin ne devient

---

[17] A. Dupont-Fauville, J. Gonot, G. Rastoin, P. Laduré, J. Driol, C. Trabuc, D. Voillereau, P. Cortesse, J. Boyon, J.-R. Bernard, J.-C. Pasty, P. Le Ménestrel, Y. Gaillard, M. Burlot, G. Thuillier, M. Lagrave, H. Roson, H.-P. Culaud, R. Dhuicque, D. Schuller, J. Baudoin, J.-Y. Haberer, R. Baconnier, P. Bilger, P. Bouquet, P. Dulac, J.-L. Lepine, G. Jacquin de Margerie.

complètement ministre que lorsque H. Écal remplace A. Pasquier comme directeur de cabinet en mai 1962, au secrétariat d'État aux Rapatriés. Lorsque Boulin devient secrétaire d'État au Budget en septembre 1962, Alain Peyrefitte lui conseille de prendre comme directeur de cabinet A. Dupont-Fauville, un « poids lourd » sur le marché, passé dans les cabinets de Gaulle et Debré. Ce dernier dirige alors directement une petite équipe, décrite comme très technique et sans fortes personnalités[18]. P. Cortesse, son directeur de cabinet en tant que secrétaire d'État à l'Économie et aux Finances (avril 1967-mai 1968), puis ministre de la Fonction publique (mai-juin 1968), est quant lui choisi et imposé par Debré et A. Dupont-Fauville. Boulin étant alors souvent à Libourne, les deux équipes du cabinet – technique et politique – travaillent de manière séparée. P. Cortesse, plus proche de Debré, interrompt sa collaboration avec Boulin sur proposition de Jean-Pierre Fourcade[19]. À la Santé publique et à la Sécurité sociale, Boulin peut composer son cabinet de concert avec son directeur Y. Gaillard – ce dernier lui suggère un certain nombre de recrutements et amène personnellement G. Thuillier – tout en reprenant d'anciens collaborateurs comme J. Paquet et M. Audiat.

Après son retour dans les ministères en 1976, Boulin essaie plus ouvertement d'imposer ses choix. Nommé ministre délégué à l'Économie et aux Finances en mars 1977 en remplacement de Michel Durafour, il tente d'imposer comme directeur de cabinet Guy Delorme, un ancien collaborateur du président V. Giscard d'Estaing. C'est J.-Y. Haberer, ancien du cabinet Debré de 1966, collaborateur de V. Giscard d'Estaing en 1973 et protégé de Raymond Barre qui lui est imposé par le président et le Premier ministre. J.-Y. Haberer reprend alors le cabinet Durafour[20], laissant Boulin choisir un ancien de ses cabinets, Rastoin, comme directeur adjoint, et Bergeras comme chef de cabinet[21]. Enfin, lors de son dernier poste en tant que ministre du Travail et de la Participation, il finit par imposer son ancien collaborateur Y. Gaillard comme directeur de cabinet. Dans une atmosphère d'isolement, il s'entoure alors de fidèles, comme M. Cats, chef de cabinet, J. Brault, un ami de son fils, qui devient chef adjoint de cabinet, ainsi qu'É. Burgeat, comme conseiller technique[22].

---

[18] Entretien avec A. Dupont-Fauville, octobre 2008.

[19] Entretien avec P. Cortesse, octobre 2008.

[20] Les conseillers techniques Alain Farge, Robert Baconnier, Pierre Bilger, Patrick Bouquet, et Philippe Dulac.

[21] Entretien avec Jean-Yves Haberer, novembre 2008.

[22] Entretien avec Yann Gaillard, novembre 2008.

Un article bien connu de Bernard Lalanne décrit en 1976 « la faune des cabinets ministériels »[23], décomposée en chiens – les fidèles des ministres, qui tombent avec eux –, chats – collaborateurs plus attachés à leur maison d'origine, à leur ministère – et en crocodiles – chassant dans tous les marigots. Cette dernière catégorie est également qualifiée de singes, personnages soucieux de leur carrière, passant d'un ministre à l'autre sans état d'âme. Quel profil « animalier » eurent les cabinets Boulin ? Pour A. Dupont-Fauville, le cabinet dirigé de 1962 à 1965 était également composé de chats et de chiens. Selon É. Burgeat, les derniers cabinets Boulin n'échappaient pas à la règle chats/chiens/singes, mais comptaient peut-être moins de singes, et des chats à tendance chien, c'est-à-dire attachés au ministre[24]. On observe assez clairement un groupe de fidèles, qui l'accompagne au début de sa carrière jusqu'à son départ de 1973 : il s'agit de Paquet, Martinet, Trétare[25] et Bergeras qui constituent l'équipe politique du ministre. Une proximité s'établit également avec le conseiller technique J. Rool[26], mais aussi avec Y. Gaillard et M. Audiat, du temps du ministère de la Santé publique. Pour Y. Gaillard, le conseiller technique J. Boyon était alors presque le directeur adjoint du cabinet, mais ce dernier affirme ne pas avoir fait partie du premier cercle des collaborateurs du ministre[27]. L'interruption dans la carrière ministérielle de Boulin entre mars 1973 et août 1976 constitue la fin de cette première équipe de fidèles. H. Martinet, qui a lié sa carrière à celle de Boulin, devient alors préfet pour seulement quelques mois avant de décéder. M. Audiat, Y. Gaillard et G. Thuillier poursuivent alors leur carrière dans les cabinets auprès d'Edgar Faure.

Lors de son retour aux affaires, Boulin doit reconstituer son équipe de proches : il fait appel à certains de ses anciens collaborateurs, comme J. Bergeras, M. Cats, conseiller technique de 1972 à 1973, G. Thuillier ou encore Y. Gaillard, avec qui il a gardé contact pendant le vide de sa carrière ministérielle, en participant « pour faire plaisir » au club de Faure, le « Nouveau Contrat social »[28]. Il étoffe cette équipe avec

---

[23] Bernard Lalanne, « La faune des cabinets ministériels », *L'Expansion*, 102, novembre 1976. Cité dans René Rémond, Aline Coutrot et Isabel Boussard, *et al.*, *Quarante ans de cabinets ministériels : de Léon Blum à Georges Pompidou*, Paris, Presses de la FNSP, 1982, p. 101.

[24] Entretien avec A. Dupont-Fauville, octobre 2008 ; réponse au questionnaire d'É. Burgeat, août 2009.

[25] A. Dupont-Fauville estime que ce dernier n'a pas occupé un rôle important dans les cabinets Boulin.

[26] Confirmée par A. Dupont-Fauville et P. Cortesse.

[27] Lettre de J. Boyon, 5 mai 2009.

[28] Entretien avec Y. Gaillard, novembre 2008. *Cf.* également Yann Gaillard, *Adieu Colbert*, Paris, Christian Bourgois, 2000, p. 204-205.

G. Godest, J. Brault, É. Burgeat, son gendre depuis 1975 et son directeur de campagne lors des élections législatives de 1978, ou encore l'universitaire J.-J. Dupeyroux, avec le titre de « chargé de mission auprès du ministre », conseiller principal du ministre devant le directeur de cabinet. Même s'il reconnaît les compétences de Cats, bien meilleur chef de cabinet que Paquet selon ses dires, Y. Gaillard affirme cependant que Boulin n'avait pas beaucoup de pointures autour de lui lors de ce ministère.

Le passage par les cabinets Boulin fut-il pour ses collaborateurs un accélérateur de carrière ? Difficile de répondre de manière univoque : d'une part, le rassemblement d'informations biographiques s'avère lacunaire pour bon nombre de ses collaborateurs – seule une grosse moitié de ces derniers figure ou a figuré dans le *Who's Who*. D'autre part, les carrières sont extrêmement diverses et il est difficile de dire si le passage dans ces cabinets a eu un rôle déterminant. Quoi qu'il en soit, dix-neuf collaborateurs ont poursuivi une carrière dans les cabinets ministériels, soit en tant que directeurs de cabinet[29] ou en tant que conseillers techniques[30]. Neuf collaborateurs – pour la plupart des énarques – ont accédé à la direction d'entreprises publiques ou privées, comme A. Dupont-Fauville (Crédit du Nord), Philippe Dulac (Renault, Paribas), J.-P. Bourgin, Jean-René Bernard (CIC), Jacques Baudoin (ANPE), J.-Y. Haberer (Paribas, Crédit lyonnais), Jean-Luc Lepine (GAN), J. Leclercq (EDF), Philippe Le Ménestrel (Régie française de télévision). Hormis quelques carrières administratives (Patrick Bouquet, P. Charbonneau, Gérard Jacquin de Margerie), il faut relever quelques cas particuliers tels J.-R. Bernard, devenu ambassadeur aux Pays-Bas et au Mexique, et Michel Lagrave, professeur à Paris-X. Les carrières politiques sont finalement peu nombreuses : G. Godest à la mairie de Paris, P. Nivet-Doumer, élu dans le XIXe arrondissement en 1983, J. Boyon, député de l'Ain, ou encore Y. Gaillard, sénateur de l'Aube.

---

[29] P. Nivet-Doumer, directeur de cabinet de Pierre Messmer ; A. Dupont-Fauville, directeur de cabinet de Michel Debré en 1968 ; Y. Gaillard directeur de cabinet d'Edgar Faure en 1973 ; Marcel Burlot, directeur de cabinet de Jacques Limouzy ; Pierre Bilger auprès de Maurice Papon ; J. Boyon, directeur de cabinet d'Yves Guéna, Jacques Soufflet et Yvon Bourges ; Robert Baconnier, directeur adjoint du cabinet Papon.

[30] Rémy Dhuicque au cabinet de Christian Poncelet et Michel Durafour ; Henri-Pierre Culaud au cabinet du Premier ministre Raymond Barre ; Philippe Dulac au cabinet Durafour, Jacques Leclercq au cabinet Edgar Faure, et Yves Guéna ; Philippe le Ménestrel, au cabinet Bailly ; Jean Chenard, conseiller technique de Jacques Chirac entre 1968 et 1971 ; Gisèle Godest, Guy Thuillier, Jérôme Brault et Michel Lagrave ont également poursuivi une carrière de conseiller technique.

Deux parcours individuels illustrent assez bien les limites de l'influence de Boulin en tant que ministre. P. Nivet-Doumer tout d'abord : recommandé par Alexandre Sanguinetti, devient attaché parlementaire de Boulin en 1961-1962, et reste un temps son collaborateur officieux au secrétariat d'État au Budget. Il s'attache au ministre, dirige sa campagne politique aux élections législatives de 1962, où il doit être le suppléant de Boulin, avant que ce dernier ne se voit imposer par Chaban-Delmas le député André Lathière[31]. P. Nivet-Doumer fait alors carrière dans le sillage de Pierre Messmer en entrant dans son cabinet en 1962. Y. Gaillard, d'autre part, fait la connaissance de Boulin, secrétaire d'État au Budget alors qu'il est au cabinet de Faure, ministre de l'Agriculture. Il confesse encore une admiration totale et une affection pour deux de ses patrons (Faure et Boulin), accepte d'aller ce dernier « en pension », mais lie sa carrière avant tout à celle de Faure, « personnage aux dimensions historiques »[32]. En fin de compte, Boulin ne semble pas avoir été un tremplin pour ses collaborateurs les plus proches : la plupart des brillantes carrières que l'on peut relever parmi ses collaborateurs sont liées à d'autres facteurs, comme l'appartenance aux grands corps de l'État, ou le passage dans d'autres cabinets ministériels. Si celui-ci fut un ministre attachant pour la plupart de ses collaborateurs, certains d'entre eux n'ont pas hésité à s'attacher à d'autres figures politiques, comme Messmer, Debré ou Faure, peut-être plus prometteuses en termes de carrière. En début comme en fin de parcours, Robert Boulin ne semble pas avoir été en mesure de composer à sa guise ses cabinets ministériels et de s'en être servi comme instrument politique, ce qui corrobore l'idée d'un ministre serviteur de l'État, habité par l'intérêt général. Son influence réside peut-être plus dans le bilan de son action en tant que ministre.

---

[31] Entretien avec P. Nivet-Doumer, octobre 2008.
[32] Entretien avec Y. Gaillard, novembre 2008.

Robert Boulin
secrétaire d'État aux Rapatriés
(24 août 1961-11 septembre 1962)

Guy PERVILLÉ

Professeur à l'Université de Toulouse 2-Le Mirail

Le nom de Robert Boulin, premier secrétaire d'État aux Rapatriés à la fin de la guerre d'Algérie, évoque aujourd'hui encore, sur certains sites Internet[1], sa déclaration du 30 mai 1962 identifiant les Français d'Algérie revenant en France à des « vacanciers » et non pas à de véritables « rapatriés » ou expatriés[2]. Et pourtant, son image personnelle avait longtemps été beaucoup plus favorable que celle des autres membres du gouvernement, même auprès des hommes politiques qui désapprouvaient la politique gaullienne de décolonisation de l'Algérie : à leurs yeux, il était l'homme de bonne volonté qui employait toute son énergie à faire tout ce qui était humainement possible afin d'atténuer les souffrances de ses compatriotes privés de leur pays natal. Mais il faut suivre la chronologie et distinguer plusieurs périodes pour tenter de retracer plus précisément l'évolution de son rôle et de son image. Nous évoquerons donc, principalement à partir des débats parlementaires, le promoteur de la « loi Boulin » sur les rapatriés en général, puis son action en faveur des rapatriés d'Algérie, et enfin sa relève dans ce poste au bout d'un peu plus d'un an de fonction[3]. Cette recherche est encore loin d'être complète, mais donne une première approche.

---

[1] Par exemple, [www.unite-francaise.com], ainsi que [http://la-redoute-et-le-clos.skyrock.com/2674467616-Les-vacanciers-dont-parlait-le-bon-Robert-Boulin.html].

[2] *Cf.* Alain Peyrefitte, *C'était de Gaulle*, tome 1 : *la France redevient la France*, 1re éd. 1994, Paris, Montparnasse, 2008, p. 136-137.

[3] « J'aurais voulu rester plus longtemps, car les problèmes n'étaient pas réglés », dit-il à Jacques Chancel dans l'émission radiophonique sur *France Inter*, *Radioscopie*, du 20 décembre 1971.

Auteur de la « loi Boulin » sur les rapatriés

C'est en août 1961 que le gouvernement de Michel Debré décida d'intensifier l'aide publique aux Français obligés par la décolonisation de quitter le territoire colonial où ils vivaient pour rejoindre le territoire national. Ce problème du retour et du recasement des « rapatriés » existait depuis la fin de la guerre d'Indochine (1954) et s'était surtout posé en 1956 en raison de la crise de Suez, à laquelle s'était ajouté le reflux des Français de Tunisie et du Maroc, puis celui des Français installés en Guinée après qu'Ahmed Sékou Touré eut choisi l'indépendance totale à l'occasion du référendum de septembre 1958. Mais la situation fut subitement aggravée par un nouvel afflux de réfugiés de Tunisie, déclenché par le mini-conflit franco-tunisien du 18 au 22 juillet 1961. À cette occasion, le Premier ministre Debré décida de créer un secrétariat d'État aux Rapatriés[4], et d'en charger le député de Libourne Boulin[5], lors d'un remaniement de son gouvernement. Celui-ci fut annoncé le 24 août, mais, dès le 17 août, le futur secrétaire d'État mit au point avec le Premier ministre la loi d'aide aux rapatriés[6].

Debré pensait aussi à un afflux possible de « rapatriés » d'Algérie dans les mois à venir, étant donné la volonté gaullienne de mettre fin à la guerre d'Algérie le plus vite possible, que ce fût par un accord avec le FLN[7] (encore hors d'atteinte après les vaines négociations d'Évian et de Lugrin) ou sans un tel accord[8]. Mais, à partir de la fin d'octobre 1961, la

---

[4]   Voir la liste des organismes publics chargés des rapatriés dans : Jacques Frémeaux, « Le reflux des Français d'Afrique du Nord (1956-1962) », *in* Jean-Jacques Jordi et Émile Témime (dir.), *Marseille et le choc des décolonisations : les rapatriements de 1954-1964*, Aix-en-Provence, Édisud, 1996, p. 13-28 (note 23).

[5]   Selon Gérard César, présent au colloque Boulin, celui-ci fut tiré de ses vacances en Italie par le Premier ministre, qui lui annonça que le président de la République voulait le voir : « Bonjour, Monsieur le Député-maire. Que connaissez-vous aux rapatriés ? – Rien, mon général. – Eh bien, vous avez une belle gâche, Monsieur le Secrétaire d'État aux Rapatriés ».

[6]   Cité par Maurice Faivre, *Conflits d'autorités durant la guerre d'Algérie : nouveaux inédits*, Paris, L'Harmattan, coll. « Histoire et perspectives méditerranéennes », 2004, p. 57 (d'après les archives Michel Debré, 2 DE 22, conservées à la Fondation nationale des sciences politiques). Mais la question des rapatriés était déjà envisagée depuis octobre 1960 (rapport de Michel Massenet, 2 DE 13, cité par Daniel Lefeuvre, « Les pieds-noirs », *in* Benjamin Stora et Mohammed Harbi (dir.), *La guerre d'Algérie : 1954-2004, la fin de l'amnésie*, Robert Laffont, 2004, p. 283), et avait fait d'objet d'un important rapport d'une mission d'étude du ministère des Affaires algériennes daté du 7 mars 1961 (1 A 177, MAA, cité par D. Lefeuvre, *ibid.*).

[7]   Front de libération national (Algérie).

[8]   *Cf.* la lettre de Debré à de Gaulle du 21 août (2 DE 14), citée par M. Faivre, *ibid. Cf.* aussi le témoignage d'A. Peyrefitte sur la mission que lui confia le général le 12 juillet 1961 de faire connaître un plan de partition, seul moyen d'éviter la fuite

reprise de négociations sérieuses avec le FLN sembla éloigner les perspectives les plus dramatiques d'un exode massif, et les accords des Rousses (18 février 1962) et d'Évian (18 mars 1962) prétendaient permettre à la masse des Français d'Algérie de rester dans leur pays avec des garanties, mais il s'agissait plus d'un espoir que d'une certitude.

Boulin se mit donc aussitôt au travail afin de mettre au point la « loi Boulin ». La première version du « projet de loi relatif à l'accueil et à la réinstallation des Français d'outre-mer » fut envoyée au Sénat par le gouvernement Debré le 30 septembre 1961. Mais ce projet, étudié en toute hâte par les commissions des Lois, des Finances et des Affaires étrangères du 10 au 12 octobre, fut considéré comme une « déclaration d'intention » gouvernementale, un peu éclairée par l'audition « très nette et très franche » du secrétaire d'État, et fut donc retirée de l'ordre du jour avec son accord. Elle revint en discussion les 24 et 25 octobre (avec un nouvel avis présenté par la commission des Affaires économiques et du Plan). Après un débat très constructif (même si à gauche la SFIO[9] et le PCF[10] refusèrent de voter le projet), Boulin remercia le Sénat quant aux améliorations apportées à son texte.

Le texte adopté par le Sénat fut ensuite discuté à l'Assemblée nationale du 21 au 23 novembre et le 29. Le gouvernement demanda une nouvelle délibération sur l'article 2 du projet, qui avait été repoussé, et il obtint satisfaction *in extremis*. Puis l'ensemble du projet fut adopté le 29 novembre par 365 voix pour et 138 contre. Le projet de loi revint alors afin d'être voté par le Sénat le 8 décembre, puis par l'Assemblée le 12 décembre, et enfin, après la réunion d'une commission mixte paritaire demandée par le Premier ministre, un projet commun fut voté par les deux assemblées le 14 décembre. La « loi n° 61-1439 du 26 décembre 1961[11] relative à l'accueil et à la réinstallation des Français d'outre-mer », dite « loi Boulin », se composait de quatre articles.

L'article 1ᵉʳ définissait l'objectif de la loi :

Les Français ayant dû ou estimé devoir quitter, par suite d'événements politiques, un territoire où ils étaient établis et qui était antérieurement placé sous la souveraineté, le protectorat ou la tutelle de la France, pourront bénéficier du concours de l'État, en vertu de la solidarité nationale affirmée par

---

massive des Français d'Algérie, ou de faire pression sur le FLN (Alain Peyrefitte, 2008, *op. cit.*, p. 76-92).

[9] Section française de l'Internationale ouvrière.

[10] Parti communiste français.

[11] Date de la signature de la loi par le président de la République, à Colombey-les-Deux-Églises. Texte complet dans le *Journal officiel de la République française, Lois et décrets*, 28 décembre 1961, p. 11996-11997.

le préambule de la Constitution de 1946, dans les conditions prévues par la présente loi.

Le paragraphe suivant annonçait que « ce concours se manifeste par un ensemble de mesures de nature à intégrer les Français rapatriés dans les structures économiques et sociales de la nation », dont il donnait ensuite une liste :

> Des prestations de retour, des prestations temporaires de subsistance, des prêtes à taux réduit et des subventions d'installation et de reclassement, des facilités d'accès à la profession et d'admission dans les établissements scolaires, des prestations sociales, ainsi que des secours exceptionnels.

Les trois derniers paragraphes prévoyaient des programmes supplémentaires de construction de logements, des indemnités particulières pouvant être attribuées aux rapatriés les plus défavorisés en raison de leur âge ou de leur invalidité, et des délais et aménagements de taux d'intérêts accordés aux débiteurs de bonne foi.

L'article 2, qui avait été très contesté lors des débats, autorisait le gouvernement à prendre avant le 24 avril 1962 par des ordonnances (lesquelles devaient être déposées devant le Parlement pour ratification au plus tard deux mois après l'expiration du délai précédent),

> celles des mesures mentionnées à l'article 1ᵉʳ qui sont du domaine de la loi et relatives aux règles concernant les garanties fondamentales accordées aux fonctionnaires civils et militaires de l'État ainsi qu'aux principes fondamentaux du droit du travail et de la sécurité sociale.

L'article 3 comportait deux paragraphes prévoyant des extensions du champ d'application de la loi. Le premier et le plus important autorisait le gouvernement à étendre les mesures prises « à des Français ayant dû ou estimé devoir quitter, par suite d'événements politiques, un territoire non visé à l'article 1ᵉʳ », ce qui concernait notamment l'Algérie, dont le sort définitif n'était pas encore fixé. De même, le deuxième paragraphe prévoyait de faire bénéficier de la présente loi « des étrangers dont l'activité ou le dévouement justifient cette extension et qui s'établissent sur le territoire de la République française », ce qui pouvait concerner, comme on le vit plus tard, des réfugiés musulmans algériens.

L'article 4 prévoyait le financement des mesures envisagées par une loi de finances déposée au plus tard le 30 juin 1962, la défense des biens et des intérêts des personnes visées aux articles 1ᵉʳ et 3 ci-dessus par « un organisme dont la composition, le fonctionnement et les attributions seront fixés ultérieurement par une loi », et promettait enfin une mesure très ardemment réclamée par les défenseurs des « rapatriés », et dont le gouvernement n'avait pas voulu au début[12] :

> Une loi distincte fixera, en fonction des circonstances, le montant et les modalités d'une indemnisation en cas de spoliation et de perte définitivement établies de biens appartenant aux personnes visées au premier alinéa de l'article 1er et de l'article 3.

Cette loi fondamentale visait à accélérer le règlement d'une conséquence de la décolonisation trop longtemps sous-estimée, mais on pressentait bien qu'elle était faite au moins autant pour servir en cas de besoin à de nouveaux réfugiés d'Algérie, même si le gouvernement voulait croire de plus en plus que les accords en cours de négociation avec le FLN permettraient de réduire l'ampleur de ce problème.

On remarquera que le secrétaire d'État voulut non seulement s'adresser aux parlementaires, mais aussi toucher l'opinion publique en utilisant la télévision afin de capter son attention. L'émission *Faire face*, d'Étienne Lalou et Igor Barrère, présenta le problème des rapatriés en deux parties (synchronisées avec les débats au Sénat), les 24 novembre et 8 décembre. La première partie présentait la situation dramatique des rapatriés revenus de tous les pays ayant rompu avec la France depuis la guerre d'Indochine, et la seconde donnait la parole au secrétaire d'État Boulin. Le ton des journalistes était très critique, mais il l'avait probablement accepté en vue de sensibiliser l'opinion publique française en secouant son indifférence[13].

Boulin et l'exode des Français d'Algérie

Le *Journal officiel de la République française*, édition des débats parlementaires, est très pauvre entre le vote de la loi Boulin et la signature des accords d'Évian, qui furent présentés très rapidement dans une session extraordinaire les 21 et 22 mars 1962. C'est seulement le 26 avril que le Parlement fit sa rentrée pour assister à une communication du nouveau gouvernement de Georges Pompidou, qui avait succédé à celui de Debré le 14 avril (peu après le référendum par lequel les Français de la métropole avaient ratifié les accords d'Évian le 8 avril), et

---

[12] Selon Daniel Lefeuvre (2004, *op. cit.*, p. 285), « le principe de l'indemnisation a finalement été retenu, à l'initiative de Michel Debré et contre l'avis de la majorité des ministres, réunis en conseil de cabinet le 4 septembre 1961, mais ses modalités d'application ont été renvoyées à plus tard ».

[13] *Cf.* Agnès Chauveau, « Le voile, le miroir et l'aiguillon. La télévision et les mouvements de société jusque dans les années 1970 », *Vingtième siècle*, 72, octobre-novembre 2001, p. 97-108. Aude Vassallo, *La télévision sous de Gaulle : le contrôle gouvernemental de l'information, 1958-1969*, Bruxelles/Bry-sur-Marne, De Boeck/INA, coll. « Médias recherches, Série Études », 2005.

dans lequel Boulin restait en fonction. Mais, dès le 2 avril, un décret avait étendu la loi Boulin aux rapatriés d'Algérie[14].

La prise de conscience de l'inévitabilité du rapatriement massif semble avoir été en retard sur l'annonce des accords d'Évian. En effet, dans la communication du gouvernement Debré sur l'aboutissement de sa politique algérienne présentée les 21 et 22 mars aux deux assemblées, et au cours du débat qui suivit à l'Assemblée nationale, le rapatriement fut très peu évoqué. Les députés du groupe Unité de la République affirmèrent même que le peuple français d'Algérie resterait chez lui quoiqu'il arrivât ; mais Maurice Faure fut le premier à en douter[15]. Le Premier ministre Debré et le ministre des Affaires algériennes Louis Joxe garantirent le maintien de la nationalité française à tous ceux qui voudraient la garder (y compris les Français musulmans), ainsi que la liberté de circuler, « l'assistance que la France réserve à tous les siens, et donc le bénéfice de la loi Boulin »[16]. Au Sénat, la communication du ministre Robert Buron ne fut pas l'occasion d'un débat officiel, mais fut néanmoins suivie de plusieurs réponses de haute tenue, dont celles d'Edgar Faure et de François Mitterrand. Joxe fit de nouveau allusion à la loi Boulin : « Chacun, Européen ou musulman, pourra choisir son sort en Algérie comme en France. »[17]

Un peu plus d'un mois plus tard, les 26 et 27 avril, le nouveau Premier ministre Pompidou vint présenter son programme. Évoquant la situation en Algérie, il se voulut rassurant : « Si certains d'entre vous, si des musulmans aussi, préfèrent quitter cette terre d'Algérie où pourtant tout vous attache, la métropole vous accueillera »[18], mais aussi très ferme contre l'OAS[19]. Les opposants à sa politique algérienne se montrèrent très sévères. Bertrand Motte (du CNIP[20]) demanda au gouvernement de préciser ses intentions quant au règlement du sort des prisonniers, des rebelles, et de « celui des réfugiés qui, à un rythme accéléré, vont venir demander à la métropole de leur rendre le foyer, le métier et la patrie qu'on leur a retirés en Algérie au nom de l'intérêt général »[21]. Et le député d'Alger, Marc Lauriol, contesta face à Joxe la réalité de la conservation de la nationalité française par les citoyens français en Algérie.

---

14 *JORF*, Débats Assemblée nationale, 12 mai 1962 (séance du 11 mai), p. 1062.

15 *Ibid.*, 22 mars 1962 (séance du 21 mars), p. 517.

16 *Ibid.*, p. 521.

17 *JORF*, Débats Sénat, 22 mars 1962 (séance du 21 mars), p. 111-112.

18 *JORF*, Débats Assemblée nationale, 27 avril 1962 (séance du 26 avril), p. 748.

19 Organisation armée secrète.

20 Centre national des indépendants et paysans.

21 *JORF*, Débats Assemblée nationale, 27 avril 1962 (séance du 26 avril), 27 avril 1962 (séance du 26 avril), p. 777.

Pompidou reprit la parole à la fin du débat, mais il dérapa dans une maladroite polémique anti-OAS. Le vote fut néanmoins un succès : sur 506 votants, 387 suffrages exprimés, 259 pour le gouvernement et 128 contre. Au Sénat, Louis Jacquinot lut une communication du gouvernement sans débat ni droit de réponse.

Toutefois, c'est en mai et juin que le problème des réfugiés s'imposa à l'attention des parlementaires, et mit Boulin au premier plan des débats. Selon la presse du 5 mai, celui-ci « se montre résolu à donner une nouvelle impulsion à l'action engagée » en créant un service d'information spécial à Alger[22]. Le 11 mai, un premier débat eut lieu à l'Assemblée nationale sur la politique du gouvernement envers les rapatriés à l'occasion d'une question orale. Boulin y présenta un premier bilan de son action depuis la création du secrétariat d'État aux Rapatriés[23].

Cependant, le 30 mai, revenant d'un voyage d'inspection en Algérie, il fit une déclaration devant le Conseil des ministres dans laquelle il niait la réalité de l'exode et incriminait les consignes de l'OAS, ayant provoqué les grèves des transports qui entravaient les départs. Il assura aussi qu'il n'y avait pas plus de départs en 1962 qu'à la même période de l'année précédente. Son collègue Pierre Sudreau, réagissant à ces propos, trouva la formule qui n'avait pas été employée par Boulin mais qui resta attachée à sa mémoire : « Sont-ce des *vacanciers*, comme M. le secrétaire d'État nous le laisse entendre, ou des réfugiés, ou des rapatriés ? » À la suite de ce Conseil, de Gaulle insista auprès du secrétaire d'État à l'information, Alain Peyrefitte, sur la version qu'il devait donner à la presse :

> Dites bien tout ce qu'a dit Boulin ! Il y a des queues interminables à Alger et à Oran parce que tous les bureaux ont été fermés par la grève, sous la menace du plastic ! Sinon, il y aurait eu des réservations préalables et pas de queue ! Si on compare jour après jour les départs des deux dernières années avec la moyenne des jours de ce mois, on constate qu'il n'y a pas de changement notable. Il n'y a pas d'exode, contrairement à ce que disent votre presse, votre radio, votre télévision ! Mais on le répète tellement que ça finira par être vrai ![24]

Ensuite, Boulin nuança ses propos devant le Conseil du 6 juin :

> Jusqu'à maintenant, la plupart des gens ont un point de chute en France. Mais il y a une certaine tendance à ce qu'une catégorie de plus en plus humble de pieds-noirs quitte l'Algérie. Pour le cas où l'afflux augmenterait,

---

[22] *Ibid.*, 12 mai 1962 (séance du 11 mai), p. 1062.

[23] *Ibid.*, p. 1073-1078.

[24] Alain Peyrefitte, 2008, *op. cit.*, p. 136-137.

nous aurions de la peine à y faire face, et il faudrait alors préparer un plan d'urgence.[25]

Puis, le 13 juin, il précisa :

> Les départs s'accélèrent. Parmi eux, augmente la proportion des vrais rapatriés, des pauvres gens qui ont tout abandonné et qui n'ont pas l'intention de revenir. Un afflux massif n'est pas à exclure.[26]

Mais, le 21 juin, tout en constatant que les départs d'Algérie s'accélèrent, il les déclare « parfaitement artificiels », et les attribue à une campagne venant de l'OAS[27]. De Gaulle lui répond lors d'une mise au point visiblement étudiée, au cours de laquelle il distingue d'une part les départs habituels vers la métropole, retardés en 1962 par l'opposition de l'OAS jusque vers le 15 mai puis accélérés par cette organisation jusqu'à la panique, et d'autre part,

> une proportion grandissante de gens qui n'avaient pas coutume de venir en France. En mai, 3 % n'avaient pas de point de chute. Dans la première quinzaine de juin, ils sont passés à 20 %. C'est seulement en septembre ou en octobre prochain qu'on pourra dire si ces retours étaient des replis provisoires, ou de véritables rapatriements définitifs en métropole.[28]

Le 27 juin, au moment où le drame algérien semble toucher à sa fin, Boulin commet une erreur de jugement grave, en déclarant :

> qu'entre le 1er juin et le 26 juin, il a été enregistré 169 000 retours vers la métropole. Ce nombre de passages correspond exactement à celui des départs de juillet 1961. Ce sont donc bien des vacanciers, jusqu'à ce que la preuve du contraire soit apportée.[29]

Malgré ces propos malheureux, Boulin reste relativement ménagé par les parlementaires de l'opposition aux accords d'Évian. Le 31 mai a lieu à l'Assemblée nationale une déclaration, sans débat, du gouvernement sur les problèmes algériens. La déclaration de Joxe est très chahutée ; celle de Boulin est mieux écoutée, même s'il déclare que les partants ne sont pas plus nombreux qu'en 1961 et qu'ils n'ont pas décidé de rester en métropole[30]. Quant à Jean de Broglie, il n'est pas interrompu parce que la plupart des membres de son groupe, les Indépendants, qui le considèrent comme un traître, ont quitté la salle, à la suite de quoi une

---

[25] *Ibid.*, p. 138.

[26] *Ibid.*, p. 171.

[27] *Ibid.*, p. 172-173.

[28] *Ibid.*, p. 173.

[29] *Ibid.*

[30] *JORF*, Débats Assemblée nationale, 31 mai 1962 (séance du 30 mai), p. 1402-1403.

motion de censure est déposée par le groupe Unité de la République, et sa discussion est fixée au 5 juin.

Dans ce débat, très vif, Boulin est souvent cité et interpellé, mais avec une relative modération.

> C'est cet afflux de « vacanciers en avance », comme les situait récemment M. Boulin, qui se pressent aux aéroports et aux bateaux pour fuir un pays en pleine anarchie, où n'existe plus aucune garantie pour personne ni pour rien.[31]

Le député d'Alger Philippe Marçais est plus accusateur envers le gouvernement français qui, « et je m'en excuse auprès de M. Boulin, qui est le maître en la matière, ne met pas à leur disposition les moyens de transport appropriés. Je vous le prouverai tout à l'heure, M. Boulin ». Et un peu plus loin : « M. Boulin se déclare même très satisfait des conditions dans lesquelles les voyageurs attendent leur départ puis sont reçus à leur arrivée. Le mensonge du gouvernement est flagrant. »[32] Mais Étienne Arnulf, regrettant l'absence de Boulin, est moins sévère à son égard :

> Je sais qu'il accomplira tout l'effort possible. Je lui demanderai cependant de ne pas oublier le côté humanitaire du problème, car des milliers de Français mettent leur dernier espoir dans son action. Action qui commence à peine et qui, si tout se passe bien, lui vaudra bien plus de louanges que mérite de critiques le gouvernement pour sa politique algérienne.[33]

D'un autre côté, le ministre est soutenu avec chaleur par les députés de la majorité, tel Hervé Landrin :

> Je me réjouis de voir à la tête du ministère responsable notre ami M. Boulin, dont l'objectivité, la conscience et le sens de l'humain finiront par triompher des difficultés qu'amoncellent ces départs enfiévrés de nos frères d'Algérie.[34]

De même, Raymond Schmittlein le félicite pour « l'esprit de décision qu'il a montré devant une situation qui dépasse de loin toutes les prévisions ». La fin du débat est pourtant très agitée en raison de l'agressivité dont le Premier ministre fait preuve de nouveau en attaquant l'OAS et en minimisant la gravité de la situation, ce qui provoque de véhémentes interventions, et décide Bertrand Motte à voter la motion de censure qu'il jugeait inopportune[35]. Mais celle-ci n'obtient que 113 voix pour, alors que la majorité absolue requise est de 276.

---

[31] Déclaration d'Armand Legroux, *JORF*, Débats Assemblée nationale, 31 mai 1962 (séance du 30 mai), p. 1428.

[32] *Ibid.*, p. 1431-1432.

[33] *Ibid.*, p. 1444.

[34] *Ibid.*, p. 1465-1466.

[35] *Ibid.*, p. 1481.

Boulin n'en continue pas moins à s'occuper du flot montant de rapatriés, qu'il vient accueillir par exemple le 12 juin à Marseille[36]. Néanmoins, il s'occupe aussi des « Français musulmans », et notamment des « harkis » désirant se mettre à l'abri en France, qui relèvent également de son administration[37]. Lors du Conseil des ministres du 20 mai, il leur consacre la fin de son intervention :

> Enfin, les dispositions prises permettent de faire face au rapatriement d'un millier de harkis et de leurs familles, soient environ 5 000 personnes qui semblent préférer ne pas demeurer en Algérie après l'indépendance.

Cependant, le 23 mai, il fait prendre une décision très grave au sujet des harkis accueillis dans des camps en métropole :

> Ces musulmans n'étant pas adaptés à la vie européenne, il serait inopportun de leur attribuer l'aide prévue en faveur des rapatriés sous forme individuelle. Les intéressés devront au contraire continuer à bénéficier d'un certain encadrement dans leur travail et dans leur hébergement. C'est pourquoi, en ce qui les concerne, il est indispensable de bloquer les différentes formes d'aide (prestations de retour, subventions d'installation, etc.) de manière à constituer un fonds permettant de les prendre collectivement en charge et de financer leur réinstallation. L'article 43 du décret du 10 mars 1962 sur l'aide aux rapatriés autorise cette façon de procéder.[38]

Le 29 juin 1962, Boulin eut l'occasion de répondre à une question orale avec débat sur le rapatriement des Français musulmans, avec Joxe et Pierre Messmer. Il dressa le bilan chiffré de son action en faveur des

---

[36]   Boulin, secrétaire d'État aux Rapatriés, à l'arrivée du *Ville de Bordeaux*, reportage régional pour le journal national, extrait du *Journal télévisé* du 12 juin 1962, conservé par l'Institut national de l'audio-visuel (INA). *Cf.* le site [http://www.ina;fr/fresques/reperes-mediterraneens/notice/repmed].

[37]   Le sort des harkis intéresse aussi le ministre des Affaires algériennes Louis Joxe, et les ministres des Armées, Pierre Messmer, et de l'Intérieur, Roger Frey, remarque Chantal Morelle, « Les pouvoirs publics français et le rapatriement des harkis en 1961-1962 », *in* Raphaëlle Branche (dir.), *La guerre d'indépendance des Algériens : 1954-1962*, Paris, Perrin, coll. « Tempus », 2009, p. 281-282. M. Faivre signale l'intérêt de la correspondance entre Boulin et Messmer (à partir du 26 mars 1962), contenue dans les archives du cabinet Messmer (1 R 336) et le fonds privé Messmer (1 K 744).

[38]   Texte communiqué par un courriel du général M. Faivre le 15 novembre 2007, qui ajoute : « Cette décision, qui n'a pas été publiée dans le communiqué du Comité des affaires algériennes du 28 mai, est citée par François-Xavier Hautreux lors de son intervention au colloque de l'ENS de Lyon en décembre 2006. La responsabilité en revient à M. Boulin, approuvé par le général de Gaulle et M. Pompidou. » *Cf.* F.-X. Hautreux, « Au-delà de la victimisation et de l'opprobre : les harkis », [http://colloque-algerie.ens-lsh.fr/communication.php3?id.article.], qui donne la référence : CAOM 81F 1040, 23 mai 1962. Comité des affaires algériennes du mercredi 23 mai 1962. Objet : « Personnes rentrant d'Algérie ».

harkis[39], mais sans citer ce point capital, dont on verra les résultats désastreux douze ans plus tard, lors de la révolte des jeunes des camps de Saint-Maurice l'Ardoise et de Bias...

Fin des fonctions comme secrétaire d'État aux rapatriés

Après le référendum algérien du 1er juillet 1962 et la reconnaissance de l'indépendance de l'Algérie le 3 juillet (qui entraîna la fin du mandat des membres du Parlement français représentant ce pays), l'exode des rapatriés et des harkis ne fit que s'intensifier, démentant les déclarations lénifiantes du gouvernement. Boulin poursuivit son action, comme le prouve le grand nombre d'ordonnances, décrets et arrêtés promulgués avant et pendant l'été en faveur des rapatriés[40]. Lors du Conseil des ministres du 22 août 1962, il annonça que, « depuis le 1er janvier jusqu'au 19 août, 533 000 personnes sont revenues d'Algérie », et sembla prendre une position intermédiaire entre celle du général, qui maintenait son pronostic de 350 000 « repliés » définitifs, et le Premier ministre Pompidou, qui osait relever cette estimation à « plutôt 550 000, voire davantage » :

> Beaucoup sont dans l'expectative : ils préfèrent rester dans la région de Marseille, parce qu'ils espèrent rentrer en Algérie. Le jour où ils seront convaincus qu'ils ne peuvent pas rentrer, il faudra les recaser.[41]

Mais, le 11 juillet, le député Pierre Battesti protesta contre l'absence de la loi de Finances annoncée pour avant le 30 juin 1962 par l'article 4 de la loi du 26 décembre 1961 :

> Tout d'abord, je note que les crédits demandés par le secrétariat d'État aux rapatriés lui ont été accordés par tranches infimes, ce qui ne lui a pas permis de répondre aux ambitions et aux besoins de sa création [...]. Gouverner, c'est prévoir, dit-on couramment. Hélas, on a prévu faux et gouverné mal.[42]

Le gouvernement dut prendre conscience de ses erreurs, et adapter sa politique d'accueil et de reclassement aux exigences de la situation. De nouveau la documentation parlementaire fait défaut afin d'approfondir

---

[39] *JORF*, Débats Assemblée nationale, 30 juin 1962 (séance du 29 juin), p. 2139-2140.

[40] *Cf.* notamment la table du *JORF* Lois et décrets 1962, « Accueil et réinstallation des Français d'outre-mer », p. 5, 6 et 7 ; et dans les documents parlementaires AN, le n° 1748, p. 311 (Projet de loi portant ratification des ordonnances prises en application de la loi du 26 décembre 1961 relative à l'accueil et à la réinstallation des Français d'outre-mer, avec la liste de ces ordonnances, séance du 6 juin 1962, à ratifier avant le 24 juin).

[41] Alain Peyrefitte, 2008, *op. cit*, p. 204. Des interventions de Boulin aux conseils des ministres des 25 juillet, 8 août, 22 août, sont citées par Alain Peyrefitte, 2008, *op. cit.*, p. 195-196, 202, 205-206.

[42] *JORF*, Débats Assemblée nationale, 12 juillet 1962 (séance du 11 juillet), p. 2355.

la politique du gouvernement, mais l'ouvrage de Peyrefitte nous aide à saisir pour quelles raisons il fut appelé à succéder à Boulin.

Dès le 21 août 1962 (la veille de l'attentat du Petit-Clamart), le Premier ministre Pompidou proposa au porte-parole du gouvernement de le remplacer par Christian Fouchet (l'ancien haut-commissaire de France en Algérie) et de lui donner la place de Boulin :

> L'intégration des rapatriés va être la grande affaire des prochains mois. Je vais ériger ce secrétariat d'État en ministère plein. Je vais faire passer Boulin au Budget, ce qui sera pour lui une promotion.

Peu enthousiaste, Peyrefitte lui répondit en faisant le point sur le fond du problème :

> Boulin a eu le mérite de créer cette structure nouvelle, mais son budget a été établi sur l'hypothèse d'un retour de 70 000 rapatriés pour 1962, alors qu'ils seront dix fois plus nombreux. Ça ne m'exalte pas, la perspective d'une morne bataille avec les Finances pour accueillir ces lamentables victimes d'un exode qu'on a refusé de prévoir. Et vous allez me chercher, comme pour me punir d'avoir décrit l'an dernier cet exode tel qu'il se produit !

Pompidou retourna habilement l'argument : « N'exagérons rien. Justement, vous serez bien accueilli par les pieds-noirs. »[43]

Peyrefitte fut donc nommé ministre des Rapatriés lors du remaniement ministériel du 12 septembre 1962, qui nomma également Fouchet ministre de l'Information et Boulin secrétaire d'État au Budget. Aussitôt, le nouveau ministre mit en garde le chef de l'État contre l'espoir d'une inversion du mouvement de repli vers la métropole. Lors du Conseil du 26 septembre, à l'occasion de sa première communication dans ses nouvelles fonctions, il fit le point sans complaisance, avec l'accord du Premier ministre :

> Il y avait en Algérie 1 020 000 civils européens au dernier recensement le 1er juin 1960. Environ 160 000 en étaient partis au 1er janvier 1962 et ne sont pas revenus ; il en restait donc 860 000, qui sont réduits à 260 000 aujourd'hui. Il y a 760 000 repliés européens en métropole, auxquels s'ajoutent 15 000 musulmans (harkis, moghaznis et leurs familles), auxquels il faudra sans doute ajouter des milliers de musulmans civils qui commencent, depuis ces jours derniers, à quitter précipitamment l'Algérie pour des raisons, disent-ils, de sécurité, ou plutôt, me disent mes services, pour trouver en France un travail que l'Algérie ne leur offre pas. Ce qui va faire quelque 800 000 rapatriés d'Algérie, sans compter 400 000 rapatriés européens récents de Tunisie, du Maroc et d'Égypte.

---

[43] Alain Peyrefitte, 2008, *op. cit.*, p. 221-222. Les deux hommes faisaient allusion au livre de Peyrefitte, *Faut-il partager l'Algérie ?*, Paris, Plon, coll. « Tribune libre, 61 », 1961, dont le chapitre VI, intitulé « Dunkerque », envisageait l'hypothèse d'une fuite massive vers la métropole.

Deux hypothèses, optimiste ou pessimiste, permettaient d'envisager l'avenir :

Suivant le cas, les rapatriés d'Algérie en métropole seraient de l'ordre de 650 000 ou de 900 000. C'est au cours des semaines qui viennent que les rapatriés devront s'organiser pour l'hiver et décideront s'ils retourneront ou s'ils restent. Les services mis en place par M. Boulin font remarquablement face à l'accueil, j'ai pu le constater dans le Midi et le Sud-Ouest. Mais le reclassement n'a pas commencé. Si la plus grande partie des rapatriés décide de rester en métropole, il faudra définir une véritable politique d'intégration. Je ne crois pas qu'il suffise de laisser faire les mécanismes du marché de la main-d'œuvre.

Le général l'écouta sans plaisir, puis répondit presque à voix basse : « Je me demande si vous n'exagérez pas un peu. »[44]

Par la suite, Peyrefitte essaya en vain, après le Conseil des ministres du 22 octobre, d'obtenir du général une déclaration pour soigner le moral des rapatriés en leur disant que la mère-patrie leur ouvrait tout grands les bras, mais de Gaulle refusa en lui conseillant de le leur dire lui-même : « Non, c'est votre travail. Vous avez été mis à ce poste pour ça. »[45] Un mois plus tard, le 23 novembre, celui-ci écouta très attentivement le ministre venu lui exposer un bilan de la situation des rapatriés et le projet d'une grande politique d'intégration servant en même temps à corriger les points faibles de la France par une grande loi-programme (par exemple, l'aménagement de la côte du Languedoc-Roussillon)[46]. Le 4 décembre suivant, après avoir adressé au président de la République et au Premier ministre un rapport de 44 pages sur l'intégration des rapatriés, Peyrefitte fut convoqué par ce dernier pour se voir proposer de retourner à l'Information, ce qui ne le réjouit pas plus que le mouvement inverse trois mois plus tôt.

Il eut au moins deux satisfactions : celle d'être remplacé par François Missoffe, « fit merveille » jusqu'à la suppression de son ministère en juillet 1964, et celle de voir reprendre intégralement par le Premier ministre, et avec l'approbation du président de la République, le paragraphe qu'il lui avait proposé pour sa déclaration de politique générale du 7 décembre :

Le règlement de l'affaire d'Algérie a entraîné la venue en France de nombreux réfugiés. Nous avons pris de toute urgence des mesures pour engager avec eux une coopération fraternelle, pour assurer leur logement, leur reclassement. Nous avons préparé un projet de loi-programme pour accélérer et coordonner cette action. C'est une grande tâche française que de

---

[44]   Alain Peyrefitte, 2008, *op. cit.*, p. 251-252.
[45]   *Op. cit. supra*, p. 253.
[46]   *Op. cit. supra*, p. 254-256.

réintégrer dans la vie nationale ceux qui ont été victimes de la guerre d'Algérie et de sa fin.[47]

Boulin a-t-il donc été « débordé par une situation qu'il avait mal évaluée », comme on peut le lire aujourd'hui dans la notice de présentation du reportage cité[48] à l'occasion de sa visite à Marseille du 12 juin 1962 ? Ce serait à notre avis exagérer quelque peu ses torts. N'oublions pas qu'il a bénéficié pendant très longtemps d'un préjugé favorable de la part de tous ceux qui prenaient à cœur la situation dramatique des rapatriés, et qui lui accordaient une cote de confiance personnelle pour sa volonté de faire tout son possible afin de l'améliorer, même s'ils condamnaient la politique algérienne de De Gaulle appliquée par ses ministres. En même temps, nul ne contestait sa loyauté envers la politique gouvernementale, et c'est sans doute un excès de confiance envers celle-ci et envers de Gaulle qui lui a suggéré les phrases malheureuses qui lui ont été de plus en plus souvent reprochées. Au contraire, son successeur Peyrefitte a bénéficié, malgré la brièveté de sa fonction, et comme l'avait prévu le Premier ministre, du fait d'avoir été le seul homme politique de la majorité gaulliste qui avait su prévoir exactement l'ampleur dramatique de l'exode des Français d'Algérie.

---

[47] *Op. cit. supra*, p. 258.

[48] Notice fondée sur trois ouvrages de Jean-Jacques Jordi, *1962 : l'arrivée des Pieds-Noirs*, 1ʳᵉ éd. 1995, Paris, Autrement, coll. « Autrement, Série monde, hors-série, 81 », 2002 ; *De l'exode à l'exil : rapatriés et pieds-noirs en France*, Paris, L'Harmattan, coll. « Histoire et perspectives méditerranéennes », 1993 ; et avec Émile Témime (dir.), *Marseille et le choc des décolonisations : les rapatriements de 1954-1964*, Aix-en-Provence, Édisud, 1996, déjà cité en note 4.

Entre subordination politique et influence financière

Robert Boulin secrétaire d'État au Budget (1962-1968)

Frédéric TRISTRAM

Maître de conférences à l'Université de Paris 1-Panthéon-Sorbonne

Notre objet ici n'est pas d'étudier la politique budgétaire et fiscale dans les années 1960. La question a été abordée à plusieurs reprises, dans le cadre d'ouvrages ou à l'occasion de colloques. Il ne s'agit pas non plus d'analyser le rôle et les fonctions d'un secrétaire d'État au Budget, l'organisation interne du ministère des Finances, ou les procédures budgétaires alors en vigueur. L'objectif est d'essayer de mesurer l'influence d'un homme, Robert Boulin, qui occupe ce poste dans un contexte particulier, entre septembre 1962 et mai 1968, et de préciser son action à la fois dans le domaine économique et politique.

Un secrétaire d'État subordonné à son ministre des Finances : le poids politique de Valéry Giscard d'Estaing

La fonction de secrétaire d'État au Budget présente des figures imposées. Ce n'est pas, dans la hiérarchie gouvernementale, celui qui est le plus prisé. Son titulaire se trouve, en effet, placé dans une position peu confortable, sous la tutelle, sinon sous l'autorité hiérarchique, d'un ministre de plein exercice, responsable de l'ensemble du secteur économique et financier. Son champ d'action se trouve ainsi naturellement limité, aussi bien dans sa dimension politique que dans ses prérogatives techniques. Certes, Boulin n'est ni le premier ni le seul à occuper ces fonctions : l'existence d'un secrétaire d'État subordonné à un ministre des Finances est depuis 1945 une configuration relativement fréquente, même si elle n'a pas été érigée en règle absolue, et certains gouvernements ont fait le choix d'un ministre du Budget autonome. Pour autant, le passage de Boulin Rue de Rivoli présente un caractère singulier : la subordination juridique inhérente au poste de secrétaire d'État est encore renforcée par le contexte politique et notamment la forte présence au ministère de V. Giscard d'Estaing.

Boulin passe en effet une grande partie de son secrétariat d'État, soit près quatre années entre 1962 et 1966, auprès du futur président. Le poids politique de ce dernier et la relation particulière qu'il entretient avec le département des Finances, le seul qu'il ait occupé avant son élection à l'Élysée, dessinent les contours d'une coopération très inégale. Concrètement, trois éléments semblent avoir joué dans la répartition des rôles entre les deux hommes.

Tout d'abord, V. Giscard d'Estaing connaît bien le ministère des Finances : il appartient au corps de l'Inspection des Finances où il est entré à sa sortie de l'ENA, en 1952. Il a déjà, en outre, exercé les fonctions que Boulin assume désormais, ayant lui-même été secrétaire d'État au Budget, de janvier 1959 à avril 1962. Durant ces trois années, il a d'ailleurs été un secrétaire d'État actif et même un peu intrusif, prenant rapidement le meilleur sur ses deux ministres de tutelle successifs, Antoine Pinay et surtout Wilfried Baumgartner. C'est lui qui, par exemple, conduit de bout en bout l'importante réforme de l'impôt revenu formalisée par la loi du 28 décembre 1959. Une telle attitude n'est pas suivie par Boulin qui reste au contraire strictement cantonné dans le rôle second que lui réservent ses fonctions.

En une circonstance aggravante au sein de ce rapport de force, V. Giscard d'Estaing est déjà en place depuis quelques mois comme ministre de plein exercice quand Boulin est nommé. Le ministre a pris ses fonctions en avril, dès la composition du premier gouvernement de Georges Pompidou ; le secrétaire d'État ne le rejoint qu'un septembre, après avoir fait voter la loi sur les rapatriés qui porte son nom. Ce décalage n'est pas sans conséquences, il explique une répartition des compétences, un partage des tâches, voire un certain nombre d'habitudes sur lesquelles il sera par la suite difficile de revenir.

Enfin, V. Giscard d'Estaing est ce qu'on appelle dans le jargon du ministère des Finances, un « budgétaire », dans le cadre des deux grandes catégories d'inspecteurs des Finances : les « trésoriens » se spécialisent dans les questions monétaires ou dans les relations financières internationales et trouvent leur débouché naturel à la direction du Trésor ; les « budgétaires » quant à eux s'intéressent en priorité aux dossiers budgétaires et fiscaux. V. Giscard d'Estaing appartient clairement à la seconde catégorie, non d'ailleurs en raison des postes qu'il a occupés, puisqu'il a fait carrière en dehors des directions traditionnelles du ministère, mais en raison de ses prédispositions et de ses goûts ; il est, pour reprendre les mots de l'un de ses anciens collaborateurs, Guy Delorme, un « passionné de fiscalité ».

En septembre 1962, lors de la nomination de Boulin, le rapport de force est donc défini. La conséquence n'est pas mince : V. Giscard d'Estaing se réserve une partie des attributions qui auraient pu ou dû être dévolues à son secrétaire d'État ; c'est le cas en particulier de la politique fiscale. Les réformes considérables menées dans ce domaine ont en effet été pensées et conduites presque exclusivement par le ministre des Finances, Boulin n'intervenant que de façon très modeste. La préparation des différentes mesures, que les archives permettent de reconstituer avec précision, le montre clairement. Deux exemples aident à le comprendre : le premier est la réforme de la fiscalité des entreprises et la création de l'avoir fiscal, contenu dans la loi du 16 juillet 1965. Celle-ci est précédée d'une intense activité de formalisation : études menées dans les services, négociation avec les instances patronales, débat parlementaire compliqué par l'attitude pour le moins réservée d'une partie de la majorité. Dans la masse des documents ainsi générée, le nom de Boulin n'apparaît pour ainsi dire jamais ; l'ensemble du processus de décision est en revanche suivi de très près par le ministre lui-même et son cabinet.

Le second exemple est un peu plus complexe et permet d'affiner le rôle exact du secrétaire d'État : il s'agit de l'extension de la TVA au commerce de détail, en vertu de la loi du 6 janvier 1966. La réforme se déroule en deux temps : en aval, le texte est préparé dès 1964 par une large concertation avec les milieux professionnels, notamment dans le cadre des assises du Commerce ; Boulin ne semble avoir joué aucun rôle dans cette phase de conception. Il apparaît en revanche plus nettement lors de la mise en application du texte, qui prend deux ans, puisque celui-ci n'entre en vigueur que le 1er janvier 1968. Il suit ainsi la campagne d'information en direction des petits commerçants qui se déroule tout au long de 1967. En résumé, Boulin est peu, sinon pas, mis à contribution dans la définition des réformes mais peut éventuellement intervenir dans leur exécution et leur suivi.

Un dernier élément contribue à dessiner la cohabitation inégale entre le ministre et son secrétaire d'État : il concerne leur entourage et notamment la composition de leur cabinet car les différences apparaissent ici nettement. Le cabinet du Boulin est modeste ; ses conseillers sont peu nombreux, une dizaine environ, alors que ceux du ministre de tutelle avoisinent facilement le double. Les profils de carrière qui sont surtout très inférieurs. Le cabinet de V. Giscard d'Estaing, comme ensuite celui de Michel Debré, rassemble la fine fleur du ministère, souvent recrutée dans les rangs de l'Inspection ou parmi les administrateurs civils les plus prometteurs[1]. Les conseillers techniques recrutés par Boulin sont en

---

[1]   Beaucoup d'anciens conseillers de V. Giscard d'Estaing sont appelés à des postes de direction au ministère des Finances ou après 1974 à l'Élysée. J.-P. Fourcade devient

général plus âgés, appartiennent à des corps moins prestigieux ou cultivent des ambitions de carrières plus modestes. Il faut en réalité atteindre le niveau de directeur ou de directeur adjoint du cabinet pour retrouver des éléments beaucoup plus en vue.

Trois personnalités se distinguent particulièrement. La première est Antoine Dupont-Fauville, directeur du cabinet de 1962 à 1966 ; le jeune inspecteur des Finances a déjà une carrière bien remplie : entré au Plan en 1956, il a été recruté en 1958 au cabinet du général de Gaulle où il a suivi, sous l'autorité de Roger Gœtze, les travaux du Comité Rueff et a ainsi participé à l'élaboration du plan de redressement. Cette expérience singulière, ainsi qu'une réelle proximité avec Debré dont il a rejoint le cabinet en 1959, en font une figure reconnue dans l'administration de la nouvelle République. Paul Questiaux, qui seconde A. Dupont-Fauville de 1962 à 1966, n'a pas encore une réputation aussi établie que celle de son aîné ; sa participation aux travaux du Plan dans les années 1950, son entrée à la direction du Budget en 1958 et son intégration rapide dans les cabinets aux Finances l'inscrivent toutefois d'emblée dans les rangs de la « grande Inspection »[2]. Dernier acteur important de l'entourage de Boulin, Pierre Cortesse n'appartient pas, à la différence des deux précédents, au corps de l'Inspection ; administrateur civil, il s'est spécialisé dans les questions de prévision et sa montée en puissance, au sein du ministère des Finances, accompagne la définition progressive, durant la seconde moitié des années 1960, d'une véritable politique conjoncturelle. Il a par ailleurs une expérience de cabinet, puisqu'il est recruté dès 1966 chez Debré comme directeur adjoint. Il prend la tête du cabinet de Boulin en avril 1967, après le départ de Jean Gonot dont le rôle avait en revanche paru plus effacé.

De ces trois personnalités principales, la figure d'A. Dupont-Fauville se dégage nettement, en raison à la fois par le poste de directeur de cabinet qu'il a occupé et du temps passé, près de cinq années, au service de Boulin. Or ses relations avec V. Giscard d'Estaing sont tout au long de cette période plus que médiocres. Ce fait est confirmé par le principal intéressé : V. Giscard d'Estaing aurait expressément refusé de le recruter dans son cabinet en 1962 et l'aurait, plus généralement, considéré comme « un homme dangereux »[3]. Ces mauvais rapports ont des explications variées : ils trouvent sans doute leur origine dans les rivalités de corps existant de façon traditionnelle entre des membres de l'Inspection

---

[2]   même ministre. *Cf.* mon article de « Un instrument politique mal assumé ? L'entourage de Valéry Giscard d'Estaing à l'Élysée de 1974 à 1981 », *Politique@Histoire*, 8, mai-août 2008.

[2]   Le terme de « grande inspection » consacrée dans le vocabulaire du ministère des Finances pour distinguer les inspecteurs ayant fait les plus belles carrières ; vision très hiérarchisée.

[3]   Archives orales, CHEFF.

des Finances appartenant à la même génération et appelés à occuper des responsabilités similaires. Mais les raisons sont également politiques : dès cette époque, A. Dupont-Fauville a en effet un profil gaulliste marqué et, au sein même de la famille gaulliste, il passe pour être un proche de l'ancien Premier ministre Debré. Dans ces conditions, V. Giscard d'Estaing a peut-être peu apprécié de voir évoluer dans les hautes sphères du ministère quelqu'un qui pouvait apparaître aussi lié à un éventuel rival. Cette prévention ne se limite d'ailleurs pas au ministre des Finances et touche aussi, de façon plus inattendue, le camp gaulliste lui-même : c'est ainsi que Jacques Chaban-Delmas serait ainsi intervenu en septembre 1962 auprès de son compatriote girondin afin de le dissuader de prendre A. Dupont-Fauville comme directeur de cabinet.

Pour autant, ces rivalités d'entourages ne doivent pas être surinterprétées. Les relations sont bonnes entre V. Giscard d'Estaing et Boulin : les deux hommes s'apprécient, en partie d'ailleurs parce que Boulin ne cherche pas à empiéter sur les compétences de son ministre. Cette bonne entente n'empêche d'ailleurs pas la politique de reprendre tous ses droits après le départ de V. Giscard d'Estaing du ministère des Finances. En 1967 et 1968, redevenu député et président de la commission des Finances de l'Assemblée nationale, il adresse des critiques assez sévères à l'égard de la politique économique de Debré et de Boulin. En témoigne, par exemple, le débat de politique économique des 29 et 30 juin 1967, où le futur président de la République, dans un discours remarqué, vient fortement nuancer les affirmations optimistes de son successeur[4]. De la même manière, V. Giscard d'Estaing refuse de voter en faveur de l'extension de la TVA au monde agricole, en 1968. Inversement, il utilise après 1976, dans le cadre d'une stratégie politique très élaborée, la stature de « gaulliste légitimiste » acquise par Boulin pour faire pièce aux ambitions de Jacques Chirac[5].

Les deux hommes politiques Boulin et V. Giscard d'Estaing entretiennent donc des relations complexes, qui dépendent largement des circonstances, mais qui sont également marquées, de façon sans doute plus profonde, par une logique de légitimité : légitimité de la subordination du secrétaire d'État à son ministre, puis du ministre au président de la République. Ce respect strict de l'ordre institutionnel complète l'image

---

[4]   Frédéric Tristram, « Contexte politique et conjoncture économique lors du passage de Debré au ministère et l'Économie et des Finances, janvier 1966-mai 1968 », *in Michel Debré, un réformateur aux Finances*, Paris, CHEFF, 2005, p. 18.

[5]   Sur cette stratégie, *cf.* l'entretien de Jean Riolacci avec F. Tristram, déposé à la FNSP. Préfet, Riollacci est conseiller chargé des questions politiques. Le terme de « gaullistes légitimistes » utilisé pour désigner les gaullistes restés fidèles à la prééminence institutionnelle du président de la République et critique vis-à-vis de la stratégie de J. Chirac est emprunté à Riolacci lui-même.

d'homme de Service public souvent accolé à Boulin, privilégiant des fonctions ministérielles occupées sur la longue durée à l'activité tactique ou aux responsabilités partisanes.

Un domaine de compétence limité à la politique budgétaire

Dans ces conditions, le domaine de compétence de Boulin ne dépend pas seulement de dispositions juridiques. Certes, un décret de septembre 1962 vient, comme il est d'usage, définir les attributions du secrétaire d'État au Budget. Mais celles-ci découlent également des usages en vigueur et du rapport de force politique établis avec V. Giscard d'Estaing. Les définir avec précision impose donc d'entrer plus avant dans la machinerie complexe du ministère des Finances et de ses différents services.

Le secrétaire d'État a d'abord autorité sur la direction générale de la Comptabilité publique qui, à travers son vaste réseau, gère la quasi-totalité des mouvements de fonds, à l'encaissement et au décaissement, de l'État et des collectivités locales. Il s'agit donc d'une structure importante par son implantation territoriale, par le nombre de ses agents et par les relations presque quotidiennes que ceux-ci entretiennent avec les élus. Pour autant, celle-ci reste un organe d'exécution et la tâche du secrétaire d'État consiste essentiellement à gérer le personnel et veiller à la bonne exécution des règles comptables. En aucun cas, la Comptabilité publique n'intervient dans la conception de la politique économique.

Boulin a en outre un droit de regard sur le fonctionnement de la direction générale des Impôts. Son action dans ce domaine reste toutefois limitée, et se cantonne dans la gestion courante de la direction et exclut presque totalement, on l'a vu, la politique fiscale. De la même manière, le secrétaire d'État n'intervient pas, ou très peu, sur la réorganisation en cours des administrations financières. Il s'agit pourtant d'un dossier considérable et sans doute la principale réforme des structures administratives menées à cette époque. La « fusion des régies », pour reprendre le terme consacré, consiste à réunir les trois anciennes administrations fiscales, compétentes en matière d'impôts directs, d'impôts indirects et de droit d'enregistrement, en une administration unique. Commencé en 1948, avec la création de la direction générale des Impôts (DGI), le processus connaît une phase d'accélération au cours des années 1960. Les services extérieurs sont désormais touchés, avec des implications importantes en termes de personnel, de statut, de présence sur le territoire ou de constructions immobilières. La réforme est conduite de bout en bout par les principaux les dirigeants de la DGI, sous l'autorité directe de V. Giscard d'Estaing. On ne trouve, en revanche, pas trace d'intervention du secrétaire d'État dans les archives de son cabinet.

Que reste-t-il alors dans l'escarcelle de Boulin ? Essentiellement une direction, celle du Budget : plus que « secrétaire d'État au Budget », il est le secrétaire d'État de la direction du Budget, ce qui est d'ailleurs loin d'être négligeable. Cette direction d'état-major joue, en effet, un rôle important dans la conception de la politique budgétaire. Plus précisément, sont rôle consiste, sous l'autorité du ministre, à établir les lois de finances, à définir d'équilibre du Budget et à répartir les dépenses de l'État entre les différents postes ; la structure des recettes relève, en revanche, de la politique fiscale et donc, pour une large part, de la direction générale des Impôts.

Cette élaboration présente des enjeux politiques et financiers considérables. Mais elle est aussi un exercice largement contraint. Aussi les prérogatives du secrétaire d'État au Budget sont-elles fortement encadrées. Elles sont d'abord limitées par un certain nombre de règles générales qui sont définies par le ministre des Finances en exercice, par le Premier ministre, voire par le président de la République lui-même, et qui encadrent la préparation du Budget. Elles figurent notamment, de façon tout à fait explicite, dans les lettres de cadrage qui, en juin de chaque année, rappellent les normes de préparation du futur Budget.

Première règle : on doit présenter et exécuter des budgets en équilibre. Cet équilibre budgétaire fait partie de la doctrine gaulliste, voulu par de Gaulle en personne. Certains budgets (1964-1965-1966) sont même votés en excédent. Deuxième règle : les dépenses ne doivent pas augmenter plus rapidement que le PIB. Un principe libéral est que l'État ne doit pas gonfler indéfiniment ; des ministres à sensibilité plus sociale comme Debré ou Boulin y adhèrent clairement. Troisième règle : privilégier autant que possible les dépenses d'investissement sur les dépenses de fonctionnement. Ces règles ne sont pas seulement techniques ; elles sont constitutives du gaullisme, parce qu'elles sont liées à une certaine conception de l'indépendance et de la souveraineté nationale ; et sans aucun doute Boulin, avec sa forte identité gaulliste, y adhère.

À ces règles viennent s'ajouter un certain nombre de priorités et, notamment, des priorités pluri-annuelles définies dans le cadre du Plan. Alors, juridiquement, il s'agit d'un plan indicatif, mais cette « ardente obligation » est rappelée dans les lettres de cadrage, au point que la direction du Budget s'en plaint et considère que c'est trop contraignant et que cela a des effets inflationnistes. Une lettre du directeur du Budget Raymond Martinet (1960-1966) de mars 1966 estime que la « programmation pluriannuelle » (budgets militaires, Plan) remplace les mécanismes anciens de l'indexation dans le sens inflationniste et met en garde en affirmant que le Ve Plan n'est pas financé, qu'il va contre les nécessaires baisses d'impôt, etc. Mais des priorités annuelles, définies par le Premier ministre, importent aussi ; par exemple, pour le Budget

1967, quatre cartons d'archives permettent de voir exactement ce qu'a fait Boulin durant la préparation de la loi de Finances pour 1967 ; cette année-là, les priorités sont : l'enseignement, la formation professionnelle, les dépenses de promotion sociale et la recherche scientifique.

Des règles et des priorités s'imposent ainsi ; elles précèdent un processus d'affinage progressif, qui s'inscrit dans un calendrier extrêmement régulé et qui nécessite à chaque étape des arbitrages. Là encore, les sources permettent de reconstituer cette construction budgétaire, avec les arbitrages importants : ceux du début de processus, vers avril ou mai, où l'on distribue les grandes masses, sont de la responsabilité du Premier ministre ; pour la loi de Finances 1967, deux réunions se tiennent les 25 avril et 2 mai 1966, avec Debré, Boulin, le commissaire au Plan et Olivier Guichard, délégué général de la DATAR[6].

Alors que fait Boulin ?

Le secrétaire d'État instruit les dossiers, il assiste aux réunions de cadrage, donne son avis, mais surtout il intervient à la fin du processus, après le dépôt de la loi de finances, et là, on est au cœur du métier de secrétaire d'État au Budget, ce qui justifie la fonction depuis les débuts de la IVe République, c'est le débat parlementaire, la négociation avec les parlementaires. Le secrétaire d'État est celui qui est présent à l'Assemblée nationale, au Sénat, y compris lors des séances de nuit, alors que le ministre de plein exercice ne veut pas ou ne peut pas y assister. Il lui faut recenser les désaccords et voir ce qui peut éventuellement être concédé ou pas, dans le cadre du suivi des amendements : Boulin écrit oui ou non selon les cas, au fil des discussions, à ceci près qu'on n'est plus sous la IVe République, que le parlementarisme a été « rationalisé » et que le processus budgétaire drastique déterminé par l'ordonnance organique du 2 janvier 1959 domine. Le pouvoir de l'exécutif et du secrétaire d'État au Budget sur les parlementaires est beaucoup plus important ; Boulin utilise sans hésiter l'article 40 de la Constitution ; et le temps du débat est cadré, alors que, jusqu'en 1956, il pouvait durer parfois toute une année.

Une évolution peut se percevoir à partir de 1966, pour plusieurs raisons, et d'abord pour des raisons politiques. L'arrivée de Debré aux Finances redonne un peu de champ à Boulin ; leurs relations sont plus étroites qu'avec V. Giscard d'Estaing, à cause de l'appartenance à la même sensibilité politique et au même parti et d'une réelle proximité de pensée : Boulin se retrouve bien dans le gaullisme volontariste, volontiers sociale de Debré. Une communauté de réseau se tisse, que montre

---

[6]   Délégation interministérielle à l'aménagement du territoire et à l'action régionale.

bien, par exemple, la composition des cabinets et une véritable intégration des entourages : A. Dupont Fauville devient directeur de cabinet de Debré ; remplacé d'abord par J. Gonot, puis à partir d'avril 1967 par P. Cortesse, qui cumule ses fonctions avec celles qu'il exerce au cabinet Debré où il est chargé des questions budgétaires. Le changement de titre (secrétaire d'État à l'Économie et aux Finances) en 1967 consacre cette évolution plus qu'elle ne la provoque réellement.

Boulin obtient donc une latitude qu'il n'avait pas auparavant et son domaine d'intervention s'agrandit. Il agit maintenant par exemple dans la politique fiscale, comme lorsque Debré veut, en 1967-1968, une grande réforme de l'impôt sur le revenu ; il veut supprimer le quotient familial et instituer la retenue à la source ; certes, cette réforme vient buter sur Mai 1968 et ne se fait pas, mais, entre-temps, Boulin est chargé de suivre le dossier. De même, il suit personnellement la mise en place de l'extension de TVA aux professions indépendantes : préparation des textes réglementaires en 1966, campagne d'information l'année suivante, etc. Un élément totalement neuf, dans la conduite des politiques économiques, favorise le secrétaire d'État : c'est la définition d'une politique conjoncturelle, l'idée d'un réglage fin de la conjoncture (*fine tuning*). Cela nécessite une modulation des dépenses infra-annuelles, que l'on commence à mettre en œuvre à partir de 1966-1967, notamment pour la régulation des dépenses d'équipement, de bâtiment et de génie civil dès 1966.

Ce bilan reste cependant en demi-teinte, pour ce poste un peu ingrat, il faut bien l'avouer, de secrétaire d'État au Budget (puis aux Finances). Est-ce à dire que Boulin est un ministre secondaire ou un simple exécutant ? Ce serait excessif, et, en réalité, son influence est loin d'être nulle. L'on peut identifier trois éléments constitutifs de cette dernière : il privilégie un certain nombre de thèmes qui, pour des raisons d'ailleurs assez diverses, l'intéressent ou lui tiennent particulièrement à cœur. Il tire profit d'un grand avantage : il voit passer dans son bureau tous les dossiers sur tous les ministères et projets ; il obtient ainsi une vision transversale de l'action de l'État ; cela constitue une excellente formation pour ceux qui veulent exercer des responsabilités ministérielles.

Pourtant, il ne peut pas s'intéresser de la même manière à tous les dossiers, parce que ce serait extrêmement large et d'autant plus que certains sont « réservés », comme ceux de la Défense. Il lui faut faire des choix. Il s'occupe tout particulièrement du dossier des rapatriés, des HLM (pour des transferts de crédits), de l'aménagement du territoire et de la région parisienne, doté d'un poids budgétaire croissant : du fait de ses liens personnels avec Guichard, il peut lui accorder un coup de pouce lors de la constitution de la DATAR en 1963. Certaines inflexions vers plus de dépenses sociales révèlent son profil de « gaulliste social » : ainsi, lors d'une réunion convoquée par Debré, qui vient juste d'être nommé, afin de fixer les grandes lignes de leur travail en commun, le 15 janvier 1966, Boulin affirme son gaullisme social par une critique latente du « giscardisme » :

> Le second principe qui me paraît capital et qui a été clairement exposé, c'est que le maintien des équilibres fondamentaux et des principes de maintien de la rigueur budgétaire ne seront acceptés par la masse des Français que s'ils ne s'accompagnent pas de phénomènes d'injustice sociale ou de frustration à l'égard des catégories les plus défavorisées. Ces sentiments d'injustice et de frustration créeraient un courant irréversible qui en effet remettrait en cause ces équilibres fondamentaux.

Des réflexions similaires pourraient être développées à propos de « la participation » et de la « politique des revenus ».

Cela dit, Boulin équilibre ses tendances sociales par un profond respect des règles d'une économie de marché plus « libérale », moins « administrée », en particulier à propos des PME, monde qu'il connaît bien en tant qu'élu du Libournais. Dans une note pour le ministre du 16 octobre 1962, A. Dupont-Fauville esquisse la trame d'un discours de Boulin au congrès de la Confédération générale des PME à l'invitation de Léon Gingembre, le 17 octobre 1962 ; il y insiste sur la nécessaire modernisation et libéralisation, contre les protections :

> Il serait vain que la petite entreprise cherche, dans une défense juridique, le contrepoids d'une évolution technique. La protection n'est pas à terme une solution. Elle n'est valable à la rigueur que pour une période transitoire. Pour prendre un exemple dans un autre secteur d'activité, c'est ainsi que l'agriculture française n'a pas effectué les transformations nécessaires depuis Méline et jusqu'à une époque récente, elle a vécu sous une protection illusoire. C'est ce qui justifie que tous les Français favorisent cette évolution, fusse au prix de certains sacrifices que M. Gingembre a tendance à trouver trop coûteux mais qui sont néanmoins indispensables pour des raisons de solidarité.

Cette logique de modernisation libérale est reprise dans un échange de lettres entre Debré en Gingembre daté de novembre 1961 ; lorsque Gingembre se plaint des propos de François Missoffe, secrétaire d'État au Commerce intérieur, sur la distribution de la viande, il obtient une réponse cinglante de Debré en une sorte d'hymne à la concurrence...

**1962 : Boulin, secrétaire d'État au Budget,
dans son bureau ministériel**

Témoignage

Antoine DUPONT-FAUVILLE[1]

Inspecteur des Finances

Il se fait que j'avais intégré l'Inspection des Finances ; il y avait alors un petit concours, un examen de classement après le stage ; j'étais classé major – et Paul Questiaux[2] était de la même promotion ; mais le chef de service de l'Inspection générale, un socialiste, André Fayol, m'a dit : « Vous serez second. » Fayol[3] m'a donc envoyé à Londres ; et les postes de France ont été réservés à Viénot[4] et Brossolette[5], qui étaient socialistes. L'on peut dire que cela reflétait certaines pratiques de la IVe République. À la sortie, j'avais choisi le Commissariat général au Plan, car j'avais refusé d'entrer dans un cabinet ministériel de la IVe République, et j'étais le seul inspecteur des Finances à avoir fait un tel refus. Mais j'avais tout de même envie de rejoindre les Finances. J'avais été au cabinet de De Gaulle et de Michel Debré [en 1958-1962] ; aussi, quand je suis revenu au Commissariat général au Plan, cela m'intéressait moins. Je m'étais ouvert à une collaboratrice proche d'Alain Peyreffite[6], qui m'a recommandé à Robert Boulin comme directeur de cabinet. Je suis ainsi entré aux Finances, auprès de Boulin que je ne connaissais ni d'Ève ni d'Adam ! Je ne me suis jamais occupé de Libourne. Il était secrétaire d'État au Budget et il venait des Rapatriés.

---

[1] Entretien d'Hubert Bonin avec Antoine Dupont-Fauville, 17 mars 2008.

[2] Paul Questiaux.

[3] André Fayol a été le chef de service de l'Inspection des Finances en 1944-1962.

[4] Marc Viénot était le fils de Louis Viénot, ministre socialiste ; il est devenu plus tard directeur général puis PDG de la Société générale.

[5] Claude-Pierre Brossolette est devenu directeur du Trésor en 1971-1974, secrétaire général de la présidence de la République française en 1974-1976, puis président du Crédit lyonnais en 1976-1981.

[6] Alain Peyreffite était alors ministre des Rapatriés ; il est ministre de l'Information de décembre 1962 à janvier 1966 ; ministre de la Recherche scientifique et des Questions atomiques et spatiales en 1966-1967, ministre de l'Éducation nationale en 1967-1968.

Le premier contact a été curieux car le ministre des Finances était Valéry Giscard d'Estaing. Boulin était auprès de Giscard d'Estaing ce que Giscard d'Estaing avait été auprès de Pinay [1958-1960] puis de Baumgartner[7] [1960-1962]. Giscard d'Estaing se méfiait de moi et de Boulin ; il avait décidé de le loger dans un bureau excentré, celui des attachés financiers. En fonction des rites internes du ministère, c'était dévalorisant. J'ai incité Boulin à refuser, car ce n'était pas décent. Giscard d'Estaing occupait le bureau de Poincaré car le grand bureau du ministre était en travaux. Il y a eu un compromis : Boulin acceptait le bureau des attachés s'il était refait et remeublé entièrement. Il n'était finalement pas loin du Budget. Boulin était un brave type, généreux, gentil. J'étais un technicien, je n'étais pas franc-maçon. Il était de bonne volonté. Il n'avait pas la forme d'intelligence de Giscard d'Estaing, mais il écoutait, comprenait bien les problèmes et il « existait ». Je suis resté directeur de cabinet jusqu'à ce que Giscard d'Estaing me nomme chef de service de l'Inspection générale en 1965.

Il y avait le directeur du Budget, Martinet[8], qui avait une forte personnalité ; c'était la grande direction du ministère à l'époque, grâce au rôle joué à sa tête par Goetze[9]. Le directeur du Budget avait beaucoup de puissance à cette époque, notamment le bureau B2[10], qui établissait le budget des ministères. Le ministre ne s'est pas opposé à cette direction

---

[7]   Wilfrid Baumgartner a été gouverneur de la Banque de France en 1949-1960 ; de Gaulle fait appel à lui aux Finances quand le ministre Antoine Pinay, leader de la « droite classique » et du Centre national des indépendants, décide de s'éloigner du cœur des responsabilités au sein de la majorité parlementaire. De Gaulle fait alors appel à un « technicien », avant, plus tard, de revenir à un « politique » par le biais de V. Giscard d'Estaing. *Cf.* Olivier Feiertag, *Wilfrid Baumgartner : un grand commis des finances à la croisée des pouvoirs (1902-1978)*, Paris, Comité pour l'histoire économique et financière de la France, coll. « Histoire économique et financière de la France, série Études générales », 2006, p. 633-640.

[8]   Raymond Martinet, énarque, a été chef du bureau B2 (avant René Magniez en 1956-1959) ; puis il est devenu directeur du Budget (1960-1967), après Gilbert Devaux, qui exerce cette fonction entre janvier 1957 et novembre 1960.

[9]   Roger Goetze est directeur du Budget entre juillet 1949 et décembre 1956. *Cf.* Florence Descamps, Agathe Georges-Picot et Nathalie Carré de Malberg (dir.), *Entretiens avec Roger Goetze, haut fonctionnaire des Finances. Rivoli-Alger-Rivoli, 1937-1958*, Paris, Comité pour l'histoire économique et financière de la France, coll. « Histoire économique et financière de la France, Mémoire », 1997. Pour comparaison, *cf.* aussi Laure Quennouëlle-Corre, *La direction du Trésor, 1947-1967 : l'État-banquier et la croissance*, Paris, ministère de l'Économie et des Finances et de l'Industrie/Comité pour l'histoire économique et financière de la France, coll. « Histoire économique et financière de la France, série Études générales », 2000.

[10] Le bureau B2. *Cf.* CHEFF, *La direction du Budget face aux grandes mutations des années cinquante, acteur... ou témoin ?*, Paris, Comité pour l'histoire économique et financière de la France, coll. « Histoire économique et financière de la France, série Animation de la recherche », 1998.

puissante, mais il « existait » tout de même. En effet, il était un « politique », il avait sa place, à la fois modeste et réelle. Il a bien compris les mécanismes du ministère. Il n'avait pas la stature de Giscard d'Estaing, mais il « existait » parce qu'il travaillait beaucoup. Giscard d'Estaing ne s'occupait pas beaucoup des détails. Il était plus « financier » que « budgétaire ». Il laissait une marge de manœuvre à Boulin. Les grands choix de l'équilibre budgétaire, c'était Giscard d'Estaing. Mais, après, Boulin avait des marges d'intervention.

Le ministre devait souvent lire les documents que les services lui préparaient. Boulin représentait tous les ministres devant le Sénat pour la discussion du Budget, car de Gaulle avait interdit [depuis 1962] aux ministres de s'exprimer devant le Sénat. Il représentait aussi un peu le gaullisme face à Giscard d'Estaing au sein du ministère des Finances. Il représentait une nuance politique et il la marquait, tout en restant à sa place avec loyauté. Le directeur de cabinet est le ministre quand il n'est pas là. Je le voyais plusieurs fois par jour. Le ministre ne se mêlait pas de tous les détails techniques. Il découvrait un peu la fonction de ministre des Finances, avec bonne volonté. Il avait conscience de ses responsabilités techniques. Grâce au ministère du Budget, il rencontrait beaucoup les parlementaires, ce qui a pu lui être utile pour la suite.

Il se consacrait au ministère, il était très assidu à son travail ; il n'allait à Libourne que le vendredi, pour le week-end, parfois aussi le lundi. Nous sommes descendus une fois dans le Libournais, chez Moueix[11]. Il avait envie de rendre service aux gens de sa région, d'où son intérêt pour les questions agricoles. Il avait des rapports agréables avec les gens. Il ne se prenait pas de colère.

Boulin était dans la mouvance de Chaban, mais c'était un vrai gaulliste, un pur. Il aimait qu'on lui prépare les dossiers, qu'on discute de leur contenu. J'étais un peu son professeur ou plutôt son initiateur pour ces questions techniques, comme c'était un « ministère technique ». Le ministère du Budget constitue un bon tremplin et surtout une bonne formation. On voit souvent le ministre, on fréquente la commission des Finances [de l'Assemblée nationale], on voit des dossiers sur des sujets très larges. Boulin écoutait tous les collaborateurs. Il avait conscience qu'il fallait qu'il apprenne. Mais il avait son opinion. Il n'était pas une « figure *outstanding* », mais il représentait très bien le gaullisme de base, des gens de bonne volonté qui croyaient dans de Gaulle.

---

[11] La famille Moueix avait établi dans le Libournais une dynastie dynamique de négociants en vins et de propriétaires de vignobles de qualité. Elle appartenait au groupe des « Corréziens » venus s'installer en Gironde pour y insuffler quelque esprit d'entreprise et de persévérance.

Le successeur de Giscard d'Estaing, Debré, arrivait à 8 heures et partait à 21 heures. Boulin ne logeait pas sur place, contrairement à Debré ; il travaillait moins, mais beaucoup. Il était beaucoup plus présent que Giscard d'Estaing. Je suis revenu au cabinet de Michel Debré comme conseiller technique et j'ai retrouvé Boulin qui était resté secrétaire d'État au Budget. Il avait beaucoup d'admiration pour Debré et était très loyal. Il avait Cortesse[12]. C'était un secrétaire d'État qui faisait partie quasiment du cabinet de Debré. On travaillait en totale confiance. Il n'y avait personne au cabinet de Debré qui s'occupait des affaires budgétaires : c'était Boulin qui exerçait ces responsabilités ; il était un supermembre du cabinet (comme Jacques Calvet[13] avec Giscard d'Estaing). C'était un ensemble, chez Debré et Boulin, qui s'occupait de la réforme de la rationalisation des choix budgétaires [ou RCB]. De La Genière[14] était devenu directeur du Budget après Martinet. Boulin faisait partie de cette équipe. On était plutôt une bande sympa. À part peut-être Haberer[15], on travaillait en équipe, sans volonté de se mettre en valeur par rapport aux copains, et Boulin était tout à fait dans cet esprit-là. On croyait à cette époque dans l'intérêt général, peut-être avec un peu de naïveté. On croyait à l'État, à l'intérêt général. À l'époque, il y a eu une continuité, avec Giscard d'Estaing et Debré ; Boulin, au Budget, n'a travaillé qu'avec deux ministres.

Il aimait bien Jacques Rool, un inspecteur de l'Économie nationale, qui s'occupait des questions agricoles. Il avait de très bons financiers du Budget, Pierre Laduré et Jean Chenard, des administrateurs civils, qui

12 Pierre Cortesse, énarque, a été administrateur civil au bureau B2 en 1955-1961 ; puis il a dirigé ce bureau B2 en 1961-1965, avant de devenir conseiller-maître honoraire à la Cour des comptes.

13 Jacques Calvet a été membre du cabinet de V. Giscard d'Estaing dès 1959 (chargé de mission), avec Jean-Pierre Fourcade et Victor Chapot ; il est devenu conseiller technique (1962) puis directeur adjoint du cabinet de V. Giscard d'Estaing, devenu ministre des Finances et des Affaires économiques. Conseiller référendaire à la Cour des comptes (1963), il est nommé sous-directeur à l'administration centrale des Finances (1964), où il est promu chef de service (1967), avant de devenir chef de la mission des affaires financières à la Préfecture de la région parisienne (1967). En 1969, il retrouve le cabinet V. Giscard d'Estaing, ministre de l'Économie et des Finances, comme directeur adjoint, avant d'en être nommé directeur en 1970-1974. Il rejoint la direction de la BNP et en devient président entre 1976 et 1982, puis il préside le groupe automobile PSA Peugeot Citroën en 1983-1997.

14 Renaud de La Genière a été chef de service à la direction du Budget puis directeur du Budget entre 1967 et 1974 ; il est devenu gouverneur de la Banque de France en 1979-1984 puis président de la Compagnie financière de Suez (en 1986-1988).

15 Jean-Yves Haberer a été le directeur de cabinet du ministre de l'Économie et des Finances Michel Debré. Il est devenu directeur du Trésor en 1978, président de Paribas 1982-1986, du Crédit lyonnais en 1988-1993 – que sa gestion a conduit à la chute en 1993-1994.

étaient des types très bien. Il n'y avait pas de conseillers politiques dans un tel secrétariat au Budget. C'étaient tous des techniciens. Boulin n'avait pas de conseiller politique comme Giscard d'Estaing avec Poniatowski. Son homme de confiance était Jean Bergeras, à la fois au niveau politique et au niveau local. Boulin n'avait pas construit son propre réseau. Il n'y avait que Bergeras, Martinet et Jacques Paquet ? Il n'y avait pas d'hommes importants qui soient avec lui – sauf Cortesse et Pierre Laduré, qui étaient dans l'Administration des Finances[16]. Il n'avait pas fait venir des conseillers politiques, ce n'était pas dans sa conception. Il pensait qu'il n'était pas là pour nourrir une carrière politique. Il était prêt à progresser, mais d'abord il faisait bien son métier.

C'était un type honnête, compétent, et fidèle à son parti, ce qui explique son ascension. Il ne gênait personne en accédant à des ministères de second-premier plan ou de premier-second plan. Il s'y acquittait bien de ses missions.

Antoine Dupont-Fauville au cours du colloque Boulin

---

[16] A. Dupont-Fauville nous paraît oublier Françoise Duléry, qui, elle aussi, a participé au cabinet de Boulin en 1962-1968, à ses côtés.

Robert Boulin ministre de l'Agriculture (10 juillet 1968-20 juin 1969)

Un visionnaire pragmatique ?

Gilbert NOËL †

Professeur à l'Université Rennes 2

En 2008, le débat sur l'avenir de l'agriculture française et européenne a porté sur la nécessité d'une adaptation ou « refondation » des politiques agricoles, sur l'idée d'une certaine « régionalisation » de la Politique agricole commune (PAC) et sur la nécessité pour la « Profession » d'assurer des responsabilités nouvelles en matière de gestion et de régulation des marchés des denrées. Dès 1968, le ministre de l'Agriculture Robert Boulin, décide de mener une campagne active de sensibilisation sur ces trois thèmes mais en vain. Son action est méconnue ou considérée comme un intermède de gestion entre les ministères d'Edgar Faure et de Jacques Duhamel. Pourtant, Boulin a été un ministre bien présent sur le terrain. Il se qualifiait lui-même de « ministre des Agricultures » et a organisé un « tour de France » des régions agricoles qui permet de dégager une conception personnelle de la politique agricole[1].

Dès sa prise de fonctions, il affiche sa détermination à poursuivre la « révolution silencieuse », initiée par Edgard Pisani et Faure, en insistant sur la nécessité de développer un dialogue permanent entre les milieux gouvernementaux et les milieux professionnels. Par conséquent, il semble pertinent, tout d'abord, d'analyser sa conception du dialogue et de la concertation qu'il pose comme pivot d'une action constructive en vue d'une augmentation du revenu des agriculteurs et pour une amélioration de la situation des ruraux. Dans un deuxième temps, sa vision de l'adaptation des agricultures françaises à de nouvelles contraintes nationales et européennes mérite que l'on s'y attarde, d'autant plus qu'il a été considéré comme porteur d'un projet de « nouvelle politique agricole ».

---

[1] En particulier, les nombreux articles du journal *Le Monde*, signés par François-Henri de Virieu, Pierre-Marie Doutrelant et Philippe Lemaître, qui donnent un cadrage de l'action du ministre entre juillet 1968 et juin 1969, en le plaçant dans le contexte de la politique française, de l'après-mai 68 à l'échec du référendum sur la régionalisation.

Enfin, son projet de « régionalisation », voire d'une décentralisation de la politique agricole nationale impliquant les services de l'État, en collaboration étroite avec les milieux professionnels, est suffisamment original pour l'époque pour justifier sa prise en compte comme projet de gouvernance « local ». La réalisation de cette étude repose sur un examen de la couverture de son action par la presse, croisé par le recours à la transcription d'une partie de ses discours et prises de positions officielles, en particulier celles développées pendant son tour de France[2] et dans le cadre des Conseils des ministres de l'Agriculture de la Communauté économique européenne (CEE)[3].

Afin de faire ressortir la démarche évolutive d'un ministre qui déclare, non sans ironie, en décembre 1968 : « On m'a confié l'agriculture, pour me mettre, sans doute, … au vert »[4], après avoir exercé des fonctions délicates dans ses fonctions ministérielles précédentes, il semble judicieux d'adopter une approche à caractère chronologique qui met en relief la structuration de sa conception de la politique agricole. Par ailleurs, cette structuration est progressive et s'affirme au travers de discours dont le contenu est de plus en plus incisif et persuasif. Pour en mesurer la portée, le recours à de très nombreuses citations semble devoir s'imposer afin de dégager les idées-forces qui guident son action.

Le dialogue sur le terrain pour une action réformatrice à approfondir

Fidèle à la concertation instaurée par Pisani et poursuivie par Faure sous la forme du « mardi » du ministre de l'Agriculture avec les

---

[2]   Boulin faisait enregistrer les textes de ses interventions qui étaient ensuite, en partie, retranscrites. Elles sont conservées aux Archives nationales, site de Fontainebleau (ANF). Ces documents sont essentiels pour dégager les grandes lignes de son projet en faveur des agricultures françaises, et les orientations de sa politique pour l'agriculture sont exposées par le ministre de l'Agriculture, lors du débat budgétaire de novembre et décembre 1988. Elles ont donné lieu à une publication : ministère de l'Agriculture, Service de l'information, *La politique agricole* ; Exposé de M. Robert Boulin, ministre de l'Agriculture à l'Assemblée nationale le 15 novembre 1968, s.d., 36 p. Voir également les débats parlementaires, en particulier à l'Assemblée nationale du 15 au 17 novembre 1968 et au Sénat en décembre.

[3]   Pour les prises de position sur les questions agricoles européennes, – souvent discrètes –, du ministre de l'Agriculture, outre les procès-verbaux et les comptes rendus des Conseils de l'Agriculture, à consulter dans les archives des institutions européennes (Bruxelles et Florence), on peut se reporter à celles du Secrétariat général du Comité interministériel pour les questions de coopération économique européenne (SGCI), déposées aux Archives nationales, site de Fontainebleau, dépôt 19771468, articles 559 et 560.

[4]   Allocution au dîner-débat de l'Association française des journalistes agricoles (AFJA), Paris, 4 décembre 1968. ANF 800467, 1 CAB 11.

représentants professionnels des organisations nationales reconnues[5], Boulin organise des réunions thématiques, qu'il préside, le premier mardi de chaque mois, Rue de Varenne. Les fonctionnaires de son ministère et les leaders agricoles sont invités à débattre des questions agricoles en suspens et des projets à soumettre à l'Assemblée nationale. Il considère que ces échanges institutionnalisés sont indispensables pour élaborer une politique agricole qui doit concilier des intérêts sectoriels, ceux de l'agriculture et des intérêts catégoriels, ceux des groupes de producteurs, et l'intérêt national dans ses dimensions hexagonale et européenne. Mais, pour lui, ces échanges doivent être complétés par des contacts de proximité, sur le terrain, à l'initiative du ministre et des services de l'État dans les régions, d'où son idée, dès sa prise de fonctions, d'organiser un tour de France des régions françaises.

Le tour de France du ministre : une approche territoriale

Son initiative s'inspire de la philosophie de la Jeunesse agricole chrétienne (JAC), exprimée par le triptyque « voir, juger, agir ». Elle est matérialisée par des réunions organisées sur une demi-journée, au niveau régional. Elles mobilisent trois groupes d'acteurs de terrain auxquels le ministre offre l'occasion de lui faire part de leurs observations et de leurs propositions pour une meilleure gestion des problèmes agricoles, en tenant compte des particularités régionales. Le rituel est toujours le même : sont réunis, successivement :

- pour « informer » le ministre : les services de l'État, soit les préfets et les différents responsables des services agricoles régionaux et départementaux ;
- pour une « écoute » et un « dialogue » constructifs : les représentants des organisations professionnelles agricoles, soit les syndicats agricoles et les dirigeants des organisations sectorielles ;
- pour donner la parole aux forces politiques : les parlementaires locaux qui sont invités à exprimer leur position sur les questions agricoles et rurales régionales ;
- la première partie de ce tour de France, organisé entre les mois d'août et d'octobre 1968, soit avant le débat parlementaire sur le budget de l'agriculture pour 1969, comporte treize étapes qui permettent de couvrir une grande partie de l'Hexagone : les villes étapes sont Rennes (8 août), Colmar (9 août), Limoges (20 août), Clermont-Ferrand (26 août), Montpellier (27 août), Marseille

---

[5] Principalement les quatre organisations à vocation générale : Assemblée permanente des Chambres d'agriculture (APCA), Fédération nationale des syndicats d'exploitants agricoles (FNSEA), Centre national des jeunes agriculteurs (CNJA) et Confédération nationale de la mutualité, de la coopération et du Crédit agricole (CNMCCA).

(6 septembre), Lille (13 septembre), Toulouse (16 septembre), Bordeaux (17 septembre), Orléans (20 septembre), Lyon (27 septembre), Amiens (5 octobre) et Nantes (19 octobre). La reprise de ce périple a lieu en mars et avril 1969, avec huit étapes répertoriées[6] : Metz (14 mars), Dijon (20 mars), Caen, Rouen, Poitiers (28 mars) – où il est accueilli par une manifestation paysanne –, Bressuire, Rennes et Châlons-sur-Marne. Mais elle perd de sa pertinence en raison d'un contexte nouveau, celui du débat sur le *Plan Mansholt* de décembre 1968, qui mobilise l'attention à partir du printemps de 1969, et celui du débat sur le projet de régionalisation du général de Gaulle. Boulin semble alors moins actif et paraît « bridé » par des échéances qui lui imposent d'adopter une attitude prudente et d'attente. Il continue cependant d'affirmer que « ces contacts avec les dirigeants régionaux sont des plus instructifs ».

Ces réunions permettent au ministre de mieux cibler le contenu des réunions périodiques du « mardi » mensuel. Elles lui donnent aussi l'occasion d'organiser des réunions de synthèse, à Paris, au ministère de l'Agriculture. De tels rassemblements, « par paquets » de régions, sont utilisés pour mobiliser les services agricoles de l'État dans la perspective d'une régionalisation de la politique agricole par une concertation accrue entre l'administration et la profession qui doit relever de leur initiative[7]. Au cours d'une d'entre elles, Rue de Varenne, le 18 septembre 1968, Boulin explique ce qu'il en attend :

D'abord, ces réunions de travail […] démontrent la volonté du gouvernement, du ministre de l'Agriculture, bien sûr […], d'établir avec vous des contacts plus étroits, plus fréquents, contacts qui seront d'ailleurs périodiques et mensuels avec les ingénieurs généraux qui viendront tous les mois au ministère de l'Agriculture pour avoir une réunion qui sera présidée par moi-même ou par mon directeur de cabinet, ce qui procède du désir à la fois de vous informer des problèmes, sur le plan européen, sur le plan international, sur le plan national.[8]

---

6   À propos de cette seconde partie du tour de France du ministre, P.-M. Doutrelant écrit dans *Le Monde* des 30 et 31 mars 1969 : « M. Boulin voyage beaucoup en ces temps pré-référendaires. »

7   La première réunit à Paris, au ministère de l'Agriculture, le 11 septembre 1968, des ingénieurs généraux et des ingénieurs en chef des régions Rhône-Alpes, Bourgogne, Auvergne, Limousin et Centre. La deuxième, réunie le 18 septembre 1968, rassemble les régions Aquitaine, Languedoc, Midi-Pyrénées et Provence-Côte-d'Azur-Corse. La troisième a lieu le 25 septembre 1968 ; elle concerne les régions Poitou-Charentes, Haute et Basse-Normandie, Pays-de-la-Loire, Bretagne et région parisienne. La quatrième est organisée à Paris le 2 octobre 1968 ; elle rassemble les régions Nord, Picardie, Alsace, Lorraine, Champagne et Franche-Comté. ANF 800467, 1 CAB 11.

8   Intervention de Boulin du 18 septembre 1968. ANF 800467, 1 CAB 11.

Et le projet de loi soumis aux parlementaires pour adapter la politique agricole nationale à de nouvelles contraintes doit être considéré dans le prolongement des rencontres parlementaires régionales. Boulin développe ainsi une stratégie de dialogue et de concertation originale afin de parvenir à un consensus le plus large possible.

Le dialogue permanent comme alternative aux manifestations de rues

Dans ses discours à Rennes, le 8 août 1968, le ministre insiste sur l'importance du dialogue et de la concertation ; il invite les préfets et les chefs de services agricoles à être à l'écoute des agriculteurs et ces derniers à entrer dans une logique de concertation. Celle-ci doit être matérialisée par l'élaboration de propositions cohérentes, à l'initiative de la profession, pour définir les orientations de la politique agricole nationale, en tenant compte des réalités régionales[9]. À Montpellier, le 27 août, il met l'accent sur la concertation permanente gouvernement/ profession, préférable aux manifestations de rues : « Il faut que, par cette concertation, au niveau de la région, vous puissiez faire des propositions cohérentes au gouvernement et au ministre de l'Agriculture. »[10] Il suggère à la profession, plutôt que de se tourner vers l'État, de bâtir sa propre doctrine « et qu'elle constitue sa propre organisation cohérente ». À Marseille, le 6 septembre, il tient le même langage aux professionnels en préconisant « un véritable dialogue avec la profession, qui soit un dialogue positif [...], pour rechercher des solutions aux problèmes »[11]. Et il les met en garde contre le recours aux manifestations paysannes en termes très fermes :

> Vous pouvez dire : nos problèmes ne sont pas réglés, alors on descend dans la rue, on crie « À bas Boulin ! » Moi, vous savez, je fais du service public ; je ne suis pas là pour moi personnellement ; mais vous aboutirez à quoi ? À rien du tout ! À partir du moment où nous sommes associés, nous ne différons pas, vous savez, sur les intérêts de l'agriculture ! Moi, je ne suis pas contre les agriculteurs [...] ; je suis là pour essayer de les sauver. À partir du moment où vous dites : moi, je descends dans la rue, c'est que le dialogue est rompu. Alors, moi, très bien, je rentre au ministère de l'Agriculture, et ce n'est plus la peine de discuter : qu'est-ce que vous voulez que je fasse ?

Le 16 septembre, en réponse à une intervention de Marcel Bruel, dirigeant de la FNSEA, il définit à nouveau sa conception du dialogue : « Le

---

[9]   Discours de Rennes, 8 août 1968. ANF 800467, 1 CAB 11.

[10] Discours de Montpellier devant les représentants professionnels, 27 août 1968. ANF 800467, 1 CAB 11.

[11] Discours de Marseille devant les professionnels, 6 septembre 1968. ANF 800467, 1 CAB 11.

dialogue, cela ne consiste pas à exposer des points de vue réciproques respectifs, parfois contradictoires ; cela consiste à associer la profession à des responsabilités. »[12] Le lendemain, à Bordeaux, après avoir entendu une série de doléances, il croit bon de préciser à ses interlocuteurs :

> Un ministre de l'Agriculture, quelle que soit sa bonne volonté, ne peut pas résoudre les problèmes aussi diversifiés tels qu'ils se présentent ; la seule méthode cohérente qui lui permet d'envisager le problème, c'est la concertation avec la profession.

Il ajoute qu'il doit s'agir d'une concertation permanente, organisée, à prévoir « par voix législative ou réglementaire » ; il faut la privilégier plutôt que « défiler en tracteurs dans les rues ».

À cette occasion, il souligne qu'il n'innove pas :

> C'est un comportement du gouvernement qui n'est pas nouveau. Mon prédécesseur était tout à fait un homme de dialogue. Je ne fais que suivre ses traces sur ce point, mais je trouve que de la part de la profession qui s'y engage, c'est une voie que je salue et c'est une voie courageuse.[13]

Aux chefs de services agricoles, réunis à Paris le 18 septembre, auxquels il demande une plus forte implication et d'adopter une attitude « pratique et pragmatique », il indique :

> Il faut que cette action soit désormais plus concertée avec la profession, qu'il faut à tout prix faire sortir du terrain revendicatif, qui exprime souvent ses divisions sur des problèmes importants, et amener à formuler des propositions positives et cohérentes. Et, par conséquent, toute concertation entre l'administration et la profession, à condition qu'elle soit organisée et qu'elle débouche sur des réalités concrètes, est une bonne chose, et vous devez vous y prêter.

À Orléans, le 20 septembre, il insiste sur le fait que « il est tout à fait souhaitable d'organiser une véritable concertation des pouvoirs publics, de l'administration et de la profession ». Et il déclare qu'il ne faut pas tout attendre de l'État :

> Ne considérez pas que l'État est une espèce de compagnie générale d'assurances qui couvre systématiquement tous les risques et qui évite l'action et le dynamisme des agriculteurs pour faire d'eux des espèces d'assistés qui attendent tout.[14]

En octobre, après avoir souligné que le ministre de l'Agriculture doit tenir le langage de la vérité, il explique aux chefs de services agricoles :

---

[12] Réunion avec les professionnels, Toulouse, 16 septembre 1968. ANF 800467, 1 CAB 11.

[13] Intervention de Boulin, Bordeaux, 17 septembre 1968. ANF 800467, 1 CAB 11.

[14] Intervention de Boulin, Orléans, 20 septembre 1968. ANF 800467, 1 CAB 11.

« Je ne suis pas là pour être populaire ; je suis là pour dire la vérité, comme vous d'ailleurs, et tenter d'apporter des solutions à un problème très difficile. »[15] Il évoque par ailleurs le besoin de « structurer ce que j'appellerai l'interprofession, c'est-à-dire la profession et l'administration », la nécessité de mettre en place des groupements de production et de conclure des « contrats interprofessionnels avec le circuit de vente et de distribution ».

La concertation, fondement d'une politique agricole nationale constructive

Dans son exposé à l'Assemblée nationale du 15 novembre 1968 sur les budgets de l'agriculture, Boulin explique sa démarche :

> Au cours du tour de France que j'ai effectué cet été et qui n'avait rien de touristique, j'ai recueilli de précieuses informations, d'instructifs enseignements et j'ai pu également tâter le pouls de la nation[16].

Il s'appuie sur ces éléments pour une stratégie active en vue du développement de l'agriculture française. Il est alors convaincu de la nécessité d'opposer le dialogue aux mouvements de contestation plus ou moins violents qui sévissent en permanence dans les campagnes.

D'emblée, après son premier Conseil des ministres de l'Agriculture de la CEE[17] à Bruxelles, en juillet 1968, il met en garde :

> Je ne tolérerai pas que les agriculteurs descendent dans la rue. Si tel était le cas : je couperais tout contact avec les organisations professionnelles.[18]

Et l'une de ses premières initiatives est de recevoir René Blondelle, le président de l'Assemblée des Chambres d'agriculture et, collectivement, le 25 juillet, les dirigeants nationaux des organisations agricoles. À cette occasion, il déclare qu'il est décidé à « associer la profession à l'ensemble des mesures générales, qu'il s'agisse de réfléchir ou d'élaborer, pour autant que cette profession manifeste une unité de vues suffisante ». Il précise cependant : « À partir du moment où l'agitation descend dans la rue, le dialogue ayant échoué, est rompu. »[19] Ces déclarations interviennent avant le début de son tour de France, qui se déroule d'ailleurs sans qu'il y ait à déplorer un nombre très important de manifestations paysannes de masse.

---

[15]   Intervention du 2 octobre 1968. ANF 800467, 1 CAB 11.
[16]   Exposé *La politique agricole*, 1968, *op. cit.*, p. 5.
[17]   Communauté économique européenne.
[18]   *Le Monde* du 17 juillet 1968, p. 16.
[19]   Rapporté dans *Le Monde* du 27 juillet 1968, p. 15.

En 1969, à l'occasion du 23ᵉ congrès de la FNSEA, qui se tient à Versailles le 26 février, Boulin est d'abord sérieusement contesté, et le journal *Le Monde* rapporte : « Le congrès a chahuté sévèrement, pendant un quart d'heure, M. Boulin, le ministre de l'Agriculture. »[20] Le fait est banal et mérite d'être souligné mais il doit être relativisé car il s'agit avant tout d'une marque de défiance de la FNSEA à l'égard du gouvernement plus que de son ministre de l'Agriculture. Après cet incident,

> M. Boulin a pu épiloguer tranquillement devant une assistance souvent goguenarde, sur la difficulté d'être ministre français de l'Agriculture au sein d'un gouvernement pas toujours très compréhensif et d'une Communauté européenne confrontée à de graves problèmes agricoles.

Dans son discours, il invite à nouveau le monde agricole à lui apporter son concours : il faut

> que la profession, prenant ses propres responsabilités, délaissant les chemins désuets de la revendication négative, s'engage dans une revendication positive et précise, tendant à demander aux pouvoirs publics ce qui paraît nécessaire.[21]

Il peut conclure son intervention, sous les applaudissements des congressistes, en affirmant que l'on pouvait compter sur lui pour ne pas « faire de l'agriculture sans les agriculteurs », et Gérard de Caffarelli de reconnaître :

> Je voudrais vous dire que nous sommes également sensibles au fait que vous avez effectivement, depuis que vous êtes au ministère de l'Agriculture, assuré en permanence un dialogue avec les organisations professionnelles.

L'incident de ce congrès révèle que Boulin est moins autonome que ses prédécesseurs pour décider des orientations de la politique agricole. À partir de 1969, cet aspect apparaît au grand jour. Le ministre de l'Agriculture est lié par des décisions, prises au niveau interministériel, sur les questions agricoles nationales et européennes, ce qui réduit sa marge de manœuvre à l'égard du monde agricole. En particulier, en matière de PAC, il est « cadré » par les prises de position du ministre des Affaires étrangères Michel Debré et du ministre de l'Économie et des Finances François-Xavier Ortoli. Ce dernier lui a, par ailleurs, demandé, le 10 août 1968, de constituer un groupe de travail réunissant des fonctionnaires de son ministère, de celui de l'Agriculture et du Commissariat au Plan pour élaborer une doctrine gouvernementale pour l'avenir de l'agriculture française. Ce groupe est présidé par Jean-René Bernard, inspecteur des Finances et chargé de mission au cabinet de Boulin ; il est également secrétaire général du Comité interministériel pour les

---

[20]   *Le Monde* du 25 février 1969 ; compte rendu de P.-M. Doutrelant.
[21]   Discours au congrès de la FNSEA du 26 février 1969. ANF 800467, 1 CAB 12.

questions de coopération économique européenne (SGCI). Son rapporteur est Charles Achach, chef de la division agricole de l'INSEE[22].

Un instrument pour l'action concertée : les BROCA

En 1969, pour institutionnaliser des relations permanentes entre les services de l'État et les représentants des différentes organisations professionnelles, soit une meilleure concertation entre l'administration et la profession au niveau territorial des régions, Boulin reprend une idée de Faure. Il met en place des Bureaux régionaux d'orientation et de concertation agricole (BROCA) ; annoncés par Faure à l'occasion du congrès de la FNSEA, à Toulouse, en février 1968, ils ont été prévus par un arrêté du 25 mai 1968. Il s'agit, pour Boulin comme pour Faure, de doter le ministère de l'Agriculture d'instruments pour « promouvoir une véritable politique agricole des hommes et des équipements par des actions concertées dans un cadre régional ». Boulin décide, en septembre 1968, d'en reprendre l'idée afin d'avoir un outil pour la concertation permanente qu'il appelle de ses vœux. Il s'agit d'« avoir un organisme de réflexion coordonnant les efforts [...], donnant une meilleure orientation économique ».

Aux préfets et chefs de services agricoles, il adresse le message suivant :

> Il faut « mouiller » la profession et il faut concerter vos efforts. La profession prend souvent des attitudes revendicatrices quand ça ne va pas ; c'est toujours de la faute du gouvernement et de l'incapacité notoire du ministre de l'Agriculture [...]. Il faut que la profession, désormais, soit confrontée avec les problèmes pratiques et concrets, pour dire : ça ne va pas dans un certain secteur, qu'est-ce que vous proposez, de cohérent, bien entendu ?[23]

Il tient le même discours à Amiens le 5 octobre en indiquant aux préfets et chefs de services agricoles que les agriculteurs ne doivent pas se contenter de défiler en tracteurs et qu'il faut les « mouiller » dans les problèmes. Aux professionnels, il annonce : « Il faut mettre au niveau de la région une mécanique – les BROCA ou autre chose – qui soit efficace. »[24] Quelques jours plus tard, à Nantes, il précise qu'il envisage

> une structure de concertation permanente qui puisse appréhender de façon globale l'ensemble des problèmes de la région, et qui ait des pouvoirs de proposition, c'est-à-dire qui ne soit pas seulement un organisme consultatif,

---

22 Rapporté par Michel Cuperly, « La politique agricole française à l'heure des projets Mansholt », *Paysans*, 75, décembre 1968-janvier 1969, p 7-15. Les archives consultées ne contiennent aucun rapport de ce groupe de travail.

23 Discours de Boulin, Lyon, 27 septembre 1968. ANF 800467, 1 CAB 11.

24 Allocutions à Amiens, 5 octobre 1968. ANF 800467, 1 CAB 11.

et qui puisse, sur des problèmes particuliers de la région, s'engager et formuler des propositions.[25]

Le premier BROCA est installé à Metz le 14 mars 1969 par Boulin qui déclare :

> L'objet de ce BROCA est donc de confronter des fonctionnaires et le monde professionnel, pour essayer de définir une stratégie globale et de donner des priorités et des actions au niveau de la région.[26]

Un deuxième est institué à Dijon le 20 mars, ce qui lui donne l'opportunité de souligner qu'il entend s'en servir non comme des organismes consultatifs mais comme des organismes de proposition. À cette occasion, le ministre de l'Agriculture confirme également la constitution d'un Fonds d'action rurale (FAR), qui doit être « le FIAT[27] régional agricole, ce qui permettra un certain nombre d'actions »[28], étant précisé qu'il est destiné à mener des « actions de reconversion, ou des actions de réanimation du milieu rural, tendant à créer des emplois en milieu rural, parmi les gens qui quittent effectivement la terre »[29].

Ministre de l'Agriculture pendant près d'un an, Boulin reste fidèle à la ligne de conduite qu'il s'est fixée. Il est convaincu que la concertation doit reposer sur un partenariat administration/profession dont la finalité est de poursuivre la réforme de l'agriculture engagée par les lois d'orientations de 1960 et 1962. En réponse aux interventions de parlementaires, lors de la discussion de la loi de Finances pour 1969, il le formule clairement le 16 novembre 1968, en expliquant :

> L'heure n'est plus de faire seulement écho à des gémissements mais de passer à l'action concertée et cohérente. Je le dis sans passion, parce que j'en suis profondément convaincu.[30]

Un réformisme prudent : le changement progressif dans la continuité

Mais que propose-t-il pour améliorer la situation de l'agriculture française et la situation économique et sociale des producteurs agricoles ?

---

[25] Discours à Nantes, 19 octobre 1968. ANF 800467, 1 CAB 11.

[26] Discours de Metz du 14 mars 1969. ANF 800467, 1 CAB 12.

[27] Fonds d'intervention pour l'aménagement du territoire.

[28] *Ibid.*

[29] Discours de Dijon du 20 mars 1969. ANF 800467, 1 CAB 12.

[30] Débats parlementaires, Assemblée nationale, Compte rendu des séances, année 1968-1969 ; Discussion sur la loi de Finances pour 1969, séance du 16 novembre 1968, p. 4553.

Lorsqu'il dresse un bilan de l'économie française en 1968, *Le Monde* évalue la politique agricole de Boulin :

> Tout en feignant, pour des raisons tactiques, de vouloir simplement adapter la politique antérieure, le gouvernement français a commencé – à partir du 10 octobre, date à laquelle s'est tenu un conseil restreint à l'Élysée – à s'inspirer de principes nouveaux dans ses décisions : il ne s'agit pas seulement d'un retour à l'ère réformiste ouverte en 1962 par l'arrivée de M. Pisani à laquelle M. Edgar Faure avait mis fin en 1966 ; il s'agit d'un virage dans la conception même de la politique agricole.[31]

Ce jugement est-il conforme au projet développé par Boulin et exposé à l'Assemblée nationale le 15 novembre 1968 ?

« Nouvelle politique agricole » ou adaptation des lois d'orientation ?

À l'occasion de la passation de pouvoirs entre Faure et Boulin, ce dernier assure : « Je vais m'attacher à poursuivre votre tâche. » Le journaliste du *Monde* qui rapporte ce propos ajoute : « M. Robert Boulin risque d'avoir à payer le succès politique remporté par M. Edgar Faure auprès du monde paysan. »[32] Il est fort probable que cette situation inconfortable soit à l'origine de la décision de Boulin d'entreprendre son tour de France. Le nouveau ministre de l'Agriculture veut entretenir de bonnes relations avec les organisations professionnelles agricoles. Aux dirigeants agricoles, il déclare, le 25 juillet 1968, que « le gouvernement tiendra les engagements pris envers les agriculteurs ». « Les engagements pris par M. Georges Pompidou le 19 juin dernier ont déjà été ou seront tenus. » Mais la préoccupation des agriculteurs va bien au-delà : ils constatent que leur revenu ne progresse pas et que l'augmentation de 4,8 %, prévue par le Ve Plan, est irréalisable, ce qui les éloigne encore plus de l'objectif de parité économique et sociale qu'ils revendiquent. Il convient donc de « repenser la politique agricole » (R. Blondelle) ou de concevoir une « nouvelle politique agricole » (CNJA) ; lors de son congrès de juin 1968, le CNJA présente un *Mémoire pour une nouvelle politique agricole* qui est souvent repris par les médias pour qualifier les orientations de la politique agricole imaginée par Boulin. Cette convergence repose sur le fait que ce dernier partage le point de vue de François Guillaume pour lequel la politique des prix ne permet pas de soutenir efficacement le revenu des agriculteurs.

Boulin, qui est proche des idées du CNJA, se défend à de multiples reprises de vouloir instaurer une « nouvelle politique agricole » et indique qu'il veut « sinon une politique nouvelle en agriculture, une autre

---

[31] « L'économie française en 1968 », *Le Monde*, supplément du 31 décembre 1968, p. III.
[32] *Le Monde* du 17 juillet 1968.

politique agricole qui doit s'adapter aux réalités nouvelles et à la perspective européenne »[33]. Le 11 septembre 1968, s'adressant aux responsables des services agricoles de l'État, il explique :

> Dans la presse, on parle de « Nouvelle politique agricole » ; on dit qu'il y a un changement d'orientation, etc. Tout cela, bien entendu, tient du roman policier. En réalité, il y a une politique agricole qui a été définie par la loi d'orientation, puis par la loi complémentaire. Il faut aller dans ce sens. Mais il y a des inflexions à donner parce qu'il y a une grande mouvance en cette matière, une très grande adaptation et, compte tenu de la situation que nous connaissons au niveau de l'Europe, il y a lieu d'infléchir des positions, de les orienter à nouveau, sans que cela constitue une révolution et un changement. Je dis cela pour être bien clair et pour que vous puissiez le dire autour de vous.[34]

Le dilemme : agriculture économique et agriculture sociale

Le principal problème auquel il est confronté en 1968 est celui du coût des concours financiers de l'État à l'agriculture. Ceux-ci doivent être maîtrisés, en particulier l'accroissement des soutiens aux marchés qui passent de 4,9 à 6 milliards en raison des engagements pris par Faure. Par ailleurs, ils ont été multipliés par dix en dix ans au détriment d'engagements pour des actions sociales et structurelles qui sont pourtant indispensables. Pour Boulin, « l'agriculture n'a pas été trop maltraitée » mais il convient de reconsidérer la ventilation des dépenses[35]. Pour cela, il y a lieu de distinguer l'agriculture de production et l'agriculture de subsistance. À ce propos, il déclare à Rennes le 8 août :

> L'heure est venue d'admettre enfin la réalité de l'existence de deux agricultures distinctes dont les problèmes fondamentalement différents appellent des solutions distinctes : une agriculture compétitive et un secteur « social ».

Son projet est clair :

> Il faut mettre fin à la confusion entretenue à l'intérieur de l'agriculture entre le secteur économique et le secteur social. Il faut admettre qu'il y a désormais deux agricultures distinctes : l'une, compétitive, qu'il faut aider à conquérir de nouveaux marchés ; l'autre qui représente un immense secteur social dans lequel il faut encourager les conversions, autant que possible à

---

[33] *Le Monde* du 5 septembre 1968 qui fait état des prises de position respectives du ministre et des dirigeants agricoles à l'occasion de leur entretien du 3 septembre.

[34] Réunion au ministère de l'Agriculture du 11 septembre 1968 ; Allocution de Boulin. ANF 800467, 1 CAB 11.

[35] Voir l'analyse de François-Henri de Virieu, *Le Monde*, 15 août 1968, p. 6. Et son article dans *Le Monde* du 3 septembre, p. 16, dans lequel il écrit : « Le gouvernement prépare une nouvelle politique agricole qui pourrait faire l'objet d'une troisième loi d'orientation. »

l'intérieur même du monde rural, par une formation plus poussée des jeunes et l'attribution de retraites aux plus âgés.

Aux préfets et aux chefs de services agricoles, il indique qu'il est nécessaire de séparer ce qui est du domaine de l'économie de ce qui relève de préoccupations sociales. Il faut créer des exploitations compétitives et

> Déterminer dans chaque secteur quel est le nombre d'exploitants qui, dans cette perspective, seront compétitifs et rentables, pour savoir ceux que nous écarterons de la terre ; soit parce qu'ils sont vieux, soit parce qu'ils sont jeunes.[36]

Et de poursuivre :

> Ces gens-là sont productifs, il faut les encourager dans des conditions très précises ; quant aux autres, il faut les écarter, soit en les faisant faire autre chose, soit en ranimant l'espace rural pour créer des possibilités autres qu'agricoles.

Selon lui, il convient de mettre en place une « action cohérente » sectorielle et une politique concertée, étant précisé que « la profession est là pour donner son avis et exprimer ses opinions ; mais tout ce qui relève de l'initiative de l'État doit rester à l'initiative de l'État ». Et d'ajouter : « Je crois aussi que l'Agriculture, par tradition, a une action qui n'est pas assez spécifique, et qui est trop saupoudrée […]. Il faut concentrer les efforts dans des secteurs déterminés », en tenant compte de nécessités d'aménagement et de restructuration.

Le lendemain, à Colmar, où il énonce, devant les préfets et chefs de services agricoles qu'il est le « ministre des Agricultures », il fait état, en termes non équivoques, de cette dualité de l'agriculture, soit « une agriculture productive, dynamique » et « une agriculture sociale »[37]. Partant de ce constat, il explique que « les actions à entreprendre […] doivent être faites en vertu d'orientations très précises, qu'il faut déterminer au niveau de chaque secteur et de chaque région ». Sa stratégie pour développer une agriculture compétitive est la suivante :

> À partir du moment où on a déterminé un certain nombre de secteurs productifs, il faut les pousser à l'évolution qui est une organisation et une maîtrise de la production, par des groupements de producteurs et des ententes, et puis en effet un branchement très direct sur les circuits de distribution, par l'interprofession, par les industries agricoles et alimentaires qui font de l'agriculteur quelqu'un qui produit en fonction de la demande

---

[36] Discours lors de sa rencontre avec les préfets et les chefs des services agricoles, Rennes, 8 août 1968. ANF 800467, 1 CAB 11.

[37] Discours aux préfets et chefs de services agricoles, Colmar, 9 août 1968. ANF 800467 ; 1 CAB 11.

qui est formulée en aval, et qui harmonise sa production quand cela est possible et qu'il peut le faire en fonction de la distribution.

Quant à l'agriculture sociale, elle doit bénéficier d'un traitement particulier, de mesures spécifiques que le ministre s'engage à faire adopter dans la loi de Finances pour 1969 ; et de conclure, en citant François Bloch-Lainé :

> On a fait au monde agricole des béquilles spéciales pour lui permettre de boiter à part. Eh bien, ça c'est fini. Il faut réaliser l'insertion dans le monde naturel. Et ça ne se fait pas en trois jours. Il faut lever des complexes, créer des orientations nouvelles et en effet les regonfler, pour ceux qui seront réorientés dans l'agriculture. Et tout cela nécessite réflexion dynamique.

Le défi : convaincre les milieux professionnels

À Clermont-Ferrand, le 26 août 1968, dans le fief de Michel Debatisse, Boulin indique qu'il se considère bien comme le « ministre des Agricultures » mais qu'il refuse l'idée d'une nouvelle politique agricole au profit d'une « adaptation » des lois d'orientation[38]. Le lendemain, à Montpellier, il tient le même discours à la profession[39]. Et, à Marseille, le 6 septembre, lors de sa rencontre avec les professionnels, il enfonce le clou :

> Il est tout à fait possible de définir une certaine politique nouvelle qui ne serait pas, d'ailleurs, en rupture avec le passé – je ne suis pas du tout en contradiction avec mon prédécesseur, au contraire, je continue son action – mais en attendant il y a des problèmes immédiats, quotidiens et à court terme.[40]

Il annonce alors :

> J'ai constitué un groupe de travail mixte administration/profession, que je vais présider dans quelques jours, où tous les membres de la profession à l'échelon national, sous ma présidence, vont travailler à tous les problèmes que je vous dis là ; pour les mettre sous un texte législatif et les présenter au Parlement au cours de la prochaine session. Là, nous allons essayer de définir une politique.

Ce groupe de travail est présidé par J.-R. Bernard, chargé de mission au cabinet de Boulin ; sa tâche consiste à réfléchir, de concert avec des représentants du ministère de l'Économie et des Finances, aux orientations

---

[38] Conférence de presse de Boulin du 1er octobre au cours de laquelle il annonce la réunion d'un conseil restreint interministériel pour fixer des orientations agricoles, compte tenu de priorités d'intérêt général.

[39] Discours devant les milieux professionnels, Montpellier, 27 août 1968. ANF 800467, 1 CAB 11.

[40] Discours devant les professionnels, Marseille, 6 septembre 1968. ANF 800467, 1 CAB 11.

de la politique agricole en vue d'élaborer des propositions concrètes. Ne se contentant plus d'écouter les dirigeants professionnels, Boulin décide donc de fixer des orientations pour la politique agricole future. La garantie du revenu par les prix conduit à une impasse en raison du développement d'excédents : « Il faut donc favoriser une certaine agriculture, la rendre compétitive, la rendre rentable, pour augmenter le revenu des agriculteurs. » Par ailleurs, « il faut essayer de réanimer le milieu rural », par une certaine industrialisation et par la promotion du tourisme.

> Il faut donc réanimer les structures rurales, créer une activité pour que si le paysan quitte la terre, il ne quitte pas forcément le milieu rural ; ça c'est très important, et il y a une action régionale à mener.

Il développe ainsi une stratégie pour une organisation plus rationnelle du secteur agricole dans l'optique d'une meilleure insertion dans l'économie générale en faisant remarquer : « Il ne s'agit pas de faire du sentiment, mais de constater des réalités. » Boulin formule ensuite le défi à relever par le producteur :

> Le défi, c'est qu'il a en amont tout un secteur industrialisé ; tous les produits qu'il reçoit, les tracteurs qu'il achète, les produits cryptogamiques, ça vient de l'industrie ; en aval il a aussi un secteur industriel [...]. Et c'est ce secteur industriel qui a une puissance européenne, voire une puissance mondiale, et qui est le grand distributeur, finalement, à terme, d'un certain nombre de produits.

Par conséquent,

> il faut donc que [le producteur] s'organise lui-même et c'est en cela que les petits peuvent s'en sortir, s'ils sont dans un ensemble organisé. Il faut faire des groupements de producteurs, il faut les favoriser, il faut normaliser les produits, afin que, en aval, il y ait moins de problèmes d'acheminement. Et, croyez-moi, c'est la clé de l'agriculture de notre époque pour s'en sortir.

Le 16 septembre, à Toulouse, évoquant le problème des prix et des excédents, il souligne :

> Il faut sortir de ce cycle infernal. Et il faut en sortir avec réalisme. Et, pour en sortir, il faut en effet non pas du tout définir une nouvelle politique agricole, mais adapter en fonction des circonstances, des évolutions, des constatations adapter et essayer de sortir de ce cycle pour que l'agriculteur, qui veut rester agriculteur, qui en a le goût, le désir, et c'est bien légitime, ait un revenu qui augmente tous les ans dans des proportions qui sont à déterminer.[41]

Le lendemain à Bordeaux, après avoir exposé qu'« on ne peut plus désormais inciter à la production sans avoir soigneusement recherché les débouchés, les marchés, l'écoulement des produits », il déclare :

---

[41] Réunion de Toulouse, 16 septembre 1968. ANF 800467, 1 CAB 11.

L'idée de l'optique économique dans le marché, dans les débouchés, dans les goûts des consommateurs, dans la commercialisation des produits, de l'utilité finale, ne peut plus désormais être dissociée de la notion de production.

Il suggère la constitution de groupements de producteurs capables d'imposer une discipline collective et surtout permettant à l'agriculture d'entrer dans l'industrialisation sans être dominée en amont et en aval ; à l'occasion de l'inauguration du Salon international de l'agroalimentaire (SIAL), il indique ainsi sa faveur pour la conclusion de conventions entre les producteurs et les activités d'aval, celles de la transformation et de la distribution[42].

En outre, il insiste sur la nécessité de maintenir les personnes qui quittent la terre dans les campagnes : « Il ne faut pas envoyer les gens dans les villes pour en faire des chômeurs, sauf si nous sommes drainés par un taux d'expansion industriel très fort. »[43] Aux chefs de services agricoles réunis le 18 septembre, il rappelle qu'il n'est pas partisan d'une « nouvelle politique agricole, comme l'écrivent les journalistes qui ont toujours le souci du sensationnel, mais d'une adaptation aux évolutions »[44]. Il estime que « la productivité, le niveau de l'entreprise doivent aboutir à la rentabilité sans des soutiens artificiels de prix, sauf pour un secteur protégé ». Pour lui,

la politique qui a été choisie et qui consistait à revaloriser le revenu des agriculteurs par le soutien des prix est une politique qui est terminée. Dans la mesure où on soutient des produits par les prix, on crée des excédents et on perturbe le marché ; et on diminue le revenu des agriculteurs ! C'est le comble ! C'est un système absurde dont il faut sortir [...]. Il faut que ce soit les agriculteurs les plus dynamiques, les plus structurés, les mieux organisés qui restent à l'agriculture et qui, en effet, produisent, non plus seulement attirés par les prix mais par les règles traditionnelles de la productivité et de la qualité.

Il y aura une catégorie sociale d'agriculteurs, qui seront marginaux, et qu'il faudra soutenir parce qu'il y a des problèmes humains dans tout cela [...], mais qui ne seront plus considérés comme des producteurs, et encouragés à ce titre ; et dont la contrepartie nécessaire sera un abandon de leurs terres et la réduction de leur production. On ne peut pas faire autrement.[45]

---

[42] ANF 800467, 1 CAB 11.

[43] Exposé de Boulin à Bordeaux le 17 septembre. ANF 800467, 1 CAB 11.

[44] Dans une interview à *RTL*, le 18 septembre, il se livre à une nouvelle mise au point sur la « nouvelle politique agricole » en ces termes : « Vous savez que je n'ai jamais employé ce terme et que je ne l'aime pas [...] ; il s'agit seulement d'adapter ces lois agricoles (celles de 1960 et 1962) à la situation actuelle et en particulier en fonction de l'évolution européenne et des excédents qui résultent de l'Europe ». ANF 800467, 1 CAB 11.

[45] Déclaration de Boulin à Paris le 18 septembre 1968. ANF 800467, 1 CAB 11.

Lors de la réunion de travail des chefs de services agricoles du 25 septembre, il fait remarquer :

> On arrive donc à ce résultat paradoxal que plus on met d'argent pour soutenir le prix, on aboutit à ne pas satisfaire le petit producteur, à augmenter la production globale, à perturber les marchés, et à réduire le revenu de l'agriculteur.[46]

Des paroles aux actes : la solidarité gouvernementale

En novembre 1968, Boulin organise une conférence de presse pour présenter « la première tranche des mesures de la politique agricole » qui synthétise son constat sur les problèmes de l'agriculture française et définit des pistes pour les résoudre aussi bien sur le plan économique que sur le plan social[47]. Pour ce qui est des instruments à mettre en place, il évoque la création des BROCA pour des actions régionalisées en faveur de l'agriculture et du monde rural, la mise en place d'organisations de type interprofessionnel pour l'organisation des marchés. Il souligne à nouveau que « la profession, sortant des chemins de la revendication pure et négative, peut trouver là un moyen de s'exprimer d'une façon positive et cohérente. »

Le ministre de l'Agriculture reçoit l'appui des élus gaullistes qui défendent la thèse d'une amélioration concomitante des structures agricoles et de l'organisation des marchés, notamment Pierre Lelong[48]. Mais Virieu note que Boulin n'est pas suivi par ses collègues du gouvernement et qu'il « n'a pas réussi à convaincre MM. Couve de Murville, Ortoli et Chirac des vertus de son plan de modernisation de l'agriculture ». Il obtient cependant un accord de principe pour la constitution d'un fonds d'aide aux régions sous-développées pour financer des dépenses d'équipement créatrices « d'emplois ruraux non agricoles » ou pour des actions sociales[49]. Une réunion interministérielle, tenue à Matignon le 7 novembre, ne permet pas d'aplanir les divergences entre

---

[46] Allocution de Boulin du 25 septembre 1968. ANF 800467, 1 CAB 11.

[47] Conférence de presse de Boulin, 13 novembre 1968. ANF 800467, 1 CAB 11.

[48] Pierre Lelong, article dans le quotidien UDR *La Nation* du 1er novembre 1968, repris dans *Le Monde* du 2 novembre, p. 10, qui cite aussi un article de Boulin dans le même numéro dans lequel il écrit : « Nous ne pourrons plus désormais soutenir le niveau de vie des agriculteurs à la faveur d'une seule politique des prix. Il serait vain d'ailleurs d'espérer une hausse des prix à Bruxelles. Nous devons tirer toutes les conséquences de cette constatation car elles conditionnent l'orientation politique présente et celle des prochaines années. »

[49] Dans *Le Monde* du 6 novembre 1968, p. 30, Virieu se livre à une analyse des difficultés, voire des oppositions gouvernementales auxquelles Boulin est confronté pour réaliser une adaptation de l'agriculture française qu'il a l'intention de présenter le 15 novembre.

les ministères de l'Agriculture et de l'Économie et des Finances. Ce dernier considère qu'il faut éviter de fixer des orientations nationales avant de connaître les propositions de la Commission, soit le *plan Mansholt*, en cours d'élaboration à Bruxelles[50]. Il en résulte que, à défaut de pouvoir présenter un projet de loi-cadre pour l'adaptation de l'agriculture française, Boulin doit se contenter de rédiger un document de portée générale sur la « politique agricole », le 15 novembre[51]. Le ministre de l'Agriculture ayant une marge de manœuvre réduite par les négociations prévues à Bruxelles, en particulier sur les prix, est alors « condamné à jouer du clavier des mesures classiques d'accélération de l'exode » nous indique Virieu, qui ajoute : « Quelques solutions ingénieuses avaient été envisagées mais, faute de préparation suffisante de ses dossiers, M. Boulin a été dans l'impossibilité de tenir tête à M. Ortoli », en particulier pour

> mettre en place tout un système d'assistance directe à la paysannerie du deuxième groupe (celui de l'agriculture dite de type social ayant besoin d'un « statut de sécurité »), de façon à tuer le mythe selon lequel son sort ne pouvait être amélioré que par une hausse continue des prix de ses produits.[52]

Dans sa conférence de presse du 13 novembre 1968, Boulin se limite à faire état de la décision gouvernementale d'engager une première tranche de mesures « d'adaptation de la politique agricole », dans l'attente des résultats des travaux de groupes spécialisés et du lancement des négociations de Bruxelles. Il s'agit de mesures sociales pour libérer des terres et ainsi contribuer à une amélioration de l'outil de production en faveur de ceux qui continueront à exercer une activité agricole. Ces mesures sont présentées dans son document du 15 novembre, et le CNJA considère alors que « la partie économique du plan général est insuffisante, ce qui ne permet guère de parler de nouvelle politique agricole »[53]. Au cours d'un discours de deux heures, le 15 novembre, Boulin explique que le secteur agricole doit s'adapter à de nouvelles conditions économiques, notamment l'apparition d'excédents structurels qui sont le revers de la modernisation. Il se prononce contre un État qui jouerait le rôle de compagnie d'assurances en faveur d'une agriculture protégée qui produit sans se soucier de l'écoulement de ses excédents[54]. Il convient, selon lui, de soutenir « les exploitations organisées et compétitives »,

---

[50]   *Le Monde* du 8 novembre 1968, p. 22.

[51]   « La politique agricole », 1968, *op. cit.*

[52]   Analyse de Virieu dans *Le Monde* du 13 novembre 1968, p. 29.

[53]   Rapporté dans *Le Monde* du 15 novembre 1968, p. 22, qui fournit un catalogue des mesures du projet de loi Boulin.

[54]   Compte-rendu d'André Ballet et Jacques Tournouer dans *Le Monde* des 17 et 18 novembre, p. 8.

sans viser la constitution de grandes exploitations capitalistes mais en privilégiant les entreprises familiales capables de maîtriser leur production et de s'insérer dans des structures collectives. Le ministre de l'Agriculture est convaincu que

> la Nation ne sera pas choquée qu'on attribue au monde agricole des crédits importants à condition qu'ils soient orientés dans le bon sens et qu'ils profitent à l'agriculture et à l'ensemble des citoyens.

Pour lui, le secteur agricole doit être, par ailleurs, pris en compte dans son environnement rural, rejoignant les préoccupations exprimées par Pompidou, « qui a magistralement défini à Aurillac une politique agricole »[55].

Dans son exposé du 15 novembre, Boulin réalise une synthèse de l'aboutissement de ses réflexions, suite à son tour de France et à ses convictions acquises au cours de six mois de fonctions. Il part d'un diagnostic qui justifie des adaptations de la politique agricole nationale, en considération de l'évolution de la production des différentes denrées et de la constitution d'une communauté agricole européenne, principalement d'un Marché commun agricole. Il convient d'avoir une vision duale pour l'avenir de l'agriculture et de distinguer l'économique du social, soit les exploitations qui ont vocation à la compétitivité et à la rentabilité sans recours à un soutien par les prix, et celles qui sont condamnées à terme qui doivent faire l'objet d'un traitement social. Ses solutions découlent de ce constat mais aussi des arbitrages gouvernementaux auxquels il a dû se soumettre. Des moyens financiers seront dégagés dans la mesure où ils s'inscrivent dans la continuité des lois d'orientation et des impératifs de la politique agricole commune telle qu'elle se dessine à travers les propositions de la Commission de la CEE en cours d'élaboration. Sur ces questions européennes, s'il se montre plutôt en retrait, il a cependant des idées personnelles bien arrêtées dont il fait part à Jacques Duhamel, à titre confidentiel, en juin 1969. Le 24 juin, il expose à ce propos :

> Je vous ai remis un document que j'ai jusqu'à ce jour tenu secret, parce qu'il est purement personnel, dans lequel j'avais essayé de dégager une certaine orientation pratique d'une politique agricole au niveau européen, ce qui est évidemment essentiel.[56]

Et il ajoute :

---

[55] Voir dans Gilbert Noël et Émilie Willaert, *Georges Pompidou, une certaine idée de la modernité agricole et rurale*, Bruxelles, PIE Peter Lang, 2007, le discours prononcé par Pompidou à Aurillac le 14 octobre 1967, p. 213-223.

[56] Ministère de l'Agriculture, 24 juin 1969. ANF 800467, 1 CAB 13. Il n'a pas été possible de retrouver un exemplaire de ce document dans les archives consultées. *Le Monde* du 26 juin 1969 indique qu'il s'agit d'un « testament » d'une centaine de pages.

Dans cette affaire, on peut dire beaucoup de choses sur l'Europe. Mais quand vous allez tomber à pieds joints dans ce cirque que constituent les discussions difficiles et laborieuses de la CEE, vous verrez, il y a quelquefois loin des idées à la réalité concrète ; et sur ce point, permettez-moi de vous dire que je vous souhaite bien du plaisir.

Il propose également la recherche de solutions en vue d'une meilleure insertion de l'agriculture dans une politique d'économie rurale et d'insertion dans l'économie générale. En plus, pour le court terme, il considère qu'il est nécessaire de s'occuper des questions de transfert de main-d'œuvre de l'agriculture vers d'autres activités, de la mise à disposition, en faveur des agriculteurs à aider sur le plan économique, de facilités par le biais de prêts du Crédit agricole. Et il estime qu'il est indispensable de s'attaquer à l'organisation des marchés dans le contexte européen, en premier lieu celui des produits laitiers, notamment par la mise en place de l'interprofession, qu'il définit comme suit :

> Par « interprofession », il faut entendre des organisations qui concilient tous les jours les intérêts des producteurs, ceux du commerce et ceux de la transformation, les pouvoirs publics rendant leur arbitrage si celui-ci se révèle nécessaire.[57]

Et il conclut son programme par cette réflexion : « Tracer la route, dire la vérité sans fard, redonner confiance au monde paysan, tels sont les objectifs que le gouvernement vous propose. »[58]

La « région », un niveau de gouvernance indispensable pour l'agriculture

Toutefois, pour une action efficace et pragmatique, le niveau national est de moins en moins pertinent. Si les contraintes européennes sont une donnée de la politique nationale, celle-ci peut être reconsidérée à une autre échelle qui a sa préférence, celle de la « régionalisation ». Celle-ci est un cheval de bataille de Boulin pendant toute la durée de ses fonctions au ministère de l'Agriculture. Sa prise de fonctions intervient au terme d'une étape capitale de la formation d'une communauté agricole européenne constituée entre les six de la CEE. Un Marché commun agricole a été créé par l'adoption de règlements communautaires pour les principaux produits agricoles. Il repose sur des organisations communes de marché qui prévoient la fixation de prix annuels indicatifs au niveau européen (les prix européens du marché unique) et un fonctionnement communautaire fondé sur deux principes : celui de la préférence communautaire pour les échanges intracommunautaires et celui de la

---

[57] « La politique agricole », 1968, *op. cit.*, p. 34.
[58] *Ibid.*, p. 36.

solidarité financière pour la régulation des marchés communs. L'instrument financier est un Fonds européen d'orientation et de garantie agricole (FEOGA) dont l'alimentation, dans le cadre du budget européen, reste à arrêter. C'est l'objectif d'un « règlement financier » qui donne lieu à débat, sans impliquer directement le ministère de l'Agriculture.

La PAC dans le collimateur du ministère de l'Économie et des Finances

Quand Boulin exerce ses fonctions Rue de Varenne, la PAC relève largement de la compétence du ministère de l'Économie et des Finances et elle est traitée, au niveau du Premier ministre, par le Secrétariat général du comité interministériel pour la coopération économique européenne (SGCI). Si Boulin n'y participe pas directement, il y est représenté par son chargé de mission J.-R. Bernard. À Bruxelles, il bénéficie des services du Comité des représentants permanents (COREPER) des États membres de la CEE et, en particulier du Comité spécial Agriculture. Son relais, pour toutes les questions techniques de mise en place et de gestion des dossiers agricoles à Bruxelles est André Thomassin sur lequel il s'appuie à l'occasion des Conseils européens des ministres de l'Agriculture. Il en résulte que le ministre de l'Agriculture est relativement peu présent dans les débats de Bruxelles. Le député Lelong le regrette et écrit que

> M. Thomassin, à Bruxelles, prend position sur une quantité de questions techniques, dont les incidences politiques ne sont pas négligeables, en entretenant avec Paris des contacts extrêmement rares et insuffisants.[59]

En fait, l'approche politique est défendue au sein du COREPER par le représentant de la France Jean-Marc Boegner qui, à Bruxelles, au cours du premier semestre de 1969, « gèle » l'examen des problèmes agricoles : fixation des prix, analyse du *plan Mansholt* et décisions de principe pour le règlement financier.

Ainsi épaulé pour le suivi des questions européennes sur la scène internationale, Boulin peut concentrer son attention sur deux dossiers. Le premier est celui des incidences du Marché commun sur les marchés agricoles français et sur le revenu des producteurs. Le second est celui de la définition des orientations de la politique agricole française, en considération du projet de la Commission d'élaborer une Politique agricole européenne (PAC) qui doit compléter le Marché commun agricole par des dispositions à caractère social et structurel (politique de structures) envisagées de manière communautaire. Il s'agit, en particulier, pour le

---

[59] Note de Lelong pour Pompidou du 7 janvier 1969. Centre historique des Archives nationales (CHAN), Archives Georges Pompidou, 92 AJ/1.

ministre, de défendre les intérêts nationaux à un moment où à Bruxelles le commissaire Sicco Mansholt prépare un plan de développement agricole européen qui est publié en décembre 1968 : le « Mémorandum Mansholt », intitulé *Agriculture 1980*. Par conséquent, Boulin se trouve dans une situation de transition et d'attente peu propice à des engagements précis. Cependant, il ne reste pas inactif pour analyser la situation et envisager des orientations conformes à une vision de court et de moyen terme de l'agriculture française. Sa réflexion le conduit à distinguer trois niveaux pour des actions concrètes en faveur des agriculteurs et des campagnes : l'Europe, l'État et la « région ».

Dès son installation Rue de Varenne, Boulin est confronté à une série de demandes des différentes catégories de producteurs pour relever leur revenu et trouver des solutions aux problèmes d'excédents. Il prend la mesure des attentes des milieux professionnels dès l'été, à l'occasion des différentes étapes de son tour de France des régions. Il déclare qu'une augmentation incontrôlée des prix institutionnels européens n'est plus acceptable, compte tenu de l'augmentation constante des surproductions ; et il n'est plus concevable d'augmenter les concours financiers de l'État à l'agriculture au rythme des dix dernières années ou d'user de l'alibi européen. Au début du mois de septembre 1968, après avoir eu des entretiens avec les dirigeants des quatre grandes organisations professionnelles, le ministre déclare qu'il n'a pas l'intention de remettre en cause les règles du Marché commun agricole mais qu'il faut s'engager sur la voie d'une autre politique agricole pour s'adapter à des réalités nouvelles et surtout à une nouvelle perspective européenne. Il est alors en phase avec Blondelle (APCA) et Jean Deleau, vice-président de la FNSEA, qui souligne que les agriculteurs sont « très attachés à l'Europe [...]. La politique agricole ne peut être définie que dans le cadre du Marché commun »[60]. Debatisse abonde dans le même sens : « La nouvelle politique agricole ne peut être qu'européenne. »[61]

Boulin se prépare aux échéances européennes dès l'automne, « dans le but de modifier l'organisation des marchés en fonction des décisions prises cet hiver et au printemps à Bruxelles », soit dans le contexte du « grand marchandage entre les Six », comme le souligne Virieu[62]. Le ministre de l'Agriculture se plie aux recommandations du conseil interministériel de Matignon du 7 novembre pour différer toute prise de position nationale avant la parution des propositions de la Commission de la CEE. Il bénéficie du soutien de Deleau qui déclare :

---

[60] *Le Monde* du 5 septembre 1968 : « M. Boulin pour une autre politique agricole. »
[61] *Le Monde* du 23 septembre 1968.
[62] *Le Monde* du 6 novembre 1968, p. 30.

La sagesse commandait d'attendre la publication officielle des nouvelles propositions élaborées à Bruxelles et non de proposer des solutions qui, si elles étaient retenues dans le seul cadre national, sonneraient le glas de la PAC et peut-être même du traité de Rome.

À l'occasion du débat parlementaire de novembre et décembre 1968, le ministre n'évite pas d'aborder la dimension européenne de la politique agricole française. Il s'y emploie en se rangeant à l'approche traditionnelle du gouvernement français : les principes de la préférence communautaire et de la solidarité financière sont incontournables. Il indique, à l'Assemblée nationale, qu'il faut « observer une certaine discrétion en attendant les propositions qui pourront être formulées ». Mais, partisan de limiter les augmentations de prix garantis pour les produits excédentaires, il affirme aussi que « la clé de l'agriculture dans les années à venir est l'organisation des marchés dans le contexte européen ». Au Sénat, il souligne que l'organisation européenne permet à la France d'exporter 20 % de sa production, et précise : « Si nous n'avions pas l'Europe, où exporterions-nous nos excédents ? » Par conséquent, il est impératif d'adapter la politique nationale à la nouvelle donne européenne :

> Je ne suis pas contre l'Europe. Je viens de dire que la France restera fidèle à la lettre du traité de Rome et à l'esprit de solidarité européenne. Mais l'Europe n'est pas non plus la solution miracle.[63]

Intervenant au congrès annuel de l'APCA le 4 décembre 1968, il évoque la question des dépenses croissantes du Marché commun agricole :

> Le meilleur moyen de réduire les dépenses, c'est d'abord de s'approvisionner en Europe. Nous ne pouvons pas transiger sur les deux principes sur lesquels repose le Marché commun : la préférence communautaire et la solidarité financière, devant l'écoulement des excédents. La France n'a accepté de faire le pari du Marché commun industriel que parce qu'elle espérait en contrepartie exporter ses excédents en priorité dans la CEE.[64]

Une position d'attente défensive au début de 1969

Après avoir obtenu la publication au *Journal officiel*, au début de janvier 1969, d'une série de mesures en faveur de l'agriculture française, Boulin reçoit les organisations professionnelles agricoles pour les informer de la démarche retenue pour l'analyse du *plan Mansholt*, auquel le CNJA est favorable tandis que les Chambres d'agriculture et la FNSEA sont réservées. À des groupes de travail est confiée la tâche d'étudier les incidences de ce mémorandum afin de préparer une réponse française à l'occasion d'un conseil interministériel. Sur *Europe 1*, il donne son sentiment sur ce plan de la Commission de la CEE :

---

[63]   Propos rapportés dans *Le Monde* du 4 décembre 1968, p. 30.

[64]   Cité dans *Le Monde* du 6 décembre 1968, p. 22.

Dans ce *rapport Mansholt*, il y a des éléments positifs et des éléments négatifs mais – et c'est une qualité – il formule un diagnostic fort pessimiste. Par conséquent, il implique une thérapeutique [...]. J'approuve certaines parties du rapport d'autant plus qu'elles sont littéralement copiées sur toutes les décisions françaises depuis 1960.[65]

Cette appréciation est globalement recevable et les mesures sociales de sa politique agricole qui complètent celles de ses prédécesseurs Pisani et Faure ne sont pas en contradiction avec celles suggérées par Mansholt, ni à celles du *rapport Vedel*[66], commandé par Faure. Ce *rapport Vedel* n'a pas influencé Boulin car il prend connaissance de son contenu peu de temps avant son départ du ministère de l'Agriculture. En revanche, il séduit son successeur Duhamel.

Au début de 1969, à Bruxelles, souvent chapeauté par le ministre des Affaires étrangères Michel Debré et par le ministre de l'Économie et des Finances Ortoli, le ministre de l'Agriculture fait preuve de beaucoup de prudence dans ses prises de position. Les 9 et 10 décembre 1968, il a déjà laissé à Debré le soin de cadrer la position de principe de la France : pas de remise en cause des principes de la préférence communautaire et de la solidarité financière, et refus d'une baisse des prix garantis. Cependant, Debré accepte l'idée d'un réexamen des modalités de fonctionnement du Marché commun agricole. Il déclare :

> Cette révision doit être faite avec une extrême minutie et dans une entente étroite entre la Commission et le Conseil. Ce dernier doit être saisi le plus tôt possible de propositions précises et susceptibles d'application. En raison des conséquences psychologiques et politiques que pourrait avoir toute information donnée prématurément, la plus grande discrétion devrait entourer ces travaux.[67]

Boulin respecte cette consigne ; il en est ainsi sur le problème des prix agricoles européens : le 16 janvier, plutôt que de parler de baisse de ces prix, comme le propose Mansholt, il explique qu'il est difficile de dire aux agriculteurs qu'ils n'obtiendront aucune hausse de prix sans, en même temps, leur laisser espérer des compensations sous forme de plans de réforme prévoyant une assistance financière importante de la

---

[65] Rapporté dans *Le Monde* du 25 janvier 1969, p. 21. Réponses de Boulin aux questions de G. Leroy à *Europe Soir*, le 23 janvier 1969. ANF 800467, 1 CAB 12.

[66] Pour le contenu du rapport Mansholt et du rapport Vedel, voir « Le *Plan Mansholt* et le *Rapport Vedel* », Paris, SECLAF, 1969, 589 p. Commandé par Faure au doyen G. Vedel le 27 novembre 1967, sa première partie est remise à Faure le 27 juin. Boulin ne le reprend pas à son compte, à la différence de son successeur Duhamel qui voulait en faire son « livre de chevet ».

[67] Intervention de Debré à la réunion restreinte de Bruxelles à laquelle assiste, sans intervenir, Boulin. Compte-rendu de la 54e session du Conseil ; 9 et 10 décembre 1968. ANF 19771468, article 559.

collectivité[68]. Selon lui, « il paraît difficile de traiter des prix sans envisager en même temps les mesures de structures dans leur ensemble »[69].

Boulin s'aligne dès la fin du mois de janvier 1969 sur la position interministérielle défendue par Debré :

> La question de la PAC est [...] une affaire capitale. Il ne s'agit pas seulement de problèmes de production, de commercialisation ou du problème des prix ; de la manière dont le problème est posé, il touche à la fois l'avenir du marché commun et l'avenir politique des nations.[70]

Il convient donc d'affirmer que, pour la France, le problème des prix est urgent et ne peut être lié à une remise en cause de la préférence communautaire et de la solidarité financière. En second lieu, avant d'envisager une réforme européenne des structures, Debré estime qu'il faut obtenir un règlement financier sans charges supplémentaires pour une France productrice d'excédents considérables[71]. En multipliant les déclarations sur la question de l'avenir de l'Europe agricole, le ministre des Affaires étrangères relègue son homologue de l'Agriculture au second plan. Il affirme de manière péremptoire qu'une réforme en profondeur des structures relève de « la politique des nations » et qu'il est opposé à l'élaboration d'un « Code européen de réforme des structures »[72].

Dans ce contexte, la marge de manœuvre de Boulin est étroite. La décision des Six de repousser au mois de mars toute décision sur les prix et l'organisation des marchés, malgré l'aggravation de la surproduction, le conduit à accepter un *statu quo* sur les prix. De son côté, le ministre de l'Économie et des Finances Ortoli, préoccupé par le règlement financier, s'efforce d'obtenir un engagement ferme de ses partenaires sur la poursuite du principe de la solidarité financière. L'objectif est « de faire régler par les gouvernements de Bonn et de Rome [...] une "facture" de soutien des marchés français d'un peu plus d'un milliard de francs »[73]. C'est dans cette situation peu enviable que Boulin se présente au Congrès de la FNSEA et y est chahuté, ce qui l'amène à expliquer sa position ministérielle « au sein d'un gouvernement pas toujours très compréhensif ». Le débat sur le contenu du *plan Mansholt* est différé mais non abandonné. Dans une conférence de presse du 29 mars, Boulin indique

---

[68] Commentaire de Philippe Lemaître, *Le Monde*, 28 janvier 1969, p. 22.

[69] Compte-rendu de la 58e réunion du Conseil, 16 janvier 1969. ANF 19771468, article 560.

[70] Compte-rendu de la 59e session, 27 et 28 janvier 1969. ANF 19771468, article 560.

[71] *Le Monde*, 29 janvier 1969, p. 26.

[72] Philippe Lemaître, *Le Monde* du 30 janvier 1969, p. 21. Le 27 janvier 1969, il déclare notamment : « Les propositions de M. Mansholt n'engagent en aucune façon les gouvernements. Elles constituent un élément de travail. »

[73] F.-H. de Virieu, « L'Europe verte menacée », *Le Monde*, 20 février 1969.

qu'il ne faut pas afficher une opposition systématique à la « thérapeutique » proposée par la Commission[74]. Sur *Europe 1*, le 23 janvier, il avait déclaré : « Il y a des propositions Mansholt que personnellement je n'accepte pas et qui ne me paraissent pas conformes à l'intérêt national. »[75] Jusqu'à son départ du ministère de l'Agriculture, il reste très évasif sur ce mémorandum *Agriculture 1980*.

Il est intéressant de noter que, dans son exposé sur la politique agricole du 15 novembre 1968, Boulin, après avoir indiqué que la France avait comme objectif de « pourvoir aux besoins de l'Europe », relève que la création du Marché commun agricole permet « d'écouler nos excédents en priorité chez nos partenaires »[76]. Mais ceux-ci sont maintenant nos concurrents et une concertation européenne est indispensable pour trouver des remèdes, autrement que par les prix, à des excédents structurels permanents. Et, pour le secteur des produits laitiers, outre une baisse ou tout au moins un blocage des prix garantis, il faut s'orienter vers une « reconversion de la production du lait vers celle de la viande », comme il l'a souligné à de multiples reprises sur les étapes de son tour de France. Dans son rapport, Boulin souligne que l'adaptation de la production au marché n'est plus une affaire nationale ; elle « est reportée au niveau de l'Europe » en vue d'une maîtrise de la production, d'une adaptation de l'offre à la demande ; « en bref, il faut organiser la rencontre de la production et de son marché. »[77] Et, tout en insistant sur le fait que, « à Bruxelles, la France demeurera intransigeante » sur la préférence communautaire et sur la solidarité financière, il conjugue le rapport entre l'intérêt national et les propositions de la Commission. À son avis, pour la France,

> les mesures nationales qu'elle propose traduisent son désir d'organisation propre, qui peut avoir valeur d'exemple. Mais, bien entendu, elle est prête à prendre en considération les propositions raisonnables et efficaces que pourrait formuler la Commission, ou nos partenaires, et dont certaines pourraient être calquées sur nos propres actions et, bien entendu, harmonisées au niveau européen.[78]

Plaidoyer pour une organisation sectorielle et régionale de l'agriculture

Cependant, la construction européenne n'est pas la préoccupation principale de Boulin. Sa priorité est l'adaptation sectorielle et régionale

---

[74] Rapporté dans *Le Monde* des 30 et 31 mars 1969, p. 23.

[75] Réponse à G. Leroy et aux auditeurs de *Europe 1*. ANF 800467, 1 CAB 12.

[76] « La politique agricole », 1968, *op. cit.*, p. 9.

[77] *Ibid.*, p. 34.

[78] *Ibid.*, p. 35.

de l'agriculture dans le cadre national. Pour son fondement, comme nous l'avons vu, sont recommandés une organisation concertée entre l'administration et la profession et le développement de l'outil de l'interprofession[79]. Le choix d'une approche régionale en faveur de l'agriculture nationale, de manière pragmatique et rationnelle, prend son origine dans sa décision d'effectuer un tour de France des régions agricoles, selon les modalités présentées dans la première partie de cette contribution. À Rennes, le 8 août, il ne se contente pas d'évoquer le problème des produits laitiers et d'indiquer que la France refuse une réduction du prix du lait, mais il affirme également la nécessité de diversifier les produits finis et surtout l'idée d'une « régionalisation de la production ». Le lendemain, à Colmar, il fait un pas de plus en se déclarant le « ministre des Agricultures » et en précisant que « les actions à entreprendre [...] doivent être faites en vertu d'orientations très précises, qu'il faut déterminer au niveau de chaque secteur et de chaque région ». Et, dès le 26 août, à Clermont-Ferrand, s'adressant aux préfets et aux chefs de services agricoles, il insiste sur l'utilité de « décentraliser les actions », et sur celle de la mise en place de structures agricoles régionales : « Il faut qu'il y ait, au moins au niveau des régions, une unité plus structurée qui pourra mieux appréhender ces perspectives d'orientation à caractère économique. »[80] Au fur et à mesure de son périple, Boulin développe ses idées. Le 27 août, à Montpellier, où il met l'accent sur les problèmes particuliers de la viticulture et de l'arboriculture fruitière, il souligne la diversité, « de région à région [...], de département à département et à l'intérieur même du département ». En découle la nécessité d'adapter la politique nationale en fonction de la réalité locale. À Marseille, le 6 septembre, il explique que pour ranimer les structures rurales, « il y a là une action nationale à mener [...]. Je reviendrai ici, dès le début de l'année prochaine pour mettre en place ces organismes régionaux et, avec vous, pour les faire avancer »[81].

Le 11 septembre 1968, lors de la réunion des chefs de services agricoles de cinq régions, le ministre de l'Agriculture affirme sans ambiguïté la nécessité d'examiner les questions agricoles à trois niveaux : européen, national et local :

---

[79] Boulin est convaincu de la pertinence d'une telle organisation qui a fait l'objet d'un rapport en avril 1969. Pierre Mayer, *Rapport sur une organisation des marchés agricoles par les professions*, 10 avril 1969, 67 p. Archives du ministère de l'Économie et des Finances (Savigny-le-Temple), 4A 2605. Il s'agit du résultat d'une enquête initiée par le ministère de l'Économie et des Finances en janvier 1969 pour rendre les marchés agricoles gouvernementaux tant au niveau national qu'au niveau européen.

[80] Allocution de Boulin, Clermont-Ferrand, 26 août 1968. ANF 800467, 1 CAB 11.

[81] Discours de Boulin devant les milieux professionnels, Marseille, 6 septembre 1968. ANF 800467, 1 CAB 11.

Je crois pour ma part que, pour une très longue période, il faudra, parallèlement aux indications qui nous sont fournies à Bruxelles ou à Paris, que vous soyez directement embrayés sur les problèmes locaux.[82]

Et il développe l'idée d'un organisme régional, d'une harmonisation sectorielle, tout en précisant : « Il faut raisonner dans une perspective européenne. » À Toulouse, quelques jours plus tard, c'est Marcel Bruel, un dirigeant de la FNSEA, qui apporte au ministre de l'Agriculture son appui pour engager le processus de la régionalisation :

Un chapitre nous intéresse particulièrement : c'est celui de la régionalisation. Pourquoi ? Parce que le problème agricole est avant tout un problème de régions ; de régions déséquilibrées [...]. Par conséquent, la régionalisation, c'est la réforme d'un certain nombre de rouages et de centres de décisions. Nous voulons que des centres de décisions puissent se situer à l'échelon de la région.

Et Boulin de lui répondre : « Il faut monter une structure régionale, plus étroite entre la profession et l'administration, et définir des actions cas par cas, pour régler vos problèmes. »[83]

Une déconcentration administrative en appui de la régionalisation

Conforté dans sa démarche pour une mobilisation des services de l'État en faveur de l'agriculture, Boulin fait preuve de détermination pour faire adopter cette nouvelle approche de gouvernance régionale. Il s'y emploie le 18 septembre, en consacrant une partie de son allocution à la nécessité de « renforcer l'action régionale ». Il précise : « On ne peut pas régler les problèmes autrement que sur le terrain. »[84] Par ailleurs, il élargit sa vision de la mission des services de l'État car « au niveau d'une région, on ne peut plus raisonner dans une seule optique agricole. Il faut qu'il y ait une concertation générale de "l'espace rural", ou de l'espace tout court » car le milieu rural doit être réanimé par des actions industrielles, administratives et touristiques créatrices d'emplois. Le même jour, sur *RTL*, il développe la thèse d'une politique de régionalisation agricole qu'il envisage de la façon suivante :

Je crois qu'une action régionalisée doit être accentuée car j'ai constaté en me promenant à travers toute la France qu'il y avait des agricultures et la nécessité de régionaliser nos actions en donnant plus d'importance à une entente, une concertation entre l'administration et la profession.[85]

---

[82] Allocution du 11 septembre 1968 au ministère de l'Agriculture. ANF 800467, 1 CAB 11.

[83] Échanges avec les milieux professionnels, à Toulouse, le 16 septembre 1968. ANF 800467, 1 CAB 11.

[84] Allocution au ministère de l'Agriculture du 18 septembre 1968. ANF 800467, 1 CAB 11.

[85] Boulin à *RTL*, 18 septembre 1968. ANF 800467, 1 CAB 11.

À partir de la fin du mois de septembre, il affirme ses convictions en faveur de cette régionalisation et d'une déconcentration administrative, aussi bien à Orléans qu'à Lyon où il déclare aux préfets et chefs de services :

> On ne pourra pas résoudre les problèmes de Bruxelles, on les résoudra sur le terrain [...]. Il faut [...] qu'au niveau de la région vous montiez un mécanisme où les réflexes de production et les réflexes économiques soient désormais liés.

Aux milieux professionnels, il tente de faire partager « la nécessité de descendre dans la région, de voir la réalité »[86]. À l'occasion des réunions de travail au ministère, au cours desquelles il évoque son intention de reprendre l'idée des BROCA de Faure, il utilise un vocabulaire qui traduit bien sa vision personnelle de l'organisation de l'agriculture française. Il faut « jouer la décentralisation », « mener une action plus déconcentrée » (25 septembre), ne pas régler les problèmes à partir de Bruxelles mais de la région (2 octobre). À Amiens, il enfonce le clou en demandant aux services de l'État d'être porteurs d'une politique

> qui nécessite au niveau de la région une concertation qui doit vous permettre d'avoir des informations venant du plan national [...] qui vous permettront d'orienter les productions [...] au niveau de la région.

Aux responsables professionnels, il demande de participer à des actions régionalisées et concertées avec l'administration. Il précise la stratégie à adopter en ces termes : « Il faut faire une espèce de plan de bataille, pacifique bien sûr, au niveau de la région », en mettant en place « une mécanique – les BROCA ou autre chose – qui soit efficace. »[87] À Nantes, le 19 octobre, Boulin tient des propos de même nature pour promouvoir une régionalisation à laquelle est favorable une partie des dirigeants professionnels.

En 1969, la thèse de la régionalisation du ministre de l'Agriculture est supplantée par celle de De Gaulle. Dans ses interventions, à l'occasion des étapes de la seconde partie de son tour de France, principalement à partir de celles de Poitiers et de Bressuire, en mars, Boulin évite d'aborder le problème. Par ailleurs, il cesse d'installer les BROCA qui devaient être les bases d'appui pour le succès de cette politique agricole régionale. Néanmoins, il reste fidèle à ses idées de concertation et de régionalisation jusqu'au terme de ses fonctions. Le 24 juin 1969, il suggère à Duhamel de poursuivre sur cette voie, en déclarant :

> Autre élément essentiel à inculquer dans cette maison, à poursuivre : désormais toutes les actions qui peuvent se développer au niveau de la région

---

86 Interventions de Boulin à Lyon, 27 septembre 1968. ANF 800467, 1 CAB 11.
87 Interventions de Boulin à Amiens, 5 octobre 1968. ANF 800467, 1 CAB 11.

doivent procéder de l'aménagement de l'espace rural. Il faut désormais une politique concertée, pour savoir quelles sont les orientations qui peuvent être données, et pour essayer d'organiser et de maîtriser à la fois les productions, l'aménagement des sols et la distribution, dans une optique cohérente.[88]

Un ministre de convictions à l'écoute des hommes

Au cours de son séjour de moins d'une année Rue de Varenne, Boulin a joué la partition du changement dans la continuité. La continuité, c'est sa détermination à poursuivre une série de réformes de manière à réaliser une « révolution silencieuse » nécessaire pour améliorer le sort des agriculteurs et pour réaliser une rénovation, voire une revitalisation, des campagnes. Le changement, c'est une approche plus pragmatique, proche du terrain, fondée sur une concertation accrue entre les milieux professionnels et les pouvoirs publics. Il s'agit, d'une part, de développer une agriculture rentable et compétitive, selon une logique régionale et interprofessionnelle et, de l'autre, de poursuivre une politique agricole et rurale sociale, dans le cadre de l'économie générale. Cette politique doit s'appuyer sur une solidarité de projet plus que d'assistanat. Son projet nécessitait du temps. À l'occasion de la passation de ses pouvoirs à Duhamel, le 24 juin 1969, il déclare avoir pensé qu'en quatre-cinq ans « je pouvais tenter, sur le fond des choses, de définir une certaine politique »[89].

Devant les journalistes agricoles, en décembre 1968, il exprime sa philosophie pour une action constructive. Il leur explique :

> Je me méfie des grandes idées ; je crois qu'il faut avoir des idées simples, et qu'il faut surtout démontrer qu'elles sont applicables sur le terrain, en tenant compte des réalités humaines.

> Pendant des périodes de grande mutation et de transformation, le premier devoir d'un ministre de l'Agriculture est de parler un langage clair et le langage du courage ; parce que le paysan mérite qu'on lui tienne le langage de la réalité, et il ne faut pas jouer le rôle de ces tranquillisants qui vous mettent temporairement dans un état d'euphorie et qui vous font revoir les réalités d'une façon accrue quand les effets en sont passés.[90]

Boulin a mis en pratique ce discours mais le temps ne lui a pas permis de concrétiser cette approche dynamique, pragmatique et humaniste.

S'il a pu bénéficier d'un préjugé favorable pour se faire admettre dans le monde agricole, un préjugé exprimé par Georges Levha, en

---

[88] Discours prononcé à l'occasion de la passation de pouvoirs, le 24 juin 1969. ANF 800467, 1 CAB 13.

[89] *Ibid.*

[90] *Ibid.*

février 1969, à l'occasion d'un « face à face » de l'*ORTF*, de la façon suivante : « Tout le monde s'accorde à reconnaître et à louer votre sens de l'humour, votre calme, votre courtoisie et votre souci du dialogue »[91], il a su en user pour tenter de faire partager des convictions pour une action courageuse de long terme. À défaut d'avoir mené à son terme son projet agricole, il est parvenu à faire passer à ses successeurs : le tandem Duhamel et Bernard Pons, le principe de la concertation entre les pouvoirs publics et les milieux professionnels comme stratégie pour l'avenir de l'agriculture française. Et surtout, il a eu le mérite d'avoir largement ouvert le débat sur la dualité de l'agriculture, sur la nécessité du parler vrai aux responsables professionnels[92] et sur l'intérêt de concilier trois niveaux : l'Europe, la France et la « région », pour un développement harmonieux des campagnes[93].

---

[91] *ORTF*, Émission *Face à face* du 17 février 1969, animée par G. Levha, à laquelle participent Boulin, Deleau, Jean-Baptiste Doumeng et Debatisse. ANF 800467, 1 CAB 12.

[92] Duhamel, lors d'une conférence de presse du 18 juillet 1969, se positionne sur la même ligne que Boulin : « Ce langage de la vérité, même lorsqu'il est dur, c'est celui pour ma part que je souhaite tenir […]. Quant à l'action, elle doit être imprégnée d'un souci de réalisme […] en tenant compte de la réalité régionale » et en s'appuyant sur des « expériences concrètes ». ANF 800467, 1 CAB 13.

[93] Cette idée de la régionalisation a fait son chemin. En 2008, elle était défendue par l'Association des régions de France (ARF) mais aussi, par exemple, par la Conférence des régions périphériques maritimes d'Europe (CRPM).

Du droit à la retraite à l'usage de la retraite un quart de siècle après l'instauration de la Sécurité sociale

La loi Boulin (11 décembre 1971)

Catherine OMNÈS

*Professeure d'histoire contemporaine
à l'Université de Saint-Quentin-en-Yvelines*

Depuis le XIXe siècle, la retraite moderne s'est construite en France au rythme lent de la production des textes législatifs (les retraites paysannes et ouvrières en 1910, les Assurances sociales en 1928-1930, l'allocation aux vieux travailleurs salariés en 1941, les ordonnances de 1945 instituant la Sécurité sociale) en réponse à une salarisation croissante, mais tardive, de la population active et à un mouvement social longtemps étroit et hésitant à son encontre. Celle-ci était perçue comme « la retraite des morts » avant d'être revendiquée comme un temps du cycle de vie à la charge de la collectivité. Dans ce processus de construction, l'imaginaire national valorise les réformes de la Libération qui instaurent le droit à la retraite pour tous. Or la réalité ne semble pas correspondre à cette image d'une construction réussie, ralliant progressivement les groupes sociaux rétifs. Depuis 1946, la question des retraites n'a cessé d'être posée. Au début des années 1970, elle éclipse tous les autres problèmes sociaux et mobilise un ample mouvement social en faveur de l'amélioration des pensions. La rencontre entre cette mobilisation sociale et une volonté politique nouvelle fait aboutir la première grande réforme des retraites depuis la Libération. La « loi Boulin » est votée le 11 décembre 1971, sous l'égide de Robert Boulin, ministre de la Santé publique et de la Sécurité sociale dans le gouvernement Chaban-Delmas I (du 20 juin 1969 au 5 juillet 1972). Elle entend répondre à « une nécessité impérative » et apporter des solutions au sentiment d'urgence qui s'exprime sur les devants de la scène sociale au début des années 1970, mais elle reste cependant largement méconnue, ignorée de la mémoire collective.

Le traitement mémoriel contrasté, réservé aux réformes de 1945 et de 1971, invite à s'interroger sur les limites des réformes de la Libération et à sortir de l'ombre la loi Boulin. Les premières auraient-elles été trop timides ? Auraient-elles épuisé trop vite leur potentiel ? La seconde a-t-elle su répondre à l'inadaptation des retraites aux mutations des Trente Glorieuses et aux attentes sociales ? L'ambition est donc ici de comprendre la portée et le positionnement de rupture ou de continuité de la loi Boulin dans l'histoire des retraites. Dans cette perspective de moyenne, voire de longue durée, il convient d'abord de cerner les fondements de l'urgence de la question des retraites ressentie à la fin des années 1960, ensuite de mesurer les innovations et les silences de la loi et enfin, à travers les applications et l'appropriation qu'en font les acteurs, de percevoir les changements qui en découlent. En complétant l'étude des débats parlementaires par l'exploitation des sources patronales (UIMM, GIM[1], Chambre de commerce de Paris) et des statistiques de la CNAV[2] et par l'approche longitudinale des parcours professionnels de plusieurs générations de salariés à partir de leurs dossiers de retraite[3], le processus juridique a pu être analysé dans ses dimensions sociales, économiques et démographiques.

Une situation d'urgence

À la fin des années 1960, la pauvreté de la vieillesse n'a pas disparu en France et devient insupportable dans le contexte de la longue croissance d'après-guerre. Certes, le droit à la retraite a été acquis mais, un quart de siècle après, le régime des retraites de la Sécu montre ses carences : il sert des pensions de misère, perpétue les inégalités sociales et sexuelles et génère des tensions sur le marché du travail et un mécontentement croissant. Manifestations, campagnes de pétitions se succèdent en faveur d'une réforme des retraites. La loi Boulin est une réponse à la

---

[1] Le Groupe des industries métallurgiques et mécaniques et connexes de la région parisienne (GIM) est le syndicat régional de l'Union des industries métallurgiques et minières (UIMM).

[2] La Caisse nationale d'assurance vieillesse publie chaque année, depuis le début des années 1960, un volume de statistiques.

[3] Plusieurs cohortes sont utilisées ici : celle des retraités parisiens en 1972 suivie par Françoise Cribier et son équipe et celles de deux générations de femmes nées en 1901 et en 1911 que j'ai étudiée pour comprendre le fonctionnement des marchés du travail parisiens. Voir Catherine Omnès, *Ouvrières parisiennes : marchés du travail et trajectoires professionnelles au 20ᵉ siècle*, Paris, Éditions de l'EHESS, coll. « Recherches d'histoire et de sciences sociales, 74 », 1997. Catherine Omnès, « Les fins de parcours de trois générations de femmes au XXᵉ siècle », *in* Françoise Cribier et Élise Feller (dir.), *Regards croisés sur la protection sociale de la vieillesse*, Paris, Comité d'histoire de la Sécurité sociale, coll. « Cahier d'histoire de la Sécurité sociale, 1 », 2005, p. 225-245.

situation d'urgence d'une population âgée, de plus en plus nombreuse, qui ne supporte plus d'être l'oubliée de la croissance.

Des retraites de misère

À la Libération, le législateur a fait le choix de privilégier les salariés aux dépens des retraités. Les besoins en main-d'œuvre étant importants pour la reconstruction puis pour la croissance des Trente Glorieuses, il fallait intégrer toutes les ressources humaines disponibles, y compris les travailleurs âgés, et décourager les sorties d'activité en réduisant le pouvoir d'attraction des pensions de retraite. Par ailleurs, la stratégie visait à ménager les travailleurs français longtemps sceptiques sur leur chance de survie au-delà de l'âge de la retraite ; aussi, en allégeant le poids des cotisations, cherchait-on à acclimater les salariés français au système par répartition financée par les cotisations sociales[4].

Fort de ces principes, les dépenses consacrées aux prestations vieillesse étaient en France, à la fin des années 1960, très inférieures à celles des pays voisins alors que dans le même temps la population âgée de 65 ans et plus y pesait plus lourd (13,5 % en France, 11 % en Allemagne). Les pensions de retraite servies par la CNAV équivalaient à 20 % du salaire moyen des dix meilleures années. C'étaient des pensions de misère qui occasionnaient une chute brutale du niveau de vie lors de la cessation d'activité et pour beaucoup de travailleurs une impossibilité à subvenir à leurs besoins. Aussi, en 1960, 70 % des salariés de 65 ans et plus travaillaient, 40 % au-delà de 70 ans. Françoise Cribier compte un quart de la cohorte des salariés parisiens prenant leur retraite en 1972 qui travaille au-delà de l'âge normal[5]. Le maintien en activité au-delà de l'âge normal de la retraite était un choix contraint : la majorité des salariés aspirait au repos car on vieillit vite dans les métiers manuels. Plus d'un quart de siècle après l'institutionnalisation de la retraite pour tous à la Libération, ce droit ne signifiait pas encore son usage par tous.

Des retraites inégalitaires

Le mouvement social exprime non seulement l'aspiration d'une population âgée de plus en plus nombreuse à vivre sa retraite dans la dignité, mais aussi la revendication qu'elle soit plus équitable, faisant

---

[4]   Jacques Bichot, *Retraites en péril*, Paris, Presses de Sciences Po, coll. « La Bibliothèque du citoyen », 1999, p. 31.

[5]   Françoise Cribier, « Passage à la retraite et parcours de vie : deux cohortes de nouveaux retraités parisiens du secteur privé (1972 et 1984) », *in* Françoise Cribier et Élise Feller (dir.), *Regards croisés sur la protection sociale de la vieillesse*, Paris, Comité d'histoire de la Sécurité sociale, coll. « Cahier d'histoire de la Sécurité sociale, 1 », 2005, p. 258.

reculer la pauvreté traditionnellement associée à la vieillesse et corrigeant les inégalités (professionnelles, sexuelles, nationales), devant la santé, et devant la vie ou la mort, qui perdurent au-delà de la retraite.

Les inégalités professionnelles devant la retraite se manifestent dès l'immédiat après-guerre quand certaines catégories de salariés, comme les cadres, se sont protégées du déclassement de la vieillesse en instituant un régime complémentaire venant s'ajouter au régime général de la Sécurité sociale. Les cadres sont les premiers à s'engager dans cette voie[6]. Des secteurs ou des entreprises prospères et organisés ont suivi la même démarche, creusant ainsi l'écart avec les salariés des segments du marché du travail moins protégés et moins dotés financièrement, à se contenter de la retraite de base. En 1971, 800 000 salariés ne disposent pas encore de retraite complémentaire.

Les inégalités de santé sont également au cœur du mouvement social. Les récits de vie, les suivis de parcours, les enquêtes médicales témoignent de l'usure prématurée et de l'aspiration au repos des travailleurs peu qualifiés des générations nées au début du siècle[7]. Mis très jeunes au travail, ils ont eu de longues vies de labeur[8], ils ont expérimenté les méthodes tayloriennes, ils ont consenti des efforts considérables lors de la reconstruction et les Trente Glorieuses. Au cours de la décennie 1960-1970, ils arrivent à 60 ans, vieillis, fatigués, en ayant travaillé très souvent plus de quarante ans, voire plus de cinquante ans. Ils ont cotisé « à fonds perdus » à partir de la trentième annuité[9] et ils ne peuvent prendre leur retraite car les pensions sont trop maigres. Leur espérance de vie est moindre que les travailleurs qualifiés : une étude de l'INSEE[10] portant sur la période 1955-1960 signale l'importance de la mortalité différentielle selon le niveau de qualification ; sur 10 000 personnes, le taux de mortalité de 36 à 45 ans est de 26,8 % pour les cadres moyens du secteur privé, de 42,3 % pour les ouvriers spécialisés, de 42,6 % pour les salariés agricoles et de 56,8 % pour les manœuvres[11].

Face à ces inégalités, monte la revendication d'un abaissement de l'âge effectif de la retraite à 60 ans pour tous ceux qui ont leurs annuités.

---

[6] Luc Boltanski, *Les cadres : la formation d'un groupe social*, Paris, Les Éditions de minuit, coll. « Le Sens commun », 1982.

[7] Numéro spécial : *Le Mouvement social*, 124, 2 (*L'usure au travail*), juillet-septembre 1983, p. 30. Catherine Omnès, 2005, *op. cit.*, p. 227-229.

[8] *Cf.*, plus généralement : Olivier Marchand et Claude Thélot, *Le travail en France, 1800-2000*, Paris, Nathan, coll. « Essais & Recherches, série Sciences sociales », 1997.

[9] Les cotisations versées au-delà de trente annuités n'étaient pas prises en compte pour le calcul des pensions.

[10] Institut national de la statistique et des études économiques.

[11] Citée par Michel Rocard lors de la 2ᵉ séance du 1ᵉʳ décembre 1971 à l'Assemblée nationale, p. 6260.

De même, est demandée la publication, en attente depuis 1946, des décrets d'application établissant la liste des professions pénibles permettant à ceux qui y ont travaillé durant vingt ans d'avoir droit à la retraite anticipée. Enfin, ce sont les inégalités hommes/femmes qui sont ciblées par les syndicats et les partis politiques à la veille de l'ouverture des débats sur la loi. Les femmes ont des trajectoires professionnelles qui les défavorisent par rapport aux hommes. Leur vie professionnelle est plus discontinue et souvent d'une amplitude plus grande pour compenser les interruptions de carrière pour élever leur(s) enfant(s) ou les emplois non déclarés, qu'il s'agisse du travail fait par la femme aux côtés de son mari ou d'emplois salariés dans des entreprises grandes et petites sans scrupule ou dans les services personnels. Aussi les femmes ont-elles souvent des retraites indigentes : en 1966, leur pension représente moins d'un tiers du salaire moyen féminin et 69 % de la pension moyenne des hommes ; en revanche, elles disposent d'un avantage de durée de jouissance : en moyenne la pension est versée pendant quatorze ans aux femmes et onze ans aux hommes[12].

Dans le cadre du régime d'inaptitude qui offre la possibilité de prendre leur retraite anticipée pour raisons médicales, l'infériorité des femmes est encore plus grande. Le dispositif très sélectif écarte un grand nombre de femmes : très peu d'entre elles peuvent justifier entre 60 et 65 ans au moins trente années d'activité. Les pensions féminines sont encore plus indigentes que les pensions féminines « normales » : elles représentent 27,5 % du salaire moyen féminin et l'écart entre hommes et femmes se creuse (63 % de la pension au titre de l'inaptitude masculine). Les femmes restent donc les principales victimes de la pauvreté de la vieillesse. Face à leur situation catastrophique au moment de la vieillesse, les mots d'ordre syndicaux et politiques sont d'abaisser l'âge de la retraite à 60 ans pour les hommes et à 55 ans pour les femmes et d'augmenter les pensions de réversion.

Les phénomènes de concurrence sur le marché du travail

Enfin, dans le contexte de montée du chômage à la fin des années 1960, le maintien en activité des personnes de plus de 65 ans suscite une grande inquiétude et des tensions sur le marché du travail tant au niveau des « pré-troisième âge » que des jeunes. La forte exposition au chômage de ces deux catégories est vue comme la conséquence de la concurrence qui leur est faite par les salariés en âge de prendre leur retraite mais qui doivent y renoncer faute de pouvoir subvenir à leurs besoins avec les pensions de misère servies par la CNAV et qui se maintiennent en activité. Chez les salariés de 55-58 ans, cette concurrence est dénoncée

---

[12] Statistiques de la CNAV.

comme facteur aggravant des processus d'exclusion des entreprises qui s'amorcent dans les années 1960 et qui s'accentuent au cours des deux décennies suivantes. À l'autre bout du cycle de vie, l'accès des jeunes au marché du travail serait entravé par le maintien dans l'emploi des travailleurs de plus de 65 ans. Aussi le mouvement social appelle-t-il à « laisser la place aux jeunes ». Il préconise dans ce sens l'abaissement de l'âge de la retraite et la revalorisation des pensions, pour que le travailleur âgé fasse valoir ses droits à la retraite et libère son emploi. Ce raisonnement accrédite l'idée tenace, mais erronée, que les travailleurs sont interchangeables et qu'un jeune peut remplacer un travailleur âgé expérimenté.

Au tournant des années 1970, la situation sociale est extrêmement tendue. L'immobilisme en matière de retraites devient intenable. Prenant appui sur une force numérique considérable de plus de neuf millions d'hommes et de femmes qui atteignent ou dépassent l'âge légal de la retraite[13] et sur un processus nouveau d'allongement de la vie, un mouvement social de grande ampleur se mobilise lors des manifestations, des campagnes de pétition, par des luttes politiques et des batailles parlementaires pour obtenir une amélioration des retraites et un abaissement de l'âge de la retraite. Il rencontre une volonté politique nouvelle pour faire aboutir une réforme qui rompe avec les choix de la Libération et donne accès à une retraite plus digne et plus équitable.

Une loi-cadre de revalorisation

C'est dans ce contexte démographique, économique, social et politique qu'est votée, le 11 décembre 1971, la loi Boulin sur les retraites de la Sécurité sociale. Elle s'intègre dans un programme plus vaste en faveur des personnes âgées inscrit dans le VIe Plan qui inclut le logement, le droit à pension de réversion, les services collectifs et la retraite complémentaire. La loi Boulin doit se lire à la lumière d'une logique d'ensemble. C'est une loi-cadre qui propose trois axes : la revalorisation des pensions, une réforme de l'inaptitude et des aménagements en direction des femmes. Les dispositions de la loi répondaient-elles à l'attente des acteurs sociaux ?

---

[13] Les plus de 65 ans représentent alors plus de 6,5 millions d'hommes et de femmes en âge de prendre leur retraite. Peuvent s'y ajouter 2,6 millions personnes entre 60 et 65 ans qui peuvent prétendre à une retraite anticipée, soit plus de 9 millions de personnes qui atteignent ou dépassent l'âge légal de la retraite. Ce phénomène de « rectangularisation » de la société est particulièrement marqué en France qui a connu un malthusianisme démographique précoce et étendu progressivement à toutes les couches de la société.

Une retraite à la carte revalorisée

La loi ne touche ni à l'âge légal de 60 ans, inscrit dans le droit de la Sécurité sociale à la Libération, ni à l'âge de la retraite à taux plein, toujours fixé à 65 ans, mais elle propose un nouveau mode de calcul des retraites afin de revaloriser le niveau des pensions et tendre à l'alignement sur les pays voisins. Deux modifications sont apportées dans ce sens.

La première touche à la durée de cotisation. L'harmonisation avec les pays européens et avec les régimes spéciaux passe par un alignement sur une durée de cotisation de 37,5 ans qui tend à se généraliser. La loi Boulin remonte le plafond de 30 à 37,5 ans pour supprimer les cotisations « à fonds perdus ». Désormais, les cotisations versées au-delà de 30 ans sont prises en compte pour le calcul des pensions, ce qui permet une plus étroite corrélation entre les cotisations et les prestations.

La deuxième modification porte sur les taux des prestations. La loi établit un régime de retraite à la carte permettant de choisir, à partir de 60 ans, l'âge de départ. Les taux sont revalorisés : ils passent de 20 à 25 % du salaire de base à 60 ans, à 40 % à 63 ans et à 50 % à 65 ans. Il s'agit donc d'un doublement du taux en cinq ans auquel doivent s'ajouter les 20 % de la retraite complémentaire ; le taux des pensions est ainsi porté à 70 %, soit un taux assez proche à celui des pays voisins[14]. Le législateur a adopté une forte progressivité du taux entre 60 et 65 ans afin de décourager des prises de retraite trop précoces. Ce nouveau mode de calcul n'est pas rétroactif ; pour ceux qui ont pris leur retraite avant le 1er janvier 1972, le calcul continue à être fait sur trente ans, mais y est appliqué un forfait de majoration de 5 %, ce qui ne comble pas l'avantage donné aux nouveaux retraités.

En dépit du caractère d'urgence de la situation, le législateur adopte une position prudente et modérée. Il choisit un calendrier étalé sur plusieurs années qui amortit le coût de la réforme puisque le dispositif ne prend plein effet qu'en 1975. Et, sur la question de l'âge de la retraite, le texte reste dans un entre-deux prudent ; loin d'aller dans le sens de son abaissement, la loi tente de décourager les retraites anticipées, tout en laissant le choix aux salariés de l'âge de leur départ. Les cas des travailleurs usés prématurément relèvent du dispositif de l'inaptitude au travail qui est réformé parallèlement.

---

[14] Christoph Conrad, « La naissance de la retraite moderne : l'Allemagne dans une comparaison internationale (1850-2000) », *in* Françoise Cribier et Élise Feller (dir.), *Regards croisés sur la protection sociale de la vieillesse*, Paris, Comité d'histoire de la Sécurité sociale, coll. « Cahier d'histoire de la Sécurité sociale, 1 », 2005, p. 139-183.

La réforme de la retraite au titre de l'inaptitude au travail

Le deuxième volet de la loi concerne donc l'assouplissement de l'inaptitude au travail. Ce régime prévu dans la loi du 18 juin 1941 relative à l'allocation aux vieux travailleurs salariés votée sous Vichy permet aux salariés ne pouvant continuer leur activité professionnelle sans nuire gravement à leur santé de prendre une retraite anticipée à taux plein pour inaptitude au travail. Repris à la Libération, le dispositif concerne les salariés de 60 ans et plus présentant une incapacité totale et définitive reconnue médicalement[15]. La loi Boulin assouplit les critères médicaux d'accès à ce type de retraite anticipée tout en prenant des précautions pour que les entreprises n'utilisent pas ce dispositif pour se séparer des travailleurs âgés. Désormais, une incapacité de travail définitive de 50 % médicalement constatée suffit comme condition d'accès à l'inaptitude au travail, contre 100 % jusque-là. En revanche, le contrôle se renforce. Trois avis médicaux sont requis pour statuer sur l'inaptitude à l'exercice d'une activité professionnelle : celui du médecin traitant, celui du médecin du travail et enfin celui du médecin-conseil. Par ailleurs, la loi aligne les pensions des inaptes sur celles des invalides, soit 50 % du salaire moyen des dix meilleures années contre 40 % appliqués auparavant aux seuls inaptes.

La loi Boulin corrige le caractère rigide, voire inéquitable, du dispositif de l'inaptitude au travail pour élargir l'accès à la retraite anticipée aux travailleurs les plus défavorisés et les plus meurtris dans leur corps. Mais dans le même temps, le législateur supprime les dispositions sur la pénibilité qui figuraient dans les textes antérieurs et qui prévoyaient l'accès à cette retraite anticipée pour tous ceux qui avaient travaillé au moins vingt ans dans des activités pénibles. En prenant acte de l'incapacité à établir la liste des activités pénibles et en renonçant aux dispositions sur la pénibilité, le législateur se prive des moyens d'encourager à la prévention des risques professionnels par une approche de la santé au travail attentive aux conditions de travail.

Des mesures de compensation en direction des mères de famille nombreuse

Le troisième volet de la loi visait à revaloriser les retraites féminines afin de faire reculer la pauvreté de la vieillesse féminine. Partant du constat que les mères de famille n'ont en moyenne que 26 années de

---

[15]   Catherine Omnès et Anne-Sophie Bruno (dir.), *Les mains inutiles : inaptitude au travail et emploi en Europe*, Paris, Belin, coll. « temps présents », 2004. Catherine Omnès, « Hommes et femmes face à la retraite pour inaptitude de 1945 à aujourd'hui », *Retraite et Société*, 49 (3-Santé et inaptitude en fin de carrière), 2006, p. 77-97.

cotisation à 65 ans, le législateur a proposé des compensations permettant d'allonger la durée sur laquelle est calculée leur pension.

La première compensation est le fait de la CNAF, qui verse les cotisations-vieillesse de la mère de famille pendant toute la durée d'arrêt pour élever ses enfants. Les carrières féminines gagnent ainsi en continuité.

La deuxième compensation est la bonification d'un an par enfant à partir de trois enfants. La loi Boulin reconnaît ainsi le travail social de la mère de familles nombreuses. On peut voir ici la marque d'un natalisme qui ne s'estompe pas en France et qui se trouve peut-être même réactivé par les comportements de la génération du *babyboom*, qui se dessinent depuis le milieu des années 1960, à savoir la tendance à limiter les naissances à deux enfants. Face à ces nouvelles normes familiales, le courant nataliste cherche à encourager le passage de deux à trois enfants par famille. Aussi le choix s'est-il porté sur une majoration de la durée d'assurance, à raison d'une année par enfant à partir du troisième enfant, plutôt que d'abaisser l'âge de la retraite pour les femmes à 60 ans, comme le préconisait le rapporteur du texte ou à 55 ans pour les députés communistes. Même si les modalités suggérées diffèrent d'un groupe politique à un autre, un consensus porte sur la nécessité de protéger, de façon spécifique, les femmes et sur le caractère central de la fonction d'épouse et de mère. L'action du législateur tente de corriger les inégalités en agissant sur les marges mais ne s'attaque pas aux racines de l'inégalité, à savoir les conditions d'emploi des femmes ou des inaptes.

Sans bouleverser l'architecture d'ensemble du système des retraites en place, la loi Boulin propose un calendrier et un programme d'action en triptyque, susceptible de corriger les insuffisances du système des retraites de la Sécurité sociale et d'opérer un rattrapage indispensable sur les pays voisins. L'objectif est ambitieux et répond bien à l'aspiration des salariés à bénéficier d'une retraite effective, décente, équitable. Mais le choix d'un agenda à cinq ans, l'approche médicale et individuelle des problèmes d'inaptitude et de pénibilité du travail et le traitement de la question des femmes sous l'angle de la famille sont autant de signes de prudence et de modération du législateur. Le texte laisse deviner une volonté de ne pas céder sur l'essentiel, à savoir sur l'abaissement de l'âge de la retraite ou sur une remise en question des conditions collectives d'emploi. Mais une fois votée, la loi-cadre échappe aux prérogatives du législateur. L'analyse de la mise en œuvre de la loi Boulin oblige à déplacer le regard et à observer le processus juridique dans la durée.

Les nouveaux usages de la retraite

La portée de la loi Boulin doit se lire à la fois à travers les inflexions sociales qu'elle génère, à travers les changements de comportement des salariés lors de leurs fins de parcours et à travers les usages qui sont faits des dispositifs mis en place selon le milieu social, la profession et le sexe des intéressés. En se plaçant à la veille de la loi 1982 sur l'abaissement de l'âge de la retraite pour éviter tout brouillage, trois constats peuvent être dressés : la réforme de 1971 a fait reculer la pauvreté de la vieillesse ; elle a généralisé l'usage de la retraite comme un troisième temps du cycle de vie ; et elle a entraîné la montée en puissance et la féminisation de la retraite anticipée au titre de l'inaptitude.

Recul de la pauvreté et persistance des inégalités

Le premier impact de la loi Boulin a été de remédier à la paupérisation de la vieillesse et d'atténuer la dégradation du statut social qui accompagne le passage à l'inactivité. Pour la première fois, les retraités reçoivent des pensions décentes et en augmentation pratiquement continue : en 1971, les hommes touchaient 5 932 francs, les femmes 4 059 francs ; dix ans plus tard, en 1981, les pensions s'élevaient respectivement à 17 516 francs et à 11 066 francs. Le gain est indéniable, mais ce n'est pas une réelle revalorisation car le taux de la pension n'a pas bougé ; il est toujours de 1,33 % par année de cotisation ; il est simplement appliqué à 37,5 annuités au lieu de 30.

Pourtant, les inégalités persistent car la réforme ne les a guère corrigées. Les disparités économiques entre les hommes et les femmes au cours de la retraite se sont même accentuées, semble-t-il, pendant cette période malgré les dispositions en faveur des mères de famille. Les pensions féminines, qui prennent en compte le moindre niveau des salaires féminins et la moindre durée d'assurance (31 ans pour les hommes, 25 ans pour les femmes), ont été un peu plus molles à la hausse que les pensions masculines, si bien que, loin de s'améliorer le rapport femmes/hommes se détériore (68,42 % en 1971, 62,89 % en 1981). Les pensions de réversion, qui devaient être redéfinies, restent limitées à 50 %. La politique compensatoire à l'égard des femmes ne joue qu'à la marge ; elle n'agit pas sur les facteurs fondamentaux des inégalités entre hommes et femmes, à savoir sur la détermination des salaires dans le respect du principe « à travail égal, salaire égal » ou sur l'allocation des statuts et des emplois entre les hommes et les femmes. Ainsi, les inégalités existant sur le marché du travail ne sont pas corrigées et se prolongent lors de la retraite. Il en est de même pour les inégalités professionnelles.

La construction d'un cycle de vie à trois temps

La seconde inflexion induite par la loi Boulin est l'affirmation et la généralisation d'un cycle de vie à trois temps, relativement équilibrés. Cette loi, qui donne aux salariés arrivant à l'âge de la retraite l'assurance de disposer de retraites décentes, permet aux hommes et aux femmes de faire valoir leur droit à la retraite et de satisfaire leur aspiration profonde à se libérer des contraintes du travail et à se reposer après un parcours de vie difficile. C'est ce dont témoignent les questionnaires recueillis et les entretiens menés auprès une cohorte de femmes nées en 1911 ayant été ouvrières en région parisienne. Dans un élan, l'une d'elle résume les trajectoires des travailleuses de cette génération : « Pas très belle vie, trop de travail et trop dure. Merci de vous souvenir de nous. »[16]

Elles ont traversé les deux guerres mondiales, encore enfant pour la première, puis jeune adulte pour la seconde ; elles ont beaucoup travaillé, souvent dans des conditions difficiles et dangereuses, longtemps sans droits sociaux et sans protection sociale ; le confort et la consommation de masse sont arrivés bien tard pour que ces générations s'y acclimatent facilement. Pour les hommes et les femmes appartenant à ces générations, la retraite est attendue comme un moyen de soulager la fatigue et les douleurs accumulées tout au long de la vie. Aussi les départs à la retraite commencent-ils dès 60 ans et s'échelonnent-ils, pendant cinq ans ; et à 65 ans ils deviennent massifs et groupés, faisant chuter brutalement le taux d'activité. Seule une toute petite minorité (7,4 %) reste en activité au-delà de 65 ans alors que, parmi la cohorte de femmes nées dix ans plus tôt, une femme sur quatre travaillait au-delà de 65 ans. Le maintien en activité devient un phénomène résiduel.

Combiné à l'allongement de la vie (en 1982, la durée de service des prestations est 13 ans et demi en moyenne pour l'ensemble des bénéficiaires, près de 15 ans pour les femmes, 12 ans et demi pour les hommes), l'usage généralisé de la retraite à 65 ans tend à dessiner un cycle de vie à trois temps très équilibré : le premier temps est consacré à la formation de l'individu, le second au temps de l'activité et le troisième à la retraite. La loi parachève ainsi un processus de construction qui a commencé soixante ans plus tôt avec la loi sur les retraites ouvrières et paysannes en 1910 (si on ne tient pas compte des retraites catégorielles instaurées dès le XIXe siècle au sein de chaque entreprise ou profession). En revalorisant les retraites, la loi Boulin permet le passage du droit à la retraite à l'usage de la retraite pour tous : c'est là sa portée essentielle.

---

[16] Catherine Omnès, 1997, *op. cit.*, p. 328.

Montée en puissance et féminisation de l'inaptitude au travail

Les générations nées à la veille de 1914, sont non seulement les premières à faire l'usage généralisé du droit à la retraite, mais aussi à bénéficier d'un accès plus facile à l'inaptitude au travail. À la suite de l'assouplissement du dispositif prévu dans la loi Boulin, le dispositif de la retraite anticipée au titre de l'inaptitude a connu une montée en puissance, tant au niveau des flux, que des stocks des bénéficiaires. Les attributions de pensions au titre de l'inaptitude ont progressé de 70 % en dix ans entre 1971 et 1982, les flux culminant alors à 82 383 (contre 48 527 en 1971) ; 30 % des nouveaux retraités relèvent alors de ce régime (contre 18 % en 1971). En termes de stocks, la poussée est tout aussi nette : les bénéficiaires ont triplé, passant de 372 036 à 1 202 194, soit 27 % du total des retraités de droits directs (13 % en 1971).

Concrètement, cette montée en puissance de l'inaptitude signifie qu'un nombre croissant de travailleurs usés ou malades ont pu, grâce à ce dispositif, se mettre à l'abri avant 65 ans, tout en bénéficiant d'une retraite à taux plein. Ce sont surtout les femmes qui ont profité de l'ouverture du dispositif de l'inaptitude. Les attributions féminines sont passées de 16 522 à 43 840 entre 1971 et 1982 ; à cette date, elles en représentent plus de la moitié du total. La levée de l'exigence des trente ans d'activité pour accéder au dispositif de l'inaptitude a ainsi permis un rattrapage des femmes sur les hommes et le passage d'une égalité virtuelle à une égalité réelle entre les hommes et les femmes.

Tout en montant en puissance et en se féminisant, le dispositif reflète les inflexions du marché du travail et met en relief de nouvelles sources de vulnérabilité de la population active, celles des femmes particulièrement. Les bénéficiaires du dispositif changent de profil par rapport à leurs aînées, nées en 1901, qui avaient connu une longue et difficile vie de travail, très enracinées dans les emplois ouvriers et qui finissaient usées, épuisées, ne pouvant plus se « traîner ». Parmi la cohorte des femmes nées en 1911, le dispositif draine désormais des salariées mal stabilisées qui ont une durée d'assurance beaucoup plus courte (22 ans), une carrière mobile, indifférenciée, désordonnée, contraintes à la mobilité et à l'adaptation permanente. Elles évoluent sur le marché du travail secondaire, le plus souvent dans des secteurs traditionnels. Ces profils de femmes situées aux marges du marché annoncent le mouvement de précarisation qui touche particulièrement les femmes à partir des années 1970-1980.

Dans l'histoire de la construction de la retraite, la loi Boulin mérite une place moins négligée. Grâce à elle, des milliers et même des millions d'hommes et de femmes ont pu compter sur un repos bien gagné et une vieillesse décente. Pris en charge par la collectivité des cotisants, les nouveaux retraités n'étaient plus tributaires (ou l'étaient moins) de l'aide familiale, de l'attention de leur(s) enfant(s). Le législateur a ainsi parachevé l'œuvre de la Libération. Sans toucher à l'architecture d'ensemble, il a renoncé, sous la pression des personnes âgées et de l'allongement de la vieillesse, à la logique du système de répartition adoptée après-guerre qui sacrifiait le retraité à l'aisance de l'actif. De même, il a permis aux femmes d'accéder plus équitablement au dispositif protecteur de l'inaptitude au travail.

Mais la loi reste timide face à des questions d'inégalité, de pénibilité et de précarité, qui donnent en France une force singulière à la revendication pour l'abaissement de l'âge de la retraite. Loin de s'engager dans une politique volontariste de prévention et d'amélioration des conditions de travail et d'égalité des chances sur le marché du travail, le législateur préfère endiguer le mouvement social, proposer des palliatifs et des mesures individuelles et médicales là où la pénibilité des conditions de travail justifierait des mesures plus générales et plus adaptées. Cette inertie fait le lit de la réforme de 1982 qui ouvre une nouvelle page de l'histoire des retraites.

Un ministère trop « politique » ?

Robert Boulin ministre des Relations avec le Parlement (1972-1973 et 1976-1977)

François AUDIGIER

Le ministère des Relations avec le Parlement[1] représente un poste ministériel assez méconnu des historiens du politique[2]. Ces derniers le perçoivent souvent à tort comme très secondaire dans la hiérarchie gouvernementale et le réduisent parfois à une fonction « technique » se limitant au simple suivi de l'action législative en liaison avec Matignon. La réalité est plus complexe qui fait de ce poste (souvent confié à un fidèle) un ministère plutôt « politique » exigeant de son titulaire non seulement une bonne connaissance de l'univers parlementaire (personnel et règlement) mais aussi suffisamment d'autorité et de diplomatie pour discipliner les élus de la majorité tout en canalisant ceux de l'opposition. Robert Boulin devait correspondre à ce profil rare puisqu'il fut nommé à deux reprises à cette fonction, d'abord dans le premier gouvernement Messmer (juillet 1972-avril 1973) puis dans le premier gouvernement Barre (août 1976-mars 1977). Ces deux expériences s'inscrivent dans des contextes politiques différents, au point que, si l'intéressé exerça au même poste la même fonction, il le fit selon des enjeux tellement particuliers à chaque fois que son action doit être analysée séparément pour chacune de ces périodes.

Les deux passages de Boulin dans ce ministère constituent d'ailleurs un moment trop négligé de son parcours gouvernemental. Alors que les observateurs mettent souvent en avant (et à raison) ses évidentes compétences sur les questions économiques et sociales, sa très bonne connaissance du monde parlementaire reste négligée ou ignorée. Pourtant, cette maîtrise du lien entre Exécutif et Législatif contribuait aussi à en faire un acteur politique important. Son expertise ne se limitait pas au Budget,

---

[1] L'expression « ministère politique » provient des *Mémoires* de Jacques Chirac où l'ancien président qualifie en ces termes (à ces yeux très négatifs) le ministère des Relations avec le Parlement, qu'il occupa de janvier 1971 à juillet 1972 (*Mémoires, tome 1 : Chaque pas doit être un but*, Paris, Nil, 2009, p. 138).

[2] Les politologues et journalistes politiques n'ont pas ces réticences. Voir à cet égard l'étude complète de Samuel Le Goff sur Roger Karoutchi comme ministre des Relations avec le Parlement du gouvernement Fillon (*L'Express*, 26 mai 2009).

à l'Agriculture, à la Santé publique et au Travail même si ces domaines ont retenu prioritairement l'attention de l'opinion comme celle du monde politique de l'époque, et par là même des historiens plus tard... Si le sujet est donc légitime, il n'en reste pas moins délicat en raison du manque de sources. En l'absence d'archives du ministère, il faut se tourner vers d'autres éléments d'information : *Journal officiel des débats publics*, grande presse nationale, Mémoires publiées d'acteurs ou d'observateurs politiques et témoignages de proches[3]. Leur croisement laisse entrevoir une étonnante réalité : alors que Boulin possède à l'évidence les qualités requises pour réussir à ce poste, il n'y éprouve guère de satisfaction personnelle et semble même avoir déçu à chaque fois ceux qui l'y ont placé. Comment comprendre ce paradoxe ?

Les compétences attendues d'un ministre des Relations avec le Parlement correspondent-elles au profil de Boulin ?

Le « parlementarisme rationalisé » cher à Michel Debré et mis en place à l'automne 1958 avantage l'Exécutif en permettant notamment au gouvernement d'orienter et de contrôler de manière assez étroite le travail des Assemblées[4]. Le ministre des Relations avec le Parlement, en tant que représentant du gouvernement face au Parlement, se voit dans cette perspective confier deux missions. La première consiste dans la fixation de l'ordre du jour des Assemblées selon l'article 48 de la Constitution, ce qui suppose d'établir le programme de ce qui y serait débattu et voté, à charge pour lui d'avantager les projets de loi émanant du gouvernement (toujours discutés en premier) et d'écarter si besoin des propositions de loi émanant de l'Assemblée en question... Par ailleurs, chaque semaine lors des sessions parlementaires, le ministre représente le gouvernement lors de la Conférence des présidents qui établissait l'ordre du jour « complémentaire » (celui fixé par le gouvernement étant « prioritaire ») déterminant des points de procédure (questions orales, dépôt d'amendement, temps de parole pour les rapporteurs, choix d'un

---

3   Nous avons essayé de retrouver la trace d'anciens membres des cabinets de 1972-1973 et 1976-1977 (Henri Martinet, Jacques Paquet, Marcel Cats, Marie-Thérèse Guignier, Roger Loche, Didier Schuller, Julien Berthault, Luc La Fay, etc.). Malgré l'aide de Fabienne Boulin, ces démarches sont souvent restées vaines. Jacques Boyon, directeur de cabinet en 1972-1973 et actuellement l'un des responsables de l'Institut des relations internationales et stratégiques (IRIS), n'a ainsi pas donné suite à notre demande d'entretien. Bertrand des Garets qui fut son suppléant en Gironde n'a pas répondu également à notre courrier. Les conditions controversées de la disparition tragique de Boulin « parasitent » sans doute la recherche des sources orales...

4   Les réformes constitutionnelles de l'été 2008 impulsées par Nicolas Sarkozy ont quelque peu modifié ce schéma au profit du législatif mais les fonctions attribuées au ministre chargé des relations avec le Parlement restent globalement identiques.

scrutin public à la tribune, etc.). Le ministre assure le suivi de ce programme susceptible d'évoluer si les débats traînent et si les incidents de séance se multipliaient. Il faut alors réagir rapidement (quitte à arriver dans l'hémicycle à une heure du matin…) afin de mobiliser les récalcitrants, rameuter les absents ou suggérer une interruption de séance. Anticiper et contrecarrer les obstructions de l'opposition, palabrer sans cesse pour apaiser les parlementaires de la majorité, agir de manière à faire adopter les textes sans cafouillage exige des qualités manœuvrières. Cela requiert aussi une totale disponibilité rendue encore plus nécessaire par la règle tacite voulant que le ministre en question assiste aux débats importants de l'Assemblée (et dans une moindre mesure du Sénat). Le ministre des Relations avec le Parlement ne se contente pas au demeurant de « contrôler » les débats en séance publique ; il surveille ce qui se prépare en amont lors des discussions en commission.

Dans le cadre de la seconde mission, le ministre doit assurer au Parlement la « doublure » des autres ministres. Très concrètement, il remplace au pied levé celui qui, bien que prévu, ne peut venir pour de bonnes mais souvent mauvaises raisons. Il joue aussi les renforts sur le banc des ministres lorsqu'un collègue se trouve en difficulté. Représentant le gouvernement et donc susceptible d'intervenir en son nom sur tous les sujets, le ministre en question doit suivre tous les dossiers et manifester une compétence globale sur tous les grands domaines. Une certaine aisance rhétorique s'impose pour intervenir « à chaud » de manière efficace…

Afin de mener à bien ces deux missions principales auxquelles s'ajoutent encore d'autres prérogatives[5], le ministre dispose généralement en plus des membres de son cabinet de nombreux chargés de mission. Mais ces antennes ne lui apportent que de l'information. En cas de problème de nature politique, il doit intervenir seul dans la mesure où le « relationnel politique » ne se délègue pas. L'exercice se révèle d'autant plus délicat que les deux assemblées possèdent des « personnalités » différentes (en termes de fonctionnement, de tradition historique, de « couleur » politique, de sociologie parlementaire, etc.). La nature du travail n'y est donc pas la même. Au Palais-Bourbon, le ministre doit gérer les psychodrames d'une enceinte très politisée car surmédiatisée. Au Palais du Luxembourg, hémicycle plus discret mais pas forcément plus apaisé, il lui faut deviner ce que les sénateurs trament de manière à désamorcer des initiatives contrariantes. Trouver une personne connaissant bien les deux chambres n'est pas facile, au point qu'on a pu parfois dédoubler la fonction : un secrétaire d'État pour l'Assemblée et un autre

---

[5] Le ministre peut user du droit d'amendement du gouvernement, demander la procédure de vote bloqué, invoquer l'irrecevabilité d'une initiative parlementaire, etc.

pour le Sénat[6]. Lorsque la fonction est incarnée par une seule personne et que celle-ci représente une personnalité de premier plan, il est courant de lui attribuer le titre de ministre (voir de ministre d'État) pour renforcer son autorité comme ses moyens : ce fut le cas de Roger Frey à partir du 7 avril 1967.

À ces fonctions officielles dans le champ parlementaire s'ajoutent des responsabilités officieuses dans le champ politique alourdissant encore la charge. Le ministre doit éviter les tensions entre les différentes composantes de la majorité, étant lui-même toujours issu du courant dominant, le gaulliste à l'époque concernée[7]. Connaissant bien le personnel parlementaire, il se voit confier avec d'autres la préparation des élections et notamment la délicate gestion des investitures. Cette attribution lui permet d'imposer la discipline lors des votes délicats, le député de la majorité tenté par la fronde se voyant discrètement rappeler toute la précarité de sa condition d'élu… L'autorité de la fonction repose sur les liens étroits de confiance unissant le ministre en question et le président ou le Premier ministre – et le poste est d'ailleurs souvent « délégué » auprès du Premier ministre. Cette double dimension parlementaire/politique peut à l'occasion se traduire par la nomination de deux responsables : un ministre qui, fort de son autorité, impose la discipline de vote, et un secrétaire d'État gérant plus spécifiquement les aspects « pratiques » de la charge[8].

Boulin avait-il le profil idéal du poste ? Le fait qu'il l'ait occupé à trois ans d'intervalle à la demande de deux tandems président-Premier ministre très différents plaide en ce sens. De fait, l'intéressé possédait *a priori* toutes les qualités requises. Il dispose d'abord d'une bonne connaissance du Parlement, de son fonctionnement et de son personnel, pour avoir siégé à l'Assemblée six ans[9] de 1958 à 1961 puis de 1973 à

---

[6]   Ce fut le cas à partir de juin 1969 quand le secrétaire d'État Jean-Louis Tinaud s'occupa du Sénat (et des RI…) tandis que son collègue Jacques Limouzy prit en charge l'Assemblée (et les UDR).

[7]   Interrogé sur la nomination de Roger Frey en avril 1967 comme ministre chargé des Relations avec le Parlement, Alain Terrenoire explique ainsi ce choix : « Il avait la confiance de Pompidou. Ils se connaissaient bien, ils étaient liés. Frey connaissait bien le Parlement et les parlementaires. Le ministre chargé des Relations avec le Parlement, à ces débuts de la Ve République, c'était surtout le ministre chargé des relations avec le groupe gaulliste ! Comme le gouvernement avait la maîtrise de l'ordre du jour alors…, les autres députés, cela comptait mais bon, c'était des amabilités diplomatiques. Tandis que là, il fallait d'abord tenir le groupe avec le président du groupe. » (François Audigier, « Entretiens avec Alain Terrenoire », *Parlements*, 3 (Gaullistes au Parlement sous la Ve République, hors-série), 2009, p. 105-106).

[8]   C'est le cas en 1973-1974, quand le secrétaire d'État Olivier Stirn seconde successivement les ministres Joseph Comiti puis Hubert Germain.

[9]   Alors simple conseiller technique au ministère de la santé publique, Jean Charbonnel se rappelle encore avec quelle efficacité Boulin a rapporté devant l'Assemblée le pro-

1976. C'est d'ailleurs le député de Gironde que de Gaulle avait choisi pour défendre les comptes de l'État devant le Sénat de Gaston Monnerville. Jean-Yves Haberer, ancien directeur de cabinet de Debré et futur directeur de cabinet de Boulin, a livré un témoignage intéressant à l'historien Hervé Chauvin :

> Je connaissais Boulin du temps où j'étais dans l'équipe Debré, je le savais excellent dans les relations avec le Parlement. En effet, je l'avais accompagné une fois au Sénat à la demande de Michel Debré où j'ai assisté à une intervention remarquable, d'ailleurs d'autres ministres lui demandaient des services en ce sens.[10]

Boulin est riche ensuite d'une compétence élargie et d'une expertise reconnue sur les questions socio-économiques, héritage d'un parcours ministériel long, diversifié et réussi. Il avait la réputation de « tuer les dossiers » selon la formule de J.-Y. Haberer, autrement dit de fermer rapidement et définitivement n'importe quel dossier même compliqué après avoir travaillé dessus avec son cabinet.

Boulin entretient une fidélité politique envers la famille gaulliste à laquelle il appartient depuis le RPF[11] mais qui se double d'un grand sens de l'État et d'une certaine indépendance à l'égard des appareils politiques. S'il ne cachait pas ses préférences (envers Jacques Chaban-Delmas, ce qui faisait de sa nomination un gage donné au Premier ministre sortant) et ses réserves (envers Jacques Chirac), l'élu de Libourne apparaît avant tout comme un ministre loyal.

Il est enfin fort de ses qualités personnelles : impressionnante capacité de travail, sens du contact et de l'écoute, force de conviction, talent oratoire et dans les rapports humains beaucoup de diplomatie et de douceur que certains (comme Valéry Giscard d'Estaing) interprétèrent, sans doute à tort, comme une marque de faiblesse au point de penser pouvoir l'instrumentaliser... Selon Alain Terrenoire, député UDR[12] de la Loire,

> Boulin réussissait à peu près dans tous les postes où il était recruté. C'était un homme intelligent, de bon contact, avec une bonne capacité d'adaptation.

---

jet de loi d'août 1961 contre la pollution de l'atmosphère (*À la gauche du Général*, Paris, Plon, 1996, p. 91).

[10] Témoignage de Jean-Yves Haberer (conseiller technique de Debré ministre de l'Économie et des Finances de janvier 1966 à avril 1967, directeur de cabinet de Debré ministre des Affaires étrangères de juillet 1968 à juin 1969 et mêmes fonctions auprès de Debré ministre de la Défense de juin à décembre 1969) recueilli par Hervé Chauvin en octobre 2008. Nous remercions H. Chauvin pour ce témoignage ainsi que pour des informations précieuses sur la composition des cabinets ministériels de Boulin.

[11] Rassemblement du peuple français.

[12] Union des démocrates pour la République.

C'était un avocat. Il s'exprimait bien, il fallait avoir un bon contact avec les parlementaires et il était effectivement très agréable.[13]

J.-Y. Haberer complète le portrait :

Jamais gêné de prendre la parole en public, Boulin avait une voix chaleureuse, légèrement méridionale mais pas trop. Il savait clarifier les choses. Sa technique de discours reposait sur trois éléments : me voici (le chef), vous voilà (le public, l'auditoire), voilà ce que nous allons faire ensemble... C'était un foncièrement gentil, fidèle et loyal [...]. Ce n'était pas un intrigant.[14]

Le prédécesseur de Boulin au ministère des Relations avec le Parlement est J. Chirac, qui occupe la fonction de janvier 1971 à juillet 1972 au sein du gouvernement Chaban-Delmas. Par un effet de contraste, le cas de l'ancien président permet de souligner à quel point Boulin semblait indiqué pour le poste. La nomination de l'ancien secrétaire d'État à l'Économie et aux Finances participe d'une stratégie de déstabilisation de Chaban-Delmas qui passe aussi par l'arrivée à la tête de l'UDR de l'antichabaniste René Tomasini. Le jeune pompidolien ne réussit pas dans sa nouvelle mission, comme l'attestent les témoignages assez drôles recueillis par son biographe Franz-Olivier Giesbert. Selon Jacques Friedman, qui fut à ce poste son directeur de cabinet,

les députés allaient le voir comme on va au confessionnal, ils voulaient juste un peu d'attention, or c'est tout le temps Jacques qui parlait et dès que l'autre en plaçait une, il prenait congé, les gens ressortaient furieux de son bureau.

Jacques Toubon, qui a fréquenté ce cabinet, rapporte des souvenirs semblables :

Il ne pouvait pas s'arrêter cinq minutes, s'asseoir dans les galeries de l'Assemblée nationale et laisser les gens venir à lui, il filait à toute vitesse comme s'il craignait de se faire harponner par un indésirable.[15]

La critique la plus cinglante reste toutefois, comme attendu, celle de Marie-France Garaud qui a assisté, bien placée, à l'échec de son poulain :

Soyez attentif, patient et bienveillant, avait recommandé Pierre Juillet. Autant espérer d'un hussard qu'il joue les infirmières. Chirac se mit à sillonner le Palais-Bourbon, galopant en tous sens, allant d'un député à l'autre, ne les écoutant guère, leur portant – c'était clair – un intérêt très limité, et bien entendu, engageant le président dont il ne négligeait pas de se déclarer proche, par un autoritarisme désordonné. Après des journées si bien remplies, il arrivait à l'Élysée, faisait une brève visite à Jobert et Balladur (l'aile Est) puis passait le nez à notre porte (l'aile Ouest) et, si l'accès ne lui était pas refusé,

---

[13] François Audigier, 2009, *op. cit.*, p. 106.
[14] Témoignage de J.-Y. Haberer recueilli par H. Chauvin en octobre 2008.
[15] Franz-Olivier Giesbert, *Jacques Chirac*, 1ʳᵉ éd., Paris, Le Seuil, 1987, p. 169.

courait préparer le whisky vespéral que Pierre Juillet offrait à ses visiteurs venus apporter l'air du temps. Les visiteurs partis, il se faisait gronder, jurait en éclatant de rire que demain il s'appliquerait mieux... et recommençait sans davantage y penser.[16]

L'intéressé le reconnaît aujourd'hui dans ses Mémoires : ce ministère insuffisamment « technique » ne lui convenait pas. Il y revient en des termes qui soulignent le mépris qu'il éprouve pour ce poste impliquant à ses yeux un relationnel complaisant et une action politicienne :

> Chargé pour la première fois d'un ministère politique, j'assume mes fonctions sans m'intéresser autant que je le devrais aux conciliabules parlementaires, à l'écoute des doléances dans les couloirs de l'Assemblée nationale ou du Sénat et au suivi des bonnes relations entre le gouvernement et sa majorité. Pour tout dire, je me morfonds très vite dans le rôle du confesseur ou du confident, d'intermédiaire ou de pacificateur. On me reproche de ne pas porter assez d'attention aux requêtes des uns, aux états d'âme des autres. D'avoir l'air souvent pressé, débordé, quand il s'agirait de se montrer patient et disponible... À la vérité, l'éphémère député que j'ai été n'est pas assez familier des lieux pour en maîtriser tous les rouages ni en éprouver toutes les subtilités.[17]

L'aveu de la dernière phrase mérite d'être retenu... *A priori*, le parcours politique comme le caractère du successeur de J. Chirac auraient dû le préserver d'une même déconvenue. Et pourtant...

Un ministre confronté à une campagne électorale obsédante (juillet 1972-avril 1973)

En juillet 1972, Pierre Messmer, qui réfléchit à la composition de son gouvernement, aurait souhaité conserver Frey au poste de ministre des Relations avec le Parlement. Ce dernier, selon les termes du nouveau Premier ministre, était « l'homme de la situation »[18]. Mais Matignon, incité par Georges Pompidou à réduire l'influence des « barons », s'exécute en se tournant vers Boulin. Si ce dernier n'a encore jamais exercé la fonction, ses qualités politiques et personnelles justifient cette décision, et personne dans les médias ou le monde politique ne s'offusque d'un choix qui relève également d'un jeu d'équilibre entre les différents courants du gaullisme.

---

[16] Marie-France Garaud, *La fête des fous : qui a tué la Ve République ?*, Paris, Plon, 2006, p. 92.

[17] Jacques Chirac, 2009, *op. cit.*, p. 138.

[18] Jacques Foccart, *Journal de l'Élysée*, tome 4 : *La France pompidolienne*, Paris, Fayard/Jeune Afrique, 2000, p. 416.

Boulin quitte donc le ministère de la Santé pour s'installer dans celui des Relations avec le Parlement. Il est suivi par une petite équipe de collaborateurs parmi lesquels figurent de nombreux anciens des ministères précédents habitués à travailler avec leur patron. C'est le cas du directeur de cabinet, le conseiller référendaire à la Cour des comptes Jacques Boyon, d'autant plus efficace à ce poste qu'il avait été de 1964 à 1967 conseiller technique auprès de Pierre Dumas, alors secrétaire d'État aux Relations avec le Parlement[19]. La juriste et conseillère technique Marie-Thérèse Guignier avait appartenu au même cabinet. Au total, on compte cinq conseillers techniques et deux chargés de mission – dont le jeune chabaniste Didier Schüller, qui était depuis 1971 attaché aux Relations avec le Parlement du ministre de l'Agriculture Michel Cointat. Au sein du cabinet figure un vrai spécialiste des hémicycles, Roger Roche ; à seulement 42 ans, cet ancien fondateur et vice-président de l'UJP[20] compte déjà dix ans d'expérience du monde parlementaire comme chargé de mission auprès de Dumas de 1962 à 1966, chargé des Relations avec le Parlement auprès de différents ministres de 1967 à 1971 (François-Xavier Ortoli puis Robert Galley à l'Équipement, André Malraux puis Edmond Michelet aux Affaires culturelles) et enfin conseiller technique du secrétaire d'État aux Relations avec le Parlement Jean-Louis Tinaud.

La tâche qui attend Boulin n'est pas facile. La nomination de Messmer est intervenue quatre jours après la fin de la session de printemps et surtout six semaines après que Chaban a obtenu par un scrutin massif (368 voix contre 96) la confiance de l'Assemblée et plus nettement encore celle des élus gaullistes. Les députés ont donc la fâcheuse impression que l'Élysée s'inquiète fort peu des desseins et votes de la représentation nationale. Jamais encore la volonté du Parlement n'a été, en matière de changement de gouvernement, aussi délibérément méconnue[21]. Les députés UDR notamment se retrouvent dans la situation inconfortable de devoir composer avec un nouveau Premier ministre après avoir clairement exprimé leur volonté de conserver son prédécesseur. Comme le notait Raymond Barrillon dans le *Monde*, on assiste « à une nouvelle phase de la présidentialisation du régime avec le départ

---

[19] Jacques Boyon, président du comité UDV^e de l'Ain, a été un candidat malheureux aux législatives de 1967 dans le même département. Parmi les autres collaborateurs du ministre, figurent le directeur adjoint et préfet Henri Martinet, le chef de cabinet Jacques Paquet et le conseiller technique et magistrat Jean Bergeras.

[20] Union des jeunes pour le progrès.

[21] Barrillon le rappelle dans *Le Monde* du 7 juillet 1972. Le journaliste évoque le précédent du 6 novembre 1962 quand Pompidou a été désigné à Matignon par de Gaulle après avoir été mis en minorité le 6 octobre précédent mais entre-temps des législatives ont eu lieu dont on peut conclure que le pays donne raison au pouvoir et tort à l'Assemblée. Ce n'est pas le cas en 1972…

d'un homme qui avait cru pouvoir corriger un peu l'abaissement du Parlement ». Dans ce contexte délicat, il faut trouver un ministre des Relations avec le Parlement suffisamment habile et diplomate pour rassurer des élus ainsi désavoués. Le choix de Boulin, connu pour être un homme de dialogue et d'apaisement, s'explique sans doute ainsi.

Comme il comprend que l'approche des législatives du printemps 1973 confère à sa fonction une part politique importante, Boulin rend visite à Jacques Foccart dès la fin d'août, parce qu'il connaît l'influence du conseiller élyséen au sein du monde gaulliste et sa maîtrise de la carte électorale. Les deux hommes décident de travailler ensemble en préparant de concert le scrutin de mars ; et Boulin fait parvenir tous les dossiers personnels des investitures à son interlocuteur qui les photocopie. Dans un premier temps, Foccart se félicite de cette loyauté : « Il agit en confiance avec moi et j'en suis très heureux. »[22] La participation de Boulin à l'importante réunion nationale du SAC[23] le 28 octobre 1972 (où le ministre s'adressa aux délégués départementaux du service d'ordre) témoigne des bonnes relations initiales entre ces deux anciens de la Résistance et du RPF. Rapidement, toutefois, le conseiller élyséen déchante face ce qui lui apparaît comme un manque de professionnalisme de Boulin dans la préparation du scrutin. Lors d'une réunion le 23 octobre 1972 avec le ministre, Foccart estime qu'il n'était « pas très au fait de la question, [qu'il] ne connaissait pas suffisamment ses dossiers ». « Il est plein de bonne volonté », note-t-il dans son *Journal*, « mais je me dis en moi-même que l'UDR est moins bien défendue que naguère »[24].

Que lui reproche-t-on ? À l'époque où Dumas puis Frey s'occupaient des relations avec le Parlement, des réunions préparatoires présidées par Pompidou permettaient aux barons Debré, Guichard, Chaban-Delmas et Foccart de faire le point circonscription par circonscription. Or cette procédure n'est pas reconduite à l'approche des législatives de 1973, laissant les gaullistes désemparés face à leurs partenaires indépendants et centristes qui s'étaient eux concertés. Le conseiller élyséen n'est pas le seul à relever les carences de Boulin sur le dossier électoral : lors d'un déjeuner organisé le 25 octobre 1972 en présence de Foccart, Frey et Guichard, ce dernier, après s'être aperçu que le ministre des Relations avec le Parlement maîtrise mal ses circonscriptions, lui adresse ce conseil : « Écoute Robert, tu as autour de toi les trois spécialistes des questions électorales, trois spécialistes gaullistes, tu devrais en faire ton

---

[22] Jacques Foccart, 2000, *op. cit.*, p. 460 et 473.
[23] Service d'action civique.
[24] *Ibid.*, *op. cit.*, p. 557.

profit. »[25] À la fin du même mois, Philippe Mestre, conseiller aux affaires politiques de Messmer, ne cache plus ses doutes sur les compétences du ministre en matière de carte électorale : « Ce malheureux Boulin n'est pas au fait des problèmes, il ne les connaît pas très bien. »[26] Foccart, qui a déjà pris l'habitude de contourner le ministre, sur ces questions d'investiture en s'adressant directement à l'une de ses collaboratrices, organise sans lui des réunions préparatoires UDR. Certains membres du gouvernement prennent acte de cette mise à l'écart, comme J. Chirac ; ainsi, rencontrant le 26 novembre 1972 la journaliste Michèle Cotta, le secrétaire d'État à l'Agriculture lui précise que c'était à Boulin, « ministre concerné » que revient la tâche de finaliser les investitures et de régler les arbitrages avec les candidats RI[27] et PDM[28], sous-entendant que l'intéressé ne le faisait pas ou mal… Les relations entre les deux hommes ne devaient guère s'améliorer par la suite. Cinq mois seulement après son entrée dans le gouvernement Messmer, Boulin se retrouve ainsi déjà en difficulté sur la partie « politique » de sa fonction.

Comment expliquer cette situation ? Il est probable que Boulin, à l'aise sur les questions techniques générales et les grands dossiers socio-économiques, a considéré avec moins d'intérêt cette « cuisine électorale ». Décrit par les témoins comme un ministre « habité par le service de l'État et dévoué au bien public », présenté comme un homme « chaleureux, fidèle, qui n'était pas intrigant »[29], il méprise sans doute ces petits arrangements où l'intérêt général et la loyauté ont rarement leur place. Il ne mesure pas vraiment la déception causée auprès de certains. Présentant le bilan de la session parlementaire à M. Cotta fin décembre 1972, il le trouve « bon » et se satisfait de la plateforme de la majorité à laquelle il estime avoir collaboré en contribuant à aplanir les divergences avec les centristes et giscardiens[30].

Paradoxalement, la maladresse impatiente des barons au printemps 1973, au lendemain de législatives gagnées plus facilement que prévu, relance Boulin. Ayant appris que Guichard, Frey, Debré et Chaban-

---

[25] *Ibid., op. cit.*, p. 564 : « Boulin est plein de bonnes intentions mais pas très au fait des problèmes. »

[26] Jacques Foccart, 2000, *op. cit.*, p. 571.

[27] Républicains indépendants.

[28] Progrès démocratie moderne. Michèle Cotta, *Cahiers secrets de la Ve République*, tome 1 : *1965-1977*, Paris, Fayard, 2007, p. 386.

[29] Témoignage de J.-Y. Haberer (directeur de cabinet de Boulin au ministère de l'Économie et des Finances à partir d'avril 1977) recueilli par H. Chauvin en octobre 2008.

[30] Michèle Cotta, 2007, *op. cit.*, p. 388 (amusée de voir le satisfecit que s'attribuait Boulin au sortir de la session parlementaire, la journaliste notait : « comme toujours pour le ministre chargé des relations avec le Parlement »).

Delmas se sont réunis pour se partager, un peu rapidement, les postes, le président de la République demande au ministre de voir notamment Frey (son prédécesseur) pour calmer les ambitions de ce dernier. Il est difficile d'interpréter la consigne accompagnant la mission : « Si tu veux être Premier ministre, il faut faire tes classes. »[31] Elle peut signifier autant l'estime que lui porte encore le président (persuadé qu'un destin national attend Boulin à moyen terme) que son souci de le motiver avant de l'envoyer « au front ». De toute façon, Boulin a le tort de rester réformiste et social (c'est-à-dire chabaniste) à un moment où le tandem Garaud-Juillet pèse de plus en plus sur un président affaibli. Dans ces conditions et compte tenu de son relatif échec au ministère des Relations avec le Parlement, l'élu de Libourne est poussé vers la sortie. Pompidou, qui lui cherche un lot de consolation, l'aurait bien vu à la fin mars à la présidence du groupe en place de Frey. Mais Claude Labbé, plus en cours dans les milieux conservateurs, emporte finalement la fonction à la rentrée 1973 au grand dam de Pompidou : « Boulin est mieux, bien plus astucieux, il a plus l'allure mais il se fera battre et Labbé sera élu, nous n'y pouvons rien. »[32]

De toute façon, comme Boulin le confie à Jean Mauriac, il ne souhaite ni prendre la présidence du groupe UDR à l'Assemblée ni se voir reconduit dans son ministère. Ce dernier, comme le remarque le journaliste, « ne présente plus d'intérêt maintenant que les élections sont terminées et ne correspondent pas à son goût (Boulin aime les postes techniques) »[33]. Critique à l'égard d'un Messmer jugé trop conservateur sur le terrain social[34], hostile au maintien aux Finances de V. Giscard d'Estaing, réservé sur l'arrivée annoncée au gouvernement des « trois S » (Bernard Stasi, Olivier Stirn et Jean-Pierre Soisson)[35], Boulin est soulagé de ne pas être rappelé dans le deuxième cabinet Messmer[36] car il n'aurait pas ainsi à cautionner par sa présence ce qui lui paraît comme un « sursis » avant une probable victoire de la gauche.

---

[31] Michèle Cotta, 2007, *op. cit.*, p. 406.

[32] Jacques Foccart, 2000, *op. cit.*, p. 353.

[33] Jean Mauriac, *L'après-De Gaulle : notes confidentielles, 1969-1989*, Paris, Fayard, 2006, p. 105-106.

[34] Boulin se montre critique à l'égard du gouvernement Messmer lors des journées parlementaires UDR de Nogent les 16 et 17 mars 1974, estimant comme Debré que le Premier ministre doit s'orienter vers une politique des revenus puisque le pays souffre de l'inflation.

[35] Jean Mauriac, 2006, *op. cit.*, p. 106. J.-P. Soisson n'entre finalement pas au gouvernement.

[36] Notons que, contrairement à ce qui est souvent écrit, le gouvernement Chirac de 1974-1976 n'a pas été le seul cabinet où Boulin n'a pas siégé car il n'a pas figuré non plus dans les deuxième et troisième gouvernements Messmer, où sa forte identité chabaniste posait problème…

Boulin ministre des Relations avec l'UDR ? (août 1976-mars 1977)

Lorsque Boulin retrouve le ministère des Relations avec le Parlement (et de manière plus générale une fonction ministérielle) en août 1976, la configuration politique est totalement différente de celle de 1972-1973. Les gaullistes, qui ont déjà perdu l'Élysée en 1974, viennent d'abandonner Matignon après que J. Chirac, nouveau patron de l'UDR, a rompu à l'été l'alliance contractée avec le président de la République. J. Chirac, fort d'un parti et d'un groupe parlementaire qui lui sont globalement acquis et qui restent dominants au sein de la majorité, se trouve en mesure de menacer le nouveau Premier ministre Raymond Barre. Dans ce contexte d'une majorité présidentielle fragilisée et dans la perspective des législatives de 1978 (voir de la présidentielle de 1981), V. Giscard d'Estaing et Michel Poniatowski s'efforcent de recruter des gaullistes antichiraquiens au gouvernement afin de limiter l'influence de leur rival en divisant son camp. Boulin semble alors le candidat idéal. Encore proche de Chaban-Delmas[37], celui qui reste une figure du mouvement gaulliste n'a pas accepté l'attitude du ministre de l'Intérieur lors de la présidentielle, ni le « 18 Brumaire » chiraquien de décembre 1974. Tous les observateurs avertis savent que le député de Libourne considère J. Chirac comme un démagogue opportuniste fossoyeur du gaullisme. En le nommant au poste sensible des Relations avec le Parlement, V. Giscard d'Estaing vise deux objectifs : obtenir le soutien d'une frange des parlementaires gaullistes aux impopulaires futures réformes de Barre et à plus long terme « déchiraquiser » l'UDR à l'orée d'importantes échéances électorales.

L'arrivée au gouvernement d'autres UDR comme Guichard et dans une moindre mesure Yvon Bourges, Galley et André Bord, procède de la même intention. Guichard ne se fait d'ailleurs pas d'illusion sur la mission réelle assignée à Boulin ; lors d'une entrevue avec M. Cotta au début de septembre 1976, le ministre de la Justice note :

> Il ne faut pas compter sur moi pour aller haranguer les députés UDR à deux heures du matin au Parlement. J'ai dit à Giscard : maintenant, il faut accepter que l'UDR discute les virgules d'un texte, il n'y a pas de quoi faire un scandale quand les députés font leur boulot. C'est à cette condition que la majorité marchera. Ce n'est pas à moi d'organiser l'UDR et de faire voter ses représentants au Parlement, c'est le travail de Boulin.[38]

---

[37] François Audigier, « Chaban-Delmas et les formations gaullistes, 1972-1981 », *in* Bernard Lachaise, Gilles Le Béguec et Jean-François Sirinelli (dir.), *Jacques Chaban-Delmas en politique*, Paris, Presses universitaires de France, 2007, p. 337-349.

[38] Michèle Cotta, 2007, *op. cit.*, p. 765.

Bien que satisfait de son retour au gouvernement après trois ans et demi d'absence, l'intéressé lui-même n'est pas dupe des arrière-pensées politiciennes entourant sa nomination et se méfie de V. Giscard d'Estaing. S'il reconnaît les compétences économiques de ce dernier pour avoir été son secrétaire d'État au Budget de 1962 à 1967, il déplore volontiers son caractère jugé vaniteux, autoritaire et manipulateur.

Au demeurant, l'opération de ralliement d'anciens chabanistes contre le chef de l'UDR est assez voyante… Aussi, conscient qu'on cherche à l'instrumentaliser, Boulin tente de justifier son entrée au gouvernement. Face à la crise de régime que risquait d'ouvrir le départ de J. Chirac, la question n'était plus (comme il l'explique à Mauriac) d'être « pour ou contre Giscard mais de défendre les institutions ». « C'était la France », ajoute-t-il, « c'est pourquoi je n'ai pas hésité après avoir bien pesé les choses »[39]. C'est donc paradoxalement en se posant comme défenseur de l'héritage institutionnel gaullien qu'il serait entré au gouvernement, pour éviter une cohabitation inédite. De manière aussi paradoxale, le ministre des Relations avec le Parlement présente sa participation gouvernementale comme une décision profitant à l'UDR ! Selon lui, en effet, en cas de refus de Guichard et de lui-même, le président aurait dissous l'Assemblée et provoqué des législatives anticipées à la proportionnelle, ce qui aurait pénalisé la formation chiraquienne. La démonstration, peu convaincante, dissimule mal la gêne de Boulin. Contraint au grand écart entre un président qui cherche à le manipuler et un J. Chirac avec lequel il ne peut entrer trop ouvertement en conflit sous peine d'affaiblir son propre camp, le ministre des Relations avec le Parlement dispose de marges de manœuvre réduites.

Pourtant, V. Giscard d'Estaing s'illusionne à un double titre sur Boulin, et d'abord sur la volonté de ce dernier de diviser les gaullistes en attaquant J. Chirac. L'intéressé l'a clairement indiqué à Mauriac :

> Il n'est pas question pour moi de jouer Chaban contre Chirac, les chabanistes contre les chiraquiens, je ne veux pas faire éclater le groupe parlementaire, alors je me montrerai, nous nous montrerons à l'UDR obligatoirement en faveur de Chirac.

Il se trompe ensuite sur la capacité de Boulin à mobiliser à l'intérieur des gaullistes. Comme le note Bord, si le député de Libourne se montre un bon ministre, il pèse peu au sein de l'UDR où les chabanistes ne représentent plus que 8 à 12 % des militants : « Le temps a passé vite, les barons, on ne les connait plus. »[40] Organisées à la mi-septembre 1976, les journées parlementaires UDR de Rocamadour valident l'analyse du secrétaire d'État aux Anciens combattants, et Boulin y est

---

[39]   Jean Mauriac, 2006, *op. cit.*, p. 190.

[40]   Jean Mauriac, 2006, *op. cit.*, p. 192.

accueilli froidement par le groupe. Estimant que le ministre a « trahi » et qu'il est « chargé par Chaban de démolir Chirac », les élus décident qu'il ne fera pas partie du bureau politique et qu'il ne pourra se rendre aux réunions qu'à condition d'y avoir été convoqué.

En se rendant à Rocamadour pour y annoncer la tenue de prochaines assises nationales de l'UDR (qui ouvriraient elles-mêmes sur la création du RPR[41]), J. Chirac vole la vedette à Barre et s'affirme comme le seul vrai patron des gaullistes. Boulin constate avec amertume que « 90 % des députés UDR [étaient] derrière lui ». Espérant que le *plan Barre* fonctionne pour ne pas avoir à affronter une dissolution mais désespérant d'amener des députés UDR récalcitrants à le soutenir, le ministre des Relations avec le Parlement semble désorienté à la rentrée. Recueillant ses confidences, M. Cotta se fait l'écho du malaise de ce gaulliste marginalisé : « Il est bien angoissé, ce pauvre Boulin, il tient des propos raisonnables mais complètement contradictoires. »[42]

Boulin continue néanmoins sa mission, et il s'appuie dans cette tâche sur un cabinet efficace. Le ministre connaît bien son directeur de cabinet, le conseiller d'État Jacques Baudoin, puisque ce dernier a travaillé comme directeur des hôpitaux au ministère de la Santé à partir de 1970. Seuls le conseiller technique Roger Roche et le chargé de mission Jean Bergeras ont appartenu à l'équipe de 1972-1973. Au sein du cabinet figure un autre spécialiste du monde parlementaire, le sous-préfet Loïc Rossignol. À partir de 1967, ce dernier s'est occupé des relations avec le Parlement de deux ministres : Jean-Marcel Jeanneney aux Affaires sociales puis Joël Le Theule aux DOM-TOM avant de travailler à partir de 1973 pour deux ministres des Relations avec le Parlement, Joseph Comiti puis René Tomasini.

À l'automne 1976, les relations avec les élus gaullistes s'améliorent car les députés UDR comprennent qu'il est de leur intérêt, à un an des législatives, que le gouvernement Barre réussisse le rétablissement financier du pays. Boulin peut donc défendre avec efficacité le projet de loi de finances à l'Assemblée comme au Sénat[43]. Mais la fin de l'année 1976 apporte son nouveau lot d'embarras : le projet chiraquien de création du RPR, l'élection du Parlement européen au suffrage universel, les discussions autour de l'élargissement des pouvoirs budgétaires de l'Assemblée, l'annonce de la candidature de Michel d'Ornano à la mairie de Paris et le projet de Poniatowski de créer un parti giscardien, relancent les inquiétudes gaullistes. Conscient que le président ne lui

---

[41] Rassemblement pour la République.
[42] Michèle Cotta, 2007, *op. cit.*, p. 768.
[43] Le ministre prend rarement la parole au Parlement (sinon lors des discours de fin de session parlementaire), car il préfère agir en coulisse.

facilite pas la tâche en brusquant ainsi ses alliés UDR, Boulin se plaint auprès de l'intéressé lors d'un déjeuner le 17 novembre 1976, qui réunit à l'Élysée tous les ministres gaullistes. Selon le ministre des Relations avec le Parlement, face au risque de rupture créé par ces initiatives intempestives, il faut amadouer les députés UDR en garantissant à une centaine d'élus (sur les 180 du groupe[44]) une nouvelle investiture aux législatives comme candidats uniques de la majorité : « Dès lors, il n'y aurait plus de problème entre l'UDR et les giscardiens, la grogne disparaîtrait dans la minute. »[45] Mais ces conseils d'apaisement ne trouvent pas d'écho…

De toute façon, il est trop tard pour Boulin. Le lancement triomphal du RPR chiraquien, véritable machine de guerre chiraquienne dans la perspective des municipales de 1977, des législatives de 1978 puis de la présidentielle de 1981, a révélé les limites de « l'opération Boulin ». J. Chirac et ses lieutenants tiennent leurs troupes tandis que le ministre n'a jamais réussi à contrôler les députés UDR cornaqués par le président de groupe chiraquien Labbé[46]. Il est vrai que Boulin n'avait jamais accepté non plus de jouer le cheval de Troie giscardien au sein de la famille gaulliste. Il le signifie une dernière fois en se démarquant publiquement avec Guichard des autres ministres UDR sur la question des modes d'élection du Parlement européen. En mars 1977, V. Giscard d'Estaing, qui ne désespère pas d'affaiblir de l'intérieur le parti gaulliste, décide de se tourner directement vers Chaban-Delmas et abandonne provisoirement la carte Boulin.

Le ministère des Relations avec le Parlement ne constitue pas le meilleur moment du parcours gouvernemental de Boulin. Alors que ce dernier a les qualités pour y réussir et qu'il exerce d'ailleurs sa fonction avec rigueur et dévouement comme d'habitude, il ne s'y accomplit pas pour autant. Il y reste d'ailleurs peu longtemps (neuf mois dans le premier cas, sept dans le second). Pourquoi ? Dans les deux cas, la partie politique de ce ministère l'emporte sur la partie strictement parlementaire ; or Boulin, à l'aise dans la gestion des dossiers techniques, montre peu d'intérêt pour le jeu politicien. Le fait d'entrer en fonction dans les deux cas à l'approche de législatives, celles de 1973 puis celles de 1978, oriente malgré lui son action vers cette dimension « politique ». Par ailleurs, à deux reprises, il a l'impression de n'être pas réellement maître

---

[44] On néglige les 80 députés qui ne se représenteront pas et les 20 qui seront de toute façon écartés.

[45] Michèle Cotta, 2007, *op. cit.*, p. 787.

[46] Sur les groupes gaullistes au Parlement, *cf.* David Bellamy, « Historique des groupes parlementaires gaullistes », *Parlements*, 3 (Gaullistes au Parlement sous la Vᵉ République, hors-série), 2009, p. 8-21.

du jeu. En effet, en 1972-1973, sa fonction l'installe au centre des tensions entre pompidoliens et chabanistes ; puis, en 1976-1977, à la tête d'un ministère qu'on aurait pu rebaptiser « ministère des Relations avec l'UDR », il devient la victime collatérale des tirs croisés entre giscardiens et chiraquiens.

**1976 : retour au gouvernement :
Boulin et V. Giscard d'Estaing sur le perron de l'Élysée**

Boulin ministre délégué auprès du Premier ministre chargé de l'Économie et des Finances (mars 1977-mars 1978)

Bertrand BLANCHETON

Professeur de sciences économiques,
Université Montesquieu-Bordeaux IV et UMR GRETHA CNRS 5113

Robert Boulin succède au poste de ministre délégué auprès du Premier ministre chargé de l'Économie et des Finances à Michel Durafour (en poste du 26 août 1976 au 29 mars 1977) ; il occupe ce poste pendant 371 jours. Cette période apparaît comme une phase de transition marquée par la préparation des élections législatives de mars 1978. Comme, en mars 1977, lors des élections municipales, la poussée de la gauche a été forte, sa victoire aux prochaines législatives apparaît très probable. Dans ce contexte, le nouveau gouvernement Barre entend poursuivre la politique économique de rétablissement des grands équilibres engagée depuis 1976, mais en lui donnant un tour plus social, afin de répondre aux aspirations exprimées en 1977 et de préparer les législatives. La recherche des « grands équilibres » se combine avec l'annonce d'un plan en faveur de certaines catégories sociales.

Notre démarche se déroule en deux étapes : dans un premier temps, nous restituons la nomination de Boulin dans le contexte économique et politique de l'époque ; dans un second temps, nous analysons les faits saillants de son action à la tête du ministère de l'Économie et des Finances sous un angle essentiellement macroéconomique.

Un contexte économique encore très marqué par la rupture de 1973-1974

Dans l'ouvrage *Le pouvoir et la vie*[1], Valéry Giscard d'Estaing indique que la détérioration de la situation économique de la France est l'élément

---

[1] Valéry Giscard d'Estaing, *Le pouvoir et la vie*. 2 vol. : *1 : La rencontre, 2 : L'affrontement*, Paris, Cᵢᵉ 12, 1991. *Cf.* aussi Valéry Giscard d'Estaing, « Grand témoin », *in* Serge Berstein, Jean-Claude Casanova et Jean-François Sirinelli (dir.), *Les*

déterminant qui le conduit à appeler Raymond Barre en remplacement de Jacques Chirac en 1976. À cette époque, le ralentissement du rythme de l'activité est durement ressenti, il forge le sentiment d'une crise profonde dont la résorption est une priorité. Le graphique ci-dessous illustre la dynamique du taux de croissance du PIB[2] de la France entre 1969 et 1979. L'économie française comme tous les pays occidentaux a subi de plein fouet le choc pétrolier de 1973-1974 (quadruplement des prix du pétrole entre octobre 1973 et janvier 1974). Cette hausse a des conséquences mécaniques pour les pays industrialisés. La détérioration des termes de l'échange qu'ils subissent est associée à un prélèvement extérieur équivalent à environ 3 % du PIB pour la plupart d'entre eux (France, Italie, Royaume-Uni, Japon). Les conséquences inflationnistes de la hausse des prix de l'énergie sont amplifiées en France par la poursuite d'une surindexation salariale héritée des pratiques des années 1960.

Taux de croissance du PIB en France entre 1969 et 1979

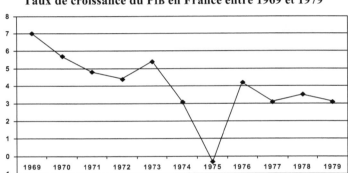

Dans un contexte d'ouverture internationale croissante, les chefs d'entreprises doivent compresser leur marge afin de rester compétitifs. La rentabilité des entreprises est détériorée, l'investissement en subit les conséquences et recule brutalement. La formation brute de capital fixe connaît un recul absolu dès 1974, au Japon (-9,5 %), aux États-Unis (-6,8 %) ou encore en RFA (-9,6 %) ou une politique monétaire de rigueur est mise en œuvre. Pour l'ensemble de l'OCDE[3], la baisse est de 4,7 % en 1974 et elle s'accentue l'année suivante (-6,3 %). La chute de cette composante de la demande explique la crise économique de 1975 en France (avec une croissance négative à hauteur de -0,5 %) et la

---

années Giscard. La politique économique, 1974-1981, Paris, Armand Colin, 2009, p. 52-72.

[2] Produit intérieur brut.

[3] Organisation de développement et de coopération économique.

réduction du potentiel de croissance des économies par la suite. Ces perturbations sont à l'origine d'une montée du chômage que l'on croit à l'époque conjoncturelle[4]. Sa progression continue en 1976 et 1977 alors que la croissance est un peu plus soutenue apparaît d'autant plus inquiétante : le chiffre symbolique du million de chômeurs est franchi en France en 1977.

Taux de chômage en France entre 1972 et 1979 (en %)

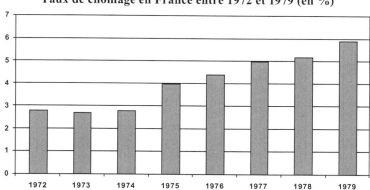

En 1976, Barre endosse la figure de l'homme providentiel : professeur d'économie de grande réputation, il est l'auteur d'un manuel d'économie à grand succès (*Économie Politique*, plusieurs fois réédité aux Presses universitaires de France) qui participe à la diffusion en France des avancées théoriques américaines (importance des objectifs de stabilité, contrôle de la masse monétaire, etc.). Pour celui-ci, la sortie de crise passe par le rétablissement des grands équilibres macroéconomiques (stabilité des prix, équilibre externe) : cet environnement de stabilité devrait créer les meilleures conditions pour que l'activité économique puisse redevenir forte. En 1976, celui que V. Giscard d'Estaing qualifie de « meilleur économiste de France » souhaite prendre en charge lui-même le portefeuille de l'Économie et des Finances. La tentative de mise en place d'un rétablissement des grands équilibres fait l'unité de la période 1976-1981.

Président de la République, V. Giscard d'Estaing continue, de son côté, de suivre de près les questions économiques, car il a une longue expérience du ministère de l'Économie :

---

[4] *Cf.* Jean-Pierre Vesperini, *L'économie française sous la V* *République*, Paris, Économica, 1993.

J'ai dirigé ce ministère pendant neuf à douze ans, selon que l'on compte ou non mes années de secrétaire d'État au Budget [...]. J'étais, sans doute, à l'époque, l'homme politique français le mieux informé des affaires financières et commerciales internationales.[5]

V. Giscard d'Estaing et Barre ont souvent insisté sur leur unité de vue à propos des grands choix de politiques économiques ; aussi le ministre délégué à l'Économie et aux Finances est-il appelé à ne disposer que de peu d'espace politique entre les deux hommes : il semble devoir seulement appliquer une feuille de route, en l'occurrence la mise en musique du *plan Barre II*.

Pourquoi choisir Boulin au poste de ministre délégué à l'Économie et aux Finances ?

Après la poussée de la gauche aux élections municipales de mars 1977, un nouveau gouvernement Barre est installé avec en ligne de mire la préparation des élections législatives de mars 1978. Celles-ci s'annoncent particulièrement difficiles pour la majorité présidentielle. Pour V. Giscard d'Estaing, le choix de Boulin à l'Économie et aux Finances offre plusieurs garanties. Il est d'abord un « gaulliste antichiraquien ». Il est ensuite un gaulliste à la fibre sociale marquée. Cette étiquette sociale peut rassurer une partie de l'électorat inquiète des conséquences du ralentissement de l'activité économique. Boulin a, par ailleurs, un sens établi du service de l'État ; il a démontré son savoir-faire à la tête de ministères techniques grâce à sa rigueur, sa grande capacité de travail et sa connaissance des dossiers. Son expérience et son sens politique limitent les risques d'erreurs à ce poste ou les enjeux stratégiques ne manquent pas (gestion de la question sensible du contrôle des prix auquel les Français restent attachés, gestion de la dynamique des salaires réels et du pouvoir d'achat, etc.). V. Giscard d'Estaing et Boulin ont appris à se connaître et à travailler ensemble entre 1962 et 1966 lorsque V. Giscard d'Estaing était ministre de l'Économie et Boulin secrétaire d'État au Budget. Celui-ci a enfin une très solide expérience des affaires économiques ; outre le poste de secrétaire d'État au Budget (1962-1966), il a occupé les postes de secrétaire d'État à l'Économie et aux Finances (1967-1968) et de ministre de l'Agriculture (1968-1969), où il a assimilé les mécanismes d'intégration complexes de la politique agricole commune.

---

[5] Serge Berstein, Jean-Claude Casanova et Jean-François Sirinelli (dir.), 2009, *op. cit.*, p. 55.

Les politiques économiques conduites par Boulin

La recherche du rétablissement des grands équilibres fait l'unité de la période 1976-1981 en termes de politiques économiques[6] : tentative de maîtrise de l'inflation, recherche d'un équilibre de la balance courante, contrôle de la situation des finances publiques... Le passage de Boulin au ministère de l'Économie et des Finances s'inscrit dans cette continuité.

Au cours des années 1977 et 1978, le rythme de l'inflation se stabilise sous la barre des 10 %. Le taux d'escompte de la Banque de France (alors peu autonome vis-à-vis du ministère de l'Économie) après avoir atteint 10,5 % en septembre 1976 est légèrement abaissé en août 1977 à 9,5 %. Il connaît une légère remontée à la fin de 1977 pour faire face à la dépréciation du franc vis-à-vis de dollar américain en raison notamment de l'anticipation par les opérateurs sur le marché des changes d'une victoire de la gauche aux prochaines législatives. Outre une composante importée qui résulte de la dépréciation du franc, cette inflation a également une origine salariale. C'est pourquoi le gouvernement Barre met en œuvre une stratégie de stricte indexation des salaires nominaux sur l'inflation. Il réussit certes à rompre de la sorte avec les pratiques de surindexation du passé mais ne peut éviter l'activation de mécanisme d'auto-entretien de l'inflation par les salaires.

Taux d'inflation en France entre 1972 et 1979 (en %)

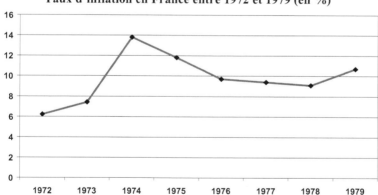

Le ministère de l'Économie et des Finances doit trouver un dosage fin entre quête de stabilité et maintien du pouvoir d'achat des Français. Dans le cadre des politiques d'encadrement des prix qui prévalent,

---

[6]   *Cf.* Jean-Charles Asselain, « La conduite de la politique économique », *in* Serge Berstein, Jean-Claude Casanova et Jean-François Sirinelli (dir.), 2009, *op. cit.*, p. 9-52.

Boulin impulse un développement des contrôles des prix chez les commerçants et impose une baisse des prix sur des produits de premières nécessités (café, huile, etc.). Malgré ses efforts, les performances inflationnistes de la France restent plus mauvaises que celles de ses principaux partenaires commerciaux : les différentiels d'inflation défavorables pèsent sur la situation de la balance des paiements.

Solde courant de la France entre 1972 et 1979 (en % du Pib)

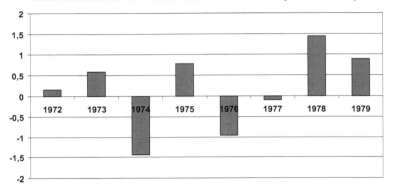

À la suite du premier choc pétrolier, le retournement des termes de l'échange renverse le solde courant de la France, la balance courante devient déficitaire à hauteur de 1,4 % du PIB. Malgré un différentiel d'inflation défavorable vis-à-vis de ses grands partenaires commerciaux, le pays parvient à rééquilibrer ses comptes externes et bénéficie d'une bonne diversification marchés et d'une bonne diversification produits, par ailleurs le solde des invisibles continue d'être largement positif.

En avril 1977, la mise en œuvre du *plan Barre* est annoncée. Il comporte des mesures sociales : aides aux familles (hausse de 10 % des allocations familiales, création du complément familial, etc.), augmentation du minimum vieillesse, amélioration des retraites, etc. Le coût total du plan est d'environ 8,3 milliards de francs. Son financement est assuré par l'emprunt à hauteur de 8 milliards, dont le rendement de 8,8 % est garanti sur l'unité de compte européenne. Ce plan contribue à maintenir un solde négatif du budget des administrations sur la période. Du fait des mesures de relance de l'activité (relance Chirac de 1975) et du ralentissement de l'activité économique, le solde budgétaire de l'année 1975 est négatif à hauteur de 2,5 % du PIB ; le déficit est, par la suite, réduit sur les exercices 1976, 1977 et 1978 : il se stabilise un peu au dessus de 1 % du PIB.

Déficit budgétaire de la France entre 1972 et 1979 (en % du Pib)

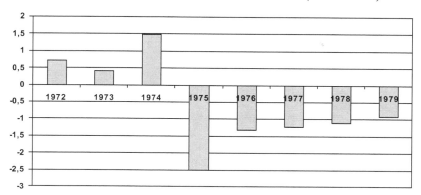

La Bourse inquiète

Le passage de Boulin au ministère de l'Économie est aussi marqué par la survenance d'une crise boursière. Entre mars 1976 et février 1978, c'est-à-dire en 23 mois, les cours boursiers[7] baissent à Paris de 43,3 %, et le rythme de la baisse peut être estimé à -2,44 % par mois en moyenne. Ce mouvement baissier paraît spécifique à la place financière de Paris : en effet, entre mars et décembre 1976, l'indice *Dow Jones* est stable et par la suite sur l'année 1977 son recul apparaît relativement modéré. En 1977, la place de Londres progresse de 35,2 % dans un environnement pourtant inflationniste. En février 1978, « l'indice CAC Le Bris » se situe à 306 : la place de Paris atteint un plus bas historique depuis 1950, d'autant plus que la Bourse de Paris est sur une tendance baissière de long terme depuis 1961.

Deux grands facteurs expliquent cette nouvelle baisse : les échéances électorales avec en arrière-plan la montée en puissance de la gauche alors porteuse de projets de nationalisation dans le cadre du programme commun entre le Parti socialiste et le Parti communiste, et le retard structurel de la place de Paris, qui pâtit de son manque d'attractivité et de modernisme. À la suite des élections municipales de mars 1977 qui renforcent les positions de la gauche, la Bourse de Paris baisse plus encore (-11,8 % entre 4 mars et le 1er avril) ; et les dissensions au sein de la majorité présidentielle accentuent en conséquence cette tendance. Au contraire, le conflit entre le PS et le PC en août 1977 provoque une

---

[7] Pour plus de détails sur l'indice utilisé et l'ampleur relative de cette crise, *cf.* Bertrand Blancheton et Hubert Bonin, « Les crises boursières en France au XXe siècle », *in* Georges Gallais-Hamonno *et al.* (dir.), *Histoire financière de la France au XXe siècle*, à paraître.

remontée des cours (+5 % sur septembre 1977). La victoire de la gauche aux législatives de mars 1978 apparaît comme une hypothèse de plus en plus probable à mesure que l'on se rapproche de l'échéance. Le marché redoute la perspective de nationalisations et de réformes fiscales encore plus pénalisantes pour les détenteurs d'actions. Les cours baissent fortement en novembre, décembre et janvier. La crise prend fin avec la victoire de la majorité présidentielle aux législatives.

Cette crise révèle aussi l'archaïsme de la place de Paris : la détention de valeurs mobilières reste fiscalement peu attractive en France à cette époque, malgré de timides réformes depuis le milieu des années 1960 (SICAV[8], avoir fiscal, etc.) ; ainsi, en juin 1977, un abattement de 2 000 francs par an est instauré sur le revenu des actions.

Indice boursier parisien CAC (David Le Bris)

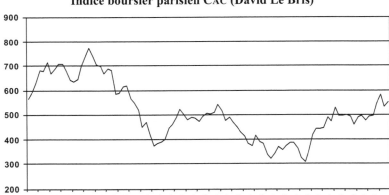

Au final, sur cette période de 371 jours qui marque le ministère Boulin, l'on ne discerne pas de réforme économique spécifique ou radicale. L'accentuation de la libéralisation des prix intervient plus tard après les élections législatives de 1978, pour s'achever en 1980. René Monory, qui succède à Boulin, met en œuvre à partir de 1978 des mesures de modernisation du marché financier français : la loi Monory du 13 juillet 1978 permet aux particuliers de réduire de leur revenu imposable les achats d'actions françaises dans la limite de 5 000 francs. Cette loi symbolise la volonté des pouvoirs publics de développer véritablement le marché financier parisien[9]. Plus tard la constitution du

---

8 Société d'investissement à capital variable.

9 Voir par exemple Daniel Arnould, *Les marchés de capitaux en France*, Paris, Armand Colin, coll. « U, Série Économie », 1995.

système monétaire européen en mars 1979 constitue un choix clef pour la France, car il l'engage dans l'intégration européenne après l'échec de l'expérience du serpent monétaire européen.

L'on ne peut prétendre par conséquent ni que Boulin a été un acteur décisif de la politique économique, puisqu'il dépendait par trop des choix du président et du Premier ministre, ni qu'il a impulsé par lui-même des réformes ou des initiatives originales ; il n'a pas laissé son nom à une quelconque réforme significative. Il est vrai, à sa décharge, qu'il a dû louvoyer au sortir d'une récession grave et dans un climat d'incertitude politique, qui n'ont pas facilité sa tâche, puisque la méfiance de l'opinion (à propos de l'inflation, de la crise structurelle de l'économie, des élections législatives de 1978) a pu prévaloir sur les incitations provoquées par une politique économique relativement modérée et par la reprise de la croissance à l'échelle occidentale.

Janvier 1978 : Boulin et Antoine Pinay : le ministre de l'Économie
et des Finances reçoit son prédécesseur (1952-1953 ; 1958-1960) pour
signifier à l'opinion la continuité dans la rigueur de la gestion de l'État

Mai 1977 : Boulin au sommet des puissances économiques à Londres,
derrière Giulio Andreotti (Italie), V. Giscard-d'Estaing, James Callaghan
(Premier ministre britannique), le Président Jimmy Carter,
le chancelier Helmut Schmidt et le Premier ministre Pierre Trudeau

Boulin ministre du Travail et de la Participation

Les réponses originales d'un gaulliste historique à la crise

Félix TORRES

Historien et auteur d'une histoire du ministère du Travail

Robert Boulin est ministre du Travail et de la Participation d'avril 1978 au 30 octobre 1979 dans le troisième gouvernement Barre du septennat de Valéry Giscard d'Estaing[1]. Cette mission ministérielle a été largement éclipsée par les circonstances tragiques de sa mort quand il travaille justement dans l'hôtel du Chatelet de la rue de Grenelle. D'autres postes ont mieux retenu l'attention de la postérité, celui des Rapatriés dans les années 1960 ou des Affaires sociales au début des années 1970. En dépit de circonstances politiques et surtout personnelles de plus en plus difficiles, Boulin a pourtant, comme à son habitude, déployé au portefeuille du Travail une intense et efficace activité ministérielle. Notre premier angle a consisté à inscrire cette action dans la longue durée d'un ministère qui subit d'importantes réformes et ajustements structurels dans les années 1970. Ministre pendant un peu plus d'un an et demi, il en a été le sixième ministre du Travail en moins de dix ans. Depuis le début de cette décennie et le gouvernement de Jacques Chaban-Delmas, premier de Georges Pompidou, Joseph Fontanet, Edgar Faure, Georges Gorse, Michel Durafour et Christian Beullac l'ont précédé, Jean Mattéoli lui succède après sa disparition

---

[1] Cette contribution et ses informations sur l'histoire du ministère du Travail s'inspirent de la recherche réalisée de 2004 à 2006 par Public Histoire pour le centenaire du ministère en 2006, publié par Boris Dänzer-Kantof, Félix Torres, Véronique Lefebvre et Michel Lucas sous le titre *Un siècle de réformes sociales : une histoire du ministère du Travail, 1906-2006*, préface de Jean-Louis Borloo et Gérard Larcher, Paris, la Documentation française, 2006. Je remercie Fabienne Boulin, Éric Burgeat et Yann Gaillard pour les témoignages et les documents qu'ils m'ont apporté concernant l'action de Boulin Rue de Grenelle et qui m'ont aidé à mieux comprendre et cerner son rôle comme ministre du Travail et de la Participation.

tragique à la veille de la victoire de François Mitterrand à l'élection présidentielle et de l'arrivée de la gauche au pouvoir.

Ce défilé rapide, dans un ministère dédié traditionnellement à la défense des salariés et considéré, jusqu'aux années 1980, comme de second rang, jette une lumière particulière sur le travail de Boulin Rue de Grenelle. Il aide à dépasser des interrogations et des hypothèses d'écoles forcément vaines : et s'il avait vécu et achevé son mandat ? Que se serait-il passé si V. Giscard d'Estaing avait été réélu en 1981 ? Boulin construit son projet Rue de Grenelle dans le contexte de la seconde moitié des années 1970, dans la continuité de l'action d'un ministère moins immobile qu'on ne l'a cru : amélioration continue des conditions de travail des salariés, préoccupation grandissante de l'emploi et mise au point de divers dispositifs d'accompagnement destinés à connaître une longue postérité. Dans ce cadre, l'action de celui-ci et de son équipe, placée implicitement sous le signe de l'héritage de la « Nouvelle Société » de Chaban-Delmas a été considérable et originale. Une partie des réflexions et travaux de son équipe est d'ailleurs reprise par la gauche dans le cadre des lois Auroux, d'où l'interrogation : pourquoi en définitive l'oubli quasi complet de son action ? Comment expliquer son impossible héritage ? Au-delà et en dépit des circonstances tragiques de sa disparition, ne faut-il pas évoquer un échec politique, celui d'une volonté réformatrice qui ne pouvait pas dire son nom et qui est restée sans postérité politique ?

Robert Boulin Rue de Grenelle

Ministre délégué à l'Économie et aux Finances dans le second ministère de Raymond Barre (29 mars 1977-3 avril 1978), Boulin semble promis au même poste dans le troisième ministère Barre qui suit la victoire inattendue de la droite aux élections législatives de 1978. Il entretient d'excellentes relations avec le Premier ministre. Dans ses conversations souvenirs, celui-ci déclare à son propos :

> Lorsqu'il était ministre délégué à l'Économie et aux Finances, j'avais avec lui des relations très suivies et il avait toute sa confiance. Devenu en 1978 ministre du Travail et de la Participation, il les conservera […]. Je voyais Robert Boulin en tête à tête toutes les semaines. Nos rapports étaient très cordiaux.[2]

C'est pourtant à René Monory qu'échoit le ministère de l'Économie, Boulin héritant du portefeuille du Travail auquel est accolé le terme de « participation ». La victoire de la droite aux élections législatives offre

---

[2]   Raymond Barre, *L'expérience du pouvoir : conversations avec Jean Bothorel*, Paris, Fayard, coll. « Témoignages pour l'histoire », 2007, p. 174.

à l'équipe gouvernementale la possibilité de desserrer le carcan dirigiste de l'économie. « La victoire de 1978 nous a donné les mains libres et l'espace politique pour entamer des réformes structurelles de l'économie », déclare plus tard Barre[3]. Dans cet esprit, l'ancien garagiste et créateur de sociétés de vente d'automobiles et de produits pétroliers qu'est Monory apparaît bien plus que l'élu de la Gironde l'homme idoine dans le cadre d'un processus de relative libéralisation de l'économie dite « administrée », ce qu'il montre d'ailleurs rapidement en libérant les prix et en tournant l'épargne des particuliers vers la Bourse avec la création des SICAV[4]. Boulin avait eu des assurances et s'attendait à être nommé au gouvernement. Dans un premier temps, il est « surpris, déçu et inquiet de prendre le ministère du Travail et de la Participation »[5]. Passer de la Rue de Rivoli à celle de Grenelle, à une époque ou ce dernier ministère est considéré comme un poste de second ordre, qui plus est en butte à la crise économique et sociale, c'est un peu déchoir, voir sa position politique fragilisée. Mais, à l'heure de la déroute de la sidérurgie, des fermetures d'usines et de la montée de la préoccupation de l'emploi, il prend très vite conscience du caractère clé de son nouveau portefeuille, d'autant que, contrairement à l'usage, c'est lui et non le porte-parole du gouvernement qui a le privilège de « communiquer » sur le social. Ce potentiel est conforté par son rôle charnière dans l'équipe gouvernementale, entre les hommes du président et les gaullistes, entrés depuis peu dans l'orbite chiraquienne.

À cette époque, la Rue de Grenelle a, tout comme le ministère des Affaires sociales, la réputation d'être un portefeuille « de gauche ». Suite à l'élection de V. Giscard d'Estaing en 1974, ces deux ministères sociaux ont été confiés à des deux centristes. Simone Veil occupe le poste de ministre de la Santé pendant cinq années de suite ; le radical Durafour, qui affiche volontiers ses conceptions sociales et revendique l'héritage de la pensée sociale de Chaban-Delmas et de Jacques Delors, a été ministre du Travail durant deux ans, de 1974 à 1976. Il attribue d'ailleurs lui-même sa nomination à ses positions modérées : « J'ai été choisi, car j'étais le plus à gauche. »[6] Le besoin de favoriser une forte présence de ministres plus « réformistes » et l'hypothèse selon laquelle le président de la République se séparerait de Barre avant les présidentielles de 1981 donnent corps à l'idée de voir Boulin devenir peut-être le prochain Premier ministre. Lors d'une visite de V. Giscard d'Estaing dans le Sud-Ouest, au début du mois d'octobre 1979, il s'arrête à

---

3   Entretien de F. Torres avec Barre le 23 juillet 1997.
4   Société d'investissement à capital variable.
5   Entretien de F. Torres avec Éric Burgeat, 2 mars 2010.
6   Entretien de Michel Durafour avec Véronique Lefebvre et F. Torres le 5 janvier 2006.

Libourne, la ville du ministre du Travail, et lui rend un hommage appuyé. La presse en tire immédiatement la conclusion que l'élu de la région sera le successeur de Barre. Ennuyé à l'égard d'une rumeur et d'une ambition auxquelles il ne souscrit pas, Boulin a la correction de téléphoner au Premier ministre : « Tout cela, lui dit-il, n'est que spéculation gratuite et jamais je n'ai convoité votre poste. »[7]

Rue de Grenelle, Boulin demeure politiquement isolé. Du côté du RPR[8], malgré le drapeau de la participation gaulliste qu'arbore l'intitulé de son ministère, on ne lui pardonne pas sa condamnation de la conquête du mouvement par Jacques Chirac dans son article « Le 14 Brumaire », paru à la une du *Monde* du 17 décembre 1974. Il a en outre dans le gouvernement un rival farouche en la personne du ministre de la Justice, Alain Peyreffite, qui convoite ouvertement la place de Premier ministre.

Du côté des Giscardiens, on ne lui fait guère de cadeau. Boulin a choisi comme chef de cabinet Yann Gaillard, énarque (promotion Lazare Carnot 1959-1961) et inspecteur des Finances, qui a commencé sa carrière dans le sillage de Faure : conseiller technique dans son cabinet lorsque ce dernier est ministre de l'Agriculture (1966-1967), secrétaire général adjoint du Comité interministériel pour les questions de coopération économique européenne (1967-1969), directeur adjoint de cabinet de Faure ministre de l'Éducation nationale (1968-1969). Gaillard fait la connaissance de Boulin au moment où il succède à Faure au ministère de l'Agriculture. Il devient son chef de cabinet durant trois ans quand celui-ci occupe le ministère de la Santé publique et de la Sécurité sociale. Parmi les nombreuses mesures de ce ministère, le vote d'une loi sur la drogue « préférant la thérapeutique à la répression, du moins pour les consommateurs » et le choix du Dr Claude Olivenstein pour diriger le centre de Marmottan – « avec Dieu sait quelles difficultés ! Un repaire de drogués dans le XVIIe, fief du regretté Bernard Lafay ! Mais Boulin avait résisté, impavide » – montrent l'ouverture d'esprit et la complicité du tandem que forment les deux hommes[9]. Avant de diriger le cabinet du ministre du Travail et de la Participation, Gaillard devient celui de Faure, ministre des Affaires sociales (1972-1973), puis président de l'Assemblée nationale (1973-1978). Avec Boulin, il participe, dans les années 1969-1972, à l'« "atmosphère joyeuse" de la Nouvelle Société [de Chaban-Delmas], proclamée à Matignon, boudée à l'Élysée ». Évoluant selon ses termes entre « réformisme doctrinal » (à la Delors) et « illusionnisme social » (*sic* !, à la Faure), Gaillard croise,

---

[7] Raymond Barre, 2007, *op. cit.*, p. 174-175.

[8] Rassemblement pour la République.

[9] Voir le récit que fait Yann Gaillard de cette période dans *Adieu Colbert*, Paris, Christian Bourgeois, 2000, p. 202-210, dont sont tirées toutes les citations de ce passage.

dans des réunions sur la conjoncture sociale, Delors, Yves Sabouret, Simon Nora ; deux ministres sont représentés, Fontanet et Boulin.

Ce dernier choisit Gaillard comme directeur de cabinet au ministère du Travail pour deux raisons : en souvenir des années réformatrices 1969-1972 ; et parce que son premier collaborateur connaît la Rue de Grenelle où il a travaillé avec Faure. Du fait de ce choix d'esprit très réformiste, « les débuts furent difficiles » souligne Gaillard et son recrutement va se heurter à divers obstacles. Il s'est en effet présenté aux élections législatives de 1978 sous l'étiquette RPR contre un giscardien, qui l'a battu, et il vient d'être débarqué de l'Hôtel de Lassay avec le président Faure. Rue de Grenelle, le directeur de cabinet sortant du ministre Beullac, Hervé de Charette, refuse provisoirement de lui céder la place, comme le raconte Gaillard dans ses mémoires : « Le ministre Boulin, chose inouïe, décida de ne pas mettre les pieds dans son ministère, si on ne lui laissait pas le choix de son directeur de cabinet. »[10] Finalement, tout rentre dans l'ordre après, semble-t-il, une intervention personnelle du Premier ministre, Barre. C'était le signe que le choix d'un directeur de cabinet chabaniste et de réputation réformatrice dérangeait quelque peu dans un gouvernement issu d'élections gagnées contre la gauche[11].

Ministre du Travail, Boulin affronte une conjoncture difficile marquée par l'aggravation de la crise économique qui a mis fin aux Trente Glorieuses et la montée régulière du chômage. Le cap symbolique du million de chômeurs a été franchi durant l'été 1976. Le court et le moyen terme, l'urgence du moment et l'importance du structurel : dans un important discours programmatique prononcé six mois après son arrivée Rue de Grenelle, il souligne qu'il a

> Tenu à mener deux politiques parallèles, conjointes et complémentaires : l'une pour répondre aux urgences, lutter contre le chômage, définir une nouvelle politique de l'emploi ; l'autre, à plus long terme, au-delà des réactions à l'événement : poser de nouveaux jalons en matière sociale, mettre en route des réformes à longue échéance [...]. En matière d'emploi, toute politique a nécessairement un double visage : il faut lutter dans l'immédiat contre le chômage, mais aussi définir des réformes structurelles créatrices d'emploi.[12]

---

[10]   Yann Gaillard, 2000, *op. cit.*, p. 202-210.

[11]   Après un passage dans la banque au début des années 1980, Gaillard oriente ensuite sa carrière vers une fonction d'élu, notamment comme conseiller général (1976-2001) du canton d'Essoyes (Aube), conseiller régional de Champagne-Ardenne (1986-1992) et, depuis 1994, sénateur de l'Aube, apparenté RPR puis UMP.

[12]   Seul un brouillon tapuscrit non référencé en a été conservé, [s. d.], 10 pages, archives familiales F. Boulin-É. Burgeat.

À la tête d'un ministère dédié au Travail et de plus en plus à l'Emploi

S'attaquer au chômage, agir pour l'emploi : Boulin n'innove pas en s'inscrivant dans une tendance de fond déjà inaugurée par ses prédécesseurs Rue de Grenelle. À partir de 1974, ce ministère vit à l'heure de la crise et de la progression inéluctable du chômage. La nouvelle conjoncture qui a vu le nombre de chômeurs dépasser le million a déjà incité les pouvoirs publics à remanier les structures de l'administration du ministère. Le décret du 25 juin 1975 établi sous Durafour a divisé son administration entre deux grandes entités, le travail et l'emploi : la direction des relations du travail, la traditionnelle direction du Travail et une nouvelle et dynamique délégation à l'emploi, un intitulé significatif pour lequel on a refusé le terme de direction. Pierre Cabanes est nommé à la tête de la première, la seconde revenant à l'ancien directeur général du travail et de l'emploi, Gabriel Oheix, deux figures emblématiques qui resteront en poste jusqu'au début des années 1980, avec le privilège de la durée. Ils continuent à travailler avec Boulin quand il prend le portefeuille du Travail.

Parmi les autres réformes du milieu de la décennie 1970, interviennent la fusion de la Santé et de la Sécurité sociale au sein d'un grand ministère des Affaires sociales confié à S. Veil et la création d'un corps interministériel des Inspecteurs du travail. Ces réformes (1975-1977) sont fondamentales et esquissent déjà le visage futur du ministère au cours des années 1980-1990. Amputée du champ de la Sécurité sociale, dont les problématiques avaient été jusque-là étroitement liées à celles du Travail, la Rue de Grenelle voit son champ d'action clarifié et son ossature arrêtée pour de longues années. La partie travail, assurée par la direction des relations du travail, reste une partie prédominante du ministère. Cette direction joue, durant toute la décennie, un rôle clé dans la définition des politiques en faveur de l'amélioration des conditions de travail et dans l'évolution du droit des salariés, la délégation à l'Emploi trouvant rapidement sa place au sein d'un ministère confronté à la montée régulière du chômage.

Ces structures renouvelées sont en outre gérées par une nouvelle génération de fonctionnaires, qui bénéficient d'une large marge de manœuvre et d'une grande latitude d'action. Le passage relativement bref de nombreux ministres tout au long de la décennie 1970 renforce ce phénomène d'autonomie : de 1972 à 1980, certains hauts fonctionnaires travaillent ainsi avec six ministres du Travail différents[13]... Cette valse a

---

13   Remarquons néanmoins que son l'installation Rue de Grenelle est de 19 mois, interrompue par sa mort brutale le 30 octobre 1979. Sans elle, Barre demeurant en toute logique à Matignon jusqu'aux élections présidentielles de mai 1981, il est fort

aussi son revers. À chaque fois en effet, il faut exposer à nouveau le contenu des dossiers et tous les enjeux qui s'y attachent. De fait, les directions assurent le suivi et la continuité de l'action entre chaque ministre, même si les gouvernements concernés assurent la cohérence des politiques mises en œuvre. Ceux-ci portent d'ailleurs une attention particulière au domaine de l'emploi, notamment lorsque Barre est nommé Premier ministre en août 1976. Les services de l'emploi, qui font preuve d'un grand dynamisme, constituent désormais les relais indispensables de la politique gouvernementale. Ils initieront la plupart des dispositifs qui formeront la base des politiques de l'emploi.

Le cœur de l'activité du ministère reste pourtant étroitement axé sur les droits des salariés et l'amélioration des conditions de travail. La nouvelle direction des relations du travail mène sur tous les fronts une intense activité. L'arrivée de la gauche au pouvoir en 1981 est marquée par l'adoption d'un certain nombre de mesures sociales et par la mise en place des lois Auroux sur les droits des travailleurs qui, tout en proposant une approche globale et politique du droit du travail, s'inscrivent dans la continuité des mesures adoptées lors de la décennie précédente. Trois grandes lois consacrent à cette époque l'action de la direction des relations du travail et s'inscrivent chacune dans le sens de la protection du salarié : la consolidation du droit sur les licenciements, la réforme de l'entreprise et le renforcement des instances paritaires.

La loi du 3 janvier 1975, instaurant l'autorisation administrative du licenciement économique, complète celle de 1973 qui protégeait le salarié contre le licenciement discrétionnaire, en obligeant l'employeur à respecter un certain nombre de procédures. Cette nouvelle législation, qui renoue avec le contrôle administratif du licenciement adopté en 1945, mais abandonné dans les années 1950, est fortement dictée par le contexte économique périlleux de l'aggravation de la crise. Elle permet de protéger le salarié contre la tentation pour les entreprises de procéder à des licenciements hâtifs, tout en visant aussi à sauvegarder les finances de l'UNÉDIC[14], exposées à un déséquilibre en raison de la forte indemnisation du licenciement économique. Contrairement à l'idée reçue qui se constitue par la suite, elle n'est pas créée pour empêcher directement les licenciements, mais bien plutôt pour les encadrer et les contrôler, afin de permettre le reclassement des salariés et vérifier qu'il s'agit bien de postes de travail supprimés, faute de quoi le salarié licencié n'aurait pas accès aux ASSÉDIC[15] et aux indemnités de chômage… Cette loi élargit considérablement la mission et le pouvoir de l'inspecteur du travail,

---

probable que le mandat ministériel de Boulin, entamé en avril 1978, aurait été de trois ans et un mois.

[14]   Union nationale interprofessionnelle pour l'emploi dans l'industrie et le commerce.

[15]   Associations pour l'emploi dans l'industrie et le commerce.

chargés de prononcer la décision d'autorisation de licenciement, celle-ci devenant l'un des marqueurs de l'opposition droite-gauche dans les années 1980.

La loi du 12 juillet 1977 présente pour sa part le bilan social comme un outil permettant d'améliorer la concertation et donnant des moyens d'évaluation supplémentaires au comité d'entreprise. Elle procède sans doute du *rapport Sudreau* de 1975, qui a souligné la nécessité d'une information quantifiée en la matière. L'adoption de la loi du 12 juillet 1977 est assortie de décrets et d'arrêtés qui précisent en particulier les « indicateurs du bilan social ». Obligatoire pour les entreprises de plus de 300 salariés et considérée comme un outil de négociation, celle-ci renforce le pouvoir du comité d'entreprise et permet au dialogue entre les partenaires sociaux de se fonder sur des données objectives. Le troisième grand chantier législatif de la direction des relations du travail est la réforme des conseils des prud'hommes, réalisée par Boulin ; nous y reviendrons.

Citons trois autres dispositifs légaux dont la mise en place par la direction des relations du travail de la loi majeure de 1973 sur l'amélioration des conditions de travail. Sur la base de la création en 1945 des comités d'hygiène et de sécurité, il s'agit à la fois d'agir pour la santé et la sécurité de l'individu au travail, tout en prenant en considération les situations plus générales d'exercice et d'organisation du travail. Liée à la remise en cause du taylorisme, une nouvelle notion émerge, celle de « bien-être au travail ». Une seconde, votée le 20 décembre 1978, alors que Boulin est ministre du Travail depuis neuf mois, mais préparée avant son arrivée, renforce l'action du médecin du travail dans le domaine des accidents du travail. Celui-ci doit consacrer un tiers de son temps à la visite des locaux professionnels, afin d'acquérir une bonne connaissance des postes de travail et de leur environnement, et veiller à la sécurité et aux conditions de travail des salariés. Enfin, une loi relative à la protection de l'emploi des salariés victimes d'un accident de travail ou d'une maladie professionnelle interviendra le 7 janvier 1981.

La grande nouveauté qui touche ce ministère à cette époque, est la montée en charge de l'action de la délégation à l'Emploi. La politique pour l'emploi qui se met en place est destinée une très longue postérité, en raison du processus de restructuration de l'appareil productif dans les lustres qui suivent. C'est à ce moment-là que l'administration élabore les principes qui seront à la base de toutes les politiques de l'emploi, avec la conviction que la crise sera passagère et le chômage bientôt résorbé… La création de la délégation à l'Emploi répond à deux grands objectifs : mettre en place, au sein d'un ministère traditionnellement orienté vers l'élaboration de règles protectrices du droit de travail une unité qui soit tournée vers l'économie et le monde industriel ; amener l'administration à coopérer avec les autres ministères et à s'ouvrir vers les entreprises. C'est précisément entre 1975 et 1980, période durant laquelle se mettent en place les grands dispositifs en faveur de l'emploi, qu'une nouvelle politique de l'emploi voit le jour, comme l'a résumé Dominique Balmary, alors délégué adjoint à l'Emploi, futur délégué à l'Emploi dans les années 1980 :

> Personne n'a vu arriver la crise, qui a commencé à durer et s'est manifestée par deux phénomènes immédiats, la marée des licenciements économiques et la montée inquiétante du chômage des jeunes. Les pouvoirs publics se sont tournés vers le ministère, et notamment vers la délégation à l'Emploi. Des actions ont été mises en place autour de plusieurs grandes directions : la protection des salariés, avec la loi du 3 janvier 1975 sur l'autorisation administrative de licenciement, le recours massif aux plans sociaux avec le Fonds national pour l'emploi (FNE), le souci alors inédit de faciliter l'emploi des jeunes, le nouveau rôle de la formation avec un dispositif comme le Contrat emploi formation (CEF). La délégation analysait la situation toutes les semaines et remplissait ses tiroirs d'idées et d'actions nouvelles, vite utilisées.[16]

Dans un premier temps, le gouvernement a tenté de limiter les conséquences sur l'emploi du recul de l'activité sur le secteur industriel le plus touché par la crise. Le ministère du Travail et celui de l'Économie et des Finances mettent en place une politique orientée sur « la défense de l'emploi » qui passe d'abord par le soutien aux entreprises ou aux régions en difficulté. Dès juillet 1974, des Comités départementaux d'examen des procédures de financement des entreprises (CODEFI) ont été créés pour aider les entreprises à faire face à leurs problèmes de trésorerie. Un Comité interministériel d'aménagement des structures industrielles (CIASI) avec mission de coordonner l'intervention des pouvoirs publics a été également constitué… Ces comités jouent un rôle important, notamment dans les régions où vont se produire d'importantes restructurations industrielles. Pour atténuer le poids économique et social des licenciements, l'Allocation supplémentaire d'attente (ASA) est créée, garantissant à tout salarié licencié pour motif économique le maintien de 90 % de son salaire.

Lorsque Barre a constitué son premier gouvernement, il a confié le ministère du Travail à Christian Beullac. Bras droit du directeur de Renault, Pierre Dreyfus, l'ingénieur sans formation politique qu'est Beullac arrive au ministère doté d'une double réputation, celle d'un homme ouvert, lié au patronat chrétien, celle aussi de refuser

---

[16]   Entretien avec F. Torres le 6 avril 2006. Voir également ses articles : « Le traitement des restructurations par l'administration de l'emploi », « Plans sociaux et administration du travail : convaincre ou contraindre ? » et « Le droit de licenciement économique est-il vraiment favorable à l'emploi ? », *Droit social*, n° 1, janvier 1989 ; n° 5, mars 1994 ; et n° 2, février 1998, p. 11-16, 477-481 et 131-139.

l'« abdication » face à des syndicats invités à rester à leur place. L'heure est à la fermeté et à la rigueur économique, Barre proclamant à Matignon : « La France vit au-dessus de ses moyens. » En septembre 1976, le *plan Barre* de lutte contre l'inflation est lancé, prévoyant une stagnation du pouvoir d'achat pour 1977, la majoration des cotisations sociales, un renforcement de l'encadrement du crédit et du contrôle des changes. Mais ce plan ne prévoit pas de nouvelles mesures pour l'emploi. Un peu moins d'un an plus tard, en juillet 1977, le Premier ministre annonce le lancement d'un « Pacte pour l'emploi des jeunes », un dispositif sera reconduit trois années de suite. Il permet aux entreprises d'accueillir des jeunes soit dans le cadre d'un stage, soit dans le cadre d'un contrat d'apprentissage en échange d'une exonération des charges. L'objectif consiste à faciliter, autant que possible, l'entrée des jeunes sur le marché du travail. De 1977 à 1981, trois pactes sont lancés, autour de deux formules : l'exonération des charges patronales pour l'embauche de moins de 25 ans, des stages de formation équivalant au retrait temporaire du marché de l'emploi, avec notamment les Contrats emploi formation (CEF).

Le Pacte pour l'emploi des jeunes initie ainsi le démarrage des politiques de traitement social du chômage. Les équipes de la délégation pour l'Emploi réalisent en effet que la conjoncture ne suffira pas à redonner de l'emploi à certaines populations fragilisées, en particulier les jeunes et qu'il devient nécessaire de leur donner un coup de pouce. Ce premier plan inaugure en quelque sorte la « segmentarisation » des aides, consistant à mettre sur pied des mesures spécifiques pour telle ou telle catégorie de population ciblée[17].

Participation et concertation, une philosophie pour l'action

L'arrivée de Boulin Rue de Grenelle s'inscrit dans ce contexte administratif fortement élaboré. Il affronte, après la victoire surprise de la majorité aux élections législatives de mars 1978, ce que l'on pourrait qualifier de « second souffle du début de la crise » : présente depuis 1973-1974, celle-ci dure déjà depuis quelques années, une politique de l'emploi marquée par plusieurs dispositifs a déjà été mise en place, marquée par un phénomène inquiétant : le succès quantitatif initial se prolonge par un tassement préoccupant.

Boulin a deux fortes convictions associées, celle de la lucidité et de la vérité dans le domaine économique, celle du dialogue et de la participation en matière sociale. Pour l'ex-ministre délégué à l'Économie et

---

[17]   *Cf.* Henri Gibier, « 1976. La France compte un million de chômeurs », *Liaisons sociales* hors série (1945-2005 : Le modèle social français – de l'âge d'or à la crise), octobre 2005, p. 60-63.

aux Finances, persuadé que la crise correspond à un changement de fond, et que celle-ci est durable. C'est l'adaptation à l'économie et non le social pour le social qui doit commander :

> Nos difficultés économiques doivent s'adapter à un contexte extérieur qui s'est profondément modifié. Cette adaptation ne peut se faire sans effort et il n'est au pouvoir de personne de promettre que, demain, tout sera facile. Mais il est en notre pouvoir de faire que cette adaptation soit favorisée, accélérée.[18]

Le 20 janvier 1978, dans la réunion électorale qu'il tient à Libourne, salle des Charriauds, il jette sur un papier les notes suivantes :

> I. La situation économique et sociale française. Elle implique :
> – clairvoyance et objectivité
> – langage de vérité
> – permanence de l'effort
> – évolution sans révolution
> Le monde de demain ne sera plus celui d'hier :
> – l'énergie
> – les matières premières
> – le flottement des monnaies
> – les pays en voie de développement
> – là est le vrai changement.
> L'adaptation nécessaire :
> – investissement
> – activité
> – imagination.[19]

Cet esprit de lucidité préside à sa réforme réalisée à la fin de 1978 avec le ministère des Affaires sociales du système d'assurance chômage, négociée avec les partenaires sociaux, le régime des allocations chômage généreuses qui datait de 1958 étant remplacé par une allocation dégressive, le tout dans un sens plus incitatif à la reprise de l'emploi. La seconde idée forte est celle de la participation, le second volet de l'intitulé de son ministère. « Actionnariat et participation, la vraie réponse aux préoccupations des chefs d'entreprise et des salariés », déclare Boulin au *Forum des Échos* du 24 octobre 1978 où il prononce un véritable discours-programme. Il conçoit

> la participation comme une philosophie d'organisation sociale susceptible de répondre à l'anxiété de nos contemporains […]. Être ministre du Travail et de la Participation, ce n'est pas cumuler deux fonctions distinctes. Être ministre de la participation en même temps que ministre du Travail, c'est,

---

[18] « L'évolution de la situation économique », exposé de Boulin devant la Chambre de Commerce de Paris, 26 janvier 1978, repris dans *les Notes bleues du service de l'Information du ministère de l'Économie et des Finances*.

[19] Boulin, intervention salle des Charriauds à Libourne, 20 janvier 1978, 3 p., archives familiales F. Boulin-É. Burgeat.

pour moi, tenter de faire passer dans les faits une idée en définitive très simple : rien d'important, rien de durable ne peut se faire dans ce pays, qui ne repose sur un accroissement des responsabilités des salariés et je m'emploierai à réaliser cet objectif.[20]

Jouer la carte de la participation, de la concertation, c'est refuser l'« idée marxiste, archi-fausse, du système conflictuel », c'est « avancer dans le sens de la réalité et du pratique avec les hommes [concernés] », c'est parier sur la progression collective d'une vérité commune. Dans ce sens, la participation est chez le Girondin Boulin un « état d'esprit », une authentique manière d'être et d'agir, une façon presque ontologique de circonscrire et démêler les questions à résoudre. Comme il le dit dans un déjeuner-débat consacré à la participation en mars 1979 :

> Mon expérience ministérielle me permet cette réflexion : « Au fond, les problèmes sont simples, et souvent les hommes sont compliqués. » Alors, il faut essayer d'apporter des solutions pratiques, je crois que dans la mesure où une concertation a lieu, on peut avancer, certainement pas tout résoudre, à condition de traiter les problèmes sous l'angle du courage et de la vérité.[21]

Éric Burgeat, qui rejoint alors son cabinet, confirme le caractère générique de cette approche :

> Boulin était quelqu'un de pragmatique, sans idées préconçues. À ses yeux, on pouvait construire du consensus sur la base d'une analyse objective des faits. Au ministère, il a mis en place des groupes de travail rassemblant des fonctionnaires, des experts et des partenaires sociaux afin d'identifier des thèmes de travail et mélanger les points de vue, notamment pour aboutir à une prise de conscience des derniers. L'analyse des faits devait forger une façon commune d'aborder les choses.[22]

Le thème de la concertation et de la participation permet ainsi à Boulin de dérouler une action riche de sens en plusieurs étapes. Première d'entre elles, la mise en œuvre d'un projet de loi sur la distribution d'actions aux salariés, un nouveau pas en avant après les textes gaullistes de 1959 et 1967. Le président V. Giscard d'Estaing lance dans une conférence de presse l'idée d'association du capital et du travail, avec le projet de distribution d'actions dans le cadre de l'entreprise pouvant aller jusqu'à 3 % de leur capital. La participation, thème gaulliste s'il en

---

[20] Discours, non référencé, prononcé six mois après l'arrivée de Boulin au ministère du Travail et de la Participation, *op. cit.*

[21] Conclusion de la retranscription de son dîner-débat du 6 mars 1979 avec Guy Longeville, secrétaire au Conseil général de Paris, membre de la Commission de l'emploi et du développement économique, Alain Samie, président de la Fédération française des industries graphiques, et Christian Peignet, président de la Commission des périodiques à grande diffusion.

[22] Entretien avec F. Torres, 2010, *op. cit.*

est, rencontre ainsi la volonté du troisième gouvernement Barre de développer le sens de l'entreprise privée chez les Français. L'équipe du ministre, Gaillard en tête, assisté de Cabanes et d'une jeune sous-directrice du Travail, Martine Aubry, travaille de façon continue sur ce projet, dont la loi sera promulguée après la disparition de Boulin, le 24 octobre 1980. Ce texte, qui pâtit du décès prématuré de son initiateur, est difficile à mettre au point, ne serait-ce que pour déterminer l'assiette des distributions à réaliser, dans l'administration, nul ne connaissant alors rien, comme Gaillard en fait la remarque, à « la réalité du capital des grandes entreprises ».[23] Réalisée de manière plutôt technocratique, contrairement à l'approche holistique et participative qu'en avait Boulin, cette loi représente au final une avancée modeste, même si elle ouvre de réelles possibilités dans les entreprises souhaitant s'y engager.

Au-delà, l'idée de participation dans l'entreprise apparaît pour Boulin « une grande idée ». Dans la lignée des remises en cause de Mai 1968, du projet de Nouvelle Société de Chaban-Delmas et du *rapport Sudreau* sur la réforme de l'entreprise en 1973, il a perçu qu'

> il y a chez l'ensemble des salariés un désir de participation très active à la vie de l'entreprise. Aujourd'hui, le salarié, le travailleur et naturellement le cadre, dans la vie quotidienne, veulent être concernés, responsabilisés. Les conditions de travail, les horaires, les procédés de fabrication, la sécurité sont des éléments qui les intéressent directement.[24]

Cette grande idée ne doit pas toutefois rester dans l'abstrait et doit déboucher sur des propositions concrètes et pratiques, comme le signale le ministre lui-même dans son intervention au *Forum des Échos*. Aidé par des spécialistes extérieurs, comme le professeur Jean-Jacques Dupeyroux, directeur des études à l'ENA[25], dont les articles parus dans *Le Monde* suggèrent une autre politique sociale et fiscale, et le consultant moderniste Bernard Brunhes, les équipes du cabinet et celles de la direction des relations du travail, animées par leur sous-directrice M. Aubry, multiplient les pistes de recherche. C'est notamment le travail sur la négociation collective notamment avec les partenaires sociaux au sein de la Commission supérieure des conventions collectives afin d'enrichir la loi de 1950 ; la réflexion sur la réforme de l'archaïque règlement intérieur – « l'une des formes essentielles à mes yeux de la politique de participation, car c'est le droit quotidien des salariés, il définit les règles du vécu du travailleur dans l'atelier » souligne Boulin –, suite à un rapport préliminaire remis par le professeur Jean Rivero qui accepte de présider une commission *ad hoc* ; le projet

---

[23] Yann Gaillard, 2000, *op. cit.*, p. 211-212.

[24] Intervention au *Forum des Échos* du 24 octobre 1978 ; *Les Échos*, 25 octobre 1978.

[25] École nationale d'administration.

« très important » de participation aux décisions à l'intérieur de l'atelier élaboré par Lionel Stoléru ; l'effort en direction de la sécurité du travail et des travailleurs dans le sillage des nombreux textes réglementaires pris en application de la loi du 6 décembre 1976, avec l'installation par le ministre d'un Conseil supérieur des risques professionnels et la prise d'un décret sur les contrôles médicaux en concertation avec les partenaires sociaux ; l'accroissement de la responsabilité des cadres au sein de l'entreprise, avec le dépôt d'un projet de loi sur la participation des cadres dans les conseils d'administration, etc.

La plupart de ces idées seront rangées au placard par Mattéoli, le prudent successeur de Boulin Rue de Grenelle, grand commis de l'État et président des Charbonnages de France depuis 1973. Elles ressortent à l'occasion de l'arrivée de la gauche au pouvoir et de la réalisation des lois Auroux, rédigées justement par M. Aubry dans le même souci de participation des salariés à la vie de leur entreprise, lois qui contribueront, moins paradoxalement qu'on pourrait le croire, à la réconciliation de la société française avec l'entreprise privée dans les années 1980 après plusieurs décennies d'antagonisme. « On n'aurait jamais pu faire les lois Auroux sans le travail de Boulin », témoigne plus tard É. Burgeat[26]. On peut même aller au-delà en remarquant que son idéal de concertation l'aura emporté *post-mortem*.

Dans cet esprit, la loi sur les élections prud'homales, promulguée le 18 janvier 1979, représente l'un des morceaux de bravoure du bref mandat de Boulin Rue de Grenelle. À l'époque, les juges salariés et employeurs sont désignés par les organisations syndicales dites représentatives, peu ou prou les mêmes qu'à la Libération. Fidèle à son idéal de concertation entre employeurs et salariés, Boulin souhaite à la fois démocratiser, rajeunir et élargir cette vieille institution qui ne concerne alors que 60 % des salariés. Les prud'hommes, juridiction d'exception de l'ordre judiciaire, composés à parité d'élus représentant les salariés et les chefs d'entreprise, sont compétents pour trancher les litiges individuels entre employeurs et salariés. Cette institution fait l'objet de diverses critiques ; elle rencontre en effet de nombreuses difficultés de fonctionnement, n'est implantée que sur un cinquième du territoire national et ne concerne que les professions relevant des sections industrielles, commerciales, agricoles. Elle exclut les salariés travaillant dans les associations privées et ne comporte pas non plus de représentation spécifique des cadres.

---

[26] Entretien avec F. Torres, 2010, *op. cit.* Voir à ce sujet le livre de Matthieu Tracol, *Changer le travail pour changer la vie : genèse des lois Auroux, 1981-1982*, Paris, L'Harmattan, coll. « Des poings et des roses », 2009, préface d'Olivier Wieworka, qui souligne la réalité de l'héritage de Boulin.

La loi de janvier 1979 généralise les conseils de prud'hommes, tant sur le plan géographique, en instaurant au moins un conseil par département, que professionnel. Les conseillers, élus à la représentation proportionnelle, sont répartis en deux collèges (employeur et salariés) et cinq sections industrie, commerce, agriculture, activité diverse et encadrement. La loi assure un véritable statut à ces conseillers et leur offre la possibilité de bénéficier d'une formation juridique.

Du fait de la principale disposition de la loi, l'élection des conseillers au suffrage universel, le texte fait l'objet, avant et après sa promulgation, d'un véritable tir de barrage de la part du patronat et de FO[27], craignant de voir la CGT[28] passer la barre des 50 %, « un crime de lèse-système » selon la formule de Gaillard, on accuse même le ministre du Travail de « travailler pour la CGT »… Yvon Chotard, le vice-président du CNPF[29], déclare un jour à Boulin : « M. le Ministre, je vous le dis, vos prud'hommes, vous ne les ferez pas ! » André Bergeron, le secrétaire général de FO, fait jouer tous les appuis qui sont les siens. Manœuvres variées, hostilité en coulisse de conseillers bien introduits comme Raymond Soubie, conseiller social à Matignon (qui fait même réaliser en sous-main un sondage montrant que les futures élections prud'homales vont faire tomber l'institution aux mains de la CGT…) ou Philippe Mestre, réticences du Conseil économique et social, tension grandissante, hargne à l'égard d'un homme suspecté de trahir son camp : dans une situation politique et personnelle difficile, Boulin tient bon… La loi est déjà promulguée quand, en plein Conseil des ministres, Barre lui fait parvenir un courrier lui demandant de surseoir à l'application du texte et de prendre instamment avis auprès du secrétaire général de FO. Boulin, à quelques jours de sa disparition, n'en fait rien et se contente de donner sans commentaire le billet du Premier ministre à son chef de cabinet[30].

Certes, le spectre du Programme commun de la gauche plane encore sur la majorité, même si le ministre a quelques idées derrière la tête, à savoir rebattre les cartes du paysage syndical en renforçant l'audience des syndicats réformistes, notamment la CFDT[31], ce qui est le cas

---

[27] Force ouvrière.

[28] Confédération générale du travail.

[29] Conseil national du patronat français.

[30] Pour l'ensemble de ce passage, Yann Gaillard, entretien avec F. Torres, 4 mars 2010 ; et 2000, *op. cit.*, p. 212 et 225-226.

[31] L'ouverture de Boulin à l'égard des syndicalistes se manifeste par son examen attentif des « listes rouges » de syndicalistes CGT et CFDT susceptibles d'être licenciés pour faute par le patronat. Il déclare à M. Aubry : « Je veux voir les dossiers que vous jugez injustes. Licencier un salarié protégé aujourd'hui, c'est le condamner à la mort civile, car il ne retrouvera pas de boulot. Donc, c'est une responsabilité énorme et je veux voir les dossiers difficiles. » (entretien avec F. Torres le 14 mars 2006).

ultérieurement. En effet, les élections prud'homales du 12 décembre 1979, quelques semaines après la mort de Boulin, donnent, dans les collèges employés et ouvriers 45,5 % pour la CGT, 23,7 % pour la CFDT, 17,9 % pour FO et 7 % pour la CFTC[32]. Les syndicats « réformistes » sont majoritaires, tendance qui s'amplifiera lors des élections suivantes. Boulin aura une fois de plus gagné – mieux arraché – *post mortem*, son combat pour la concertation et la participation.

Ministre de l'Emploi et de l'Aménagement du temps de travail ?

« Robert Boulin voulait être le ministre de l'Emploi et repenser entièrement la politique de l'emploi au lieu de multiplier les subventions de saupoudrage. »[33] Comment pourrait-il en être autrement ? Le ministre prend ses fonctions quelques jours après l'annonce de la suppression de 4 000 emplois dans le groupe sidérurgique Usinor. Une période de forte agitation sociale s'ouvre. Lors des semaines suivantes, des suppressions d'emploi sont annoncées dans les mines de fer en Lorraine et dans les Vosges, ainsi que dans les chantiers navals de La Ciotat. En dcembre 1978, alors que l'État a pris le contrôle des deux groupes sidérurgiques Usinor et Sacilor, leurs nouveaux dirigeants annoncent, en décembre 1978, un plan de suppression d'emplois de 20 500 postes. Le ministre prend de plein fouet, dans l'urgence, une tempête structurelle, la crise aiguë d'un appareil productif hérité des années de croissance qu'il faut adapter ou élaguer.

Dès son arrivée Rue de Grenelle, l'ancien ministre délégué à l'Économie et aux Finances demande à des hauts fonctionnaires et des universitaires une série de réflexions et de rapports publiée en 1979 à la Documentation française sous le titre *Pour une politique du travail.* Cette remise à plat sous-entend un changement de paradigme. La politique de l'emploi ne se résume plus à la simple

> incitation à la négociation collective entre employeurs et travailleurs […].
> Le champ de cette négociation s'est constamment élargi, dépassant le seul terrain salarial, englobant progressivement l'ensemble des conditions de travail et s'étendant désormais à tous les aspects de la vie de l'entreprise au devenir de laquelle contribuent également apporteurs de capitaux et apporteurs de leur force de travail.

Le caractère de plus en plus « multiforme » de la politique du travail, l'ampleur et la multiplicité des efforts financiers consentis par l'État requièrent, comme « préalable nécessaire à des réformes adaptées aux

---

[32] Confédération française des travailleurs chrétiens.

[33] Éric Burgeat, entretien avec F. Torres, 2010, *op. cit.*

questions de notre temps », des bilans approfondis, concernant notamment trois domaines : l'effort de l'État en faveur de l'emploi, la mise en place des politiques de régulation de l'emploi et l'amélioration de la connaissance du marché du travail[34]. Bref, parler de travail, c'est désormais parler d'emploi et de politiques d'emploi au sens large du terme.

Le ministre ouvre ainsi de nombreux chantiers, en faisant appel à François Bloch-Lainé pour un bilan des aides publiques directes et indirectes à l'emploi ; à Bernard Jouvin en ce qui concerne les problèmes d'indemnisation du chômage ; à Jean Farge pour une réforme du fonctionnement de l'Agence nationale pour l'emploi (ANPE) ; à Claude Vimont, directeur de l'ONISEP[35], pour une réflexion sur les problèmes régionaux de l'emploi ; à Paul Carrère, inspecteur général de l'INSEE[36], un inventaire des informations statistiques sur le marché du travail ; au Dr Jean Rousselet, conseiller technique au Centre d'étude de l'emploi et à l'ONISEP, pour une analyse de la marginalisation des jeunes par rapport à l'insertion professionnelle ; au professeur Alain Cotta pour la compréhension des origines de la montée du chômage en France ; enfin, au professeur Georges Tapinos, professeur à l'Institut d'études politiques de Paris pour l'étude de l'évolution de l'équilibre de l'emploi et du fonctionnement du marché du travail placés dans le contexte du progrès des techniques, de la nouvelle division internationale du travail, de la nouvelle répartition entre temps de travail et temps de loisir, etc.

L'objectif est d'éviter de sombrer dans les abstractions tout au long de ces réflexions, même si celle d'A. Cotta vise à élaborer « une nouvelle théorie de l'emploi », non en soi mais parce que « plus apte à rendre compte des phénomènes observés et à orienter les politiques nécessaires. » Suite à son rapport, Jouvin propose une réforme en profondeur du système d'indemnisation du chômage visant à simplifier procédures et règles d'attribution des aides et à améliorer leur équité qui, après reprise par le ministre, fait l'objet d'un vote au Parlement le 16 janvier 1970. Les mesures adoptées suite au rapport (assez sévère) de Farge sur l'ANPE recentrent l'activité de l'Agence autour sa mission première de placement. Après la remise de son document, Bloch-Lainé se voit proposer la présidence d'une Commission des comptes publics de l'emploi afin de mesurer l'efficacité du dispositif mis en œuvre par les pouvoirs publics en la matière.

Mais l'urgence est la crise majeure de la sidérurgie nationale qui a contraint le gouvernement à en nationaliser la majorité. À partir de

---

[34] Robert Boulin, préface à *Pour une politique du travail*, Paris, La Documentation française, 1979, p. III-VIII.

[35] Office national d'information sur les enseignements et les professions.

[36] Institut national de la statistique et des études économiques.

1978, la débâcle du secteur donne l'occasion aux pouvoirs publics de mesurer toute l'ampleur de la crise et ses conséquences désastreuses sur l'emploi. Depuis les années 1960, la sidérurgie française connaît une surproduction continue, multiplie les plans de restructuration et l'appel aux aides publiques. Mais les pertes s'accumulent et le secteur est au bord de l'effondrement à la fin des années 1970, amenant les deux leaders du secteur, Usinor et Sacilor, à envisager des plans de restructuration drastiques. Le deuxième plan sidérurgique (après celui de 1966) est âprement discuté à Matignon dans les ministères concernés et, en premier lieu, au ministère du Travail et de la Participation. Après plusieurs mois de négociations, une convention sociale de la sidérurgie est signée à l'été 1979 par la majorité des syndicats, à l'exception de la CGT. Si l'essentiel du plan de restructuration est appliqué, la convention prévoit un système d'accompagnement avec un accord sur une série de départs négociés en préretraite à partir de 50 ans.

Dans ce dossier brûlant, voire explosif, Boulin se trouve en première ligne, alors qu'André Giraud, le ministre de l'Industrie, se consacre plutôt, de façon discrète et avec un succès mitigé, à la restructuration industrielle des secteurs à sauver, comme Boulin le confie le 25 septembre 1979 à Jean Mauriac : « Tout est possible. Je n'exclus pas une rupture du consensus social [...]. Je suis le pompier de service. J'éteins les incendies partout où ils se présentent. »[37] C'est le seul ministre qui accepte de venir s'expliquer au journal télévisé sur ce dossier. Un dessin significatif de Jacques Faizant à la Une du *Figaro* du 6 février 1979 montre un Boulin en pyjama, le matin, remuant son bol de café et faisant une moue déterminée face à son chat ; par terre, un journal avec la manchette : « Mardi. Négociation Robert Boulin Syndicats Sidérurgie. » Nous sommes le jour où il reçoit à 9 heures les cinq organisations syndicales de la sidérurgie afin d'étudier le plan de restructuration proposé par les pouvoirs publics ; et le ministre d'expliquer au matou : « Il y a des matins, Archibald, où l'on se demande s'il ne vaudrait pas mieux d'être jamais né ! » Le commentaire du journal insiste sur les dangers supposés d'une négociation qui capoterait : « Sidérurgie : grondement à l'Est », « climat social préoccupant, considéré par certains comme explosif en Lorraine et dans le Nord », « le pire est à redouter » (*dixit* Bergeron !), si la négociation n'aboutit pas « ce serait l'inconnu », etc.

---

[37] Jean Mauriac, *L'Après-De Gaulle : notes confidentielles, 1969-1989*, mis en forme par Jean-Luc Barré, Paris, Fayard, 2006.

Rencontre ce matin Boulin-syndicats

Sidérurgie :
grondement à l'Est

~6 FEV. 1979

IL Y A DES MATINS, ARCHIBALD, OÙ L'ON SE DEMANDE S'IL NE VAUDRAIT PAS MIEUX N'ÊTRE JAMAIS NÉ !

En fait, le ministre du Travail et de la Participation, on ne l'a peut-être pas assez souligné, réussit brillamment l'épreuve de contenir le dossier sidérurgique dans des limites acceptables, c'est-à-dire sans explosion sociale incontrôlable. Boulin paye de sa personne, joue à fond la carte du dialogue, ne mégote pas sur les mesures de soutien et de relance. Bref, il y croit et mouille sa chemise dans un gouvernement d'abord tenté par une approche technocratique et restrictive du dossier. Aubry qu'il fait travailler sur le dossier à qui il demande des rencontres sur le terrain et des pistes de réflexion – « J'aimerais que vous me disiez quels sont à votre avis les moyens de réduire le coût social de cela » – décrit une réunion de travail houleuse chez le Premier ministre à cette époque :

> J'aimais beaucoup cet homme parce qu'il était courageux et avait une très grande humanité [...]. Je me souviendrai toujours de cette réunion dans les salons de Matignon à laquelle j'accompagnais Robert Boulin, comme il me l'avait demandé, car j'étais allée passer trois mois dans des usines de Sacilor pour discuter avec les directeurs et les syndicalistes, pour essayer de voir comment ça fonctionnait et ce que l'on pouvait proposer, en réalisant un travail assez approfondi. Il y avait autour de la table Raymond Barre, Robert Boulin en face avec moi à ses côtés, le ministre de l'Économie [Monory], il y avait aussi Maurice Papon [ministre du Budget], André Giraud [ministre de l'Industrie]. Ils étaient en train de parler de chiffres, je

dis au hasard : « Dix mille ? Mais non, pourquoi pas quinze mille ? », ils jonglaient avec les milliers de salariés à licencier... Boulin a brutalement pris la parole et a dit : « C'est insupportable, vous êtes là, le c... sur vos fauteuils en tapisserie brodée, pendant que des familles sont mortes de trouille en attendant de savoir ce qui valeur arriver en Lorraine et dans le Nord. Maintenant, il serait temps de parler des choses essentielles et de savoir comment limiter les dégâts. »

Vient alors le temps des propositions élaborées par son équipe :

Robert Boulin a alors proposé son plan dont les principales mesures étaient les pré-retraites et la réduction de la durée du temps de travail. Raymond Barre a répondu : « Quand les choses vont mal, il faut se serrer la ceinture – c'était déjà le débat sur les 35 heures –, travailler plus et non pas travailler moins. » Tout le monde s'est alors mis à dire que les pré-retraites coûtaient trop cher. Robert Boulin s'est levé et a dit : « Je ne peux pas accepter ce que vous êtes en train de faire. Martine, on s'en va. » Et nous sommes partis. C'était quelqu'un de très engagé.[38]

Le social au service de l'économique : l'essence du plan de Boulin réside dans une adaptation aux forceps du dispositif productif de la sidérurgie notamment grâce à des départs en pré-retraites massifs pour les salariés proches de l'âge de la retraite (avec une indemnisation plus importante que prévu), une réduction de la durée du travail à 37 heures pour les travaux en continu (la sidérurgie travaillait déjà en 5x8, c'est-à-dire trois équipes tournant 7 jours sur 7 pour une durée de 42 heures par semaine), qui permettrait de réduire de 30 % les licenciements, et l'appel au Fonds spécial d'adaptation industrielle (mis en place un an auparavant lors du premier plan de réduction d'emploi de la sidérurgie, en 1977) pour financer de nouveaux emplois de reconversion. Il a su faire accepter ce « paquet » aux syndicalistes, toujours sensibles à la relance de l'emploi, comme il le raconte à la presse en avril 1979 :

J'ai reçu les syndicats et je leur ai dit : « 20 000 licenciements sont programmés ; c'est épouvantable et il faut reconnaître que c'est un drame affreux. Mais voulez-vous une sidérurgie compétitive ? La France a droit à une sidérurgie aussi valable que les allemande, luxembourgeoise ou belge. Eh bien ! Moi, je vous propose un plan social qui, sur les 20 000 licenciements, permettra de régler le problème de 12 000 ou, peut-être, de 13 000 personnes. C'est déjà énorme. » Ensuite, on crée des emplois. Vous allez me dire que ce sont des emplois « bidons » ; ou bien ce sont de véritables entreprises [qui vont sortir du sol]. On a programmé 14 000 emplois grâce au Fonds spécial d'adaptation industrielle, doté de 3 milliards de francs.[39]

---

[38] M. Aubry, entretien avec F. Torres, 2006, *op. cit.*

[39] Intervention de Boulin lors du *Club de la Presse d'Europe 1* de Gérard Carreyrou et d'Alain Duhamel, 29 avril 1970 comme pour la citation suivante.

Retirer artificiellement des catégories d'actifs du circuit productif, financer *ex nihilo* avec de l'argent public de nouveaux emplois à des fins de reconversion de ceux qui ont été supprimés, c'est mettre le doigt dans un engrenage destiné à durer plusieurs décennies. Les réactions lors de la réunion chez le Premier ministre, comme de celles de plusieurs commentateurs montrent que la question du coût du dossier d'accompagnement social a été perçue. Mais, au-delà des inévitables arbitrages budgétaires entre ministères, que faire d'autre ? Lors du *Club de la Presse* d'*Europe 1*, un journaliste, Guy Thomas, s'écrie, à l'écoute des chiffres du ministre :

> Vous avez parlé de 3 milliards pour le Fonds spécial d'adaptation industrielle : cela concerne 14 000 emplois. C'est cher ! Cela fait près de 20 millions de centimes par emploi.

Boulin ne répond pas directement à ce reproche, sauf à faire remarquer :

> La priorité, c'est que la sidérurgie française ne soit pas en faillite. C'est la nation qui a consenti l'effort de solidarité nécessaire en empêchant qu'elle ne tombe en faillite et qu'elle disparaisse.

Il convient de ne pas trop personnaliser le sujet. La montée en puissance du dispositif des pré-retraites auquel sacrifie Boulin le précède et lui survit. À partir de 1977-1978, la poursuite de la dégradation de la situation économique et la hausse des licenciements obligent les pouvoirs publics à gérer les réductions massives d'effectifs qui s'enchaînent. Dans la continuité de l'accord du 13 juin 1977, des dispositifs sont adoptés afin d'inciter les travailleurs les plus âgés à se retirer de leur activité. L'UNEDIC met sur pied un système de préretraite pour les salariés de 60 ans et plus, admettant sous certaines conditions des personnes de moins de 60 ans. Quelque 117 000 allocataires bénéficient de ce système en 1980. Un autre dispositif permettant aux salariés qui le désirent de cesser leur activité par anticipation est lancé. Octroyant une garantie de ressource, dite « de démission », il enregistre un succès indéniable, et rassemble en 1980 plus de 95 000 bénéficiaires. Enfin, les allocations conventionnelles du Fonds national de l'emploi, instituées dès 1963, sont réactivées à partir de 1979. Elles établissent la prise en charge des départs avant 60 ans dans certaines entreprises, dès lors qu'une convention entre l'État et une entreprise est conclue, et après avis du comité permanent du conseil supérieur de l'emploi ; près de 45 000 personnes seront concernées par ce mécanisme.

En quelques années, l'appréhension des questions d'emploi a changé radicalement au ministère.

> Traditionnellement, l'emploi était considéré comme une activité accessoire des services du travail, mais la crise et l'ampleur prise par le problème du chômage ont modifié cet état d'esprit,

précise le délégué à l'Emploi. En dix ans, les actions administratives et les budgets correspondants s'accroissent, les directeurs départementaux du travail sont désormais associés à toutes les actions organisées au plan départemental sur l'emploi et les problèmes économiques. Significativement, l'important décret du 24 novembre 1977 portant sur l'organisation des services extérieurs du ministère substitue le mot « emploi » à celui de « main-d'œuvre » dans l'appellation des services, qui deviennent « les services extérieurs du Travail et de l'Emploi ». Boulin apporte son écot en la matière en instaurant en 1979 dans tous les départements, suite au rapport qu'il a demandé à Claude Vimont, des adjoints aux directeurs départementaux afin de renforcer l'action locale du ministère.

Conscient peut-être plus que d'autres des causes structurelles qui favorisent la montée du chômage en France, le ministre sollicite sans cesse ses services pour qu'ils lui proposent des mesures actives de reconversion et de relance de l'emploi. Face à Oheix, le délégué à l'Emploi, il insiste : « On ne peut pas continuer avec des mesurettes. Il faut repenser à la base la lutte pour l'emploi. » Quand ce dernier revient avec un ensemble de propositions jugées trop timides, le verdict du ministre tombe : « Repartez chez vous et ne revenez pas avec de vieux vélos ! »[40] Les efforts sont multiples et, somme toute, assez remarquables : Congé individuel formation (CIF) du 17 juillet 1978, loi cadre du 16 janvier 1979 sur « l'aide aux travailleurs privés d'emploi », Pacte bis pour l'emploi des jeunes et de certaines catégories de femmes, développement de la formation professionnelle, notamment en matière d'alternance (avec le ministre de l'Éducation nationale et ex-ministre du Travail Beullac, qui met au point un texte de loi favorisant celle-ci au sein des entreprises) pour une meilleure insertion des jeunes, réflexion sur les problèmes de l'immigration (interrompue par Stoléru depuis 1973, et dont Boulin juge qu'elle pèse sur l'emploi), création d'emplois d'utilité collective (plus de 5 000), d'une demi-équipe supplémentaire pour le travail posté ; réflexion sur le travail à temps partiel (pour lequel un groupe de travail avec la participation des partenaires sociaux est réuni, afin de définir un statut), loi du 3 janvier 1979 sur « les contrats de travail à durée déterminée », afin de pourvoir des emplois dans le cadre de travaux saisonniers, mais aussi sur la demande de petites et moyennes entreprises regrettant de ne pas embaucher faute de pouvoir licencier – et ce genre de CDD[41] est promis à un avenir durable –, etc. Boulin qualifie ces mesures de « structurelles », car

susceptibles d'améliorer la situation en profondeur : certes, chacune, en elle-même, ne peut avoir que des effets limités, mais c'est la multiplicité de ces

---

[40] Propos de Boulin rapportées par Éric Burgeat, entretien avec F. Torres, 2010, *op. cit.*
[41] Contrat à durée déterminée.

programmes d'action qui permettra peut-être d'avoir une certaine action sur l'emploi d'ici à 1980.[42]

Clairement, conscient de ne pas disposer de la martingale qui résoudrait d'un coup de baguette magique la lancinante question du chômage, il sait rester prudent et garde la tête froide.

La solution miracle ne résiderait-elle pas dans l'instauration de la semaine de 35 heures qui permettrait de résoudre le chômage – dans le cadre du « partage du travail » cher à la gauche ? À partir du printemps 1979, dans le sillage de la mise au point de l'accord sur la sidérurgie, on lui pose de plus en plus fréquemment la question, tel Claude Guillaumin lors du *Téléphone sonne* de *France Inter* du 16 mai 1979 :

> CG. – Quand les syndicats disent : « 35 heures c'est possible sans réduction des salaires », pour vous ce n'est pas vrai ?
>
> Robert Boulin. – C'est une fausse réponse. Il ne faut pas être de très grande qualité intellectuelle pour comprendre que si on réduit la durée du travail et si on continue à payer les gens comme avant, ce qui me semble d'ailleurs entre nous normal, on surcharge les coûts des entreprises, on ne crée pas d'emplois.

Le ministre précise sa pensée quelques jours plus tard, le 25 mai, devant l'Assemblée nationale, en réponse à une question de Jean Laurain, député socialiste de Moselle : « La semaine de trente-cinq heures résorberait le chômage si l'on ne payait effectivement que trente-cinq heures de travail », tout en remarquant qu'il ne se sentait pas capable, en sa qualité de ministre du Travail, de demander aux travailleurs de la sidérurgie d'abandonner 15 % environ de leur pouvoir d'achat, et en ajoutant que,

> en revanche, si vous abordez globalement le problème de l'aménagement annuel du temps de travail, en y incluant le travail à temps partiel, notamment l'emploi féminin

et en démarrant des négociations par branche, entreprise et même atelier, des aménagements sont envisageables[43].

Refusant d'aborder le problème « sous un angle philosophique », Boulin prône, là comme ailleurs, le « réalisme. » Il ne s'agit pas d'aborder le problème de la réduction de la durée du travail comme « inscrit dans les astres » et la conséquence de la « civilisation moderne », sous l'effet des progrès de la technique et de la productivité, ni de penser qu'en la réduisant sans toucher au salaire, on créera là de nouveaux emplois[44]. Pour lui, le problème « demande une très grande réflexion,

---

[42] Discours prononcé non référencé prononcé six mois après l'arrivée de Boulin au ministère du Travail et de la Participation, *op. cit.*

[43] *Le Monde*, 25 mai 1979.

[44] Intervention de Boulin lors du *Club de la Presse d'Europe 1*, 29 avril 1970, *op. cit.* Voir également « Le téléphone sonne » de *France Inter* du 16 mai 1979, *op. cit.*

car il est mal posé ». La réduction, certainement un « progrès social » en ce qui concerne le travail des femmes, celui des travailleurs âgés et certains travaux pénibles ou postés. Sous l'angle du chômage, la réponse n'est pas aussi simple et Boulin de citer un vieil adage : « On peut travailler plus et gagner plus ; on peut travailler moins et gagner moins, mais on ne peut pas travailler moins et gagner autant. »[45] Il faut compter sur les progrès de la productivité et aborder le problème au cas par cas, car le travail dans la banque n'est pas celui dans la sidérurgie. Il suggère ainsi une approche négociée dans le cadre conventionnel et

> dans une discussion au niveau de l'entreprise ou de l'atelier. Il faut, là aussi, simplifier les problèmes et les voir dans leur réalité concrète et pratique. On ne peut pas en France, traiter le problème de la durée du travail d'une façon globale. Ce qui est vrai dans une entreprise ou dans un atelier n'est pas vrai dans l'autre. C'est donc vraiment la négociation qui doit régler ces problèmes et le gouvernement est tout à fait d'avis pour pousser la négociation.[46]

Le fait que la principale instigatrice de la réforme des 35 heures, décidée par le gouvernement de Lionel Jospin, ait été M. Aubry, ministre de l'Emploi et de la Solidarité de 1998 à 2000, qui a « fait ses classes » dans le ministère de Boulin, signale l'influence qui a pu être celle de ce dernier. Tout en soulignant la différence des deux approches : pragmatique et toujours à négocier au cas par cas pour l'élu de la Gironde, décidée de façon globale et imposée d'en haut par l'ancienne haute fonctionnaire : les « trente-cinq heures » de M. Aubry ne sont pas celles de Boulin…

La volonté d'agir dans un cadre européen et international

Remarquant qu'« aucune politique sociale ne peut s'affranchir des impératifs de l'environnement économique »[47] et soulignant le problème de concurrence entre une sidérurgie française qui travaillerait 35 heures face à une sidérurgie allemande restée à 39 heures, Boulin propose de façon originale une solution européenne au problème, à savoir la mise en place d'une « directive-cadre » communautaire sur la durée du travail avec une harmonisation européenne par branche, à commencer par la sidérurgie. Il met à profit la présidence par la France du Conseil des Communautés européennes du 1er janvier au 31 juillet 1979 et le fait qu'il est amené à présider le Conseil des neuf ministres chargés des questions sociales.

---

[45] « Robert Boulin : vers une directive intercommunautaire sur la durée du travail », entretien donné à *Intersocial*, 47, mars 1979.
[46] Intervention de Boulin lors du *Club de la Presse d'Europe 1*, 29 avril 1979, *op. cit.*
[47] Entretien dans *La Croix*, 2 janvier 1979.

Au début de 1979, Boulin est raisonnablement ambitieux, n'hésitant pas à mettre sur la table de la commission deux grands dossiers « politiques » : la question de l'aménagement de la durée du temps de travail et l'amélioration des rapports avec les partenaires sociaux[48], et ce, malgré le fait que la Conférence tripartite du 9 novembre 1978, devant laquelle il prononce un discours précisant les orientations de la France sur le sujet[49], tenue sous présidence allemande, se soit conclue par un échec, devant la revendication maximale par les syndicats de 35 heures par semaine ou d'une réduction de 10 % du temps de travail sans réduction de salaire. La présidence française rattrape le terrain perdu lors d'une réunion informelle des ministres du Travail européens le 9 et 10 mars, qui précède le Conseil européen des 12 et 13 mars. Pour ne pas sacrifier les exigences de la compétitivité, on parle officiellement d'« aménagement du temps de travail » plutôt que de « répartition de la durée du travail », trop synonyme de « répartition du chômage ». Avec l'appui du Néerlandais Henk Vredeling, le vice-président de la Commission européenne en charge de l'emploi et des questions sociales, les choses progressent. Lors du congrès de la Confédération européenne des syndicats (CES) qui se tient à Munich le 14 mai 1979, Boulin, fidèle à sa doctrine, propose en matière de RTT[50] des « accords concrets et positifs, étalés dans le temps, sans distorsions importantes au niveau communautaire »[51]. Son discours optimiste et pondéré a un grand écho dans la presse, et *Le Monde* en fait sa une.

Hélas, si le Conseil social du 15 mai aboutit à des conclusions positives, les syndicats renâclent déjà. Ouvert dans une ambiance tendue, le Comité permanent de l'emploi du 22 mai débouche sur la rupture entre les partenaires sociaux, car les syndicats tirent prétexte de la déclaration du patronat refusant toute idée de négociation. Les paroles optimistes du Conseil européen, tenu à Strasbourg les 21 et 22 juin, puis les préconisations du Comité économique et social de la Communauté du 28 juin, au cours duquel Boulin propose un discours de bilan prônant « la concertation entre les partenaires sociaux et les institutions communautaires »[52], comité dont le président salue son « excellente présidence » et propose de mettre en œuvre les conclusions du Conseil du 15 mai n'y changeront rien. Au final, ce sont de bien « maigres perspectives »[53], car « la volonté

---

[48] *Ibid.* et « Robert Boulin : vers une directive intercommunautaire sur la durée du travail », *Intersocial*, mars 1979, *art. cit.*

[49] Discours de Boulin devant la Conférence tripartite, 9 novembre 1978, 8 p.

[50] Réduction du temps de travail.

[51] Discours de Boulin au congrès de la CES, Munich, 14 mai 1979, 10 p.

[52] Discours de Boulin devant le Comité économique et social, Bruxelles, 28 juin 1979, 11 p.

[53] Voir la note détaillée de Maurice Ramond, conseiller pour les Affaires sociales à Bruxelles, sur le « Bilan de la présidence française dans le domaine social ; perspec-

de concertation européenne » de la part des partenaires sociaux a fait défaut. Reste pour Boulin un acquis, le fait que « la réduction de la durée du travail ne soit plus un tabou au niveau européen »[54], et les avancées sur des nombreux dossiers techniques, comme le programme d'échange de jeunes travailleurs et plusieurs dispositions sur la protection et la sécurité des salariés européens[55].

Boulin prolonge cette expérience internationale à l'OCDE[56], au sein d'un Comité de ministres de l'emploi et des affaires sociales animé par le syndicaliste allemand Heinz Oskar Vetter (1917-1990), président de la Confédération syndicale européenne de 1974 à 1979, qui devient un ami. Ces réunions discrètes et informelles, auxquelles participent des ministres américains et japonais, permettent d'évoquer les problèmes de chacun et d'échanger les meilleures expériences de chaque pays, d'autant que l'OCDE ne répercute pas ses informations sur la direction internationale de la délégation à l'Emploi... « Cette expérience étrangère a été très riche, très nouvelle pour le ministère du Travail, trop longtemps confiné aux frontières hexagonales » résume É. Burgeat, qui y participe pour la Rue de Grenelle[57]. C'est sans doute aussi pour Boulin l'occasion de s'évader de problèmes personnels de plus en plus lourds.

L'impossible héritage

À partir du printemps 1979, la vie de Boulin au ministère du Travail et de la Participation se dédouble. À partir de 9h30-10h, ses collaborateurs ont en face d'eux le ministre, efficace et maître de lui-même ; pourtant, tôt le matin, il arrive à son bureau, descend au sous-sol de l'hôtel du Chatelet pour reproduire et diffuser « les argumentaires, les réponses, les accusations, les articles de presse, les déclarations des uns et des autres »[58] d'une « affaire Boulin » qui peu à peu l'engloutit. Le fatal lundi 29 octobre, la réunion de son cabinet, qui se tient tous les lundis à 9h30 glisse rapidement sur les problèmes du ministère et s'étend pour la première fois à la vie privée du ministre. Sa mort tragique survient dans la nuit. Or « l'affaire Boulin » tend à gommer la figure de l'homme politique et ses nombreuses missions ministérielles, notamment

---

tives », établie à la demande de Boulin pour faire le point des six mois de présidence française et sur les perspectives européennes à venir, s.d., 10 p. dont É. Burgeat a eu l'amabilité de me transmettre une copie.

[54] « Robert Boulin : vers une directive intercommunautaire sur la durée du travail », *Intersocial*, mars 1979, art. cit.

[55] Voir le détail dans la note de Maurice Ramond, « Bilan de la présidence française dans le domaine social ; perspectives », s.d., *op. cit.*

[56] Organisation de coopération et de développement économiques.

[57] Éric Burgeat, entretien avec F. Torres, 2010, *op. cit.*

[58] Yann Gaillard, 2000, *op. cit.*, p. 220-224.

celle du Travail et de la Participation, le dernier portefeuille de celui qui est tombé en qualité de ministre du Travail. Son bilan Rue de Grenelle n'est pourtant pas mince : accompagnement réussi de la crise de la sidérurgie, réforme du régime d'indemnisation du chômage, loi sur les prud'hommes, création des CDD, modernisation de l'ANPE, début de la réflexion sur l'aménagement du temps de travail et bien d'autres mesures qui lui survivront comme cette participation dans l'entreprise qu'établiront les lois Auroux[59]. Certes, l'arrivée au pouvoir de la gauche en 1981 a fait basculer d'un coup dans un passé révolu l'action réformiste des années 1970 et a contribué à faire du ministère du Travail un grand et emblématique, convoité sinon flamboyant portefeuille. L'activité et les réalisations trop ternes de la Rue de Grenelle dans les années 1970 tombent dans l'oubli, le rôle de Boulin inclus, quels qu'aient été ses mérites.

On doit tenir compte pourtant de l'héritage des lois Auroux dans les années 1980 (mais qui évoque alors la filiation Boulin ?), sinon l'instauration à la fin des années 1990 des 35 heures (mais qui se souvient alors que M. Aubry avait été la sous-directrice du Travail du premier des ministres de la Rue de Grenelle à avoir soulevé l'idée ? Et quelle importance ?[60]). La mémoire de Boulin, homme de droite, a sans nul doute pâti de voir la gauche et non sa famille politique reprendre (sans bien sûr le revendiquer) quelques-unes des bonnes idées du ministre du Travail et de la Participation de Barre[61].

Plus profondément, le ministère de l'homme de Libourne a été un ministère réformateur qui a cherché à faire l'*aggiornamento* d'une nouvelle politique du travail et de l'emploi. Dans cette optique, sa mise à plat de l'existant et l'activisme de ses mesures anticipent la vie quotidienne du « grand » ministère du Travail des années 1980-1990, quand chaque titulaire fait feu de tous les dispositifs en sa possession pour tenter de réduire l'éternelle plaie du chômage de masse dont va souffrir la France pendant plusieurs décennies. Mais les idées majeures qui sous-

---

[59] Ce bilan positif a été perçu par le *Dictionnaire des ministres de 1789 à 1989*, dirigé par Benoît Yvert, Paris, Perrin, 1990, préface de Jean Tulard, dans la notice qu'il consacre à Boulin et notamment à son action comme ministre du Travail et de la Participation, p. 894-895.

[60] Si la présidentialisation de M. Aubry suscite de façon croissante des regards biographiques, ceux-ci, s'ils évoquent ses douze ans au ministère du Travail, ignorent systématiquement son action auprès de Boulin dont le nom n'est jamais mentionné. *Cf.* par exemple l'article « Les sept vies de Martine Aubry », *Le Point*, 1956, 11 mars 2010.

[61] Significativement, son directeur de cabinet, Gaillard, qui évoque dans *Adieu Colbert*, 2000, *op. cit.*, le passé commun de la « Nouvelle Société », écrit, p. 211-212, que l'« activisme timide » du ministre et de son équipe « se résume à deux textes » : la loi sur la distribution d'actions aux salariés et l'instauration des élections prudhommales… oubliant toutes les autres mesures du ministère !

tendent son projet, participation et concertation, étaient trop réduites (sinon irrémédiablement datée pour la première) pour forger une doctrine sociale qui soit durable... et fédératrice. Droite et patronat – ce dernier s'abstenant d'ailleurs de toute participation ou soutien aux négociations et projets Boulin – n'étaient pas prêts à batailler pour le volet social de ses réformes, ni même pour l'idée un peu saugrenue (très centriste sociale, sinon « deuxième gauche ») d'installer la participation et la concertation au cœur même de l'entreprise privée... Or tout allait de pair dans le *new deal* social ficelé à chaud sinon malgré lui par Boulin. Les vertus de son discours réaliste en matière économique (au sein d'un gouvernement dirigé par un Premier ministre qui en avait fait son affichage politique) devaient être compensées et accompagnées par de nouvelles avancées sociales rangées sous le drapeau de la participation et de la concertation.

Comme d'autres, avant et après lui, Boulin s'est inscrit dans le contexte pressant de la crise, avec la montée de politiques d'indemnisation et de défense de l'emploi. Il a aidé la restructuration d'un appareil industriel vieillissant par l'accompagnement et la mise au point de conventions sociales pour les entreprises en difficulté, par la prise en charge des salariés touchés par les restructurations. Il a enclenché une action restrictive sur les ressources grâce au départ de certaines catégories de main-d'œuvre, de l'élargissement et de la systématisation des préretraites pour les travailleurs âgés à l'aide à l'insertion professionnelle des jeunes, marquée par trois Pactes pour l'emploi des jeunes. Sa vision restait au fond classiquement keynésienne : seule une relance forte et durable de la croissance pouvait résorber le stock grandissant du chômage. Les conditions de celle-ci tardant à se manifester, l'impératif était d'amortir le coût économique et social du chômage : par une politique d'indemnisation et d'aide sociale, en retirant du circuit de la production les travailleurs vieillissants subissant un arrêt prolongé du travail, en limitant enfin les flux d'entrée sur un marché ne s'accroissant plus, avec une politique massive d'aide à la formation des jeunes. Avant, pendant et après Boulin, le ministère du Travail aura vécu l'achèvement du cycle des Trente Glorieuses : un nouveau cycle est en train d'émerger. La politique de rigueur des gouvernements de Barre et les douloureuses restructurations industrielles de la fin de la décennie préparent la prise de conscience et annoncent une nouvelle donne. Le sentiment d'impuissance face à un chômage qui continue de progresser inexorablement commence à faire place à un certain réalisme. Il faut apprendre désormais à le gérer à moindre mal, en proposant des solutions d'accompagnement sociales et économiques. Le dossier de la sidérurgie qu'il gère assez brillamment introduit aussi une notion ambiguë qui fera florès au fil d'une crise économique qui va s'éterniser, le plan social (financé avec l'aide de l'État)...

C'est dans ce contexte de basculement structurel que Boulin s'attelle au fond à une tâche considérable, l'adaptation et la modernisation du champ du social, un dossier qui avait déjà été certes préparé par les réformes continues des années 1970. A-t-il eu conscience de l'ampleur de sa tâche et de ce qu'elle signifiait ? Pour l'accomplir avec l'appui intéressé du Premier ministre, il bénéficiait en définitive d'une base politique et sociale assez étroite. Comme le montre sa difficile mais réussie loi des prud'hommes, il compte peu d'appuis – sinon celui tacite de la CFDT – pour faire avancer un train ambitieux de réformes qui ne disent pas vraiment leur nom. Son opiniâtreté et sa position clé dans le spectre gouvernemental de la seconde moitié du septennat de V. Giscard d'Estaing lui assurent un succès provisoire. Malgré toutes ses initiatives et le tableau séduisant de réformes qu'elles dessinaient – au fond l'enjeu latent de son ministère, sinon du gouvernement tout entier –, Boulin n'a pas été l'homme susceptible de jeter « un nouveau pont entre la majorité de droite et le monde du travail »[62], faute de pouvoir créer (si tant est qu'il en ait jamais eu le dessein et la volonté) la plate-forme politique qui aurait pu donner une véritable dimension à son projet. Si elle faisait sa force dans le troisième gouvernement Barre, son étiquette de gaulliste historique et social (voire même européen) bornait l'audience de ses idées et rendait peu probable leur reprise par le RPR trop militant, voire populiste et anti-bruxellois, de J. Chirac.

Boulin à son bureau, fort souriant et charmeur

Ministre modernisateur, anticipateur, Boulin a sans doute été *volens nolens* l'un des derniers, sinon le dernier des gaullistes sociaux à l'ancienne mode, une famille politique généreuse, mais destinée à s'éteindre sans postérité. Les ministres du Travail à venir dans les gouvernements

---

[62] *Cf.* Yann Gaillard, 2000, *op. cit.*, p. 210-211 : « J'entrevoyais, comme au temps de Chaban et de Delors, que Boulin pourrait être l'homme qui jetterait un nouveau pont entre la majorité de droite et le monde du travail. »

d'Édouard Balladur et d'Alain Juppé sont les centristes Michel Giraud et Jacques Barrot, sauf l'exception majeure de Philippe Seguin, RPR dont la seule importante responsabilité ministérielle aura été justement celle des Affaires sociales et de l'Emploi de 1986 à 1988. Mais il mourra en définitive politiquement solitaire, malgré l'invention sans lendemain de la « fracture sociale » lors de l'élection présidentielle de 1995[63]. Tout comme Seguin, Boulin reste, malgré ses mérites et ses anticipations, un homme politique à l'impossible héritage.

Boulin à son bureau, souriant, juillet 1978

---

[63] *Cf.* « Le séguinisme, un monde ancien qui ne veut pas mourir », *Le Monde*, 9 janvier 2010, avec la remarque pertinente de Nicolas Dupont-Aignan : « Il souffrait de ce décalage entre ce qu'il pensait pouvoir apporter à la France et l'absence de marge de manœuvre politique. » Significativement, et ce n'est pas un hasard quand Seguin devient en 1986 ministre des Affaires sociales et de l'Emploi, malgré les multiples pressions de son camp politique, il conservera pendant dix-sept mois M. Aubry au poste qui était le sien au ministère.

Boulin dans son bureau de la mairie de Libourne, juillet 1978

TROISIÈME PARTIE

L'ENRACINEMENT AQUITAIN DE BOULIN

1973 : Boulin en campagne dans la salle des fêtes de Libourne, devant le drapeau tricolore à la croix de Lorraine

Les campagnes électorales de Robert Boulin
Une succession d'inégales victoires (1958-1978)

Christophe-Luc ROBIN

Docteur en histoire, président de la Société historique
et archéologique de Libourne

La vie politique de Robert Boulin est fondée sur la fidélité à la personne du général de Gaulle et l'adhésion aux différents partis gaullistes, de même que sur une réussite électorale rendue possible par l'opportunité que fut pour lui la création de la Ve République. En vingt ans, entre 1958 et 1979, il s'est présenté victorieusement à sept élections législatives et à quatre élections municipales. 1958, 1959, 1962, 1965, 1966, 1967, 1968, 1971, 1973, 1977, 1978 : il ne connut jamais plus de quatre années entre deux élections, et vécut même quatre années d'élections de 1965 à 1968. Mais cette succession d'inégales victoires se décline en deux temps : d'abord, de 1958 à 1971, l'époque des succès faciles, puis de 1973 à 1978, le moment des victoires à l'arraché.

L'époque des succès faciles

Les premières élections de la Ve République se déroulent au scrutin majoritaire uninominal à deux tours. Libourne est comprise dans la 9e circonscription de la Gironde qui est composée des cantons de Coutras, Castillon-la-Bataille, Libourne, Lussac, Pujols-sur-Dordogne et Sainte-Foy-la-Grande. Le premier tour a lieu le 23 novembre 1958. Une figure bien connue retient l'attention : celle de Jean-Raymond Guyon, âgé de 58 ans, né à Libourne, député SFIO[1] sortant, conseiller municipal de Bordeaux après l'avoir été de Libourne (entre 1935 et 1945), conseiller général de Sainte-Foy-la-Grande depuis 1937. Six mois plus tôt il était encore secrétaire d'État au Budget dans les cabinets Bourgès-Maunoury puis Gaillard, après avoir été sous-secrétaire d'État aux Finances en 1946 et 1947 dans le cabinet Blum. Il a choisi pour

---

[1] Section française de l'Internationale ouvrière.

suppléant le maire et conseiller général socialiste de Coutras, Jean-Elien Jambon. Aux yeux de beaucoup, ce politicien aguerri est le candidat favori, d'autant qu'il a voté « positivement » au retour du général de Gaulle et à la révision constitutionnelle.

Face à lui, l'UNR[2] a investi un inconnu, sans aucun mandat : Boulin, né à Villandraut en 1920, avocat au barreau de Libourne où il s'est installé après la guerre. Ancien et authentique résistant[3], ce dernier est un militant gaulliste de la première heure, qui bénéfice du soutien de Jacques Chaban-Delmas, lequel semble peser lourdement dans le choix de son investiture libournaise[4]. Il est vrai que les deux hommes se sont connus après la guerre, et que Boulin, aussitôt militant gaulliste, se lie d'amitié avec Chaban-Delmas au RPF[5] et le suit aux républicains sociaux. Son peu de notoriété a rendu difficile sa recherche d'un suppléant : il trouve un militant fidèle (mais sans aucun mandat lui non plus) avec lequel il entretient d'excellentes relations : André Lathière. Il est menuisier à Saint-Seurin-sur-l'Isle, ancien combattant de la France libre. Représentant aussi les tenants de la nouvelle république, une personnalité locale très connue est investie par le CNIP[6] : Jean Dubois-Challon, riche propriétaire viticole[7] et premier adjoint au maire de Saint-Émilion. Le PCF[8] est représenté par un ancien instituteur, André Gaillard. Enfin, deux indépendants ont posé leur candidature : Gabriel Taïx, maire de Monbadon, dont la profession de foi[9] est essentiellement une mise en avant de sa propre biographie, et Robert Guichard, maire de Castillon et conseiller général, favorable à une rénovation mais qui passerait hors des partis politiques.

Même si 80 % des Français ont dit oui à la nouvelle Constitution le 28 septembre 1958, laissant augurer une faveur des candidats UNR, l'arrivée en tête du premier tour de Boulin, avec 28 % des voix, est une surprise. Il devance Guyon qui en obtient 27,4 %, suivi de Dubois-

---

[2] Union pour la nouvelle République.

[3] Benjamin Biroleau, *La carrière politique locale de Robert Boulin*, mémoire de TER, Université de Bordeaux 3, 1997-1998, p. 4.

[4] Patrick et Philippe Chastenet, *Chaban*, Paris, Le Seuil, 1991, p. 130.

[5] Rassemblement du peuple français.

[6] Mouvement national des indépendants et paysans.

[7] Il appartient à une famille qui est à la tête de l'une des plus considérables fortunes viticoles du Libournais, et possède notamment les premiers grands crus classés de Saint-Émilion, *Château Ausone* et *Château Belair*.

[8] Parti communiste français.

[9] L'ensemble des références aux documents électoraux (affiches, professions de foi, etc.) proviennent de la collection particulière de l'auteur qui a hérité ces cartons contenant les documents de chaque campagne électorale de Boulin d'un ancien responsable du parti gaulliste.

Challon (18,9 %), Gaillard (10 %), Taïx (8 %) et Guichard (7,7 %)[10]. La situation de Guyon apparaît difficile, pour ne pas dire désespérée, le candidat communiste maintenant sa candidature au second tour, tandis que les partisans de la nouvelle république, Dubois-Challon et Guichard, se désistent en faveur de Boulin. La vague Nouvelle République (gaulliste ou non) emporte donc aussi la circonscription libournaise le 30 novembre, l'UNR Boulin étant élu avec 59,23 % des voix, n'en laissant que 31,12 % au socialiste Guyon et 9,60 % au communiste Gaillard[11]. De toute évidence, les électeurs ont préféré, par-delà les clivages politiques, entre les deux principaux candidats, tous deux ralliés au changement, celui qui symbolisait le renouveau (Boulin a 38 ans) plutôt que la continuité (c'était la septième candidature législative de Guyon depuis 1936).

La carrière politique du jeune Boulin est donc lancée, et la tentation est naturelle de la poursuivre avec un mandat local. L'occasion lui est offerte quatre mois plus tard, à l'occasion des élections municipales de mars 1959. Aussitôt les législatives passées, Boulin part à la conquête de la mairie de Libourne. Pour constituer sa liste, qu'il aimerait de large union et éloignée des clivages politiques nationaux, il décide de proposer aux sortants de le rejoindre, socialistes et radicaux-socialistes compris. Il ne ferme la porte qu'aux communistes. Boulin souhaite surtout amener vers lui une personnalité majeure de Libourne : le socialiste Jean Bernadet (1902-1983), conseiller général du canton de Libourne entre 1945 et 1949, battu alors par l'avocat Abel Boireau[12], avant de lui reprendre son siège en 1955. De 1945 à 1947 il avait été maire de Libourne avant que le même Boireau ne lui enlève la mairie qu'il conserve jusqu'à 1959, où lui semble venu le moment de se retirer (il est alors âgé de 65 ans). Mais l'espoir de Boulin est de courte durée. Non seulement Bernadet refuse, mais il entend bien profiter du retrait de Boireau pour reconquérir la mairie. Il constitue donc une liste de gauche dominée par la SFIO et les radicaux-socialistes. Les communistes, de

---

[10] 23 novembre 1958 (premier tour) : I = 53 289 ; V = 40 930 (76,8 %) ; E = 39 980 (97,67 %) ; Boulin (UNR) : 11 181 (28 %), Guyon (SFIO) : 10 961 (27,4 %) ; Dubois-Challon (CNIP) : 7 546 (18,9 %) ; Gaillard (PCF) : 4 003 (10 %) ; Taïx (Rép. pour reconstruction économique et sociale France) : 3 213 (8 %) ; Guichard (républicain social indépendant) : 3 076 (7,7 %).

[11] 30 novembre 1958 (second tour) : I = 96, V = 40 404 (75,81 %), E = 39 812 (98,53 %) ; Boulin (UNR) : 23 581 (59,23 %), Guyon (SFIO) : 12 390 (31,12 %), Gaillard (PCF) : 3 821 (9,60 %).

[12] Voir Christophe-Luc Robin, « La singularité du cas libournais : l'élection en 1947 de l'ancien maire nommé par Vichy », *in* Hubert Bonin, Sylvie Guillaume et Bernard Lachaise (dir.), *Bordeaux et la Gironde pendant la reconstruction, 1945-1954*, Talence, Éditions de la Maison des sciences de l'homme d'Aquitaine, coll. « Publications de la MSHA », 1997, p. 423-433.

leur côté, sous la houlette du conseiller municipal sortant René Robert, présentent leur propre liste.

Néanmoins, Boulin parvient à composer une liste[13] équilibrée : savant mélange d'élus sortants et de nouveaux, la première catégorie représentant 40 %, faite de notables[14] connus et représentatifs et la seconde 60 %, faite d'hommes plus jeunes et plus militants. Il n'y figure aucune femme, et seulement 2 sur 27 sur la liste de la gauche non-communiste (et une demi-douzaine sur cette dernière). La campagne est assez virulente et finalement très politique. Boulin explique d'abord que sa candidature est la conséquence du score, si net, obtenu à Libourne aux législatives, dans lequel il a vu un appel, renforcé aujourd'hui par son statut de député dont le mandat, associé à celui de maire de la ville chef-lieu, ne peut que profiter à l'expansion de celle-ci. À cet effet, il présente un ambitieux programme de développement. Quant aux programmes socialiste et communiste, ils sont très marqués par des questions nationales.

Le premier tour (8 mars 1959) offre une moyenne d'environ 4 100 voix à la liste Boulin, 3 100 à la liste Bernadet et 750 à celle de Robert. Neuf conseillers sont élus, tous de la liste de Boulin, dont lui-même et deux nouveaux, plus six sortants.

Mais le second tour s'annonce tout de même assez serré, car la liste Boulin n'a totalisé que 51,5 % des voix en moyenne et, n'ayant pas de réserve, doit assurer une bonne mobilisation des siennes. Ainsi Boulin, notant que les élus du 1er tour sont essentiellement des notables sortants, décide de renforcer sa crédibilité en demandant au maire sortant, Boireau, et à son premier adjoint sortant Me Gaucher-Piola, de les rejoindre sur la liste présentée pour le second tour. L'attelage entre les deux hommes suscite l'ironie de leurs adversaires, mais les inquiète néanmoins, car leur caution visible peut peser. Alors, dans la nuit du vendredi 13 au samedi 14 mars 1959, un tract est distribué dans Libourne, annonçant que les communistes retirent la liste qu'ils ont régulièrement déposée, et demandent à leurs électeurs de reporter leurs voix sur la liste socialiste de Bernadet. Conscient que ce rapprochement peut causer sa perte, Boulin décide de répondre en faisant imprimer et distribuer le samedi précédent le scrutin une édition spéciale du *Résistant* intitulée « Alerte aux Libournais », où il dénonce la collusion socialo-communiste.

---

[13] Il y a alors 27 sièges au conseil municipal de Libourne.

[14] Comme MM. Bernard d'Arfeuille, Jean Durand-Teyssier, Joseph Fourcaud-Laussac, René Legendre, Jean-Antoine Moueix, docteur Michel Ottaviani, etc.

Néanmoins, la manœuvre de la gauche ne suffit pas[15], et malgré le peu de voix obtenues par la liste communiste, la liste Boulin obtient finalement le 15 mars au second tour treize élus, laissant tout de même cinq sièges à l'opposition, qui est représentée par les socialistes Bernadet, Coq et Lachapèle, le radical-socialiste Kunzli et l'indépendant de gauche Martorell. Quant à Boireau et Gaucher-Piola, il semble évident que leur présence sur la liste était considérée comme suffisante, car ils ne sont pas élus et leurs scores, les derniers de la liste Boulin, sont visiblement en retrait... Sans surprise, Boulin est élu maire de Libourne par le conseil municipal le 20 mars suivant. Il dispose maintenant d'une solide base électorale.

En août 1961, sa nomination au gouvernement comme secrétaire d'État aux Rapatriés vient bouleverser la donne : il est remplacé à l'Assemblée nationale par son suppléant, A. Lathière. Quelques mois plus tard, de Gaulle proposant de réformer la Constitution pour permettre l'élection du président de la République au suffrage universel direct, un vent de fronde parlementaire se lève, allant jusqu'à faire tomber le gouvernement Pompidou en votant une motion de censure le 5 octobre 1962. Aux opposants habituels de gauche au Général, une partie de la droite a joint ses voix, présentant notamment la facture pour l'abandon de l'Algérie française. De Gaulle décide alors de recourir au vote des Français, et prononce la dissolution de l'Assemblée nationale. Ainsi, lors des élections anticipées de novembre 1962, c'est un membre du gouvernement qui est candidat à son renouvellement législatif, avec son suppléant qui est le député sortant. Il affronte cette fois son opposant des municipales de 1959, Bernadet, le conseiller général socialiste de Libourne, tandis que le CNIP lui oppose un jeune avocat, Guy Duluc, dont le suppléant est Dubois-Challon, le candidat de 1958. Le PCF est représenté, comme en 1958, par Gaillard. S'y ajoutent un candidat du PSU[16] et un candidat régionaliste.

Dans ce contexte, alors que 62 % des Français ont voté « oui » au referendum le 28 octobre, la campagne est virulente et le candidat de l'UNR est d'autant plus attaqué qu'appartenant au gouvernement, il lui est reproché (par tous) pêle-mêle le « pouvoir personnel » du général de Gaulle, (par le CNIP) l'abandon de l'Algérie, d'avoir été un « député-robot », etc. Face à lui un « Front démocratique » rassemble la SFIO, les radicaux-socialistes, le MRP[17] et le CNIP. Toutefois le 18 novembre 1962, au premier tour, le duo Boulin-Lathière recueille 48,20 % des

---

[15]   À la suite d'un recours devant le tribunal administratif de Bordeaux, le second tour de ces élections municipales est annulé par un jugement en date du 6 juin 1959, jugement à son tour annulé par le Conseil d'État le 14 décembre 1960.

[16]   Parti socialiste unifié.

[17]   Mouvement républicain populaire.

voix. Le score est important, néanmoins, la réserve de voix est faible. Les autres voix se répartissent sur Bernadet (19,52 %), Duluc (14,65 %) et Gaillard (13,23 %)[18]. La dynamique du premier tour jouant, le second voit la victoire de Boulin avec 56,71 % des voix[19]. Comme ailleurs en France, les opposants de droite et du centre-droit ont fait les frais de leur opposition au gaullisme, renforçant le poids de l'UNR sur la droite.

Le parlementaire confirmé peut poursuivre sa carrière d'homme d'État. Le 6 décembre il est nommé à nouveau au secrétariat d'État au Budget qu'il détenait depuis le 11 septembre, et qu'il détient encore en mars 1965, lorsqu'arrive le temps du renouvellement municipal. Boulin présente alors une liste composée d'une majorité de sortants et agrémentée de dix nouvelles personnalités. Il doit affronter, outre l'habituelle liste du PCF (associée au PSU), une liste du « Front démocratique » qui veut « apporter à la population de notre ville le soulagement par la guérison de la maladie UNR entretenue par le pouvoir personnel »[20]. Cette équipe réunit des personnalités très différentes : elle est conduite par un ancien sous-préfet (classé au centre-gauche), Roger Brac, placé devant les cinq conseillers municipaux sortants de l'opposition de gauche, dont Bernadet. En effet, celui-ci, peu convaincu qu'il y a quelque chose à gagner dans ce combat, mais pensant qu'en revanche il pourrait bien y perdre en conséquence son siège de conseiller général, a préféré se tenir en retrait. Y figure aussi un transfuge, Joseph Chevalier, élu en 1959 dans l'équipe Boulin. Ce curieux assemblage fait apparaître quelques notables proches de la droite ou du centre-droit, comme le colonel Jacques Lewden, le docteur Alain Moniot, le pharmacien Pierre Rebière ou les négociants en vins Francis Robin et Paul-Henri David[21]. Ce qui réunit ces candidats est essentiellement l'opposition à la politique de De Gaulle, et à ses candidats.

Mais, dès le premier tour, le 14 mars 1965, tous les candidats de la liste Boulin sont élus, battant assez sévèrement les deux autres listes. Il s'agit d'un succès personnel pour le ministre, puisqu'il obtient le deuxième score de sa liste, à quelques voix du docteur Ottaviani.

---

[18]   18 novembre 1962 (premier tour) : I = 54 937, V = 34 925 (63,57 %), E = 33 923 (97,13 %) ; Boulin (UNR) : 16 350 (48,20 %), Bernadet (SFIO) : 6 621 (19,52 %), Duluc (CNIP) : 4 970 (14,65 %), Gaillard (PCF) : 4 490 (13,23 %), Carmona (PSU) : 1 253 (3,7 %), Jean du Foussat de Bogeron (Démocrate régionaliste) : 239 (0,7 %).

[19]   25 novembre 1962 (second tour) : I = 53 668, V = 37 094 (69,11 %), E = 35 707 (96,26 %) ; Boulin (UNR) : 20 251 (56,71 %), Bernadet (SFIO) : 15 456 (43,29 %).

[20]   Profession de foi de la liste d'Union républicaine (Front démocratique) pour la défense des libertés communales et l'expansion de Libourne.

[21]   André Teurlay parle d'une liste « incompréhensible » : « il y a des gens de gauche et de droite, des notables, des gens qui n'ont rien à voir entre eux ! » Leur union s'est faite en opposition à Boulin, ce que Teurlay ne comprend pas (*cf.* nécrologie d'André Teurlay (1917-2006), *Revue historique et archéologique du Libournais*, n° 284, 2007).

Le répit électoral est de courte durée, car, à la fin de l'année 1965, le député Lathière, suppléant du ministre, meurt dans un accident de voiture. Son siège est donc vacant et ne peut être pourvu que grâce à une élection partielle, organisée au début de 1966. Soucieux d'élargir sa base politique, Boulin a habilement choisi comme nouveau suppléant un républicain indépendant, Jacques Boyer-Andrivet, propriétaire foncier et maire de Saint-Pey-de-Castets dans le canton de Pujols. Face à eux, se placent J.-E. Jambon, conseiller général et maire de Coutras (et suppléant de Bernadet en 1958), qui a pris un suppléant dans le voisinage de celui de Boulin, Maurice Lapeyronie, maire de Sainte-Radegonde, dans le canton de Pujols, et le PCF, toujours représenté par Gaillard.

Boulin essaie de placer cette campagne exceptionnelle au-delà de la politique, sur le plan « d'un problème d'homme », pour remplacer un disparu, rappelant qu'il n'y a aucun enjeu national puisqu'il s'agit d'une élection partielle. Il demande donc la confirmation de 1962 et estime que « le véritable rendez-vous politique aura lieu en mars 1967. » L'élection est acquise dès le premier tour[22], le 9 janvier 1966, avec 53,78 % des voix pour Boulin, devant Jambon qui lui obtient 34,28 % des voix et Gaillard 10,20 %. La veille, l'élu avait été renommé secrétaire d'État au Budget dans le troisième gouvernement Pompidou. Peu de temps après, Boyer-Andrivet devient le nouveau député de la 9e circonscription de la Gironde.

Le rendez-vous électoral suivant est prévu en mars 1967, pour les législatives. De Gaulle gouverne la France depuis bientôt une décennie, et l'opposition s'est organisée et renforcée. Boulin est trop fin politique pour ne pas l'avoir senti. Sa profession de foi du premier tour en témoigne : s'il admet les enjeux nationaux et met en avant un bilan positif du gaullisme pour la France, il souligne le caractère particulier du scrutin d'arrondissement, où les hommes jouent un rôle majeur pour leurs concitoyens électeurs…, d'où la mise en évidence de son rôle et de celui de son suppléant. En face, à nouveau la dénonciation du « pouvoir personnel » est commune à tous les autres candidats. L'un d'entre eux va créer la surprise : il s'agit de Lucien Figeac ; alors âgé de 38 ans, professeur d'histoire et géographie, il enseigne et réside dans la banlieue bordelaise ; mais il est né à Libourne, où son père était commerçant et où sa mère vit toujours ; homme de centre-gauche, il préside le comité radical de Libourne ; il apparaît comme un homme sympathique, compétent et ouvert. Surtout, il réussit le tour de force d'imposer, en contrepartie de sa candidature FGDS[23], qu'il n'y ait pas de candidat SFIO ; les

---

[22] 9 janvier 1966 (premier tour) : I = 54 535, V = 35 306 (64,74 %), E = 34 669 (98,19 %) ; Boulin (UNR) : 18 645 (53,78 %), Jambon (SFIO) : 11 884 (34,28 %), Gaillard (PCF) : 3 539 (10,20 %), Piganaux (Centre) : 603 (1,74 %).

[23] Fédération de la gauche démocrate et socialiste.

socialistes acceptent volontiers, convaincus que la lutte est perdue d'avance. L. Figeac choisit comme suppléant une jeune (40 ans) figure de centre-gauche, d'une famille connue dans le canton de Coutras : Pierre Barrau, minotier et maire de Porchères. Le PCF est aussi représenté par une figure de Coutras, le docteur Jacques Soulignac. Sont aussi sur les rangs Guy Pehourcq, du Centre démocrate, et le fantasque avocat parisien Roger Palmieri, qui représente la droite anti-gaulliste à Libourne, où il est venu s'installer le temps de l'élection, pour essayer de faire tomber un ministre gaulliste. C'est bien là en effet l'objectif commun de ces candidats, ce qui promet une campagne vigoureuse. Elle l'est effectivement : les attaques de tous sont concentrées, et Boulin est sur la défensive, notamment face à L. Figeac, offensif et habile. Mais Boulin sait riposter, et son énergie le porte dans la plupart des communes pour défendre son bilan.

Le soir du premier tour, le 5 mars 1967, il peut être rassuré : avec presque 80 % de participation, il a réuni 49,08 % des suffrages sur son nom, frôlant l'élection. Derrière lui, Figeac obtient 23,13 % des voix, Soulignac 15,57 %, Pehourcq et Palmieri se partageant les 12 % restants[24]. Si Boulin peut envisager plus sereinement le second tour, même si son tempérament d'anxieux ne l'y porte guère, il continue une active campagne, affichant notamment les effets de son influence au gouvernement, car les trois autres candidats se sont ouvertement désistés pour l'opposant FGDS. Néanmoins, à cette occasion, le 12 mars, Boulin est réélu. Toutefois son score surprend : il réalise un modeste 51,19 %, avec un taux de participation identique à celui du 5 mars[25]. Bref, le boulet est passé près, et L. Figeac a réussi à cristalliser sur son nom toutes les oppositions. Le candidat de centre-gauche s'est révélé un dangereux bretteur : l'opposition à Boulin a maintenant un visage. Pour la première fois, celui-ci a connu une déconvenue : c'est une première alerte, qui annonce une époque prochaine, où il n'y aura plus d'élections faciles. Mais pour quelque temps encore, des circonstances particulières vont lui offrir des résultats en trompe-l'œil. En effet, le célèbre mois de mai 1968 trouve son épilogue dans les urnes en juin, après que de Gaulle ait, une nouvelle fois, dissous l'Assemblée nationale. Devenu secrétaire d'État à l'Économie et aux Finances un mois après sa précédente réélection, Boulin est enfin devenu ministre en titre le 31 mai 1968, chargé de la Fonction publique.

---

[24]   5 mars 1967 (premier tour) : I = 55 073, V = 43 944 (79,79 %), E = 42 942 (97,71 %) ; Boulin (UNR) : 21 078 (49,08 %), Figeac (FGDS) : 9 927 (23,13 %), Soulignac (PCF) : 6 688 (15,57 %), Pehourcq (Centre démocrate) : 2 676 (6,23 %), Palmieri (Concorde républicaine et défense paysanne) : 2 573 (5,99 %).

[25]   12 mars 1967 (second tour) : I = 55 062, V = 43 886, E = 42 857 ; Boulin (UNR) : 21 940 (51,19 %), Figeac (FGDS) : 20 917 (48,81 %).

Une nouvelle et brève campagne électorale met en face les mêmes principaux candidats, avec quelques variantes. Boulin a décidé de changer de suppléant, faisant probablement payer à Boyer-Andrivet, d'une part des relations dégradées, d'autre part son plus mauvais score dans le canton de Pujols en 1967. Le remplaçant est Bertrand des Garets, membre de la jeune chambre économique de Libourne et conseiller municipal de Saint-Médard-de-Guizières. À gauche, L. Figeac a dû changer de suppléant aussi. Barrau, peu emballé par l'atmosphère révolutionnaire n'ayant pas souhaité repartir, c'est Jambon, le candidat de 1966, qui est suppléant comme en 1958. La campagne est axée sur le climat national. Boulin, en fervent gaulliste et candidat UDR[26], en appelle au réflexe de défense de la République, contre l'anarchie et le communisme. Le modéré L. Figeac est moins à son aise pour présenter un programme de redressement dans un contexte aussi agité. Sans nul doute, celui-ci fait l'élection, que Boulin emporte dès le premier tour[27], néanmoins de justesse, dans le cadre du raz-de-marée gaulliste, avec 50,16 % des voix, contre 29,83 % à L. Figeac qui améliore son score de 1967 aux dépens du PCF à 12,43 %. Confirmé dans son fief électoral, Boulin l'est aussi au gouvernement : le 31 juillet 1968, il devient ministre de l'Agriculture, puis le 22 juin 1969 ministre de la Santé publique et de la Sécurité sociale ; les Premiers ministres passent, mais lui reste au gouvernement.

Mars 1971 sonne le temps du renouvellement des conseils municipaux. Le ministre-maire présente un solide bilan, mais il va devoir affronter celui qui est devenu son principal adversaire, L. Figeac. Comme en 1965, il procède avec minutie à la constitution de sa liste ; pour remplacer les partants, il utilise toujours les mêmes méthodes : il recrute quelques personnes issues de familles libournaises connues, comme Bernard Nicolas, des notables en vue, comme l'avocat Alain Lecoq ou le président de l'Association des commerçants, Jean Lemaire, et rallie à lui un ancien opposant, Simon Martorell. Quant à sa campagne, il veille à ce qu'elle ne tourne qu'autour de questions purement libournaises, loin des clivages politiques et préoccupations nationales. Les allusions au gouvernement ne sont faites que pour y souligner sa participation et tout le bien que cela apporte à sa ville. En face, malgré la présence de L. Figeac, l'opposition est toujours aussi difficile à organiser sur le terrain des élections municipales. Une nouvelle fois, la liste des opposants est un assemblage hétéroclite mal soutenu par une partie

---

[26] Union pour la défense de la République.

[27] 23 juin 1968 (premier tour) : I = 55 001, V = 43 495 (79,08 %), = 42 784 ; Boulin (UDR) : 21 461 (50,16 %), Figeac (FGDS-Radical-socialiste) [Jambon (SFIO)] : 12 764 (29,83 %), Soulignac (PCF) : 5 318 (12,43 %), Raby (Centre Progrès et démocratie moderne) : 3 241 (7,58 %).

de la gauche. La campagne est en outre perturbée par une manifestation violente du syndicat des commerçants et artisans CID-UNATI[28] (issu du poujadisme). Quoi qu'il en soit, le 14 mars 1971 la liste Boulin est élue facilement dès le premier tour avec une moyenne de plus de 2 000 voix d'avance sur la liste Figeac, dont émergent notamment, outre la tête de liste (2ᵉ score), le docteur Alain Moniot (1ᵉʳ score), Jean Bernadet (3ᵉ) et le docteur François Guiter (4ᵉ). La liste communiste, menée par Jean Gleyal, obtient environ 650 voix de moyenne.

Le temps des victoires à l'arraché

En 1973, le renouvellement législatif se prépare dans de nouvelles conditions. Depuis le départ de De Gaulle, la gauche s'est organisée. Récupérant un Parti socialiste exsangue à Epinay, François Mitterrand en fait le moteur d'une gauche rassemblée autour de lui. Le programme commun en est l'un des outils. La lutte s'annonce difficile. La carrière gouvernementale de Boulin s'est poursuivie depuis les municipales de 1971 : en juillet 1972 il est devenu ministre délégué auprès du Premier ministre (Messmer), chargé des Relations avec le Parlement. Il détient encore ce maroquin lorsque se présentent les élections législatives de 1973. Pour celles-ci, il constitue un nouveau tandem. Il se sépare de son suppléant et en trouve un jeune (38 ans), actif et remuant, dans le monde agricole : Gérard César, ancien président régional des Jeunes agriculteurs, membre de la chambre d'Agriculture et conseiller municipal de Rauzan depuis 1971.

Face au ministre, une pléiade de candidats est décidée à l'affronter. Au Parti socialiste, Pierre Lart, maire de Sainte-Foy-la-Grande, et le Libournais Pierre Bernard aimeraient être investis. Mais finalement une convention nationale désigne, à nouveau, le radical de gauche : L. Figeac. Le socialiste qui lui sert de suppléant est André Luquot, ingénieur retraité, conseiller municipal de Coutras, mais surtout fils de Justin Luquot qui fut député-maire de Coutras avant-guerre, l'un des quatre-vingts en 1940, et d'Antoinette Luquot, qui fut aussi maire de Coutras à la Libération. Le PCF est toujours représenté par Soulignac. Sont ensuite sur la ligne de départ cinq autres candidats : Paul Galy-Aché, centriste anti-gaulliste ; Palmieri, déjà candidat en 1967 et maintenant adhérent du tout jeune Front national ; un candidat de Lutte ouvrière ; le journaliste Camille Bornerie-Clarus suppléé par le docteur Alain Moniot, candidats de droite mais anti-Boulin ; enfin un conseiller municipal de Bordeaux, Jean Barbet, indépendant de la majorité. Hormis

---

[28]   Confédération intersyndicale de défense et Union nationale d'action des travailleurs indépendants.

ce dernier, tous les autres candidats attaquent le gouvernement, son bilan et naturellement l'indéracinable ministre libournais.

Face à ces critiques, Boulin dénonce l'alliance Ps-PCF-MRG[29], qu'il juge contre nature et dangereuse, tandis qu'il multiplie les réunions de proximité avec les électeurs. Toutefois, la multiplicité des candidatures a engendré la division des voix. Et le premier tour[30] (le 4 mars 1973) en témoigne, n'offrant qu'un score en recul pour Boulin, avec 44,5 % des voix, devant L. Figeac à 25,2 %, Soulignac à 16,1 % et Galy-Aché à 6,3 %. Les quatre autres candidats oscillent autour de 2 %. Au second tour, L. Figeac propose aux électeurs de choisir entre « l'UDR à perpétuité » ou « des changements raisonnables ». Il joue sur l'usure du pouvoir et tente de rassurer ceux qu'inquiète l'alliance avec les communistes. *A contrario*, Boulin souligne la progression de l'extrême-gauche, dont il estime que L. Figeac est devenu l'otage. Malgré le fait qu'un seul candidat, Barbet (1,8 %), lui a apporté son soutien, le ministre parvient à l'emporter avec 51,7 % des voix.[31] Finalement, il semble que la peur du Programme commun a renvoyé vers celui-ci beaucoup d'électeurs centristes et modérés, même lassés du pouvoir gaulliste, tandis qu'il se murmure que certains socialistes locaux n'ont pas forcé la mobilisation en faveur du candidat MRG, qu'ils seraient heureux de voir dégager le terrain…

Cette fois-ci, Boulin a compris que l'usure du pouvoir national jouait contre lui, malgré son action sur le terrain. Il perçoit qu'il est entré dans une époque où il devra arracher ses victoires électorales, d'autant que le bonheur de ce difficile succès est de courte durée : en effet, quinze jours après sa réélection, il est évincé du gouvernement. Selon l'expression de Biroleau, c'est pour lui « le temps des doutes et des remises en question »[32]. Redevenu député-maire de Libourne, il reprend alors ses activités d'avocat. Mais en 1974, la campagne présidentielle lui donne l'occasion de s'engager fermement derrière son ami Chaban-Delmas. Dans le naufrage de sa candidature, sa seule consolation est que son investissement a payé à Libourne où Chaban a obtenu près de 37 % des voix. Naturellement il apporte son soutien à Valery Giscard d'Estaing au

---

[29] Mouvement des radicaux de gauche.

[30] 4 mars 1973 (premier tour) : I = 57 804, V = 46 442 (80,34 %), E = 45 297, Boulin (UDR) : 20 144 (44,5 %), Figeac (Radical-Union gauche socialiste et démocrate) : 11 405 (25,2 %), Soulignac (PCF) : 7 281 (16,1 %), Galy-Aché (PSD-Mouvement réformateur) : 2 880 (6,3 %), Tessonaud (LO) : 1 059 (2,3 %), Bornerie-Clarus (Indépendant républicain libéral) : 939 (2,1 %), Barbet (Alliance Républicaine, indépendante et radicale) : 826 (1,8 %), Palmieri (Front national) : 763 (1,7 %).

[31] 11 mars 1973 (second tour) : I = 57 820, V = 47 314 (81,82 %) E = 46 226, Boulin : 23 887 (51,7 %), Figeac : 22 339 (48,3 %).

[32] Benjamin Biroleau, 1997, *op. cit.*, p. 115

second tour. L'année suivante, Jacques Chirac s'empare du parti gaulliste, au grand dam de Boulin. Et c'est d'ailleurs la démission de celui-ci qui met fin à sa traversée du désert gouvernemental, puisque le 27 août 1976 Raymond Barre le prend dans son premier cabinet comme ministre chargé des Relations avec le Parlement.

Boulin peut alors aborder le renouvellement municipal de 1977 dans de meilleures conditions. Le maire compose sa liste avec seize nouveaux sur vingt-sept, qui remplacent ceux qui sont partis ou qui n'ont pas été repris. Le responsable local du RPR[33] est recruté, mais l'ouverture est large aux centristes et aux indépendants, les gaullistes n'en représentant qu'un tiers. En face, la gauche s'est unie derrière Pierre Bernard, à l'exception du MRG. Malgré la proposition faite à L. Figeac, celui-ci estime la place réservée à sa famille politique dérisoire, et refuse de figurer sur la liste et de la soutenir. Trois composantes la déterminent : seize socialistes, huit communistes et trois syndicalistes ou « citoyens engagés ». La principale curiosité de cette équipe est l'apparition d'un jeune enseignant de 28 ans, nommé Gilbert Mitterrand, arrivé l'année précédente à Libourne en « terre de mission », et qui n'est autre que le fils du premier secrétaire du Parti socialiste, François Mitterrand. Enfin, une « troisième liste » (ainsi nommée) fait son apparition, suscitée par un conseiller municipal sortant que Boulin n'a pas repris. Cette dernière, composée essentiellement de socio-professionnels, se veut apolitique, mais représente une concurrence sur la droite du maire sortant.

La campagne est dure. Le contrat de ville moyenne (1974) est l'objet de toutes les critiques, et mis en avant comme l'échec d'un maire usé. Les premières lignes du « manifeste » de la liste de gauche donnent le ton : « Longtemps on a dit : Libourne est une ville qui dort. C'est beaucoup plus grave : Libourne se meurt ! »

> Le moment est venu de tourner la page. Il est fini le temps des conseillers municipaux ternes et dociles, le temps des ministres (pour combien de temps ?) qui font semblant de s'occuper de tout, le temps des maires qui décident de tout, tout seuls.

En outre, le programme est ouvertement politique, car la gauche unie entend profiter d'un contexte national favorable. À l'inverse, Boulin fait campagne sur son bilan et sur le caractère « apolitique » de sa liste et de l'élection municipale qui ne doit reposer que sur le jugement porté sur le cadre de vie local. La troisième liste affiche un programme bien général et déclamatoire : il est évident qu'elle est d'abord là pour déstabiliser la municipalité sortante. Elle attaque de manière détournée Boulin, expliquant « qu'aucune tête de liste ne lui aura imposé la conduite à tenir », que les candidats partagent « journellement la vie de leurs concitoyens »,

---

[33] Rassemblement pour la république.

et qu'ils ne représentent « aucun groupe particulier »[34]. Les allusions sont donc transparentes.

Le premier tour (13 mars 1977) légitime les inquiétudes de Boulin. À l'exception de Teurlay qui est seul élu, les 26 autres sièges sont en ballotage : 421 voix séparent Boulin de P. Bernard au profit du premier, et le ballotage s'annonce serré si les voix de la troisième liste (9 % des voix en moyenne) se concentrent sur la liste de gauche, même s'il n'est évidemment pas question de fusion entre celles-ci. Avec une moyenne d'environ 48 % pour la liste Boulin contre 43 % pour celle de Bernard, les électeurs de la troisième tiennent la clef du scrutin. Mais cette troisième liste ne donne pas de consignes de vote, tandis que de son côté, L. Figeac refuse d'apporter son soutien à P. Bernard. La campagne du second tour se limite alors à un choix pour ou contre Boulin. Du côté de la liste de gauche, on l'écrit clairement : « M. Boulin, c'est fini »[35] est le titre de l'éditorial de P. Bernard, qui va jusqu'à prédire que la poussée de la gauche coûtera son portefeuille ministériel à Boulin rapidement tandis qu'en 1978 il perdra son siège de député. Illustrant le propos, une caricature montre des personnes (sous-titre : « une équipe au service de la ville ») cherchant à faire tomber une statue de Boulin sur le socle de laquelle est inscrit : « La ville au service d'un homme ». Elle porte pour légende : le « Déboulinage ».

La profession de foi du ministre-maire est quant à elle directe. Ayant refusé toute discussion avec la troisième liste, se maintenant, Boulin parle d'un « insuccès momentané » lié à l'existence de cette dernière dont

> on connaît maintenant les vraies raisons de l'existence : certains candidats qui y figuraient n'ayant pas été admis ou réadmis dans la liste Boulin ont voulu faire la preuve de leur représentativité.

La liste Boulin estimant que les « masques étant jetés », l'heure du vrai choix est là. Et il est résumé à la possibilité de continuer « la modernisation et l'expansion » de la ville entamée sous sa direction, sans autre souci que de bonne gestion ; ou de choisir une équipe politisée dont les orientations ne sont autres que celles du programme commun.

Les résultats du second tour, le 20 mars, apportent la victoire au sortant. Sur les 26 élus, 23 appartiennent à l'équipe Boulin (lequel est élu en neuvième position) et quatre à l'équipe P. Bernard. Les quatre sont socialistes. Il s'agit de l'avocat Daniel Bordier, qui obtient le meilleur score des 26 élus, de P. Bernard, du professeur Boris Sandler et de Charles Berniard. Le 27e score, et donc premier non élu, est Gilbert Mitterrand, qui a raté l'élection de quelques voix... Même si Boulin a

---

[34] *Gazette de Libourne*, 25 février 1977, n° 36.

[35] *Libourne demain*, mars 1977, n° 13.

trouvé les ressources pour renouveler son bail municipal, la lutte a été acharnée pour la première fois, et il n'en est pas sorti indemne psychologiquement. Mais, dès le 30 mars, une satisfaction non négligeable lui est apportée : lors de la formation du deuxième cabinet Barre, il est nommé ministre délégué à l'Économie et aux Finances.

À un an des prochaines élections législatives, son influence ne peut qu'en être renforcée, d'autant que l'atmosphère est lourde pour la droite en 1978, la victoire de la gauche étant annoncée. Le candidat étant ministre, le sentiment que cela peut lui nuire est présent, car ses partisans pensent qu'il pourrait supporter plus que d'autres la mauvaise humeur des Français contre les gouvernants. Le souci de proximité du candidat est mis en avant. D'autre part, Boulin reprend son suppléant de 1973, G. César, dont il est satisfait : fort de son implantation dans le monde rural, devenu député deux ans auparavant, il est de ce fait un atout non négligeable. Pour une fois, le tandem est seul à droite, et il affronte trois candidats : un socialiste, un communiste et un Lutte ouvrière. Le candidat socialiste désigné est Pierre Lart, maire et conseiller général de Sainte-Foy-la-Grande. Il a pris pour suppléant G. Mitterrand. Mais si la gauche a le vent en poupe, les tensions internes sont grandes, après la rupture du programme commun. Ainsi le candidat communiste, Jean Cucurull, ouvrier à la verrerie BSN, n'entretient pas de relations chaleureuses avec Lart, lequel, qui plus est, ne passe pas pour faire preuve d'une grande ouverture. D'ailleurs L. Figeac, qui ne l'aime pas non plus et lui refuse son soutien. Quant à la candidate Lutte ouvrière, elle renvoie dos à dos socialistes et communistes, jugeant qu'il ne faut pas « faire de chèque en blanc ni à François Mitterrand, ni à Georges Marchais ».

Les tensions internes à la gauche ne sont pas apaisées par un tract de Lart intitulé « Appel aux femmes et aux hommes de gauche », et qui est une attaque en règle du PCF, lequel est accusé de saboter le programme commun par souci de son seul intérêt, de ne pas jouer le jeu des désistements réciproques, etc. Lart y explique que voter PCF, « c'est priver la gauche de sa victoire », et que la meilleure façon « d'obliger le PCF à reprendre le chemin de l'union », c'est de voter socialiste ! De leur côté, les communistes estiment que les propositions socialistes ne vont pas assez loin. Boulin choisit de mettre en avant un « bilan positif » du gouvernement, une France plutôt résistante sur fond de crise mondiale, et présente le programme de la majorité présidentielle comme « honnête et ouvert ». Il dénonce naturellement le programme commun, dont il cite de larges extraits (sur le blocage des prix, les expropriations, la suppression de l'enseignement libre, etc.) pour conclure qu'il ne peut qu'être la « ruine de la France. » La profession de foi des candidats socialistes dénonce le bilan du gouvernement, et propose le changement à travers une série de mesures comme l'augmentation du SMIC[36], des allocations familiales, du chômage, la création d'emplois dans le secteur public, de la retraite à 60 ans, etc.

La campagne est fort active, et les plus grands renforts sont appelés. Cela commence par la venue du Premier ministre en personne à Libourne. Le 1er février 1978, Barre vient soutenir son ministre au cours d'une grande réunion publique. Le 9 mars, c'est le Premier secrétaire du PS, Mitterrand, qui est à Libourne pour une réunion publique au même endroit que la précédente (aux Variétés). La présence du chef du gouvernement et du chef de l'opposition traduit l'enjeu exceptionnel de cette circonscription, qui est à la mesure de la haute personnalité qui la représente. C'est une reconnaissance nationale pour Boulin.

Le 12 mars 1978, avec une participation de plus de 84 % au premier tour, les électeurs mobilisés le placent en tête avec 48,7 % des voix, suivi de Lart avec 33,1 %, Cucurull 15,1 % et enfin 3,1 % pour la candidate Lutte ouvrière[37]. Finalement, le ministre a bien résisté, tandis que le score socialiste est jugé décevant. Avec 18 % des voix, l'extrême-gauche réalise un bon résultat. Le second tour ne peut donc se jouer qu'avec les rares abstentionnistes, et en fonction de la qualité des reports de l'extrême-gauche sur les socialistes.

Combatif, Boulin attaque Mitterrand (le père), en l'accusant d'avoir « par ambition personnelle », passé un accord de gouvernement avec le PCF, « Parti demeuré totalitaire », « au lieu de forger un grand Parti travailliste »[38] auquel il avoue même qu'il aurait adhéré... Il s'en prend ensuite au candidat socialiste : « M. Lart, flanqué du fils Mitterrand, a tenté le double jeu : adhérer au Programme commun du bout des lèvres, mais pratiquer au-dehors un anti-communisme primaire. »[39] Quant à Lart, il appelle à la « mobilisation générale de la gauche » qui doit se rassembler autour de lui pour battre la droite. Finalement, le 19 mars 1978, au second tour, Boulin l'emporte d'un peu moins de 900 voix, obtenant 50,8 % des voix[40]. Avec plus de 87 % des électeurs qui ont voté, c'est un véritable exploit électoral, lequel relance sa carrière politique. En effet, le 5 avril suivant, il est nommé ministre du Travail et de la Participation.

---

[36] Salaire minimum interprofessionnel de croissance.

[37] 12 mars 1978 (premier tour) : I = 64 399, V = 54 475 (84,58 %), E = 53 187 ; Boulin (RPR) : 25 898 (48,7 %), Lart (PS) : 17 589 (33,1 %), Cucurull (PCF) : 8 020 (15,1 %), Le Hir (LO) : 1 680 (3,1 %).

[38] *Le Résistant*, vendredi 17 mars 1978.

[39] *Ibid.*

[40] 19 mars 1978 (second tour) : I = 64 347, V = 56 135 (87,23 %), E = 55 229 ; Boulin (RPR) : 28 038 (50,8 %), Lart (PS) : 27 191 (49,2 %).

Ainsi, en vingt ans de carrière politique, Boulin s'est présenté à onze élections (sept législatives et quatre municipales). Il en fut le vainqueur chaque fois et ne tenta sa chance à aucune autre élection, cantonale ou sénatoriale. Il ne connut donc jamais de défaite électorale. Comment expliquer une telle réussite, d'autant plus remarquable qu'elle ne se fit pas sans efforts et difficultés. Où en est le mérite, au-delà du fait qu'une élection est le résultat de facteurs multiples, et notamment l'influence d'un contexte politique local et national ?

D'abord, il faut noter que, après un bref apprentissage, Boulin est devenu une forte personnalité, bien ancrée dans sa région, où elle a créé de solides amitiés et des réseaux politiques et sociaux efficaces. Peut-on parler d'un « système Boulin » ? Il semble qu'il faille plutôt parler d'une personnalité peu ordinaire, qui sut créer des liens personnels, grâce à un charisme qui reposait sur un individu doué d'une exceptionnelle capacité de travail, d'une capacité à séduire d'autant plus forte que l'homme était toujours aussi simple malgré l'accumulation de ses hautes responsabilités. Sachant s'entourer d'une équipe de fidèles, sur ses terres électorales comme au sein de ses ministères, il privilégiait le contact direct, franc et humain. À l'image de ses profondes convictions humanistes, de son sens de l'intérêt général, il offrait l'image d'un personnage abordable, ouvert au dialogue, qui ne se laissa jamais griser par les fastes du pouvoir, reflet certain de son tempérament modeste et de son anxiété chronique.

Rapidement, il acquit à son pragmatisme des notables locaux que ses options politiques n'auraient probablement pas suffi à rallier sans ce caractère attachant. Et ces hommes et ces femmes contribuèrent à le maintenir sur des terres électorales traditionnellement acquises au centre-gauche. Parmi ses fidèles, citons des élus enracinés avant lui qui le soutinrent toujours : Pierre Martin, maire de Rauzan de 1935 à 1974, Jean-Albert Robin, maire de Saint-Genès-de-Castillon de 1934 à 1983, Jean-Abel Faure, maire de Saint-Magne-de-Castillon de 1951 à 1989, Pierre Boutin, maire des Salles-de-Castillon de 1947 à 1989, Max Périer, maire de Vignonet de 1965 à 1995 (qui avait succédé à son père), Raymond Bonnot, maire de Saint-Seurin-sur-l'Isle de 1947 à 1977, Jean-Pierre Guilmon, maire de Cadarsac de 1959 à 1995, Daniel Querre, maire de Saint-Sulpice-et-Faleyrens de 1959 à 1971, Paul Lateyron, maire de Montagne de 1947 à 1971, etc. Son influence allait au-delà de sa propre circonscription, avec des élus comme Armand Nauze, maire de Cabara de 1942 à 1983, ou Jean Froidefond, maire de Saint-Michel-de-Fronsac de 1963 à 1989.

Conscient que sa quasi-permanente carrière ministérielle fait de lui « un véritable baromètre de la popularité gouvernementale »[41], il retourne localement ce handicap à travers sa capacité à la mettre en valeur au profit de sa circonscription et de sa ville. Ainsi parvint-il à tenir éloignés les enjeux purement politiques des élections municipales, où il réussit à imposer les seules préoccupations locales, opportunément enrichies par ses capacités ministérielles. Ce qui n'est pas un mince exploit, quand on songe qu'il dut affronter, à côté d'une vive et naturelle opposition de gauche, une régulière opposition de droite, les deux s'alliant de temps à autre pour tenter de faire chuter cette personnalité de premier plan. Mais, dès 1962, sur le terrain de la circonscription, son ascendant, ses réseaux, sa présence limitée mais efficace, relayée par ses suppléants, lui permirent certainement d'emporter plusieurs fois la décision des électeurs, contre les logiques purement politiques, car, dès la fin des années 1960, on l'annonça souvent en difficulté, voire battu d'avance. Il n'en fut jamais rien, même s'il remporta plusieurs victoires sur le fil. Sa personne fit la différence ; et, pour l'histoire, seule la mort a mis un terme à sa carrière politique.

---

[41] L'expression est de Benjamin Biroleau, 1997, *op. cit.*, p. 154.

**Mars 1978 : Chaban-Delmas apporte son soutien à Boulin
pour les législatives**

**Mars 1978 : Boulin en campagne législative à Libourne
avec le Premier ministre Barre à ses côtés (en arrière-plan, Gérard César)**

Robert Boulin et la gauche dans le Libournais

Quels adversaires ?
Quels rapports de force ?

Françoise TALIANO-DES GARETS

*Professeur d'histoire contemporaine,
Université de Bordeaux et Sciences Po Bordeaux*

Entre 1958, date de sa première victoire aux législatives dans la 9e circonscription de la Gironde et 1979, année de sa disparition tragique, Robert Boulin, comme Jacques Chaban-Delmas à Bordeaux, a tenu le pari de conjuguer jusqu'au bout une carrière politique locale et une carrière nationale. Comme son voisin bordelais, mais sans toutefois l'égaler – le mayorat de Chaban-Delmas aura duré en effet 48 ans –, Boulin a fait preuve d'une longévité remarquable en exerçant ses fonctions de maire de Libourne pendant plus de vingt années. C'est sur une terre traditionnellement de centre-gauche, marquée à la fois par le monde viticole qui l'entoure et par la proximité de Bordeaux, que ce gaulliste a réussi une implantation durable. Ces facteurs sont à prendre en considération pour qui veut comprendre la mutation qui s'opère dans le Libournais à partir de 1958.

En effet, la municipalité est tenue de 1935 à 1941 par une coalition de radicaux et de socialistes dirigée par Marcel Loubat. Une fois la parenthèse de Vichy refermée, les élections municipales amènent en 1945 un candidat SFIO[1], Jean Bernadet, à la tête de la cité pendant deux années. C'est pourtant Abel Boireau, maire sous le régime de Vichy entre 1941 et 1944, qui évince les socialistes en 1947 après avoir endossé l'étiquette gaulliste et profité de la vague RPF[2] : cette année-là, les gaullistes remportent Bordeaux et Libourne. Boireau conserve son siège

---

[1] Section française de l'Internationale ouvrière.
[2] Rassemblement du peuple français.

jusqu'à l'arrivée de Boulin à la mairie de Libourne en 1959[3]. Pendant ses 21 années de pouvoir municipal, ce dernier a dû affronter selon les moments une opposition de gauche plus ou moins dangereuse. Ce rapport de force avec les partis de gauche permet de comprendre les principales raisons de sa longévité politique. L'évolution de ces relations sous la Ve République conjugue à la fois des éléments de politiques locales tributaires d'un contexte de ville moyenne en milieu rural, et des éléments de politique nationale. La vie politique locale ne saurait totalement échapper aux tendances nationales et les fonctions ministérielles exercées à plusieurs reprises par Boulin ont sans aucun doute influé sur son électorat. L'étude diachronique de ces relations donne aussi quelques clefs concernant le retour de la gauche sur le devant de la scène libournaise à partir de la décennie 1980 dans ce qui était devenu le fief électoral de Boulin.

À travers les sources consultées, presse généraliste et partisane, documents électoraux, procès-verbaux de réunions du Parti socialiste (PS), correspondances, témoignages oraux[4], trois grandes phases émergent. La première s'étend de 1958 à 1967 : Boulin réussit la neutralisation de la gauche libournaise. La césure de 1967 correspond à l'arrivée d'un nouveau candidat de gauche, le radical Lucien Figeac, lors des élections législatives ; il s'impose comme le principal challengeur de Boulin jusqu'en 1973, mais ne parvient pas réellement à le menacer. Une troisième phase s'ouvre avec les années 1970 au cours desquelles le clivage droite/gauche se renforce ainsi que le Parti socialiste. L'opposition se révèle idéologiquement plus marquée et politiquement plus structurée, tant et si bien que les municipales de 1977 se soldent pour la première fois par une mise en ballotage du maire sortant. Il conviendra au final d'établir si, en 1979, année de sa disparition, son pouvoir est encore solidement enraciné ou si, au contraire, il présente des signes de fragilité annonciateurs.

---

3   Sur les ambiguïtés de l'élection d'Abel Boireau en 1947, *cf.* Bernard Lachaise, *Le gaullisme dans le Sud-Ouest au temps du RPF*, Talence, Fédération historique du Sud-Ouest/Maison de l'Archéologie, Université de Bordeaux 3, coll. « Recherches et travaux d'histoire sur le Sud-Ouest de la France, 11 », 1997 ; Christophe-Luc Robin, « La singularité du cas libournais : l'élection en 1947 de l'ancien maire nommé par Vichy », *in* Hubert Bonin, Sylvie Guillaume et Bernard Lachaise (dir.), *Bordeaux et la Gironde pendant la Reconstruction 1945-1954*, Talence, Maison des sciences de l'homme d'Aquitaine, coll. « Publications de la MSHA, 229 », 1997, p. 423-433.

4   Je tiens tout particulièrement à remercier ici Françoise Beney, Pierre Bernard et Gilbert Mitterrand pour leur coopération et les documents qu'ils ont bien voulu me confier.

Boulin s'impose sur une terre radicale-socialiste

Les adversaires principaux à gauche durant la période 1958 à 1967 sont deux personnalités de la SFIO, Jean-Raymond Guyon (1900-1961) et J. Bernadet (1902-1983). Le premier, Libournais de naissance, occupe un siège de conseiller municipal dès 1935 sur la liste Loubat jusqu'en 1941, mais il est aussi conseiller général du canton de Sainte-Foy-La-Grande en 1937, siège qu'il retrouve à la Libération jusqu'à sa mort en 1961. Il a été résistant et élu au conseil municipal de Bordeaux en 1945 ; il entame à la Libération une carrière nationale ; il est élu député de la Gironde aux deux assemblées constituantes ainsi que dans la première assemblée de la IVe République en 1946. Il est appelé par Léon Blum au sous-secrétariat d'État aux finances entre décembre 1946 et janvier 1947 ; il préside ensuite la commission des finances de l'Assemblée nationale et occupe à nouveau les fonctions de secrétaire d'État au Budget en 1957. Le député sortant à l'élection législative de novembre 1958 que Boulin doit affronter n'est donc pas novice en politique et bénéficie d'une solide réputation. Guyon a par ailleurs pour suppléant le socialiste Jean-Elien Jambon, maire et conseiller général de Coutras. Ce canton, nettement à gauche, est aussi le plus peuplé de la 9e circonscription après celui de Libourne. Boulin parvient néanmoins à s'imposer dans la foulée du référendum d'octobre 1958 en se présentant comme le candidat du renouveau face au candidat de la IVe République. Il profite également d'une gauche émiettée : en effet, les voix de celle-ci, au premier tour, se dispersent entre Gabriel Taïx radical-socialiste de conviction (8,03 %) et le communiste André Gaillard (10 %) – le PCF est peu influent à Libourne comparé aux scores nationaux de l'époque – et Robert Guichard, d'origine radicale-socialiste, se présentant sous l'étiquette « Indépendant » ; ce dernier est aussi maire et conseiller général de Castillon. Au second tour, Boulin remporte, avec 59,23 % des voix, la triangulaire qui l'oppose à Guyon (31,12 %) et Gaillard (9,59 %).

La deuxième personnalité socialiste à forte implantation locale est Bernadet, ancien résistant, qui occupe les fonctions de maire de Libourne de 1945 à 1947 et de conseiller municipal de 1953 à 1959. Il est également conseiller général du canton de Libourne de 1955 à 1979 et dirige la section socialiste libournaise jusqu'en 1972, quand il cède la place à Pierre Bernard. 1959 est l'année des premières municipales de Boulin à Libourne au cours desquelles il affronte Bernadet : cette fois, la gauche est unie au second tour et la partie est serrée pour le gaulliste, qui en sort néanmoins victorieux avec 50,5 % des suffrages. Dans le nouveau conseil municipal, il a face à lui cinq élus d'opposition, dont Simon Martorell, enseignant, ex-rugbyman, personnage qui jouit d'une réelle popularité à Libourne.

À partir de 1959, on a cependant l'impression qu'un partage du pouvoir local s'opère dans le Libournais entre Bernadet et Boulin. En effet, aux cantonales de juin 1961, le gaulliste ne prend parti pour aucun candidat, comme s'il ne voulait gêner personne et, finalement, il laisse le champ libre à la gauche. L'hypothèse d'un « système à la Chaban », tel qu'il a pu être identifié dans l'agglomération bordelaise entre le centre tenu par Chaban-Delmas et les périphéries aux mains d'élus de gauche, ressemble quelque peu à ce que Boulin a pratiqué avec la gauche dans le Libournais. Cette sorte de neutralité n'empêche pas Bernadet de tenter à nouveau sa chance aux législatives de 1962 avec une liste rassemblant SFIO, divers gauche, radicaux et centre-gauche. Mais le maire sortant a grandi en notoriété car Boulin entame à partir d'août 1961 une carrière nationale en tant que secrétaire d'État aux Rapatriés ; il reçoit même la visite le 16 avril 1961 du général de Gaulle dans sa bonne ville de Libourne et il est nommé secrétaire d'État au Budget (1962-1967). Bernadet obtient au second tour des législatives le soutien des autres candidats d'opposition dont le communiste Gaillard et le PSU[5] Maurice Carmona. Le journal *L'Avenir*, qui soutient sa candidature, regrette cependant qu'il n'en ait pas été de même au premier tour. La liste PSU de Carmona a tenté un rapprochement SFIO/PSU, mais les options sur la question algérienne l'ont bloqué au premier tour. « Le Front démocratique » échoue avec un score de 43,28 % contre 56,71 % en faveur du candidat gaulliste. Face à ces échecs successifs, le Parti communiste, le PSU ainsi que des « personnalités républicaines » décident d'associer leurs forces aux municipales de mars 1965, et ces trois composantes tendent aussi la main à la SFIO. Un courrier en date du 7 mai 1965 dresse le diagnostic suivant :

> Les dernières élections municipales à Libourne ont donné une victoire retentissante à notre adversaire commun. Face à l'UNR[6] et à la réaction, la gauche s'est trouvée, une fois de plus, divisée, malgré les nombreux efforts que nous avons déployés pour la rassembler sur des positions communes. Pour battre l'UNR, vous aviez cru qu'il était efficace de constituer un vaste rassemblement antigaulliste englobant les éléments les plus extrémistes de la droite ; les faits ont prouvé que les électeurs n'accordaient pas leur confiance à cette formule.[7]

Une allusion est faite ici sans doute aux législatives de 1962, lors desquelles le candidat Guy Duluc, défenseur de l'électorat des rapatriés, et Jean Du Foussat de Bogeron, indépendant-paysan, ont appelé à voter Bernadet au second tour. Ce même courrier propose une réunion « avec

---

[5] Parti socialiste unifié.

[6] Union pour la nouvelle République.

[7] Lettre de Maurice Carmona (PSU), Jean Gleyal (PCF), Hubert Doumesche (personnalités républicaines) au secrétaire de la section SFIO et au président du Comité radical et radical-socialiste, 7 mai 1965, document prêté par P. Bernard.

l'espoir de dégager, pour l'avenir, des perspectives communes ». C'est peine perdue car l'union ne se fait pas, et deux listes sont composées à gauche : une Liste d'Union républicaine présentée par le Front démocratique « pour la défense des libertés communales et l'expansion de Libourne », menée par un ancien sous-préfet Roger Brac, de centre-gauche, et non plus par Bernadet, présent cependant sur la liste. Celle-ci regroupe des socialistes, des radicaux et des indépendants. On y trouve les noms de Martorell, des socialistes Charles Berniard, Roger Hervé ou Paul Venayre. L'autre liste, « Liste d'union des forces socialistes et démocratiques pour la défense des libertés municipales », plus à gauche, est dirigée par le communiste René Robert (ancien résistant déporté) ; elle rassemble communistes et membres du PSU (Carmona, secrétaire de la section libournaise universitaire, Bernard, conseiller d'orientation) et des personnalités républicaines et laïques (Hubert Doumesche, instituteur). Boulin est reconduit nettement dans ses fonctions de maire dès le premier tour avec 58,72 % des voix contre le Front démocratique, qui en recueille 29,77 %, et la liste PCF[8]/PSU, qui réalise un score de 16,01 %. Cette fois, il n'y a plus d'élu de l'opposition au conseil municipal ; manifestement, celle-ci souffre du manque d'unité autant que de l'absence d'un vrai leader.

Le maire de Libourne est en mesure d'asseoir un pouvoir de plus en plus personnalisé, comme en témoigne sa campagne aux législatives partielles de 1966, où il n'emploie pas son étiquette UNR et déclare : « Je ne considère pas qu'il s'agisse d'une élection politique. Les questions personnelles, la situation locale comptent plus que l'étiquette politique. »[9] Cette habileté tactique lui permet sans doute d'anticiper l'usure nationale du pouvoir gaulliste ; son adversaire d'alors est Jambon, conseiller général SFIO de Coutras depuis 1953. Une alliance s'opère dès le premier tour entre SFIO, PSU, centristes et indépendants. Le climat de la campagne est à plusieurs reprises tendu : la venue de Guy Mollet à Libourne est perturbée par des agitateurs gaullistes, en échange de quoi Jambon refuse la salle municipale de Coutras à Boulin pour organiser un meeting. Les entretiens que nous avons réalisés signalent l'existence d'équipes spécialisées au service de la candidature Boulin chargées d'intimider l'adversaire lors des campagnes électorales dans le Libournais[10]. Boulin passe encore dès le premier tour avec 53,78 % des suffrages ; il est partout gagnant, sauf à Coutras ; il attire

---

[8] Parti communiste français.

[9] Cité dans Annie Sarrazin, Anne-Marie Motard, Michel Audoire et François Fournier, « Les élections municipales dans une ville moyenne : Libourne », mémoire de séminaire vie locale, IEP de Bordeaux, 1976-1977.

[10] Entretien avec P. Bernard, 4 septembre 2009 et entretien avec G. Mitterrand, 18 septembre 2009.

désormais un électorat centriste au-delà de son propre camp et cela grâce à sa stature nationale et personnelle. Un processus d'identification de la ville à son maire s'est progressivement installé. Le rapport de force de 1958 à 1966 entre Boulin et la gauche libournaise est donc, pendant les années triomphantes du gaullisme, tout à l'avantage du ministre. La gauche divisée hésite entre une option centriste et une option PSU/PCF, en un aveu manifeste de faiblesse ; elle n'a, de plus, pas de véritable leader ; et la situation libournaise est globalement le reflet de la situation nationale avec une SFIO à bout de souffle.

Un nouveau leader au centre gauche : Lucien Figeac

Jusqu'aux législatives de 1973, l'opposition a pour leader L. Figeac, président du comité radical de Libourne à partir de 1967. Bien que Libournais d'origine, il n'y réside pas, puisqu'il habite Le Bouscat, ce qui lui est souvent reproché par ses adversaires de droite comme de gauche, et il enseigne en tant que professeur d'histoire-géographie au lycée de Talence. Il est encouragé à se présenter aux législatives de mars 1967 par les conseillers généraux de la 9ᵉ circonscription, de Rauzan et de Lussac. La stratégie contre Boulin consiste à tenter de rallier un maximum les voix centristes qui se portent volontiers sur le candidat gaulliste. L. Figeac et son suppléant, l'indépendant Pierre Barau, reçoivent l'investiture de la FGDS (Fédération de la gauche démocrate et socialiste). Le leader radical est ainsi soutenu par les forces de la gauche réunies, à l'exception des communistes, représentés à cette élection par Jacques Soulignac, dirigeant de la puissante fédération communiste de Coutras. La SFIO, au congrès de Coutras du 24 octobre 1967, a désigné huit candidats à l'homologation de la FGDS, mais pas dans la 9ᵉ ni dans la 2ᵉ, circonscriptions qui sont respectivement celles de Boulin et de Chaban-Delmas[11] ; l'on peut estimer que ces deux circonscriptions sont jugées imprenables par les socialistes girondins.

L. Figeac, alors âgé de 38 ans, se révèle lors de cette campagne un adversaire actif. Il utilise davantage la presse que ses prédécesseurs, notamment le journal *L'Avenir*, mais aussi *Sud Ouest*, dans les colonnes duquel il fait paraître plusieurs tribunes libres. Sur ce terrain, Boulin dispose quant à lui du *Résistant* et de l'avantage médiatique d'être ministre. Le programme de L. Figeac s'articule autour de la défense du petit et moyen commerce : « Les travailleurs indépendants sacrifiés au

---

[11] Pierre Létamendia, *Les relations entre l'échelon local et national des partis politiques. Étude de cas pris lors des élections législatives des 5 et 12 mars 1967 en Gironde*, mémoire de DES de science politique, faculté de droit et de sciences économiques de Bordeaux, 1968.

profit des grandes concentrations »[12], des valeurs républicaines, des libertés et notamment celle de l'information (ORTF[13]) : « Il est anormal que la télévision payée par tous les Français soit au service prédominant du gouvernement ou de certains intérêts économiques. »[14] La politique gaulliste fait donc l'objet d'une critique générale. Il saisit également l'occasion de violences à Guîtres pour dénoncer par voie d'affiches le service d'ordre du député-maire[15]. Son programme centriste lui coûte cependant des voix de gauche au premier tour et explique à l'inverse la bonne tenue du candidat communiste qui réalise un score de 15,56 %. L. Figeac, au premier tour, ne recueille que 23,12 % des suffrages, ce qui est inférieur au score socialiste de 1966 ; cependant, au second tour, il incarne la seule chance de faire barrage à Boulin, puisque tous les candidats opposés à Boulin se désistent en sa faveur. C'est le cas du centre-démocrate Guy Péhourcq, du candidat communiste conformément à l'accord national conclu entre PC et FGDS, mais également de celui de l'extrême-droite, Roger Palmiéri. Ainsi L. Figeac parvient-il à rassembler toute l'opposition. Si l'écart final est faible, les urnes donnent une nouvelle fois la victoire à Boulin avec 51,19 % des suffrages contre 48,80 % à son concurrent ; ce recul rappelle celui du parti majoritaire au plan national.

Un an plus tard, le choc de mai 68 secoue toute la France. La cité libournaise ne connaît pas de révolution mais la grève est notamment suivie dans l'enseignement. Les rapports d'autorité et les mœurs, comme ailleurs, en sortent changés. Les législatives du mois de juin redonnent la parole aux Français. La FGDS présente cette fois un ticket Figeac/Jambon sur le thème très soixante-huitard de « dix ans ça suffit ». Dans sa composition autant que dans le contenu de sa campagne, l'équipe d'opposition est orientée sensiblement plus à gauche qu'en 1967. Agriculteurs, classes moyennes et salariés sont choyés par le programme FGDS libournais qui se focalise aussi sur « l'abrogation des ordonnances, symbole de la politique de régression sociale du gouvernement et du mécontentement des classes laborieuses »[16]. Le discours a tendance à se gauchir au gré du mécontentement qui a secoué le pays. Boulin riposte en agitant contre L. Figeac, allié informel du PCF, la menace communiste. La position communiste, quant à elle, consiste à

---

[12] *Sud Ouest*, 11 février 1967. Il récidive dans une nouvelle tribune libre le 15 février 1967.

[13] Office de radiodiffusion-télévision française.

[14] *Sud Ouest*, 3 février 1967.

[15] Benjamin Biroleau, *La carrière politique locale de Robert Boulin (député-maire) gaulliste de Libourne de 1958 à 1979*, TER sous la direction de Bernard Lachaise, université de Bordeaux 3, 1997-1998.

[16] Benjamin Biroleau, 1997-1998, *op. cit.*

énoncer les interprétations que les instances nationales du parti donnent de la crise de mai, dénonçant les violences policières, mais aussi celles des groupuscules gauchistes[17]. Boulin profite finalement de la vague gaulliste qui s'exprime aux élections de juin à travers toute la France : il est réélu dès le premier tour avec 50,16 %, succès qu'il partage avec son voisin Chaban-Delmas à Bordeaux. N'échappant pas à la tendance nationale, le pouvoir de Boulin en juin 1968 sort renforcé.

Si de Gaulle ne franchit pas le cap du référendum d'avril 1969, il n'en va pas de même pour Boulin qui confirme ses positions lors des municipales de 1971, au cours desquelles sa liste passe intégralement dès le premier tour avec une moyenne de 57,4 %, un score proche de celui de 1965. Celui-ci s'est employé à composer une liste d'union, ralliant des personnalités venues de la gauche ; le ralliement le plus spectaculaire est celui de S. Martorell. Les divisions sont en revanche tangibles sur l'autre bord, car un GEAM (Groupe d'étude d'action municipale) s'inspirant des expériences d'Émouville en Normandie et de Grenoble s'est formé à gauche, qui regroupe beaucoup de membres du PSU, dont P. Bernard, en rupture avec le PSU en 1969. Le socialiste Henri Chaillat également membre du GEAM attaque dans le journal *Sud Ouest* le maire sortant sur l'endettement de la ville et l'absence de démocratie locale : « Pour la clarté dans les comptes et la démocratie dans la cité. »[18] Le GEAM, à l'exception d'H. Chaillat, n'apporte pas son soutien au radical L. Figeac, jugé beaucoup trop centriste et attaché, qu'il est, à « son apolitisme municipal »[19].

La structuration délicate de la gauche autour du Parti socialiste (1970-1979)

L'élection de Gilbert Mitterrand en tant que député de la 9ᵉ circonscription en 1981 n'aurait sans doute pas été possible sans la dynamique électorale enclenchée à Libourne au début des années 1970. En effet, la période qui s'ouvre alors est celle du retour sur le devant de la scène libournaise du Parti socialiste. Les mutations nationales se sont combinées au contexte local : la SFIO, disparue en juillet 1969 au congrès d'Issy-les-Moulineaux, laisse place au Parti socialiste, qui lui-même entame un nouveau virage au congrès d'Épinay en juin 1971 sous la direction de François Mitterrand. Le tournant d'Épinay ne tarde pas à produire ses effets dans le Libournais : la dynamique y est portée par P. Bernard, qui s'impose comme la personnalité la plus influente, et par le GEAM, érigé en véritable laboratoire intellectuel. Ce foyer d'idées

---

[17]   *Ibid.*
[18]   *Sud Ouest*, 3 mars 1971.
[19]   *Sud Ouest*, 5 mars 1971.

particulièrement actif entre 1970 et 1972 ambitionne de conquérir le pouvoir à Libourne. L'équipe, au sein de laquelle P. Bernard, H. Chaillat, Robert Jayet ou François Ponty sont quelques-uns des militants les plus impliqués, rejoint en 1972 l'ex-section SFIO libournaise, dans un PS rénové qui ne compte alors qu'une dizaine d'adhérents. Au cours des années 1970, la composante issue de l'ancien PSU est donc, *via* le GEAM, majoritaire dans la section libournaise, et la « culture PSU » y est fort présente[20] ; elle y développe des thèmes « unitaires et autogestionnaires »[21], ce qui n'empêche pas certains militants comme P. Bernard de se reconnaître des affinités avec la tendance CERES[22] de Jean-Pierre Chevènement.

Le profil sociologique de la section révèle une représentation non négligeable de membres de l'éducation nationale dont P. Bernard, Jacques Destruhaut, Jean Terral, Jean-Pierre Beney, Marinette Potdevin (présente sur la liste des municipales de 1977). On y croise aussi des représentants du monde du vin, tels F. Ponty négociant et propriétaire-viticulteur, R. Jayet responsable d'une entreprise de négoce, ou encore un médecin, Boris Sandler, chef du service de pédiatrie à l'hôpital Sabatié, un avocat au barreau de Libourne, Daniel Bordier, un cafetier, P. Venayre, propriétaire du *Social Bar*, avenue Georges Clemenceau, où se tiennent les réunions de la section du Parti socialiste ; *grosso modo*, la classe moyenne y est dominante. Un registre de délibérations[23] de cette section entre le 17 septembre 1972 et le 9 novembre 1977 livre quelques échos des enjeux qui animent ses militants, à des moments névralgiques. La conjoncture des années 1970 au PS est en effet marquée par le programme commun de la gauche (juin 1972), rompu à l'automne 1977, par les législatives des 4 et 11 mars 1973, les présidentielles de mai 1974, les municipales de mars 1977 et les législatives de mars 1978. Un autre élément important survient à Libourne à cette période : l'arrivée dans la section de G. Mitterrand le 17 septembre 1976 ; son témoignage[24] est en concordance avec le compte rendu rédigé par le secrétaire de section ce jour-là : les deux sources révèlent qu'il est fraîchement accueilli par les socialistes libournais inquiets d'un parachutage orchestré par les instances nationales du parti. Cependant, les diverses échéances électorales accaparent l'ordinaire de la section. La préparation des législatives de mars 1973 suscite débat dès le mois de septembre 1972 pour ou contre le ralliement à la candidature du radical L. Figeac. Le Parti socialiste

---

[20] Entretien avec G. Mitterrand, 2009, *op. cit.*

[21] Entretien avec P. Bernard, 2009, *op. cit.*

[22] Centre d'études, de recherches et d'éducation socialiste.

[23] Registre des délibérations de la section libournaise du Parti socialiste, document prêté par Françoise Beney.

[24] Entretien avec G. Mitterrand, 2009, *op. cit.*

libournais a visiblement de plus en plus de mal à admettre les consignes de la fédération girondine. Lors de la réunion du 17 septembre 1972, le militant R. Hervé déclare que « la candidature radicale serait une marche en arrière »[25] et P. Bernard n'admet pas « l'arbitraire national »[26] qui l'impose. À l'inverse, Bernadet prêche la prudence, craignant qu'une « dissidence » ne crée un remous qui serait « défavorable », et rappelle que c'est « une affaire fédérale »[27]. Le 27 octobre 1972 la section libournaise se prononce en faveur de la candidature du maire socialiste de Sainte-Foy-La-Grande, Pierre Lart, alors même que la convention nationale dans le cadre du programme commun de la gauche désigne L. Figeac. Cette discordance entre niveau local et national, révèle donc une spécificité de la section libournaise en Gironde. La partie n'est donc pas gagnée pour le candidat de la gauche : L. Figeac, avec des socialistes libournais peu enthousiastes à lui apporter leur concours. Alors que le quotidien régional *Sud Ouest* pose la question le 10 mars 1973, « Boulin résistera-t-il à la poussée de la gauche ? », celui-ci l'emporte au second tour le 11 mars 1973 avec 51,53 % des voix. Une plus forte participation et l'efficacité de son suppléant Gérard César dans le canton de Pujols-Sur-Dordogne sont des facteurs qui ont joué en sa faveur. Surtout, L. Figeac n'a pas eu l'appui explicite de P. Lart, de P. Bernard ni de J.-E. Jambon[28]. Alors que, sur l'ensemble de l'Aquitaine, les sièges conquis en 1967 par la gauche et perdus pour l'essentiel en juin 1968 sont presque tous récupérés en 1973[29], à Libourne le changement n'est pas encore d'actualité : la gauche y est puissante mais pas suffisamment unie pour renverser Boulin.

Des signes avant-coureurs confirment néanmoins un possible basculement, notamment lors des présidentielles de mai 1974 où F. Mitterrand arrive en tête au premier tour à Libourne (37,25 %), devant Chaban-Delmas (36,8 %) et Valéry Giscard d'Estaing (18,36 %), ce qui n'empêche pas les Libournais d'élire V. Giscard d'Estaing avec 51,84 % contre 48,16 % à Mitterrand.

Roger Fajardie, homme de confiance du Premier secrétaire du PS, spécialiste de la carte électorale française et fin conseiller dans la distribution des investitures, a-t-il alors jugé que la circonscription de Libourne était un jour prenable ? A-t-il incité G. Mitterrand à venir y tenter sa chance ? Le fils cadet de F. Mitterrand, adhérent à la Convention des institutions républicaines (CIR) depuis 1964, a déjà une petite

---

[25] Registre des délibérations de la section, *op. cit.*

[26] *Ibid.*

[27] *Ibid.*

[28] Benjamin Biroleau mentionne un entretien avec L. Figeac.

[29] Jean-Paul Jourdan et Pierre Simon, « L'Aquitaine une terre de gauche ? » *Parlement(s)*, (hors-série 3-Politique en Aquitaine des Girondins à nos jours), 2005, p. 40-54.

expérience politique, puisqu'il a été suppléant d'un candidat socialiste malheureux à l'élection de Villefranche-sur-Saône lors des législatives de 1973 ; et il a également représenté son père en Guadeloupe entre les deux tours de la présidentielle de 1974. Ces deux défaites n'ont pas entamé son goût pour la politique, milieu dans lequel il baigne depuis l'enfance ; elles ont au contraire été formatrices. Des raisons personnelles et professionnelles ont aussi contribué à son arrivée en Gironde ; mais son acclimatation n'a pas été facile au sein de la section libournaise ; dès la première réunion de section à laquelle il participe au *Social Bar*, il lui est immédiatement demandé quelles sont ses « intentions électoralistes »[30]. Il est en revanche bien accueilli par les autres sections du PS girondin[31].

Dans la seconde moitié de la décennie 1970, les socialistes libournais connaissent des raisons d'espérer des changements significatifs en leur faveur ; ils sont ainsi tout à fait prêts pour l'offensive des municipales de 1977. Les relations paraissent bonnes avec le PC[32], « ce qui n'est pas partout de même » se félicite la section[33]. La campagne s'appuie sur un mensuel, *Libourne demain*, dont la parution débute en juin 1976 et qui tire en septembre 1977 à 7 500 exemplaires ; le secrétaire de la section, P. Bernard, en est le directeur. Les socialistes y diffusent les critiques à l'encontre du maire sortant, résumées en dix points principaux. La liste porte notamment l'accent sur l'apathie d'une ville dont les jeunes s'en vont faute de pouvoir y trouver de l'emploi et s'y loger, car Libourne est une ville dont la démographie baisse et ne propose aucune politique de loisirs[34]. D'autres numéros critiquent un maire absent : « Il faut que Libourne cesse d'avoir un maire parisien »[35] et proposent un « Déboulinage » illustré par les talents du dessinateur Michel Rey[36]. Une liste d'union de la gauche dirigée par P. Bernard est composée en accord avec le Parti communiste (qui y dispose de huit représentants) sur laquelle G. Mitterrand se voit finalement concéder la 23e place. Les radicaux sont les grands absents ; à la veille du premier tour, le PS croit utile de se justifier dans un communiqué paru dans le quotidien régional :

> Lucien Figeac et son comité à Libourne sont responsables de leur non-participation à notre liste d'union de la gauche. Les radicaux n'ont rien

---

[30] Registre de la section, le 17 septembre 1976, *op. cit.*
[31] Entretien avec G. Mitterrand, 2009, *op. cit.*
[32] Registre de la section, le 1er octobre 1976, *op. cit.*
[33] *Ibid.*
[34] *Libourne demain*, février 1977.
[35] *Ibid.*, mars 1977.
[36] *Ibid.*, mars 1977.

proposé et rejeté toutes nouvelles rencontres en dépit des trois invitations plus pressantes les unes que les autres.[37]

Le conflit de leadership, le clivage droite/gauche accentué, et un PS plus confiant expliquent ce désaccord. Les socialistes refusent le centrisme de L. Figeac, notamment sous la plume de F. Ponty, qui souligne

combien il est dangereux pour une ville comme Libourne que les électeurs portent leur choix sur des listes qui se déclareraient « apolitiques » ! Entre-t-on dans un restaurant qui affiche : « Ici on ne fait pas de cuisine » ?[38]

La liste d'union de la gauche – mais sans les radicaux – se dote d'un manifeste municipal centré autour des thèmes : « Libourne se meurt » et « On s'ennuie à Libourne », et qui déplore l'absence de démocratie. Le « contrat ville-moyenne » élaboré par le maire-ministre et son équipe alimente également les critiques de l'opposition qui cible ses attaques sur l'endettement municipal. Bordier, candidat sur la liste de gauche, demande dans *Sud Ouest*

qui va payer la note fantastique du parc de stationnement ? […] Les emprunts faits dans le cadre du contrat de ville moyenne n'en apparaissent que plus aberrants […]. La municipalité sortante mène Libourne à la ruine.[39]

On se croirait revenu aux temps « des comptes fantastiques d'Hausmann ». Le programme de l'Union de la gauche se propose de « réanimer Libourne » par une politique qui favorise les équipements d'animation productifs (achats de terrains pour l'industrie), sociaux et culturels (pour retenir et attirer de nouveaux habitants)[40]. La culture fait son entrée dans le débat politique libournais, comme dans d'autres programmes municipaux de gauche[41] en 1977 : « La culture est ressentie comme étant tout ce qui appelle la qualité de la vie, le style de vie. »[42] Autant dire qu'elle est désormais conçue par les socialistes dans sa dimension anthropologique. Le débat se focalise sur le déplacement prévu de la bibliothèque municipale hors de l'hôtel de ville pour être installée au-dessus du marché couvert, ce que les socialistes contestent. Le cloître des Récollets est un autre point de fixation, car le bâtiment est symboliquement défendu par la gauche pour en faire un lieu d'animation culturelle.

Les invectives ne manquent pas et l'opposition paraît bien armée. Le maire sortant doit aussi compter avec une liste dissidente, la liste Torelli,

---

[37] *Sud Ouest*, 11 mars 1977.

[38] François Ponty, « La culture en question », *Sud Ouest*, 5 mars 1977.

[39] *Sud Ouest*, 9 mars 1977.

[40] « Notre manifeste, nos candidats », Manifeste municipal de la liste d'union de gauche pour changer la ville et pour une gestion sociale humaine et démocratique.

[41] Tribune libre de François Ponty, *Sud Ouest*, 5 mars 1977.

[42] *Ibid.*

qui l'affaiblit considérablement. Sa mise en ballotage pour la première fois est inévitable : à l'issue du premier tour, 26 sièges sur 27 sont en ballottage, et P. Bernard n'a qu'une voix de moins que Boulin. Pourtant, au second tour, ce dernier parvient encore à sauver son siège, même si quatre socialistes font leur entrée au conseil municipal, P. Bernard, C. Berniard, D. Bordier et B. Sandler. Neuf voix manquent à G. Mitterrand pour y accéder, selon lui, des voix socialistes[43]. Lors des élections municipales de 1977 le département de la Gironde et la Communauté urbaine de Bordeaux ont basculé à gauche, et cette poussée générale dans l'ensemble du département souligne *a posteriori* l'exception libournaise. Certes, la « variable Boulin » est en soi un facteur explicatif, même si l'on devine que l'édifice donne des signes sérieux de fragilité. Il est flagrant, à nouveau, de constater que la gauche libournaise souffre de divisions, entre socialistes et radicaux. À cela s'ajoute la question de la place de G. Mitterrand qui n'est pas encore vraiment définie. La présence des socialistes au conseil municipal ne leur permet pas d'être très influents : on leur concède la commission de la culture, ce qui peut laisser supposer que ce domaine de l'action publique n'est pas considéré par la majorité comme névralgique. Aussi la section socialiste poursuit-elle son offensive à l'extérieur de l'assemblée municipale[44].

Libourne devient sur la carte électorale un point intéressant, car son maire, alors ministre délégué à l'Économie et aux Finances, doit affronter aux législatives de 1978 une gauche ascendante avec la présence dans ses rangs de G. Mitterrand. L'enjeu est tel que la sous-préfecture girondine reçoit la visite, durant la campagne, du Premier ministre Raymond Barre en personne, qui vient soutenir son ministre le 1er février 1978. Pour le PS, Jack Lang et le chef de l'opposition lui-même, F. Mitterrand, viennent successivement les 6 et 9 mars en meeting au cinéma *Les Variétés*. Mais la rupture du programme commun, à l'automne 977, et les vieilles rancunes entre radicaux et socialistes (refus de L. Figeac d'appuyer le tandem Lart/G. Mitterrand) font que la gauche part divisée à la bataille avec trois candidatures : PS, PCF (Jean Cucurull, ouvrier à la verrerie BSN) et Lutte ouvrière (Monique Hir). Le député-maire sortant réalise même au premier tour une progression par rapport à 1977 (51,38 %). Le PCF et Lutte ouvrière obtiennent des résultats honorables de 15,08 % et 3,12 %. Mais le silence de L. Figeac avant le second tour n'est guère de bon augure pour le candidat socialiste Lart et son suppléant. Boulin l'emporte mais dans un contexte des plus difficiles, avec 50,76 % des suffrages. Un an plus tard, l'élection cantonale partielle de mars 1979 confirme les positions de la majorité, puisque le candidat André Teurlay opposé à P. Bernard enlève

---

[43] Entretien avec G. Mitterrand, 2009, *op. cit.*
[44] *Libourne demain*, octobre et novembre 1977.

un troisième canton sur les six de la 9ᵉ circonscription. En apparence, le pouvoir de Boulin est donc au printemps 1979 conforté dans sa ville comme dans sa circonscription. Pourtant, le « système Mitterrand » est désormais en place à cette date, et tel est le sentiment *a posteriori* de G. Mitterrand[45]. Boulin aurait-il pu résister à la vague rose des élections législatives de 1981 ? On peut en douter compte tenu des résultats serrés de celles de 1978.

L'histoire du rapport de force entre Robert Boulin et la gauche libournaise entre 1958 et 1979 montre à l'évidence l'habileté politique de cet élu gaulliste. Le bastion libournais fait partie à cette période des deux places les plus difficiles à prendre en Gironde avec Bordeaux. Les instances nationales du Parti socialiste en sont tout à fait conscientes comme en témoigne l'investiture FGDS en faveur du radical Lucien Figeac en 1967. Boulin a su jouer de sa stature nationale, d'une stratégie de rassemblement local, des faiblesses nationales de la gauche jusqu'au congrès d'Épinay, autant qu'il a été aidé dans les années 1970 par ses divisions et faiblesses locales. C'est ainsi qu'il est parvenu à se maintenir si longtemps. Le travail de reconquête des divers courants de la gauche libournaise a été sur le terrain lent et opiniâtre, jusqu'à rendre l'espoir d'une victoire possible. Cette opposition, trop divisée pour être suffisamment puissante face à un maire-ministre rassembleur, girondine au sens politique du terme par ses résistances aux injonctions nationales, a été irriguée par les divers courants de la gauche française, radical, socialiste, mais aussi très nettement par le PSU ou le CERES, assez peu par le PCF. Cette irrigation majoritairement portée par des représentants des classes moyennes cultivés dans une ville-moyenne réputée tranquille a fait de Libourne un terrain de réflexion politique actif.

---

[45] Entretien avec G. Mitterrand, 2009, *op. cit.*

ELECTIONS MUNICIPALES
SCRUTIN DU 13 MARS 1977

pour la

POURSUITE
de
L'EXPANSION

et du

RENOUVEAU DE LIBOURNE

Faites confiance à l'HOMME
et l'EQUIPE qu'il présente

votez liste entière
VOTEZ LISTE Robert BOULIN

REMERCIEMENTS ET APPEL

Les candidats de la Liste Robert BOULIN

sensibles à la confiance que les Libournaises et les Libournais leur ont témoignée en les plaçant largement en tête dès le premier scrutin, les remercient vivement et leur font confiance pour assurer leur élection au 2e tour, dimanche prochain.

LES CANDIDATS :

BOULIN Robert

BARRAUD Françoise 1re	BERLANN Madeleine 1re
BASTE Jean-Claude	LAHORGUE-POULOT Bertrand
BERNADEAU Maurice	
BOIREAU Jean	MARTORELL Simon
BROUSTRA Robert	MICARD Roger
CASTANET Francis	MOREAUD Claude
DARQUEST Gilbert	NAULET Alain
DUMONT Marie-Claude 1re	NICOLAS Bernard
FELLONNEAU Marc	QUERRE Michel
GINTRAC Alain	REDAUD Françoise 1re
HARGOUS Dominique 1re	SUPERY Jean
JULLION Pierre	VIREMOUNEIX Michel
JUNG Louis	ZAMPARUTTI Sylvain

Monsieur FIGEAC

Candidat unique du Marxisme

Propose pour les
ARTISANS et les COMMERÇANTS

- la suppression de la T.V.A.
- la suppression de la Patente
- des allègements fiscaux

VOUS AUREZ SATISFACTION

car la société collectiviste supprime les artisans et commerçants pour faire des magasins d'Etat.

Spoliés et mis au chômage d'office, vous n'aurez plus rien à payer !

POUR LE SOUTIEN
AU PRESIDENT DE LA REPUBLIQUE
GEORGES POMPIDOU

POUR LE PROGRÈS
dans le calme
et dans la liberté

VOTEZ massivement dès le 1er tour

Robert
BOULIN
CANDIDAT
de la Majorité

Gérard CESAR
Propriétaire-Viticulteur
SUPPLÉANT

Bertrand DES GARETS
Conseiller Municipal de Saint-Médard-de-Guizières
Membre de la Jeune Chambre Économique

**Boulin lance sa campagne législative
avec son suppléant Gérard César en 1973**

Robert Boulin maire de Libourne : un premier bilan

Alain CHAUME

*Vice-président de la Société historique
et archéologique de Libourne*

Dès 1959, le nouveau député-maire Robert Boulin met en œuvre une politique de réhabilitation de la voirie et du réseau d'assainissement dans le centre-ville. Les habitants apprécient cette démarche conforme à ses promesses électorales. Le maire inscrit la commune dans la modernité des années 1960. Le 25 juin 1960, la municipalité assiste à l'inauguration du Centre national d'instruction des élèves officiers de réserve du Service de santé, hébergé depuis le mois d'avril dans les casernes Lamarque et Proteau ; il assure la pérennité de la fonction militaire, en offrant à la ville une image nationale par l'accueil durant une quarantaine d'années des futurs médecins, pharmaciens et vétérinaires français. Dans les années 1970, l'écrivain libournais Jean Freustié[1] témoigne de l'« offensive menée par la Ville en proie à un sursaut, une volonté de renouvellement que je n'avais pas remarquée jusqu'ici »[2]. Le chroniqueur littéraire du *Nouvel Observateur* insiste sur les changements dans « une ville longtemps frappée d'immobilisme »[3], notant judicieusement que

le modernisme ne triomphe pas ici dans le bâtiment. On construit alentour. Quelques industries s'implantent. Le centre de la ville par contre reste à peu

---

[1] Auteur de plus d'une vingtaine d'ouvrages, Jean Freustié (1914-1983), pseudonyme du libournais Pierre Teurlay (sans parenté avec André Teurlay, successeur à la mairie de Boulin), est écrivain et critique littéraire au *Nouvel Observateur*. Il montre un attachement profond à sa ville natale. Il est le fils d'un courtier en vins de la ville. Il effectue toute sa formation secondaire à l'Institution Montesquieu, où il rencontre un autre futur écrivain, Kléber Haedens. Libourne garde une place essentielle dans les écrits autobiographiques et dans les romans de Freustié.

[2] Jean Freustié, *L'héritage du vent : récit*, Paris, *Stock*, 1979, p. 197.

[3] *Ibid.*, p. 201 et 203.

près identique, mais dans un contexte tout différent qui enrichit les boutiquiers, multiplie à leurs devantures les produits coûteux.[4]

Le romancier libournais s'étonne de voir que

> les trottoirs sont désormais trop étroits pour une foule paysanne, qui ne va plus s'approvisionner dans sa capitale, Bordeaux, pour le vêtement, la chaussure, le fusil, le poste de radio, puisqu'elle trouve ici, à cinq, six kilomètres de sa terre, ce qui lui manque.[5]

Le dépouillement des archives[6] forme à côté de ce témoignage littéraire la source d'une étude cherchant à établir un premier bilan de l'action de Boulin à la mairie de Libourne, caractéristique de sa capacité d'initiative, car « l'administration municipale a cette espèce d'avantage sur la vie de l'État qui est de voir presque instantanément ce que vous décidez ».[7]

Administration et promotion de la ville

La décision de créer une zone industrielle, au lieu-dit La Ballastière, représente la première démarche d'envergure de la nouvelle municipalité. Le 28 novembre 1959, elle programme l'aménagement de terrains viabilisés afin de faciliter l'implantation de nouvelles activités et permettre à d'anciennes de quitter le centre-ville. La réalisation de la deuxième tranche de la zone industrielle s'appuie le 19 novembre 1966 sur la signature d'un contrat avec l'Association des industriels libournais. Le 24 septembre 1968, l'achat d'un terrain par les Établissements Leclerc marque une nouvelle étape vers la conquête du Libournais par les grandes surfaces. Cela dit, *Leclerc*, *Intermarché* et *Continent*, devenu plus tard *Carrefour*, mettent en difficulté dans les années 1970, les grands magasins existant dans le centre de la bastide, *Nouvelles Galeries*, *Dames-de-France* et *Monoprix*. Ces deux dernières enseignes disparaissent, laissant pour la première la place à une moyenne surface *Shopi* liée au groupe Carrefour. Les grandes surfaces portent d'autre part un coup fatal à bon nombre de commerces alimentaires de proximité.

---

[4] *Ibid.*, p. 202.

[5] *Ibid. supra.*

[6] Registres de délibérations du conseil municipal de 1959 à 1979 ; dossier de l'opération Contrat Ville Moyenne publié sous le titre *Ville de Libourne métropole viticole : politique des villes moyennes programme 1974* ; « Radioscopie de Robert Boulin » ; articles de *Sud Ouest, Le Résistant, Atout Cœur Libourne, Libourne, Bulletin municipal* ; dossier de la campagne électorale socialiste aux élections municipales de 1977 rassemblé par Me Daniel Bordier et ses notes de conseiller municipal (1977-1979), que nous remercions pour son aimable prêt.

[7] « Radioscopie de Robert Boulin » par Jacques Chancel, extraits publiés dans « Souvenir : le buste de Robert Boulin », *Libourne, Bulletin municipal*, n° 23, novembre 1982, p. 19.

Le 19 décembre 1975, une troisième tranche d'achat de terrains est votée pour poursuivre l'extension de la zone industrielle. Acteur économique essentiel, la Ville cède en 1965 gratuitement le terrain situé au lieu-dit Grand Champ pour la construction du Dépôt central des rebuts des PTT, fruit d'une opération de décentralisation ; cette installation crée cinquante nouveaux emplois. Plus encore, Libourne devient la « Ville du Père Noël », avec la création chaque année d'un secrétariat temporaire au sein du centre de recherche du courrier. Développant le réseau de communications, elle investit afin d'accroître le nombre de lignes téléphoniques en contractant un emprunt de 150 000 francs au bénéfice des PTT, permettant la desserte de 200 nouveaux abonnés. Le 27 juin 1970, elle participe financièrement à l'établissement d'un aérodrome aux Artigues-de-Lussac au côté de la Chambre de commerce et d'industrie de Libourne.

Au cours des années 1960, elle mène une politique du logement, favorisant de grandes opérations immobilières et la création d'un millier de logements collectifs. Les principales opérations immobilières réalisées à Libourne sont en 1963 : Château Gayard, 78 logements ; en 1966 : Peyronneau, 228 logements, Ribeyrol, 144 logements, La Plante, 42 logements ; en 1967 : Le Pintey, 156 logements ; en 1968 : Garderose, 120 logements ; en 1970 : Parc de l'Épinette, 56 logements ; en 1971 : Peyregourde, 102 logements. Depuis 1964, Les Castors construisent aussi 235 pavillons individuels. De 1962 à 1968, le parc immobilier libournais s'accroît de 1 368 logements, soit autant que de 1914 à 1962.

En effet, l'emploi, le logement et la voirie restent les préoccupations les plus importantes de la municipalité. Dès 1961, elle émet le vœu de résoudre les difficultés de traversée du Pont-de-Pierre et de circulation sur la route nationale 89. Elle espère des services de l'État un élargissement de l'ouvrage d'art et un aménagement de cette artère vitale. Le 20 mai 1968, elle vote le principe d'une participation financière de la commune à la construction d'un pont autoroutier enjambant la Dordogne à Saint-André-de-Cubzac. L'engagement de la ville vise à garantir une hauteur suffisante au tablier du pont afin de permettre aux bateaux de commerce de fréquenter le port de Libourne. Cette action rappelle le combat mené déjà par les Libournais durant la Monarchie de Juillet contre la construction d'un pont à Cubzac pour les mêmes raisons économiques... La participation aux frais est votée le 15 mai 1971. Elle programme le 8 février 1974 l'aménagement de la place du Pont et la rénovation de la place Decazes dans le but de compléter et embellir les opérations de rénovation du centre-ville.

Après son élection à l'Assemblée nationale, Boulin joue un rôle essentiel en 1959, lors de la réforme des tribunaux civils d'arrondissement, remplacés par les tribunaux de grande instance. La modification de la carte judiciaire prévoit la disparition en Gironde des tribunaux de Libourne, Blaye, Bazas et La Réole. Grâce à ses relations avec le Premier ministre Michel Debré, père de la réforme judiciaire, Boulin obtient la création d'un tribunal de grande instance à Libourne. En 1965, de sérieuses menaces apparaissent dans le cadre d'un nouveau projet de loi instituant sur tout le territoire un tribunal par département inspiré du rapport Rueff-Armand et condamnant la juridiction libournaise. Lors de la venue à Saint-Émilion du garde des Sceaux Jean Foyer en octobre 1965, Boulin intervient pour que la ville ne soit pas visée par cette réforme[8]. En 1968, il ne néglige pas de nouvelles menaces sur le tribunal d'instance et fait adopter en conseil municipal une protestation vigoureuse contre la tentative de supprimer cette institution ancienne, symbole du rang de la commune en Gironde.

À l'écoute de la population, la municipalité achète en 1968 deux bus à la Compagnie CITRAM, qui cesse l'exploitation du transport urbain sur la commune. Elle commence à développer ainsi un transport urbain collectif. Le 27 juin 1970, elle crée un centre aéré dans les dépendances de l'école des Charruauds. Favorable à la participation des citoyens, elle demande en 1972 un rapport sur les réunions de quartier récemment créées. La même année, elle décide l'installation de parcmètres, moins appréciés des Libournais, pour favoriser l'accès à la ville : 700 compteurs de stationnement sont mis en place dans le centre-ville reflet d'une certaine modernité. En 1979, elle décide, afin de faciliter l'accueil du public, l'aménagement des bureaux de l'État-civil au rez-de-chaussée de l'Hôtel de Ville.

La volonté de promotion de la commune se traduit par l'adoption du Contrat ville moyenne (CVM) en 1974 : l'« idée de ville moyenne, créant à son tour son pôle d'attraction et gardant sa vie propre » constitue le but à atteindre pour Boulin[9]. La politique d'aménagement du territoire vise alors à empêcher que la déconcentration se fasse au seul profit de Bordeaux. La presse locale se fait l'écho de l'opposition de la gauche qui reproche au maire un manque de transparence et de démocratie. Le 25 avril 1975, il répond dans une lettre ouverte, affirmant les bases de la démocratie représentative et l'urgence de profiter d'une telle opportunité. Il constate qu'on ne

> peut envisager que la ville de Libourne renonce à son embellissement, à son expansion, à la création d'emplois, se retrouvant dans la situation antérieure

---

[8]   Renseignements aimablement communiqués par Mc Daniel Bordier. Appartenant au barreau de Libourne de 1947 à 1974, Boulin s'inscrit au barreau de Paris après avoir été écarté du gouvernement Chirac.

[9]   « Ville de Libourne métropole viticole », *in Politique des villes moyennes : programme 1974*, 2 vol., tome 1, 1974, p. 3.

dont le commerce libournais avait tant souffert, d'une fuite éperdue vers Bordeaux et d'une dépopulation entre 1898 et 1957.[10]

La municipalité passe un marché avec un organisme spécialisé[11] pour mener à bien l'analyse urbanistique du quartier s'étendant entre l'Hôtel de Ville et les quais, désigné sous le nom d'îlot Fozéra[12], étude destinée à établir un bilan financier dans le cadre du Contrat ville moyenne. Le choix des opérations est arrêté autour de l'aménagement de la zone des Dagueys (2 juillet 1976) et des abords du quai de l'Isle (11 et 25 juin 1977). La restauration de l'îlot Fozéra est étudiée le 16 février 1979 dans un deuxième temps. Le Contrat ville moyenne rassemble d'autres projets vite abandonnés, tel l'aménagement d'une zone de loisirs dans la presqu'île de Condat autour de deux étangs, de terrains de jeux pour les enfants, d'un zoo et d'un golf, la construction d'un circuit automobile en prolongement de l'aérodrome des Artigues-de-Lussac ou le développement d'un port de plaisance au Port du Noyer sur la commune d'Arveyres[13]. Dès 1961, l'aménagement de l'immeuble contigu à l'Hôtel de Ville est entrepris : il doit accueillir plusieurs services municipaux, Syndicat d'Initiative, Régie des Eaux, Recette municipale, etc. Le maire se déclare « hostile à toute construction actuelle dans un style ancien ». Il envisage d'établir un nouvel abattoir sur la zone industrielle avant d'approuver le 1er décembre 1962 la reconstruction de la caserne des sapeurs-pompiers.

La volonté de changement se traduit aussi par de nombreuses restructurations ou rénovations de bâtiments communaux. Le 1er juillet 1972, le projet de réaliser un parc automobile souterrain sous la place de la mairie est associé à la reconstruction du marché couvert. L'achat de la salle Jeanne d'Arc[14] et l'aménagement de la place Abel-Surchamp sont entérinés l'année suivante. La construction d'une Bourse du Travail est

---

[10] *Atout Cœur Libourne*, n° 18, 25 avril 1975. Ces années de référence ne correspondent pas à des données statistiques officielles. Les recensements les plus proches ont été effectués en 1896 et 1954, donnant respectivement pour la commune de Libourne 18 016 et 19 474 habitants. Boulin se garde bien de retenir le dénombrement de 1911 qui donne une population de 20 085 habitants. Les recensements contemporains sont aussi parlant : 1962, 21 331 habitants ; 1968, 23 609 habitants. 1975, 22 687 habitants. La baisse du nombre des habitants est l'un des arguments de la campagne des municipales de 1977.

[11] CEREL-ARIM-Aquitaine de Bordeaux.

[12] Fozéra était au Moyen Âge le nom d'un village installé au confluent de l'Isle et de la Dordogne autour de l'église de Saint-Jean-de-Fozéra. Cette dernière fut donnée au monastère de Saint-Émilion en 1110. La bastide de Libourne est tracée à partir de 1270 par la volonté du roi-duc dans un but essentiellement économique.

[13] « Ville de Libourne métropole viticole », *in Politique des villes moyennes : programme de 1974*, 2 vol., tome 2, 1974.

[14] La salle Jeanne d'Arc est occupée à l'époque par le cinéma *Le Liburnia*.

programmée en avril 1974. La réfection complète de la place Abel-Surchamp et la construction d'une fontaine traduisent la volonté de réhabiliter le centre-ville. La municipalité engage d'autres chantiers en 1977-1978 : modernisation de l'Abattoir, construction de la Bourse du Travail et rénovation du Tribunal d'instance. À Libourne, la politique de constructions menée par Boulin entre souvent en conflit avec la notion de patrimoine historique.

Culture et politique sportive à Libourne

Le 29 juin 1959, la municipalité adopte le principe de la vente à la Caisse d'épargne de Libourne d'un terrain communal avenue du maréchal Foch, désigné sous le nom de « Fontaine Roudeyre », pour édifier « un bloc de logements dont la ville a tant besoin ». La délibération a lieu après enquête révélant une opposition du quartier, dit anciennement des Fontaines, attaché à l'un de ses rares espaces verts. Ce monument a un intérêt patrimonial et historique[15]. Le 23 décembre 1961, le conseil municipal constate l'abandon du projet, et Jean Chéreau, élu du quartier, propose d'y aménager un espace vert ; mais le maire oppose au projet, les travaux à effectuer et le danger de la rivière pour les enfants ; et il refuse le 27 janvier 1962 l'offre d'un groupe immobilier bordelais de prendre en charge l'opération aux conditions consenties à la Caisse d'épargne. L'aménagement du site divise toujours le 26 mai 1962 René Legendre et Chéreau ; le premier rappelle que le projet coûterait cher et que l'aménagement des quais prévu n'a pu être envisagé faute de moyens. Le 16 avril 1963, les édiles reçoivent une pétition des habitants pour accélérer l'aménagement de la Fontaine Roudeyre ; le monument est sauvé par la mobilisation des habitants du quartier et l'engagement d'un élu attaché au cadre de vie[16].

Au début des années 1960, l'architecte Jean Royer tente d'obtenir la sauvegarde de la chapelle des Cordeliers, vestige historiquement bien plus important, d'un couvent franciscain du XIIIe siècle ; seul un pan de mur de la chapelle échappe à la destruction... La municipalité accepte facilement l'extension de la Poste et du central téléphonique au détriment d'un bâtiment historique. Quelques passionnés mobilisés autour de la Société historique et archéologique de Libourne regrettent l'inaction et le désintérêt de Boulin ; la destruction leur paraît la négation du passé de la ville, illustrant une pensée de Victor Hugo, selon lequel « qui démolit sa ville, démolit sa patrie ». Au Moyen Âge, les jurats à la tête de la commune se

---

[15]   La fontaine Roudeyre comporte une halle de lavoir défigurée dans les années 1960. Il semble qu'elle date du XVIIe siècle. Après avoir failli disparaître, elle est restaurée au début 2004.

[16]   Le conseiller municipal Chéreau possède alors une boucherie voisine de la fontaine.

réunissaient dans ce lieu où ils conservaient les archives de la ville. Au début de son mandat, comme la plupart des édiles de son époque, Boulin ne semble pas sensible à la défense du patrimoine, agissant en homme de progrès et en acteur des Trente Glorieuses.

La commune s'engage pourtant elle aussi dans la préservation du patrimoine. Après avoir restauré les orgues de l'église Saint-Ferdinand en 1961, la municipalité demande le 1er décembre 1962 des subventions à l'État pour des travaux de réfection à l'église Saint-Ferdinand, à l'église de l'Épinette, à l'église Saint-Jean et au temple protestant. Cette politique semble plus liée au poids de la communauté chrétienne qu'à une réelle démarche de la ville en faveur de ses monuments historiques. La municipalité sollicite le 10 février 1973 le classement de la place Abel-Surchamp à l'Inventaire des Monuments historiques ; classée le 30 novembre 1973, celle-ci doit subir une importante réfection. L'aide de l'État est demandée. L'archevêché propose, sans succès, de mettre dès 1972 à disposition du lycée la chapelle du Carmel pour y établir une aumônerie. Le 14 juin 1974, le conseil demande son classement, avant l'achat le 25 juin 1977 des bâtiments du Carmel. Le 22 mars 1969, le maire doit démentir une nouvelle fois les bruits d'un déplacement du monument aux morts, cher au cœur des Libournais. La Ville lance en 1976 une action en justice contre un propriétaire du chemin de Rifat qui a enlevé une pierre du domaine public, désignée sous le nom impropre de « pierre des Templiers » et délimitant en fait l'ancienne commanderie des hospitaliers de Pomerol. Elle se porte acquéreur le 2 juillet 1976 de l'immeuble Graveau au n° 2-4 de la rue Victor Hugo, pour dégager la Tour du Grand Port, vestige de l'enceinte du XIVe siècle. Elle demande enfin le 10 août 1976 le classement de l'îlot Fozéra.

Dans le domaine de la culture, elle prend en charge, le 21 avril 1961, à 60 % les travaux d'aménagement à effectuer au Musée pour un montant de 11 542,80 francs. Le musée lapidaire installé à l'Hôtel de Ville n'est pas concerné par ces travaux ; il doit être transféré dans une salle à la Tour-du-Grand-Port, projet qui est abandonné par la suite. La municipalité accepte le 5 juillet 1969 le transfert des collections du 15e Régiment de dragons au Musée militaire de Bordeaux. Les édiles votent le 25 octobre 1976 des remerciements au colonel d'Amade pour le don d'une série de dessins de son oncle, le peintre René Princeteau[17], ce qui enrichit les collections de la ville sur ce peintre libournais, premier maître et ami de Toulouse-Lautrec. Daniel Bordier demande, au cours de la séance du 11 juin 1977, la restauration des tableaux conservés à

---

[17]   On se reportera sur le sujet à la remarquable rétrospective menée entre 2007 et 2009 sous la direction de Marguerite Stahl, conservatrice des musées de Libourne, *Gentleman Princeteau* (rétrospective René Princeteau, musée des Beaux-Arts de Libourne, 2007-2009), et éditée en 7 vol. de 2007 à 2009, Bordeaux, Le Festin.

l'église Saint-Jean, notamment l'un d'eux, attribué à Philippe de Champaigne. L'étude d'un projet d'installation de la bibliothèque municipale au deuxième étage de l'immeuble du marché couvert est lancée le 28 juin 1974 ; elle est transférée finalement dans l'ancien hôpital restauré et réhabilité durant la municipalité Teurlay pour devenir la Médiathèque Condorcet inaugurée sous la municipalité Mitterrand.

Le 4 octobre 1969, la Ville subventionne un film documentaire intitulé *Histoire de la rivière*, pour promouvoir le tourisme. Elle programme le 25 avril 1970 de grandes festivités à l'occasion du septième centenaire de Libourne, prévues en septembre, sollicitant l'émission d'un timbre-poste auprès des PTT ; le 22 juin 1973, elle réitère cette demande sans plus de résultat. Elle installe durant l'été 1976 une annexe du syndicat d'initiative à l'ancien kiosque, situé au square du 15e dragons. Le 16 février 1979, elle renouvelle la flamme postale, ornée de la même mention « Libourne, son Port, ses Sites, ses Jardins, ses Grands Vins ». Après un demi-siècle de gratuité, Bordier s'élève en commission de la culture le 25 juin 1977 contre une tarification injuste des cours à l'École de musique : « Avec les cours payants, on veut "rentabiliser" le culturel. » À la fin du mandat, il dresse un bilan accablant de la politique culturelle de Boulin et de ses successeurs, les accusant de pratiquer une « gestion de commerçant » et d'avoir un seul but, « rentabiliser » la culture. Il prétend en conclusion que Boulin « gère la ville, mais ne l'anime pas »[18].

Dès 1962, Boulin lance l'idée d'un jumelage dans un but essentiellement culturel et sportif. Le 25 mai 1965, Libourne est officiellement liée avec la ville allemande de Schwandorf, grâce à l'action déterminante de l'adjoint au maire Maurice Bernadeau, un ancien déporté favorable à la paix et au rapprochement franco-allemand. Les échanges sont fructueux sur le plan scolaire, sportif et associatif. Le maire encourage la création de deux autres jumelages[19] avec Keynsham en 1977 et Logroño en 1979 ; il signe la charte de jumelage avec la ville espagnole le 20 octobre 1979, quelques jours avant sa disparition.

---

[18] Archives privées de Daniel Bordier, « Six années de "Culture" à Libourne (1977-1983) », manuscrit de quatre pages. D. Bordier est l'un des quatre conseillers de gauche élus en 1977. Avec ses colistiers, Pierre Bernard, Charles Berniard et le Pr Boris Sandler, il forme la première opposition constituée à Boulin au sein du conseil municipal. En 1977, le slogan de la liste d'union de gauche est explicite : « Libourne se meurt. » Les candidats de gauche proposent une analyse de la situation de la ville : dépérissement, cherté du logement, ennui, etc. Ils proposent quelques orientations nouvelles : formation professionnelle, zones industrielles, zones d'habitations nouvelles, etc.

[19] « Relations : Jumelages et répercussions », *Libourne, Bulletin municipal*, n° 17, novembre 1980, p. 25-27.

La politique sportive est active. La Ville réalise le 27 janvier 1962 un emprunt pour acquérir un immeuble, au lieu-dit Loiseau sur la commune de Fronsac, afin d'installer le centre hippique et y abriter la Société hippique[20], forte de 78 cavaliers et de dix chevaux, acquisition faite deux ans plus tard. Le 29 juin 1964, l'avant-projet de réalisation d'une piscine est présenté ; son projet de financement basé sur l'emprunt est adopté en 1966 ; et son inauguration a lieu dès le dimanche 17 septembre 1967. Devant l'impossibilité d'agrandir le terrain de Plince, la municipalité se résout le 5 juillet 1969 à implanter un nouveau stade à La Bordette. Le 2 juin 1972, elle confirme une candidature au programme départemental d'équipement sportif et socio-éducatif pour créer un complexe sportif couvert. Le 25 février 1978, elle programme enfin la construction d'un stand de tir.

Au début de 1979, Boulin est fêté en mairie pour avoir battu le record de longévité ministérielle détenu par Colbert. Il apparaît aux yeux de la classe politique et de ses administrés comme le prochain Premier ministre. Au cours d'une visite en 1977, le président V. Giscard d'Estaing le couvre d'éloges, accréditant l'éventualité d'une nomination... La disparition tragique du maire de Libourne provoque une réaction d'incompréhension et un hommage unanime. Le 28 juin 1982, Jacques Chaban-Delmas et le maire André Teurlay inaugurent un buste de l'ancien ministre dans la cour intérieure de l'Hôtel de Ville. Après un émouvant discours de l'ancien Premier ministre, le maire salue en Boulin une ouverture d'esprit et une profonde affection pour ses administrés. Les hauts-parleurs diffusent de larges extraits de la Radioscopie que lui a consacrée Jacques Chancel[21]. Le Comité de Libourne du Souvenir français prend le nom de Comité Robert Boulin[22] en 1981, nom déjà attribué à un stade le 1er mai 1980, des allées le 24 septembre 1980 et un hôpital le 28 octobre 1980. Freustié montre l'influence de Boulin, garantissant à sa ville la desserte d'

> un très bon train qui, s'arrêtant quatre fois seulement [entre Paris et Bordeaux], faisait cependant escale à Villers [Libourne] à cause du député-maire de la ville, plusieurs fois ministre.[23]

Avec humour, il évoque l'« Hôtel Boulin », faisant allusion à l'Hôtel Loubat, établissement réputé de la ville portant à l'époque le nom d'un

[20] Société Hippique, association loi 1901 déclarée à Libourne le 5 juillet 1961.

[21] « Souvenir : le buste de Robert Boulin », *Libourne, Bulletin municipal*, n° 23, novembre 1982, p. 18-19.

[22] « Le Souvenir Français, reconstitution du comité de Libourne, comité Robert boulin », *Libourne, Bulletin municipal*, n° 27, juin 1984, p. 35.

[23] Jean Freustié, *Proche est la mer*, Paris, Grasset, 1976, p. 161.

magistrat de la cité, Marcel Loubat, maire de 1935 à 1941. Boulin a réussi à transformer profondément Libourne, insufflant un dynamisme nouveau à la ville tout en préservant un particularisme face à une proche et envahissante métropole bordelaise.

La politique hospitalière
du maire Robert Boulin

Pierre GUILLAUME

Université Michel-de-Montaigne-Bordeaux 3 et CEMMC

Ce chapitre, qui répond à notre intérêt pour l'histoire de la santé publique et de la protection sociale, a été rendu possible par un accès aux sources facilité par leurs détenteurs. Jean-Paul Lotterie, actuel directeur général de l'hôpital *Robert Boulin* et, nous a-t-il confié, lui-même ancien étudiant d'histoire à Bordeaux, nous a ouvert sans réserve les archives de son établissement et nous a procuré l'aide précieuse du personnel de son secrétariat. Nous avons reçu le meilleur accueil aux Archives municipales de Libourne depuis peu réinstallées dans de remarquables locaux. Ce texte doit aussi beaucoup au long et riche entretien que nous a accordé Paul Julian, prédécesseur de J.-P. Lotterie dans les années 1970 et à la réponse très documentée qu'a faite à notre demande d'information Maurice Rochaix, directeur général du Centre hospitalier universitaire (CHU) à la même époque[1]. Précisons aussi que Sylvie Guillaume a contribué au dépouillement des archives nécessaires.

À partir de cette documentation, évidemment incomplète mais riche, qui ne dit cependant rien de la vie quotidienne des services hospitaliers, notre chapitre apporte des éléments de réponse à trois questions :

- Dans le cadre de cet ouvrage consacré à Robert Boulin, dans quelle mesure peut-on considérer la restructuration de l'hôpital de Libourne comme étant son œuvre, dans quelle mesure s'y est-il impliqué personnellement ?

- Quel a été l'apport immédiat et durable pour la ville de Libourne de l'importance nouvelle donnée à son hôpital ?

- Dans quelle mesure cette reconstruction de l'hôpital de Libourne est-elle conforme aux principes défendus par le ministre de la Santé Boulin, notamment dans les débats ayant abouti à la grande loi

---

[1] Maurice Rochaix est aussi membre fondateur et président d'honneur de la Société française d'histoire des hôpitaux et de sa revue.

hospitalière du 31 décembre 1970 ? Libourne banc d'essai ou champ d'application d'une politique nationale ?

L'implication personnelle de Boulin dans la restructuration de l'hôpital de Libourne

C'est dans les délibérations d'une part de la Commission administrative de l'hôpital, d'autre part du Conseil municipal de Libourne, que l'on peut trouver des traces de l'implication personnelle de celui qui est président de l'un et de l'autre, la commission administrative réformée étant devenue conseil d'administration en 1971. On doit constater d'emblée la limite de ces deux sources qui sont, chacune, des extraits des délibérations et non pas le compte rendu exhaustif des débats ayant pu se dérouler dans ces deux instances. La première interrogation porte sur le degré d'assiduité de celui qui, à partir de sa première nomination comme secrétaire d'État en août 1961 puis comme ministre dans des fonctions diverses mais de première importance à partir de juillet 1968 avec une seule interruption entre mars 1973 et août 1974, dut se partager entre ses obligations nationales et locales. Alors que l'on relève dans les registres des absences bien compréhensibles, P. Julian, directeur général honoraire de l'hôpital, note qu'il fut toujours présent lorsque furent prises des décisions importantes[2], tandis que M. Rochaix, directeur général honoraire du CHU fait bien de la création du nouvel hôpital de Libourne l'œuvre propre de Boulin[3]. P. Julian souligne également le comportement profondément humain de Boulin dans sa circonscription libournaise, s'en considérant, dit ce témoin, comme « l'assistante sociale en chef », accessible et soucieux de toujours répondre au courrier, quand il pouvait faire une lettre de recommandation mais aussi pour opposer un refus à une demande inopportune. Cette disponibilité de Boulin nous a été confirmée par le témoignage de Mme Dupuy qui, aide-soignante, dit que son embauche avait été due à l'entretien qu'il lui avait accordé sans difficulté et bien que, comme nous l'a dit Mme Marache, infirmière, il ne pouvait être question, pour le président du conseil d'administration, de connaître personnellement tous les membres du personnel.

Comme le disent aussi Rochaix et Julian, Boulin ne prêta le flanc à aucun soupçon de passe-droit : on lit ainsi que le projet de création d'une école d'infirmières est inscrit au Ve plan, et que l'augmentation de la capacité de l'hôpital a reçu l'agrément de la Commission nationale de l'équipement hospitalier en mars 1963 puis celui de la Commission

---

[2] M. Julian nous a accordé un long et riche entretien le 19 mars 2009, qui s'est déroulé à Talence à la direction du CHU.

[3] M. Rochaix, retiré à Aix-en-Provence, a accepté de s'exprimer longuement dans une lettre du 4 avril 2009.

nationale de coordination[4], tandis que à la réunion où est définitivement arrêtée la décision de construction du nouveau bloc médico-chirurgical sont conviés, aux côtés des membres de la commission administrative le sous-préfet de Libourne, l'inspecteur régional de la santé, l'ingénieur des Ponts et chaussées, et, surtout, un conseiller général, délégué par son assemblée. Toutes les précautions sont donc prises afin que la décision n'apparaisse pas comme un fait du prince. C'est en septembre 1966 que le ministère de la Santé donne son agrément technique à la construction du nouvel hôpital[5] et en accepte le coût à 24 millions, l'État finançant à hauteur de 40 %, le reste restant à la charge de l'établissement, qui est mis dans l'obligation d'emprunter auprès de la Caisse des dépôts et consignations.

La réunion de la commission administrative élargie du 6 février 1966 a, semble-t-il, revêtu une importance toute particulière ; c'est, en tout cas, celle pour laquelle les interventions de Boulin ont été rapportées le plus longuement. Elle s'ouvre sur un « état de la question » dont il ressort que les choix d'implantation sont faits, si bien que l'on discute des aménagements, notamment des peintures intérieures. Au cours de cette réunion, le conseiller général Jean Bernadet fait entendre les réticences de son assemblée, tout en annonçant sa participation au financement de l'opération à hauteur de 5 % pour limiter l'augmentation annoncée du prix de journée. Il se plaint d'abord du manque d'information, disant : « Nous n'avons pas été informés : j'ignore tout de cette affaire » à savoir l'élaboration d'un rapport sur l'équipement sanitaire du département qui aurait été demandé par le Conseil général. Il ajoute[6] que le projet libournais interfère avec celui, prioritaire, du développement du CHU. Le docteur Maxime Teyssandier, vice-président de la commission, dénonce la faiblesse de la capacité d'accueil complémentaire prévue et déclare

> qu'il semble plus logique de diriger les malades sur Bordeaux, ne serait-ce que pour permettre aux futurs médecins et chirurgiens d'apprendre leur métier dans des conditions plus normales.

---

4   Délibérations du conseil d'administration, 11 septembre 1965.
5   Délibérations du conseil d'administration, 5 février 1966.
6   Jean Bernadet (1902-1983) ingénieur des travaux publics, socialiste, avait été maire de Libourne de 1945 à 1947 (renseignements communiqués par B. Lachaise). Son opinion rejoint celles de la gauche socialiste et communiste lors du vote de la loi du 31 décembre 1970, traduisant une propension à mettre l'accent sur l'augmentation des capacités d'accueil plutôt que sur l'équipement technique. Il ne semble pas être allé, dans son dialogue avec Boulin, au-delà d'une réserve de principe. Quant à M. Teyssandier, qui se fait aussi entendre lors du débat, il est médecin, radical-socialiste, et maire de Lugon de 1929 à 1971. Sans s'opposer au projet de Boulin, il est soucieux de son coût.

Bernadet pose une question faussement innocente : « vous envoyez bien des malades à Bordeaux ? », répond alors le docteur Diard, autre membre de la commission particulièrement écouté ; il admet l'envoi de malades à Bordeaux mais dans des cas exceptionnels et déplore que la publicité donnée à cette mesure, fâcheusement divulguée par la presse, « jette un discrédit sur la fonction médicale à Libourne [...] alors qu'il est certain que des hôpitaux comme le nôtre font quand même du bon travail ».

Devant les réticences ainsi exprimées, Boulin intervient longuement pour justifier le projet de réaménagement de l'hôpital :

> J'ai le sentiment que le Conseil général a été mal informé car il s'agit d'un dossier très complexe : cette affaire n'a pas du tout été lancée à la légère : on a profondément élaboré les calculs financiers. Il ne faut pas négliger l'opportunité de notre hôpital dans la région. Son système pavillonnaire était à la mode jadis, mais cette formule est dépassée. À l'hôpital de Libourne, les malades doivent être transportés à l'extérieur pour les examens radiologiques ou autres ; de plus, c'est là une solution coûteuse en personnel. Tous les bâtiments sont à refaire. L'hôpital est bien géré, les malades restent peu de temps. La ville croît avec une grande rapidité, les accidents sont fréquents ; il convient d'appliquer les thérapeutiques modernes. En ce qui concerne l'architecture du bâtiment, ce sont les propres services de la santé publique qui ont trouvé que le système pavillonnaire n'était pas conforme à l'intérêt des malades, qu'il faut s'orienter vers une forme de bloc, et c'est ainsi que nous avons modifié notre optique de projet. Puis il a été agréé [...]. La Commission nationale fixe elle-même un ordre de priorité. Le choix a été fait sur Libourne non pas en raison de ma personne, mais parce que sa situation et son corps médical justifiaient cette priorité *exercée* (inscrite ?) financièrement dans le budget [...]. Ce projet libère l'ensemble de ces pavillons actuellement utilisés qui passeraient alors en hospice. De 665 lits en 1965, le bloc fonctionnerait avec 928 lits [...]. Quant au prix de journée, Libourne ne sera pas d'un prix excessif par rapport à cela [le CHU].

Ce n'est que deux ans après cette confrontation, qu'on peut estimer décisive, que la première pierre du nouvel hôpital est posée, le 30 mars 1968,

> au cours d'une cérémonie à allure de fête qui est encore dans les mémoires de toutes les personnes qui y ont assisté, M. R. Boulin, maire de Libourne, secrétaire d'État à l'Économie et aux Finances, a posé la première pierre de l'édifice sous la forme moderne d'une coulée de béton. Les travaux ainsi officiellement commencés doivent durer de 27 à 30 mois.[7]

Les mois écoulés depuis février 1966 ont été nécessaires au lancement des adjudications en 1967 et à la signature de 21 marchés, vingt

---

[7] Article du *Résistant*, journal hebdomadaire libournais, du 13 avril 1968, signé par P. Lacroix, directeur général de l'hôpital. AM Libourne.

l'ayant été le 28 novembre 1967 et le dernier le 6 janvier 1968. La réalisation des nouveaux bâtiments qui devait, selon Pierre Lacroix[8], durer de 27 à 30 mois prit finalement un an de plus. Ce n'est finalement que le samedi 27 septembre 1971 que le nouvel hôpital fut inauguré en présence de nombreux élus du département, des notables du monde médical libournais et girondin, des chefs de service de l'hôpital mais sans autre personnalité nationale que Boulin.

Dans son discours, après les remerciements d'usage, celui-ci met l'accent sur l'évolution amorcée du personnel médical[9] :

> Le passage à mille lits nécessite, on le comprend bien, progressivement une modification des structures et en particulier requiert dans les services qui l'exigent la permanence à temps plein d'un médecin qui consacre l'intégralité de son activité à la vie hospitalière à la fois dans le diagnostic et les soins, l'enseignement et la recherche... Bien entendu, nous n'excluons pas le temps partiel.

Malgré la nuance apportée par la dernière formule, cette introduction du plein temps, avec appel à des universitaires, ne pouvait aller sans affecter l'ensemble d'un corps médical local qui, auparavant, régnait sur l'hôpital. Boulin précise encore que toutes les dépenses devront être étroitement surveillées, que

> le centre privilégié de diagnostics, de soins, d'enseignement et de recherche doit être le secteur privilégié pour l'ensemble des médecins situés dans son secteur de perfectionnement, de formation, d'échange et de contacts avec les maîtres et les enseignants de prévention et de dépistage [...]. Celui-ci indique l'importance économique, sociale et humaine que constitue une telle création dans le Libournais qui complétera l'infrastructure industrielle et commerciale de tout l'arrondissement de Libourne.

Ainsi Boulin entend-il dépasser son rôle de constructeur, pour contribuer à l'évolution des pratiques hospitalières, dans le contexte d'une modernisation globale de la société locale.

---

[8] Article du *Résistant* du 13 avril 1968.

[9] *Le Résistant*, 1ᵉʳ octobre 1971. D'importantes innovations techniques, la plus « sensationnelle » étant « un système de conditionnement climatique de l'air qui assurera aux malades tout le long de l'année, une atmosphère extrêmement confortable et propice à la meilleure administration des soins ; en effet les chambres seront non seulement chauffées en hiver et rafraîchies en été, mais l'air sera épuré, filtré, débarrassé des odeurs et constamment renouvelé. De plus, l'état hygrométrique des pièces pourra être réglé de telle sorte que les conditions de séjour soient les plus agréables possible [...]. Les chambres seront à un ou deux lits ; chaque chambre aura son sanitaire (cabinet de toilette et WC) ».

Libourne et son nouvel hôpital

C'est dans les informations fournies par l'établissement sur Internet que l'on peut puiser les données chiffrées qui expriment l'importance qu'il a prise. Lors de son inauguration, en 1971, se côtoient le nouvel hôpital, doté de son bloc médical et chirurgical voulu à la pointe du progrès technique, et l'hospice, qui s'est étendu dans les anciens pavillons libérés et qui sera, conformément à la terminologie désormais utilisée sera appelé Établissement d'hébergement pour personnes âgées dépendantes (EHPAD). Est ainsi conservée sur un même espace une dualité de fonctions éclatées ailleurs, et notamment à Bordeaux, dans des lieux séparés.

Ce qui n'est plus l'hôpital mais « le centre hospitalier de Libourne », se voit rattacher en 1974 l'hôpital *Garderose*, inauguré en présence de Simone Veil, alors ministre de la Santé du gouvernement Chirac, le 6 janvier 1975. Il s'agit, construit sur un autre site, d'un troisième « hôpital psychothérapique départemental » devant desservir les arrondissements de Libourne et de Blaye, ceux de Bordeaux et de Cadillac couvrant le reste du département. Cette implantation de l'hôpital de *Garderose* a été voulue par la municipalité de Libourne, donc par son maire. C'est la Ville qui cède gratuitement le terrain au département à qui incombe, depuis la loi de 1838, la prise en charge des aliénés. En avril 1974, le Conseil général de la Gironde, maître d'œuvre du nouveau centre psychothérapique, en confie la gestion au centre hospitalier de Libourne qui admet dans son conseil d'administration, deux représentants supplémentaires du Conseil général représentant les arrondissements de Libourne et Blaye. Cette solution est justifiée par

> l'évolution de la politique générale en matière de santé [...], l'intérêt des malades à bénéficier, sans changement d'établissement, des soins des différentes disciplines de l'hôpital..., les économies susceptibles d'être réalisées dans l'équipement et la gestion.[10]

---

[10] Délibérations du conseil d'administration du 10 avril 1974 et, en pièces jointes, le projet de convention proposé au Conseil général de la Gironde et l'accord de principe de celui-ci au terme d'une délibération du 11 février 1974. Il est dit au cours de cette séance que « des services généraux ainsi que des services administratifs peuvent être communs et que les économie dans le fonctionnement de la pharmacie peuvent être réalisés avec un établissement unique » et il est précisé « que la participation financière de la Sécurité Sociale ne risque pas d'être compromise du fait de ce rattachement, dès lors que le Centre hospitalier de Libourne a décidé de fermer à terme la clinique ouverte ». C'est dans la convention qu'est précisé le nombre de lits à ouvrir, 475 pour adultes et 76 pour enfants et qu'est visée la desserte des arrondissements de Libourne et de Blaye, celui-ci étant ainsi clairement situé dans le périmètre du CHR de Libourne, étant de rive droite. L'ouverture des premiers locaux est envisagée pour novembre 1974 et celle de deux autres tranches pour février 1975 et la fin de 1975.

En 1974, « le centre hospitalier général *Étienne-Sabatié* », qui prend ultérieurement le nom de *Robert Boulin*, a ainsi parachevé son extension. Les chiffres dont on dispose pour 2008 disent l'importance des différents sites de l'établissement[11] :

**Effectifs du Centre hospitalier de Libourne
et des autres entités liées à lui**

	Nombre de places
Centre hospitalier Robert Boulin	1 304
EHPAD	330
Hôpital Garderose	274
Ensemble	1 908

Le nom de « Fondation Sabatié » a été conservé à l'EHPAD

Dès 1970, la Commission administrative appelait à une augmentation du personnel qu'elle justifiait tout autant par l'amélioration de la qualité des soins et de l'hébergement que par l'augmentation du nombre de lits[12] :

Le directeur expose à la Commission administrative que la mise en service du nouvel hôpital, prévue pour le deuxième trimestre de l'année prochaine, avec en même temps la réutilisation de l'ancien hôpital pour abriter des hospices ou des services de convalescence, rendent nécessaires une augmentation très sensible du personnel : personnel administratif car la capacité de l'établissement va passer de 765 lits à 962, et le travail des bureaux est fonction du nombre des entrées, de l'importance des consommations, etc. ; personnel des services généraux car la surface des bâtiments comme la quantité du linge ou des rations alimentaires à préparer vont augmenter considérablement, mais surtout personnel hospitalier proprement dit et personnel des services techniques (radiologie, laboratoire, pharmacie) ; une augmentation de plus de cent lits actifs et de près de cent lits d'hospice, la création de consultations et le développement des soins externes, la mise sur pied d'un véritable service d'urgence et de réanimation, le remplacement des salles communes par des chambres individuelles ou à deux lits, tout cela justifie amplement une augmentation des effectifs du personnel de 430 à 737.

Dès le mois de juillet 1968 avait été créé un poste de sous-directeur de l'hôpital avec pour fonctions « de s'occuper des travaux d'agrandissement et de modernisation ». Les documents disponibles livrent quelques aperçus des améliorations apportées aux conditions de vie de ses usagers et, plus encore de l'hospice. Le 18 janvier 1974 est ainsi décidé « l'envoi d'une quarantaine de personnes âgées en séjour aux îles Baléares », « séjour qui peut s'effectuer dans des conditions financières particulièrement

---

[11] Site du Centre hospitalier Robert Boulin, *L'hôpital en chiffres*, [http://www.ch-libourne.fr/].

[12] Délibérations du conseil d'administration, 22 juin 1970.

avantageuses tout en permettant de dégager des locaux en vue de leur réaménagement ». En juin 1974 est implanté « un centre social et commercial pour personnes âges dans un ancien pavillon du centre hospitalier », qui est proposé par le conseil d'administration. Il comprendrait :

- une boutique polyvalente, papeterie, articles de bazar, timbres-poste, journaux, confiserie, bibelots…
- une cafeteria, avec possibilité pour les accompagnants ou les familles des personnes âgées de prendre un repas léger ou sandwich
- une salle d'animation ergothérapique
- deux salons de coiffure, un pour dames, un pour messieurs
- une bibliothèque-discothèque
- un bureau d'assistante sociale
- un bureau d'opérations postales, confiées au vaguemestre
- un bureau de dépôt de pécules et de retraits de fonds.

La gestion des différents services à caractère commercial serait confiée à l'association Le Regain créée en 1973 et celle de la bibliothèque-discothèque le serait à l'Association des visiteurs aux malades. L'amélioration matérielle du cadre de vie s'accompagne ainsi d'une volonté d'animation faisant appel à la coopération des malades et de leurs familles avec la volonté de donner ainsi à l'EHPA une dimension communautaire. Cet effort rejoint ceux qui sont faits à *Garderose* qui est donné comme un établissement psychiatrique profondément novateur. En octobre 1974, une autre délibération du conseil d'administration dit une volonté « d'humaniser et réorganiser le Pavillon 20, maison de retraite "hommes" valides ». P. Julian a précisé que ces aménagements avaient bien été réalisés et leur gestion bien confiée à l'association Le Regain jusqu'au départ à la retraite de directrice ajointe qui s'y était intéressée personnellement. Après son départ, la cafeteria fut transférée dans un local plus vaste et elle perdit son autonomie de gestion ; ce fut là une expérience novatrice dans le monde hospitalier de l'époque[13].

Toutes les notations éparses que l'on peut ainsi relever font entendre que, à l'époque où Boulin présidait son conseil d'administration, le centre hospitalier de Libourne s'agrandissait considérablement et, dans le même temps, voyait se modifier son mode de fonctionnement. Les soins proposés se diversifient dans des services disposant d'un personnel médical qualifié et pour une part, hospitalo-universitaire. Dès avril 1970 le directeur peut ainsi affirmer que « le nouvel hôpital comprendra tous les services et toutes les activités que les décrets des 3 août 1959 et 22 mai 1960, prévoient pour un centre hospitalier ». Et il énumère[14] :

---

[13] Entretien téléphonique avec P. Julian du 29 septembre 2009.
[14] Délibérations du conseil d'administration, 25 avril 1970 et 27 juin 1970.

- Un ou plusieurs services de médecine générale et un ou plusieurs services de chirurgie générale
- des services de chacune des spécialités ci-après : gynécologie, obstétrique, ORL, ophtalmologie, électroradiologie, et à défaut de stomatologie, organisation de soins dentaires
- un service de médecine infantile
- un laboratoire de biologie médicale (chimie biologique, bactériologie, sérologie, hématologie)
- un service de convalescents et un service de chroniques
- les moyens nécessaires pour assurer la réadaptation fonctionnelle au premier stade du traitement
- des services de consultations et de soins pour malades externes dans toutes les disciplines pour lesquelles existe un service d'hospitalisation et rattachés aux services correspondants
- des services de médecine spécialisée ; pneumo-phtisiologie et cardiologie.

C'est de cette diversité de services que la direction de l'hôpital tire argument pour demander et obtenir son reclassement. L'hôpital de Libourne était classé dans le deuxième groupe de la deuxième catégorie des établissements hospitaliers, le premier groupe étant celui des CHU. Il demande et obtient de passer dans le premier groupe de la deuxième catégorie pour être reconnu comme centre hospitalier général, faisant oublier son caractère municipal initial.

L'évolution ainsi amorcée à l'époque Boulin aboutit à occuper autour des 1 304 lits du seul hôpital *Robert Boulin* 260 médecins dont 40 internes et 2 704 agents, 267 administratifs, 1 855 soignants, 104 médico-techniques, 420 techniques et ouvriers, 58 divers répartis dans 110 grades différents. De l'ensemble des trois établissements hospitaliers dépendent ainsi plus de 3 500 emplois, certains étant à temps partiel, ce qui en fait du centre hospitalier le premier employeur d'une ville qui, pour une population de 21 764 habitants en 2009 comptait 10 001 habitants en âge d'être actifs mais avec 1 420 chômeurs soit un taux de chômage particulièrement élevé de 13,8 % des actifs[15], ce qui rend particulièrement précieux les emplois proposés par l'hôpital. On ne peut pas cependant s'en tenir au rapport simple du nombre d'emplois hospitaliers sur le nombre d'emplois total car bien des actifs hospitaliers sont domiciliés en dehors de Libourne et l'hôpital n'intéresse pas la seule ville mais tout le bassin d'emploi ; pour celui-ci aussi, son rôle est considérable, comme le disait Boulin dans le discours prononcé en 1971 lors de son inauguration, alors même que la France était encore en période de plein-emploi.

---

[15] Internet, *Population et typologie, Libourne, La vie immobilière. Sources :* INSEE, données du recensement de 1999.

Une construction, conforme ou contraire aux principes défendus par Boulin ministre de la Santé ?

La paternité de deux lois d'une importance reconnue par tous est attribuée à Boulin, celle du 31 décembre 1970 « portant réforme hospitalière » et celle du 31 décembre 1971 améliorant le régime des retraites. On peut également lui attribuer le mérite du succès de négociations entre le corps médical et la Sécurité sociale qu'a permis la signature entre les deux partenaires de la première convention nationale qui a uniformisé les taux de remboursement des actes médicaux. On lui doit aussi la loi du 12 juillet 1971 qui prévoit un *numerus clausus* pour les études médicales. La réforme hospitalière de 1970 n'est ainsi qu'une part de l'action sociale de Boulin menée dans le cadre du ministère Chaban-Delmas et conforme aux promesses faites dans le discours sur la Nouvelle Société du 16 septembre 1969 dont on a célébré récemment le 40ᵉ anniversaire[16]. C'est au cours des débats parlementaires, devant aboutir à la loi du 31 décembre 1970, que Boulin a affirmé ses idées sur la nécessaire réforme du système hospitalier français, d'abord devant le Sénat, le 4 novembre 1970, puis devant l'Assemblée nationale les 3, 4 et 18 décembre 1970. Il se dit inspiré par un double souci de rationalisation, celui de l'implantation des établissements à partir de l'établissement d'une carte des besoins sanitaires, et celui de la gestion des hôpitaux par une redéfinition du rôle des différents acteurs. Après un retour rapide sur ces idées force du ministre, nous verrons dans quelle mesure elles ont été respectées par les décisions prises à Libourne.

Dans la classique histoire des hôpitaux dirigée par Jean Imbert[17], on lit que, avec sa loi, Boulin voulait

> une organisation rationnelle d'un service public bien défini dans ses obligations, ses structures et ses moyens, une évolution profonde des rapports entre les secteurs publics et privés de l'hospitalisation, une révision, enfin, des cadres juridiques, administratifs et techniques des établissements hospitaliers publics.

Des décrets pris ultérieurement modifient le mode de fonctionnement de l'hôpital. La commission administrative est remplacée par un conseil d'administration entouré de commissions dont la principale est la commission médicale consultative. Le libellé des extraits des délibérations montre que, à Libourne, le changement suit immédiatement le vote de la loi. L'article 22 de la loi précise que

---

[16] Colloque organisé à l'Assemblée nationale le 16 septembre 2009 par le Centre d'histoire de Sciences Po pour le 40ᵉ anniversaire du discours de Jacques Chaban-Delmas sur la Nouvelle Société, actes à paraître.

[17] Jean Imbert (dir.), *Histoire des hôpitaux en France*, Toulouse, Privat 1982, p. 423.

le directeur est chargé de l'exécution des délibérations du conseil d'administration. Il est compétent pour régler les affaires de l'établissement autres que celles énumérées ci-dessus et doit tenir régulièrement le conseil d'administration informé de la marche générale des services et de la gestion de l'établissement.

Le directeur est « nommé par le ministre chargé de la santé publique après avis du président du conseil d'administration », précise l'article 20 de la loi. Ces dispositions introduisent des changements majeurs dans l'exercice de l'autorité à l'hôpital. Le directeur, nommé par l'autorité de tutelle, est substitué au président de la commission administrative élue par celle-ci. Il gère l'hôpital au quotidien ; ne lui échappent que les décisions de transformations structurelles de l'établissement et de gestion des médecins. À Libourne, Lacroix est investi dans ses nouvelles fonctions mais cela se fait dans la continuité car, à l'occasion de l'inauguration du nouvel hôpital il est rappelé

> sa belle carrière administrative de vingt-cinq années, tant en France d'outre-mer, en Afrique, Nigeria, Sénégal, Mauritanie, Côte d'Ivoire, qu'en métropole, après un passage à l'École de Rennes en 1963, il a été nommé directeur de l'hôpital-hospice de Libourne en 1964.

C'est donc un ancien administrateur colonial, recyclé dans l'hospitalier, que Boulin décore de l'ordre du Mérite en septembre 1971. L'application d'autres mesures majeures, le décret du 16 juillet 1971 sur le statut du personnel hospitalier, les décrets des 3 mai et 13 mai 1974 sur les médecins à temps partiel, le décret de janvier 1974 sur le règlement intérieur et le décret de septembre 1974 sur les droits des malades, ne semblent pas avoir rencontré à Libourne de difficultés d'exécution particulières tandis que *Garderose* est situé comme un établissement ayant joué un rôle pilote dans la sectorisation de la psychiatrie.

Les documents que nous avons pu consulter ne laissent pas apparaître de conflits ou même de résistances liés aux réformes imposées par la loi du 31 décembre 1970, mais on peut supposer qu'elles n'ont pas fait que des heureux. La seule mesure signalée dans les délibérations du conseil d'administration est la suppression, à la demande de la Sécurité sociale, des « cliniques ouvertes », ce qui retire aux chirurgiens de la ville, au nom de la « sectorisation », le droit d'opérer à l'hôpital et d'y faire héberger leurs patients[18].

Boulin a précisé fort clairement ce qu'il considérait comme les motivations de la réforme de 1970 dans ses interventions au Sénat et à l'Assemblée. Dans ses propos du 4 novembre au Sénat[19], le ministre,

[18] Délibérations du conseil d'administration, 27 juin 1970.
[19] *Journal officiel*, 5 novembre 1970, Débats parlementaires, Sénat, séance du 4 novembre 1970, microfiche.

après avoir rappelé que les dépenses de santé, telles que prévues au VIe plan, augmenteront de plus de 13 % par an, dit que ce constat impose trois interrogations sur la cohérence de l'implantation des hôpitaux par rapport aux besoins, sur l'absence de coordination réelle entre le secteur public et le secteur privé, qu'il soit à but lucratif ou non lucratif, sur des problèmes d'une gestion moderne qui n'ont pas encore entièrement pénétré dans les hôpitaux. L'absence de coordination, ajoute-t-il se constate à l'intérieur même du secteur public, alors même que l'équipement du secteur privé n'est important que dans les secteurs qui présentent le plus d'intérêt, chirurgie, maternité, convalescence. De 1960 à 1967, le taux d'accroissement du secteur privé a été double du secteur public en chirurgie et triple en maternité, tandis qu'en médecine il n'était que de 53 % contre 122 % dans le public. De plus beaucoup de régions où le rapport lits-population est faible sont mal dotées en lits privés. Boulin ajoute qu'il y a insuffisance des lits « d'enseignement actif » parce qu'il y a maintien dans les services actifs de malades qui devraient être transférés en convalescence.

Les réponses à ces dysfonctionnements passent par l'établissement d'une carte sanitaire, plus précisément des besoins sanitaires, qui indiquera les équipements à prévoir. Le critère du nombre de lits d'hospitalisation ne doit intervenir qu'à titre secondaire car la carte de besoins sanitaires doit être, au premier chef, une carte des installations techniques dont découle le nombre des lits nécessaires. Il faut découper chaque région en secteurs sanitaires dans lesquels le secteur privé, tout en gardant son indépendance, doit coordonner ses moyens avec ceux du secteur public, pour obtenir une concession de service public. C'est le préfet qui, après avis de la Commission nationale de l'équipement sanitaire, délivrera les autorisations d'équipement tandis que d'autres problèmes restent à résoudre et Boulin énumère le classement des établissements, les pouvoirs des directeurs d'établissement, la mise en place de la commission médicale consultative, le recrutement et le statut des médecins à temps partiel, la constitution de syndicats et groupement interhospitaliers. Il faut encore prévoir la place des tâches d'enseignement et de recherche à développer dans les unités modernes de soins.

Avant l'intervention du ministre, Marcel Souquet, au nom de l'opposition socialiste et communiste, a déclaré :

> Les malades de l'hôpital de Monsieur Vincent, bénéficiaires de la « charité », mot impropre que nous transformons en « solidarité », n'avaient guère le droit de se plaindre. Cela avait déjà le mérite d'exister. Les malades d'aujourd'hui peuvent et doivent exiger le maximum, car le centre hospitalier est construit et développé avec les sommes qu'ils ont d'abord versées comme contribuables et il fonctionne avec les sommes qu'ils versent comme assurés. Dans ces conditions, le centre de soins doit donc disposer de tous les moyens nécessaires en hommes et en équipements, ce qui n'est pas le cas.

C'est donc à une logique du « toujours plus » ne concernant, comme dans les hospices de jadis, que l'hébergement, que s'oppose la volonté de rationalisation gestionnaire du ministre privilégiant les capacités de soins.

Le 3 décembre, à l'Assemblée nationale[20], Boulin doit répondre aux critiques d'une part de ceux qui l'accusent de porter atteinte aux libertés du secteur privé, d'autre part de ceux qui l'accusent de faire la part trop belle à celui-ci. Le premier grief est repris au Sénat par Georges Portmann, sénateur de la Gironde[21]. La réponse du ministre est « qu'aujourd'hui, en effet, le secteur privé n'est soumis à aucune condition et le projet de loi a pour principal objet de lui imposer les conditions du service public » pour pouvoir l'associer à celui-ci en lui imposant notamment les mêmes règles comptables. Ce débat n'est pas sans rappeler celui qu'avait suscité la loi Debré sur l'association des écoles privées à l'Éducation nationale. Deux extrémismes se font entendre : celui qui exige un respect total de la liberté des établissements privés, alors même qu'ils pourraient bénéficier d'aides de l'État, et celui qui ne veut penser qu'en termes de service national unique de santé comme d'éducation et qui ne conçoit pas que des deniers publics aillent à des établissements privés.

À Libourne, il ne semble pas qu'il y ait eu de réactions fortes de la médecine privée face au développement de l'hôpital. Nombreux étaient les praticiens de la ville qui exerçaient à temps partiel à *Étienne Sabatié* et seul le développement des consultations externes semble avoir suscité quelques humeurs passagères. L'unique vrai débat suscité par le développement de l'hôpital de Libourne est celui de son insertion sur une carte sanitaire conforme aux vœux exprimés au Sénat par le ministre, alors qu'il se trouve à une trentaine de kilomètres de Bordeaux et de son CHU en pleine expansion. La situation actuelle est trompeuse car les communications routières entre Libourne et Bordeaux se sont améliorées et le recours à l'hélicoptère en cas d'urgence extrême est entré dans les mœurs. Dans les années 1970, la route Libourne-Bordeaux n'était encore, au mieux, qu'à trois voies, et débouchait sur la très encombrée avenue Thiers et sur le vénérable pont de Pierre.

S'inscrit incontestablement dans la logique du ministre la réalisation des équipements techniques comme préalable à l'augmentation du nombre de lits et comme conditionnant celle-ci. On a pu, en revanche, se demander si le développement d'*Étienne Sabatié* s'inscrivait en opposition ou en complémentarité réelle avec celui du CHU. C'est sur ce point

---

[20] *Journal officiel*, 4 décembre 1970 Débats parlementaires, Assemblée nationale, séance du 3 décembre 1970, microfiche.

[21] *Journal officiel*, 5 novembre 1970, Débats parlementaires, Sénat, séance du 4 novembre 1970, microfiche.

que le témoignage de M. Rochaix, directeur général du CHU, est particulièrement précieux[22]. Posant en préalable que « l'hôpital public est et doit demeurer le pivot du système de la protection de la santé » et « qu'il doit s'intégrer dans le cadre du service public », il dit son approbation de la volonté de Boulin de développer « un réseau de protection sanitaire et sociale » tout en disant que « c'était aussi un facteur d'apaisement social et de bien être, voire de richesse pour sa cité », ce qui, en clair, signifie que les motivations sanitaires ne sont pas les seules à entrer en ligne de compte. M. Rochaix approuve sans réserves la création « d'un hôpital psychiatrique, très élaboré et déjà, pour l'époque, ouvert au concept novateur de la sectorisation », et, de fait, la création d'un hôpital psychiatrique ne pouvait en rien gêner le développement du CHU. Après avoir écrit que « cette politique de modernisation généra une très grande attraction au niveau des cités proches ce dont bénéficia bien sûr Libourne », M. Rochaix avoue que, face à la politique de Boulin, « les esprits à divers niveaux étaient réticents » car « la mise en place du CHU n'était pas déjà sans poser de difficiles problèmes d'intégration et surtout la masse critique du centre hospitalier de Libourne était faible ». La pleine justification du développement du centre hospitalier n'apparaît que progressivement avec le resserrement des liens avec le CHU.

On peut en effet voir se préciser ce qui est désormais le rôle du centre hospitalier de Libourne dans deux directions, d'une part l'affirmation de son rôle régional spécifique dans le Libournais, le Blayais et les franges hors-Gironde, d'autre part une complémentarité fonctionnelle avec le CHU. Le centre hospitalier de Libourne apporte d'abord, dans le domaine de la santé, une réponse a ce qui fut et ce qui est encore un problème constant de l'urbanisation de la région bordelaise, la recherche d'un meilleur équilibre entre une rive gauche de la Garonne, site initial de Bordeaux, et sa rive droite considérée comme une banlieue, notamment industrielle, ne justifiant pas d'efforts d'équipements propres. Le développement du Centre hospitalier régional (CHR) de Libourne est une volonté de dépasser à ce qui fut vécu comme un long abandon, au point que certains esprits critiques soupçonnèrent Boulin de vouloir construire une véritable CHU de rive droite. On remarquera ici que, dans les premières années du XXIe siècle, c'est à l'université que semblable politique est adoptée avec le développement, autour de l'enseignement de la gestion d'un pôle universitaire de rive droite. De fait, alors même que le CHR ne peut prétendre concurrencer l'ensemble hospitalier bordelais, on constate, d'après les chiffres de 1907, qu'il a bien une vocation sous-régionale de rive droite. L'origine de la population hospitalisée est en effet la suivante[23] :

---

[22]   Maurice Rochaix, lettre du 4 avril 2009, *op. cit.*

[23]   Internet, *L'hôpital en chiffres, op. cit.*

Origines de la population hospitalisée à Libourne

Gironde	22 %
Libourne	54 %
Dordogne	15 %
Charente-Maritime	5 %
Autres	4 %

La recherche d'une complémentarité fonctionnelle avec le CHU fut plus novatrice que celle d'une affirmation territoriale. Tandis que le respect de la logique géographique de la carte sanitaire voulu par Boulin reste ainsi discutable, ce qui ne l'est pas, c'est la volonté d'enserrer le CHR de Libourne dans un réseau cohérent. Un décret du 7 octobre 1963 avait ouvert la possibilité de conventions entre les CHU, les centres hospitaliers et les facultés de médecine, possibilité d'association reprise dans l'article 17 de la loi du 31 décembre 1970[24]. Le 16 avril 1970, la Commission médicale consultative de l'hôpital libournais donne un avis favorable à ce qu'une convention soit passée avec le CHU de Bordeaux, convention par laquelle un premier service hospitalier serait érigé en service hospitalo-universitaire. C'est le service de pédiatrie qui est retenu et qui devient ainsi hospitalo-universitaire à l'ouverture du nouvel hôpital.

Commentant cette évolution qui permet à l'hôpital de Libourne d'accueillir des internes du CHU, M. Rochaix écrit :

Monsieur Boulin avait parfaitement perçu tout ce que pouvait apporter une telle mesure. C'était confirmer l'assise du CHU de Bordeaux en termes de recherche, d'enseignement et donc d'aura, et celle du centre hospitalier de Libourne en sa notoriété et ses possibilités.

D'après M. Rochaix, Boulin voulait aller bien au-delà de cette reconnaissance accordée à quelques services libournais :

Il pensait et me dit souvent que l'hôpital de Libourne s'intégrerait un jour dans le CHU de Bordeaux comme le centre hospitalier de Nîmes s'intégrerait dans le CHU de Montpellier. Le bien-fondé de cette novation structurelle était certain mais les esprits de divers niveaux étaient réticents... C'est pourquoi le jumelage Nîmes-Montpellier fut le seul réalisé en France... Il n'y eut d'autres initiatives de ce type qu'à Libourne. Or il est certain que M. le ministre Boulin serait heureux en ce jour car il apparaît clairement que les centres hospitaliers devront impérativement travailler en réseau étroit avec les CHU et cela non seulement au niveau des soins, mais bien encore à ceux de l'enseignement et de la recherche... Oui, Monsieur Boulin fut un visionnaire, mais également un pionnier.

---

[24] Délibérations du conseil d'administration, 10 avril 1974.

Ainsi avons-nous sur ce point la réponse à la question posée initialement : oui, la politique hospitalière libournaise du maire Boulin, tout en répondant à des aspirations locales, resta en harmonie avec les principes du ministre inspirateur de la loi de 1970, en matière de mise de place de carte sanitaire nationale. Nous rappellerons en conclusion que l'on peut aussi répondre positivement aux deux autres questions posées : l'implication personnelle de Robert Boulin dans la construction de l'hôpital qui porte aujourd'hui son nom est indiscutable. L'apport du centre hospitalier à l'économie libournaise est considérable et l'est d'autant plus aujourd'hui que le centre de santé des armées n'a pas survécu à la suppression du service militaire et que le secteur viticole est fragilisé par la crise.

Boulin vote à une élection, à la mairie de Libourne

Boulin inaugure la déviation de Poteau d'Yvrac, en juin 1977

Boulin inaugure un tronçon de voie rapide Bordeaux-Libourne

**Le maire de Libourne marie son fils et son épouse dans sa mairie
le 22 août 1975**

**Le maire de Libourne marie Fabienne Boulin et son époux Éric Burgeat
dans sa mairie (septembre 1975)**

Gérard César au cours du colloque Boulin

Robert Boulin et le monde du vin girondin

L'art de louvoyer entre communautés d'intérêts et progrès viticole

Hubert BONIN

Professeur d'histoire économique à l'Institut d'études politiques de Bordeaux et au GRETHA, UMR CNRS 5113 Université de Bordeaux

Si l'action de Robert Boulin au ministère de l'Agriculture[1] lui a permis de participer à « la révolution silencieuse »[2] des campagnes des décennies 1960-1970, l'exercice de son mandat législatif (en direct ou par le biais de son suppléant) durant une vingtaine d'années lui a imposé une étroite proximité avec son électorat issu du monde du vin – puisque, faut-il le rappeler, le Libournais et la Gironde sont des territoires viticoles de premier plan. Certes, les paysans peuvent aussi y avoir d'autres activités (élevage, forêt, etc.) et la diversité industrielle et tertiaire du Libournais a élargi les bases sociologiques de l'électorat d'un Boulin souvent élu ou réélu de justesse, avec une marge minime (300 voix en 1967, 1 000 voix en 1973). Cela imposait de tricoter un maillage systématique de cette terre de conquête gaulliste au cœur de cantons plutôt à gauche (Coutras, Fronsac, Branne, etc.)[3], tandis que le canton de Libourne lui-même (avec une couronne d'exploitations

---

[1] Nous renvoyons au chapitre de Gilbert Noël sur ce thème, dans ce même ouvrage. *Cf.* aussi Gilbert Noël et Émilie Willaert (dir.), *Georges Pompidou, une certaine idée de la modernité agricole et rurale*, Bruxelles, PIE Peter Lang, coll. « Georges Pompidou, Archives, 2 », 2007.

[2] Michel Debatisse, *La révolution silencieuse : le combat des paysans*, Paris, Calmann-Lévy, coll. « Questions d'actualité », 1963. Bernard Bruneteau, « Regard d'un historien sur Michel Debatisse », *Paysans*, 247(1-2), 1998. Claude Goure, *Michel Debatisse ou la révolution paysanne*, Paris, Desclée de Brouwer, 2008. Debatisse a été notamment secrétaire général du CNJA en 1958-1963 et de la FNSEA en 1966-1970.

[3] Entretien avec Gérard César, septembre 2009.

rurales) était détenu par Jean Bernardet, un socialiste modéré[4] : *a priori*, « le monde du vin n'était pas favorable aux gaullistes »[5].

Pourtant, ce monde du vin constitue l'une des « parties prenantes » clés de ce territoire politique : l'enracinement en son sein du député et du ministre a par conséquent été une nécessité, d'autant plus que Libourne elle-même a joué une fonction de petite « capitale » du « pays libournais », malgré la force d'attraction de la métropole bordelaise, avec des pôles de responsabilité dont certains s'appuyaient sur le monde du vin, tels que la Chambre de commerce et d'industrie (négoce, services, liés à l'économie vinicole) et la Caisse régionale de Crédit agricole du Libournais – distincte historiquement de la Caisse régionale de Crédit agricole de la Gironde, de Bordeaux, même si le Saint-Émilionnais s'était rattaché à cette dernière[6]. Notre étude se cantonnera dans quelques aspects simples et évidents. En effet, une histoire politique du monde du vin manque encore en Gironde, malgré une percée récente en science politique institutionnelle[7] alors que l'histoire économique et sociale vini-viticole[8] a déjà pris une ampleur permettant de fournir le cadre général de nos investigations. Nous déterminerons les enjeux viti-vinicoles de l'implantation et de l'enracinement de Boulin dans ce qui devient son « fief » libournais et nous isolerons ensuite quelques aspects de son engagement aux côtés du monde viticole.

Les enjeux viti-vinicoles de la circonscription de Boulin

Notre analyse des bases viticoles de la circonscription de Boulin est quelque peu faussée par le fait que la « réforme Pasqua » a modifié ses

---

[4]   *Ibid.*

[5]   *Ibid.*

[6]   Hubert Bonin, « Crédit agricole et combat politique en Gironde à l'orée du XXe siècle », *Annales du Midi*, tome 105, n° 201, janvier-mars 1993, p. 65-91 ; *Un siècle de Crédit agricole mutuel en Gironde*, Bordeaux, Crédit agricole d'Aquitaine, 2002 ; « Coffres et barriques. Banque et vins en Gironde (1900-1960) », *in* Claudine Le Gars et Philippe Roudié (dir.), *Des vignobles et des vins à travers le monde : hommage à Alain Huetz de Lemps* (Actes du colloque de Bordeaux de 1994), Presses universitaires de Bordeaux, coll. « Grappes et millésimes », 1996, p. 79-96.

[7]   Jacques de Maillard, Andy Smith, et Olivier Costa, *Vin et politique : Bordeaux, la France, la mondialisation*, Paris, Les Presses de Sciences Po, coll. « Gouvernances », 2007.

[8]   Gérard Aubin, Sandrine Lavaud et Philippe Roudié, *Bordeaux, vignoble millénaire*, Bordeaux, L'Horizon chimérique, 1996. Philippe Roudié, *Vignobles et vignerons du Bordelais : 1850-1980*, nouvelle éd., Paris, Éditions du CNRS, 1988 ; Pessac, Presses universitaires de Bordeaux, coll. « Grappes et millésimes », 1994. Jean-Claude Hinnewinkel, Claudine Le Gars et Hélène Velasco-Graciet (dir.), *Philippe Roudié, Bordeaux, le vin et l'historien*, Bordeaux/Pessac, Éditions Féret/Presses universitaires de Bordeaux, coll. « Grappes et millésimes », 2008.

contours en 1988 et lui a ôté certains cantons qui avaient joué un rôle décisif dans l'animation syndicale et politique. Pourtant, comme dans toutes les circonscriptions, le candidat et l'élu ont dû tenir compte avec doigté des équilibres socio-politiques délicats de ce territoire libournais : « Boulin a engagé une politique de rassemblement »[9] pour tenter de briser les positions politiques acquises et drainer les voix et les relais d'influence issus du monde du vin.

Confédérer des intérêts viti-vinicoles épars et contradictoires

Le « pays » a en effet tout d'abord montré une sensibilité aiguë, voire épidermique, face aux autres territoires girondins et à la métropole de Bordeaux. L'existence même d'une succursale de la Banque de France (en particulier pour le réescompte des crédits au négoce du vin), d'une Caisse régionale de Crédit agricole (pour les crédits de campagne aux paysans, pour les prêts d'équipement, etc.) depuis 1907, d'une Caisse d'épargne (pour les livrets des ruraux) et d'une Chambre de commerce et d'industrie (pour le soutien aux équipements logistiques, aux services, aux conseils de gestion, etc., notamment pour le transport et le négoce des vins) exprime ce « patriotisme de clocher », dont Boulin, doté d'une envergure nationale, a dû tenir compte *volens nolens*, en « jouant le jeu » de ces spécificités réelles ou proclamées.

Il a dû également prendre en compte les rivalités de territoires, entre les appellations, les « bons » terroirs et les terroirs banals, « les gros » et « les petits », nombreux dans un Libournais caractérisé souvent par de petites exploitations dotées d'un relief pentu qui complique le travail de la vigne, les concurrences multiples d'image de marque, de caractéristiques vinicoles, les rivalités entre le monde du négoce et celui des coopératives[10] (désormais relativement puissantes quoique, à cette époque, fragmentées). Il a dû aussi respecter le chauvinisme du Saint-Émilionnais[11], marqué à la fois par un « petit peuple » de vignerons et certaines appellations moins prestigieuses et par une « bourgeoisie » articulée autour de domaines et appellation renommés[12] et surtout d'un

---

[9] Entretien avec G. César, 2009, *op. cit.*

[10] *Cf.* Philippe Roudié et Jean-Claude Hinnewinkel, *Une empreinte dans le vignoble : XXᵉ siècle : naissance des vins d'Aquitaine d'origine coopérative*, Pessac, LPDA Éditions, 2001.

[11] Jacqueline Candau, Philippe Roudié et Corinne Ruffé, *Saint-Émilion : territoire viticole et espace de vie sociale*, Talence, MSHA, coll. « Publications de la MSHA, 152, L'Univers des vignerons, 2 », Bordeaux, 1991.

[12] *Cf.* Gérard Caumes, « Le vignoble saint-émilionnais. Les structures et les productions », *Revue de géographie économique du Sud-Ouest*, 1967, n° 2, p. 445-500 et n° 3, p. 621-644. Philippe Roudié, « Quelques aspects de l'évolution récente du vignoble de Saint-Émilion », *Revue de géographie économique du Sud-Ouest*, 1968,

réseau de sociabilité dense (compagnonnage, Crédit agricole) animé à cette époque par la dynastie des Capdemourlin : Jean Capdemourlin présidait le Syndicat viticole de Saint-Émilion et animait la Jurade (recréée en 1948). Au-delà des positions idéologiques et politiques[13], il a fallu à Boulin être « un fin politique » afin de déjouer ces chausse-trapes sociologiques et réussir à confédérer peu à peu un électorat stable et transformer la réussite de son « parachutage » initial en réel « enracinement »[14]. Le fait d'être catholique et d'aller à la messe à Libourne favorisait indirectement son image dans les cercles de Saint-Émilion depuis longtemps cimentés par des convictions catholiques-sociales[15] – et d'ailleurs ce segment du monde du vin est peu ou prou représenté par la candidature de Jean-Édouard Dubois-Challon (propriétaire renommé dans le pays saint-émilionnais, avec notamment *Château Ausone*) aux élections législatives de 1958.

Le choix de son premier suppléant (et député en 1966-1968), Jacques Boyer-Andrivet, fournit une indication sur l'art de Boulin d'évoluer en funambule entre les pôles socio-politiques de ce qui devient son terroir. En effet, alors que son prédécesseur était un charpentier (André Lathière, maire de Saint-Médard-de-Guizières), Boyer-Andrivet est lui-même un viticulteur, de Saint-Pey-de-Castets, et président de la cave coopérative de Saint-Pey-de-Castets, donc bien représentatif du monde du vin, mais aussi un centriste, donc représentant des forces chrétiennes-sociales classiques dans le monde des campagnes de cette époque (dans le sillage du MRP[16], par exemple)[17]. Son deuxième suppléant, en 1968-1973, Bertrand des Garets, vient certes du monde professionnel des services et de la Jeune Chambre économique de Libourne ; mais il est devenu maire de Saint-Médard-en-Guizières (1969-1983), au cœur du vignoble, et, surtout, il a acquis en 1962 une grande exploitation viticole (et forestière) près d'Abzac, à Beaulieu-Saint-Médard-de-Guizières. Enfin, son troisième suppléant, Gérard César (en 1973-1979),

---

n° 1, p. 51-72. Henri Enjalbert, *Les grands vins de Saint-Émilion, Pomerol, Fronsac*, Paris, Bardi, 1983.

[13] Nous renvoyons aux chapitres de Françoise Taliano et Christophe-Luc Robin dans cet ouvrage.

[14] *Cf.* Simone Ghezzi et Enzo Mingione, « Embeddedness, path dependency and social institutions: An economic sociology approach », *Current Sociology*, 2007, 55(1), p. 11-23. John Scott, *Social Network Analysis. A Handbook*, 1re éd. 1995, Los Angeles/Londres, Sage, 2000.

[15] Entretien avec G. César, 2009, *op. cit.* Une forte tradition chrétienne-sociale s'était cristallisée autour de l'abbé Daniel Bergey, député dans l'entre-deux-guerres (mais décédé en 1950).

[16] Mouvement républicain populaire.

[17] Boyer-Andrivet devient ensuite lui-même sénateur en 1971-1980, puis suppléant du sénateur Jacques Valade, et, à ce titre, il devient sénateur en 1987-1989.

est résolument un viticulteur, coopérateur fervent, appelé à devenir président de la Cave coopérative de Rauzan, commune dont il devient maire et conseiller général. L'avocat Boulin, l'homme politique « parisien », le « citadin » de la capitale libournaise, où dominent les activités industrielles et les services, se doit d'agir en tandem électoral avec une personnalité issue du vignoble.

L'action de Boulin en faveur du monde du vin nous apparaît d'autant plus décisive que cette « figure » de la vie politique girondine occupe insensiblement une position importante au cœur de cette « communauté d'intérêts » viti-vinicole, voire rurale, qui s'appuie sur la droite pour promouvoir ses demandes. En effet, les deux parlementaires de premier plan qui agissaient en Gironde comme « passeurs » de ces dernières sur Paris ont peu à peu quitté la scène politique : Émile Liquard, viticulteur du Médoc, député (MRP[18], puis républicain social, puis UNR[19]) en 1946-1962, et Jean Sourbet, un « indépendant et paysan », député en 1946-1962 (et même ministre de l'Agriculture en 1955-1956). De son côté, le citadin Jacques Chaban-Delmas a *grosso modo*, au niveau local, assumé surtout la promotion de la métropole urbaine bordelaise. Imperceptiblement, Boulin se voit investi d'une mission indicible mais réelle de porte-parole des campagnes au sein des réseaux de la majorité parlementaire et auprès des « bureaux » ministériels, en étant mieux placé pour cela par rapport aux parlementaires de gauche (Raymond Brun dans le Bazadais, des communistes de Sainte-Foy-la-Grande, etc.) ou du centre (Aymar Achille-Fould dans le Médoc).

Le fait que Boulin ait battu Jean-Raymond Guyon aux élections de novembre 1958 a brisé l'influence exercée par ce parlementaire socialiste pendant la IVe République au Parlement en faveur du monde rural, malgré son implantation dans l'agglomération bordelaise : Guyon avait même été secrétaire d'État au Budget dans les gouvernements Bourgès-Maunoury et Gaillard en 1957, soit la fonction même qu'exerce plus tard Boulin, et il avait également présidé le Conseil supérieur des alcools. Son décès en 1961 agrandit encore la mission que peut occuper Boulin en tant que porte-parole du monde du vin girondin au sein de la majorité politique.

Endiguer le mouvement de contestation viticole

Or, comme le Languedoc et l'ensemble de la Gironde, le Libournais est soumis aux troubles syndicaux des années 1960, quand le monde paysan s'insurge véritablement (barricades, manifestations amples et parfois violentes, occupation ou dégradation de bâtiments publics, etc.)

---

[18] Mouvement républicain populaire.
[19] Union pour la nouvelle République.

contre les pesanteurs conservatrices et le contrôle de la représentation du monde paysan par des élus originaires des contrées les plus riches (betteraviers, céréaliers du Nord du pays) – avec encore des manifestations dures autour de Mai 68. Les Jeunes agriculteurs (CNJA) bousculent les positions acquises au sein de la Fédération nationale des syndicats d'exploitants agricoles (FNSEA) et de ses entités départementales (FDSEA). Le paradoxe veut que, en Gironde, une part appréciable des notabilités en place et des leaders de la contestation sont des paysans libournais, ce qui, à coup sûr, a conduit Boulin à se montrer vigilant pour ne pas se trouver balayé lors des élections. Il a dû « humer l'air de la base », assimiler les revendications des contestataires sans se brouiller avec les notabilités. « Le gaullisme n'était pas enraciné au milieu des années 1960. Boulin, avec habileté, a cherché à séduire puis rallier des prescripteurs d'influence. »[20]

Son aire rurale de rayonnement politique abritait par surcroît des « figures » du mouvement paysan : « Il était encerclé par des personnalités de haute volée. »[21] Du côté des « gens établis », deux personnalités dominaient, avec Joseph Courau, vice-président (1947-1953) et président (1953-1966) de la FDSEA, président de la FNSEA (1956-1963), maire et président de la cave coopérative de Périssac, vice-président du Crédit agricole de la Gironde. Encore plus enraciné dans le monde du vin, Pierre Martin était à l'apogée de son influence au tournant des années 1960, en tant qu'acteur historique de cette institutionnalisation viti-vinicole : il présidait la Cave coopérative de Rauzan (après l'avoir créée dès 1933) et avait élu en 1935 président de la Fédération des caves coopératives de Gironde et du Sud-Ouest, ce qui lui conférait un poids certain face à l'élu parachuté, d'autant plus qu'il avait acquis une stature nationale, comme président de la Confédération nationale des caves coopératives (1943-1972), de la Fédération nationale de la coopération agricole (1946-1972), de la Fédération des associations viticoles (1952), voire un temps de la Confédération générale de l'agriculture (1948). Du côté des forces contestataires et s'opposant à l'ordre établi, qu'il soit syndical, institutionnel ou social, la circonscription de Boulin ou son proche voisinage abrite des figures du mouvement : André Lurton, président du Cercle des jeunes agriculteurs de France, dont le CNJA était l'héritier, était actif tout près, à Grézillac :

> J'avais relancé le Syndicat viticole de l'Entre-deux-mers en 1952 avec une équipe de collègues ; je faisais un petit peu l'agitateur avec les Jeunes Agriculteurs et le Syndicat. Vers 1958-1959, on a reconstitué le Syndicat de

---

[20] Entretien avec G. César, 2009, *op. cit.*

[21] *Ibid.*

bordeaux et bordeaux supérieur qui était entre les mains de braves gens qui laissaient courir.[22]

G. César militait à partir de son bastion de Rauzan – tandis que les frères Jean et Pierre Perromat bataillaient depuis la vallée de la Garonne, plus au sud-est.

« Boulin, baratin », le ministre pouvait-il voir inscrit sur les murs ou sur les routes par les manifestants ruraux au milieu des années 1960 : il était acculé dans ses responsabilités, poussé à réagir faute de se couper de ses mandants. Heureusement, loin de se figer dans le rejet autiste de ces courants contestataires, le gaullisme, on le sait[23], a cherché à contourner les pinaysiens des Indépendants et paysans (CNIP[24]) et à contenir les centristes (identifiés alors à Jean Lecanuet), à court-circuiter les notables ruraux classiques. Dès lors, un « compromis » a été conclu entre les forces émergentes du monde paysan (identifiées alors à Michel Debatisse) qui ont fini par conquérir les postes dirigeants au sein de la FDSEA, de la FNSEA et *in fine* de la Chambre d'agriculture. Boulin a relayé en Gironde cette stratégie politique habile et proactive et a franchement négocié avec les leaders du mouvement (ceux du CDJA[25], notamment) pour défendre leurs revendications.

Ce rapprochement socio-politique a été symbolisé par le recrutement de G. César comme suppléant en 1973 ; Boulin le lui avait déjà proposé dès 1968, mais le bureau du CRJA[26] – il était lors président régional, sur neuf départements – avait vivement conseillé à son co-leader de respecter la séparation entre action syndicale et engagement politique, pour ne pas « polluer » le mouvement contestataire, et G. César avait soutenu cette « ligne ». Or, en 1973, l'institutionnalisation du mouvement paysan, l'intégration d'une partie des centristes à la majorité pompidolienne et la montée en puissance de Boulin au gouvernement incitent G. César à accepter l'offre renouvelée du candidat à la députation – ce qui lui permet d'ailleurs de devenir plus tard député (août 1976-octobre 1979, comme suppléant du ministre, puis comme son remplaçant après son décès, jusqu'en mai 1981) après que Boulin est redevenu ministre dans le gouvernement de Raymond Barre en 1976.

---

[22] Entretien avec André Lurton, décembre 1996.

[23] Serge Berstein, *Histoire du gaullisme*, 1ʳᵉ éd., Paris, Perrin, 2001. *Cf.* aussi Claire Andrieu, Philippe Braud, Guillaume Piketty et Sophie Masse-Quief (dir.), *Dictionnaire de Gaulle*, Paris, Robert Laffont, coll. « Bouquins », 2006.

[24] Mouvement national des indépendants et paysans.

[25] Centre départemental jeunes agriculteurs.

[26] Centre régional des jeunes agriculteurs.

Quelques traces de l'action de Boulin en faveur du monde du vin

Ainsi doté d'un réseau d'information et d'influence, ayant renouvelé sa base électorale et socio-politique, Boulin a pu se situer au cœur d'un « mini-système » politico-économique centré sur le monde du vin – mais sans exclusivité. Il a pu servir utilement de force de relais et de proposition au service de cette communauté d'intérêts, au carrefour d'une politique publique de modernisation de la viticulture – quelque peu « vieillie » depuis les années 1930 – de la représentation politique des intérêts viti-vinicoles[27]. « En tant que ministre de l'Agriculture, il a abouti à une position lui permettant d'agir notamment au service de la viticulture »[28], d'autant plus qu'il disposait d'une « très bonne connaissance des pratiques budgétaires et législatives » depuis son passage au Budget[29] ; et, au cabinet du secrétaire d'État en 1962-1968, l'interlocuteur entre le monde agricole et vinicole girondin semble avoir été Jacques Rool, inspecteur de l'Économie nationale.

Une action générale d'aménagement rural avec ses effets sur le monde du vin

Puisque sa circonscription est rattachée au monde du vin, Boulin accompagne et encourage le mouvement de modernisation. Il se fait le truchement de l'insertion de sa cité et de son pays dans la politique nationale d'aménagement du territoire, quand elle promeut les « villes moyennes » pour rééquilibrer les grandes métropoles choyées depuis le tournant des années 1960 ; et Libourne est ainsi inscrite dans ce schéma de renouveau au début des années 1970, au titre de « métropole viticole »[30]. Globalement, Boulin aura bien sûr profité au niveau local de l'ensemble des réformes modernisant l'agriculture française, enclenchées par le Premier ministre (puis aussi ministre de l'Économie et des Finances en 1966-1968) Michel Debré[31], activées par le ministre de

---

[27] *Cf.* Bruno Jobert et Pierre Müller, *L'État en action : politiques publiques et corporatismes*, Paris, Presses universitaires de France, 1987. Philippe Schmitter, « Interest intermediation and regime governability in advanced industrial/capital polities », *in* Suzanne Berger (ed.), *Organizing Interests in Western Europe : Pluralism, Corporatism, and the Transformation of Politics*, Cambridge (UK)/New York, Cambridge University Press, coll. « Cambridge studies in modern political economies », 1981, p. 285-327.

[28] Entretien avec G. César, 2009, *op. cit.*

[29] *Ibid.*

[30] *La ville de Libourne, métropole viticole*, in *Politique des villes moyennes. Programme de 1974*, deux volumes, 1974.

[31] *Cf.* René Groussard, « Michel Debré et les questions agricoles », *in* CHEFF, *Michel Debré : un réformateur aux Finances, 1966-1968*, Paris, Publications du Comité pour

l'Agriculture Edgard Pisani (en 1962-1967) et ses successeurs (dont Boulin lui-même pendant un an) : restructurations du foncier et remembrement, « plans de développement » et « plans d'aménagement rural », extension des prêts à moyen et long termes du Crédit agricole pour la modernisation des exploitations (machines à vendanger, pressoirs, chais, etc.), financement des installations de jeunes agriculteurs ou de rapatriés acclimatant en Gironde des techniques évoluées – avec des Oranais, notamment, venus s'installer dans le Libournais[32] –, droit de préemption (1962) exercé par la SAFER de Gironde (Société d'aménagement foncier et d'établissement rural), etc. Des acteurs comme Martin et G. César ont par exemple co-animé le mouvement de remembrement à partir du « noyau » de Rauzan[33], au cœur du Libournais, et leur élu n'a pu manquer de favoriser la diffusion de cette initiative, qui a abouti à un progrès indéniable de l'outil productif viticole.

Une action plus spécifiquement tournée vers le monde du vin

Nous devons admettre qu'il est difficile d'isoler les points précis où l'influence ou l'action de Boulin peut être identifiée... Quel poids, autre que celui de la parole de l'élu politique, celui de « la pédagogie de la salive » (comme disait Jean Monnet), pouvait-il exercer pour « conduire » le mouvement de modernisation, plaider par exemple en faveur des vins de qualité, des encépagements nouveaux jugés nécessaires dans cette voie, au détriment des vins rouges courants, au profit des vins de qualité, au détriment des vins blancs de bas de gamme au profit soit des vins rouges soit des vins blancs AOC[34] ? Un suivi chronologique permet d'apporter quelques précisions :

- Un témoin[35] rappelle que Boulin a usé de son entregent pour faciliter le report d'une annuité sur l'ensemble des dettes dues par les viticulteurs au titre des emprunts noués (à faible taux d'intérêt) auprès des deux caisses régionales du Crédit agricole au lendemain des graves gelées de 1956 et de 1957, qui avaient anéanti nombre de vignobles et imposé un déficit de récoltes pendant au moins quatre ans ;

- Les rapatriés ont obtenu un moratoire pour les prêts d'insertion dont ils avaient bénéficié ;

---

l'histoire économique et financière de la France, coll. « Histoire économique de la France, série Animation de la recherche », 2005, p. 37-51.

[32] Entretien avec G. César, 2009, *op. cit.*

[33] Philippe Roudié, 1988, *op. cit.*

[34] Appellation d'origine contrôlée.

[35] Entretien avec G. César, 2009, *op. cit.*

- Boulin a également (depuis l'Agriculture ?) favorisé au tournant des années 1970 la généralisation des capsules prépayées qui évitent d'aller aux Contributions directes pour obtenir à chaque fois les « acquis » qui permettent de faire circuler le vin[36] et régler les taxes (droits de circulation, etc.) – et cette réforme était demandée depuis plusieurs années par les syndicats viticoles.

L'affaire de la TVA sur les vins (1968)

Écoutant la *vox populi* grommelant contre la généralisation de la TVA en 1968, qui risquait de substituer à des taux de fiscalité indirecte plutôt bas (taxe locale, etc.) un taux élevé (13 % pour les vins, au lieu de 6 % pour les autres produits agricoles), et éperonné par des manifestations de viticulteurs, tant en Gironde que dans le Midi, Boulin a obtenu un temps pour les viticulteurs une compensation entre le taux élevé de la TVA imposé aux échanges de vin et le taux minimum :

> C'était un engagement que Boulin avait pris lorsqu'il était secrétaire d'État au Budget. Il y a eu des campagnes d'affichage. Ç'a été un long combat. Cette décision a facilité sa réélection en 1968.[37]

En effet, c'est la loi de Finances 1968 qui prévoit la modalité *ad hoc*, grâce à l'entremise de Boulin :

> Nous devons, à cet égard, rendre un particulier hommage à M. Boulin, secrétaire d'État à l'Économie et des Finances, qui a bien voulu, après tant et tant d'explications, de confirmation et de justifications données en première lecture ici et là, venir à une heure tardive devant la commission mixte paritaire pour lui rappeler avec clarté et mesure la position du gouvernement sur les points les plus délicats.[38]

Le remboursement compensatoire forfaitaire doit s'effectuer par le biais de groupements de producteurs, tels que les coopératives ou les organismes stockeurs. Mais l'opposition dénonce les lacunes de la mesure, vantée notamment par Boulin lors d'un discours à Montpellier : « Si vous aviez assisté mercredi dernier aux barrages sur les voies ferrées et les routes, vous auriez entendu une tout autre opinion de la part des viticulteurs. »[39] De virulentes manifestations ont lieu et, en Gironde, le monde du vin fait pression sur Boulin, rappellent plusieurs témoins. « Boulin intervient pour calmer les ardeurs des viticulteurs

---

[36] Entretien avec B. des Garets, septembre 2009.

[37] Entretien avec G. César, 2009, *op. cit.*

[38] *Journal officiel de la République française*, débats parlementaires, Assemblée nationale, 5 décembre 1967, « discussion du texte proposé par la commission mixte paritaire », p. 5536.

[39] Le député communiste Roger Combrisson, *Journal officiel de la République française*, débats parlementaires, Assemblée nationale, 5 décembre 1967, p. 5541.

avec une subvention (clé de répartition des crédits dans les régions viticoles, etc.). »[40]

> Boulin promet de mettre à la disposition des agriculteurs des crédits de 20 millions de francs pour la viticulture française à charge pour elle de se répartir la somme. La Gironde en a récupéré une part d'environ un tiers. Ces crédits ont été affectés par le CIVB[41] à charge pour lui de les gérer, ce qu'on a appelé « les crédits Boulin »[42]. « Les crédits Boulin » importants (9 millions de francs à l'époque) ont servi à la promotion des vins de Bordeaux en période de crise[43],

ce qui a contribué à cristalliser des actions de promotion au Conseil interprofessionnel des vins de Bordeaux-CIVB.

Une contribution au mouvement d'institutionnalisation du CIVB

Sur Bordeaux même, l'organisme confédérateur qu'était le Conseil interprofessionnel des vins de Bordeaux a suscité des débats de plus en plus intenses. De « conservatoire » un peu ronronnant, il a commencé à évoluer vers une organisation d'outil professionnel plus à même de contribuer à une régulation du marché du vin, au travers de dissensions intenses au sein de ce monde. Le nom de Boulin apparaît à deux reprises, semble-t-il. Ministre délégué de l'Économie et des Finances, il co-signe, le 7 juillet 1977, la loi validant des décrets instituant des organismes professionnels ou interprofessionnels, qui, entre autres, valide des décrets du 18 novembre 1966 et du 16 février 1976 « portant réorganisation du Conseil interprofessionnel du vin de Bordeaux ». Cette modeste signature met en valeur la grande réforme de novembre 1966 qui modifie substantiellement le mode de fonctionnement et les missions du CIVB, l'organisme interprofessionnel chargé d'organiser une régulation institutionnalisée du monde du vin girondin, autour des exigences de qualité et de programmes de promotion commerciale : propositions de régulation du marché, campagnes de promotion, contrôle de la qualité des AOC, études économiques, fédération des initiatives des organismes professionnels, etc.

Sans qu'on sache précisément la contribution directe de Boulin à cette évolution décisive – mais qui tarde en fait à être mise en œuvre dans les années qui suivent –, sa participation ministérielle à cette évolution – par la signature qu'il appose en tant que secrétaire d'État au Budget en dessous de celle de Faure, le ministre de l'Agriculture, de Debré, le ministre de l'Économie et aux Finances, et du Premier ministre – est un signe de son engagement – nécessaire en second rang,

---

[40] Entretien avec Hubert Mussotte, expert économique au CIVB, 1997.
[41] Conseil interprofessionnel du vin de Bordeaux.
[42] Entretien avec H. Mussotte, 1997, *op. cit.*
[43] *Ibid.*

derrière les personnalités conductrices du mouvement – aux côtés des réformateurs d'un marché viti-vinicole déséquilibré, même si cette réforme a pris du temps (une décennie) pour se concrétiser. Quoi qu'il en soit, dès ce décret de 1966, des jalons sont établis, et, par exemple, les contestataires pénètrent dans les instances du CIVB, tel A. Lurton, à la tête de la commission de la promotion. « La viticulture » progresse ainsi face aux négociants, et Boulin, peu ou prou, se sera associé indirectement à ce mouvement de rénovation institutionnelle, dans la lignée des réformes animées en direct par son collègue Pisani. « Le protocole des vins de Bordeaux »[44], qui enclenche une mutation plus sensible vers une qualité plus homogène, est ainsi établi, en levier d'une évolution à moyen terme.

L'on aura perçu que l'enracinement du candidat et de l'élu Boulin dans le monde du vin girondin constitue un enjeu essentiel pour la réussite de ses campagnes électorales et pour la pérennité de son assise politique. Tisser des réseaux solides en profondeur dans les cantons du Libournais et plus largement encore en Gironde lui aura permis de consolider les bases de sa carrière nationale, en lui procurant une partie de la légitimité nécessaire. « Homme de la ruralité », de la rurbanité spécifique au pays libournais et des villes petites et moyennes par rapport à un Chaban-Delmas clairement citadin, Boulin a su déjouer les pièges des rivalités de clocher qui dominaient en Gironde. Il a su manœuvrer avec doigté pour confédérer les diverses parties prenantes de ce monde, tant parmi les positions bien établies que parmi les forces montantes – appelées à constituer elles aussi une bourgeoisie rurale rénovée dans les années 1980-2000 – en particulier parmi les Jeunes Agriculteurs contestataires, dont l'un des leaders devient même son suppléant parlementaire… Cela dit, il convient de raison garder : Boulin n'a dirigé le ministère de l'Agriculture que pendant une année, sans devenir un nouveau Henri Queuille (si souvent ministre de l'Agriculture dans l'entre-deux-guerres), sans se spécialiser dans le rural ou le vin, sans devenir « l'homme du vin » ! Mais, à travers ses fonctions successives (Budget, Finances, notamment), il a pu se faire l'intercesseur du monde du vin, fournir « le coup de pouce » nécessaire, faire accorder quelques crédits ou subventions, plaider auprès de l'Administration, des divers comités, des commissions parlementaires – où sa présence assidue et sa bonne connaissance des dossiers étaient appréciés des élus – en faveur de telle

---

[44] *Cf.* Jean Querre, *Le protocole du vin de Bordeaux*, Bordeaux, Éditions Bière, coll. « De l'Institut d'économie régionale du Sud-Ouest, 3. Économie du vin et de la vigne, 3 », 1968. Certaines appellations, comme le pomerol, ne le signent pas car elles estiment respecter d'ores et déjà des critères de qualité (entretien avec Henri de Lambert, octobre 1997).

ou telle mesure, dont nous n'avons pu dresser une liste exhaustive, nous l'admettons bien volontiers.

Avril 1961 : de Gaulle accueilli à la mairie de Libourne

**Octobre 1979 : le président V. Giscard d'Estaing
rend visite à Boulin à Libourne**

Boulin super-ministre et aussi homme d'État ?

Hubert BONIN et Bernard LACHAISE

Si Libourne, la ville dont il a été le maire pendant vingt ans, garde un souvenir très fort de Robert Boulin comme en témoignent l'inscription du nom de l'ancien député-maire et ministre dans le paysage urbain (un buste dans la cour de l'Hôtel de Ville, des allées et un hôpital) et l'attachement des plus anciens Libournais, qu'en est-il dans la France de 2009-2010 ? Patrick Eveno montre que Boulin n'a pratiquement pas d'existence médiatique avant 1978-1979 et que son nom apparaît beaucoup plus dans les médias depuis sa mort tragique et prématurée en 1979 que de son vivant lorsqu'il enchaînait pourtant les victoires électorales et ne quittait pas le gouvernement de 1961 à 1979 si on excepte une interruption entre 1973 et 1976. Et cet écart entre la longévité ministérielle de Boulin et la réussite totale de sa carrière politique et la discrétion qui l'entoure suscite interrogations et mérite réflexion. Autrement dit – et plus brutalement –, serait-il entré dans l'Histoire de la Ve République sans sa mort et les questions qu'elle a suscitées ? Oui pour avoir été « le plus long ministre de la Ve République » – avec Robert Galley – mais certainement pas pour son parcours et son héritage politique qui ressemblent à ceux de beaucoup d'autres gaullistes des années de Gaulle-Pompidou.

Cette réponse ne diminue en rien la place de Boulin car finalement, dans l'histoire républicaine et encore plus dans celle de la Ve République, quelles personnalités politiques passent véritablement à la postérité et figurent, dans la mémoire collective comme dans les programmes scolaires ? Le plus souvent, il s'agit de présidents de la République – et encore, rarement sous la IIIe République –, de présidents du Conseil ou de Premiers ministres – ici aussi avec des limites, car des hommes comme Alexandre Ribot et André Marie ne sont-ils pas bien oubliés ? Quelques autres, hommes ou femmes, ministres ou pas, entrent dans l'Histoire par une œuvre ou une loi, à l'image, sous la Ve République, de Lucien Neuwirth, d'André Malraux, de Simone Veil ou de Jack Lang. Parfois, plus rarement, la « marque » passe par la direction d'un parti politique que l'on incarne, comme l'illustrent aux extrêmes, Maurice Thorez ou Jean-Marie Le Pen. Or Boulin n'a pas atteint Matignon, même s'il a figuré parmi les « premiers ministrables », n'a pas exercé de ministère régalien, n'a pas laissé son nom à une des grandes lois de la République et n'a jamais dirigé le parti gaulliste.

Robert Boulin en politique

La Résistance en constitue l'un des leviers de la carrière de Boulin et chronologiquement le premier puisqu'il n'est en aucun cas un héritier politique, ni par la socialisation, ni par la transmission d'un mandat. Elle compte beaucoup, comme pour une partie du personnel politique de l'après-guerre, entré dans la carrière sans expérience antérieure. Elle l'a conduit au gaullisme même s'il n'a pas participé à l'aventure de la France libre. Elle a laissé l'empreinte d'une fraternité que celui-ci a recherchée dans le compagnonnage gaulliste mais aussi, comme l'écrit Jean Petaux, dans l'entrée dans la franc-maçonnerie plus tard. Elle lui sert, à Libourne, en 1958 comme en 1959, lors de la conquête des premiers mandats où il dispose de ce sésame à la différence de certains de ses concurrents, réels ou potentiels.

L'engagement militant, précoce et actif, dès 1947, au RPF[1] puis chez les républicains sociaux fait de Boulin un gaulliste connu localement en 1958 ce qui lui procure, dans le contexte national très favorable de retour du général de Gaulle au pouvoir et de naissance de la Ve République, un candidat idéal.

Que ses liens avec Jacques Chaban-Delmas – son aîné de quatre ans seulement – soient anciens – dès 1947 – et amicaux est indéniable. Mais très tôt et durant toute la IVe République, un fossé se creuse entre le parcours des deux hommes. Comment comparer la carrière rapide et brillante du député-maire de Bordeaux, à plusieurs reprises ministre, « baron du gaullisme » et attaché à de Gaulle par un lien fort né à la Libération, et celle de Boulin, simple « compagnon », sans mandat local et non intégré dans les milieux dirigeants gaullistes ? François Dubasque montre bien qu'en 1958 la candidature de Boulin ne suscite pas l'enthousiasme de Chaban, qui y voit sûrement, dans l'immédiat, un élément perturbateur dans le partage de pouvoir opéré avec les socialistes dont Jean-Raymond Guyon et, à plus long terme, un éventuel concurrent pour le *leadership* au sein du département, celui du maire de Bordeaux étant déjà moins fort au-delà de l'agglomération. Effectivement, Boulin se construit, dans la continuité de la vieille rivalité entre Bordeaux et Libourne, une réelle autonomie, n'hésitant pas à revendiquer pour sa ville, des infrastructures – comme l'hôpital – qui suscitent une certaine ironie voire un réel agacement du côté des dirigeants bordelais. S'il a

---

[1]   Rassemblement du peuple français.

exprimé en privé – le témoignage de Jean Charbonnel est éclairant à cet égard –, ses regrets d'être un peu trop près de Bordeaux, il n'en reste pas moins que sa fidélité à Chaban n'est jamais prise en défaut, quand il est ministre de son gouvernement entre 1969 et 1972, en 1974 lors de l'élection présidentielle, et ensuite, avec leur méfiance commune envers Jacques Chirac.

Quant aux autres filières d'accès à la carrière politique, force est de souligner que Boulin ne les a pas explorées. Du côté des voies traditionnelles, son entrée au Palais-Bourbon ne doit rien à un *cursus honorum* local : il n'accède à la mairie qu'après avoir été élu député. Mais n'est-ce pas le cas de nombreux élus de la Ve République à l'image, pour se limiter à la famille gaulliste régionale, de Chaban lui-même ou d'Yves Guéna en Dordogne ? Il faut, d'ailleurs noter, que Boulin n'a pas pratiqué le cumul des mandats car il n'a jamais sollicité un autre mandat local, ni cherché, selon le modèle notabiliaire, à passer de l'Assemblée nationale au Sénat. Une autre filière, fréquente sous la IIIe République, mais non utilisée par Boulin, a été la franc-maçonnerie. Il a bien été initié, dans l'obédience de la Grande Loge de France, mais fort tardivement explique J. Petaux, en 1975. Boulin n'appartient pas non plus à cette minorité croissante qui, sous les IVe et surtout Ve Républiques, fait son apprentissage dans un cabinet ministériel.

Son entrée rapide au gouvernement – en 1961 – après son élection au Palais-Bourbon s'explique vraisemblablement par deux raisons majeures : Boulin est connu et apprécié de deux « barons du gaullisme », Chaban bien sûr mais aussi Olivier Guichard…, Girondin de naissance et maire de Néac, non loin de Libourne. Or Guichard est resté jusqu'au début de la Ve République l'un des hommes les plus proches de De Gaulle. D'autre part, le jeune député-maire de Libourne est entré en 1959 au Comité central d'un mouvement gaulliste, l'UNR[2], en pleine période de tensions sur la question de l'avenir de l'Algérie : il approuve l'autodétermination et la politique du chef de l'État ce qui le range, dans la génération montante, parmi les hommes fiables et fidèles, à la différence de certains « nouveaux » de 1958 qui rompent alors avec de Gaulle et suivent Soustelle.

Et la place de Boulin dans le gaullisme est profondément marquée par deux éléments : par tempérament, il ne s'est volontairement pas intégré, comme le montre Jérôme Pozzi, dans « les relations partisanes classiques » et par « fonction », celle de perpétuel membre du gouvernement même si c'est à des portefeuilles modestes, il a été à l'écart de la vie parlementaire proprement dite – il n'a siégé que peu de temps – et acquis une image de technicien, de gestionnaire plus que de politique au

---

[2] Union pour la nouvelle République.

sens politicien du terme. À l'exception de ses collègues du gouvernement et de ses amis girondins depuis la IVe République – Gérard Deliaune, Jacques Grondeau, Jacques Lavigne, Jean-Claude Dalbos –, qui connaît-il vraiment au Palais-Bourbon et dans le mouvement gaulliste ? L'homme discret, modeste, peu porté aux mondanités, a peu d'occasions de tisser des liens avec ses collègues. Il ne fait partie ni des proches de Michel Debré, ni de ceux de Pompidou et ses relations avec Valéry Giscard d'Estaing voire même avec Chaban sont restées plus « professionnelles » que personnelles.

Cette distance et sa position gouvernementale l'assurent d'une certaine indépendance et il n'a rien d'un « godillot » comme d'autres élus gaullistes. Jusqu'en 1974, sa liberté ne se traduit que par l'expression de nuances : ainsi, dans les scrupules qu'il ressent face aux modalités de la réforme de l'élection du président de la République en 1962, dans sa sensibilité sociale, attachée à l'idée de participation mais sans appartenir aux gaullistes de gauche ou dans l'attitude moins agressive que celle de Peyrefitte qu'il préconise afin de combattre l'union de la gauche en 1973. À partir de 1974, blessé par les trahisons qui ont contribué à la défaite de Chaban, il est un de ceux qui se montrent les plus hostiles à l'ascension de J. Chirac au sein du parti gaulliste et à sa main mise sur l'UDR[3] ce qui le conduit même à quitter le mouvement entre décembre 1974 et février 1975. Il est choqué, dans sa fibre gaullienne car il considère que l'attitude de J. Chirac, surtout à partir de 1976, porte atteinte à la fonction présidentielle et il n'hésite pas à participer aux gouvernements Barre. Ses relations avec le RPR, entré en guérilla contre le gouvernement et le président V. Giscard d'Estaing, se dégradent et comme ses collègues gaullistes ministres, il est exclu en mars 1979 des instances dirigeantes du RPR. Aurait-il pu aller plus loin ? Pas plus que les « barons », pas plus que Chaban, il ne peut finalement s'opposer à la mainmise chiraquienne sur le gaullisme partisan. L'ancienneté du compagnonnage et l'obsession du rassemblement l'ont empêché de quitter durablement sa famille politique et de tenter de construire ou reconstruire une autre force, plus fidèle au gaullisme du Général. L'aurait-il voulu qu'il n'en aurait pas eu le poids politique. En privé, avec son ami Jean Mauriac par exemple, il a des mots très durs qui témoignent d'une vraie colère, d'un regret et constituent aussi, d'une certaine manière, un aveu d'impuissance :

> Le gaullisme est menacé par deux bouts. D'abord par Chirac, le plus grand des démagogues, dont toute la politique se résume à faire des coups, qui improvise, vit dans l'instant, se laisse aller à ses impulsions, commet des erreurs aussi fondamentales que de s'opposer à l'entrée de l'Espagne dans le

---

[3] Union des démocrates pour le République.

Marché commun pour flatter les pinardiers du Midi. Ensuite par les passéistes – les Messmer, les Couve, les Debré – qui gémissent sur le passé.

Ce positionnement face à J. Chirac explique largement son retour dans un gouvernement en 1976 lorsque celui-ci s'en va. François Audigier montre bien que Boulin est conscient d'être instrumentalisé par V. Giscard d'Estaing qui veut obtenir le soutien d'une frange des parlementaires gaullistes à la politique de Barre et à plus long terme « déchiraquiser » l'UDR. À compter de la victoire de la majorité aux législatives de 1978, Boulin reçoit un ministère plus « lourd », celui du Travail et de la Participation, ce qui n'est pas rien dans un contexte de crise économique et de montée du chômage. Cette promotion en préparait-elle une autre, celle d'une nomination à Matignon pour remplacer Barre ? Son nom comme « premier ministrable » avait déjà circulé en 1973 mais en 1979, il revient de plus en plus souvent, surtout après les éloges que V. Giscard d'Estaing adresse à son ministre lors d'un voyage sur ses terres, à Libourne et Bordeaux, à l'automne 1979. L'ancien président de la République a récemment confirmé qu'il avait eu l'intention, effectivement, de l'appeler à Matignon.

Une telle perspective peut se comprendre pour de multiples raisons. Certes, Boulin n'est pas un « poids lourd » politique, mais, sous la Ve République, sauf avec Debré et Chaban, le président de la République n'en cherche pas. Le cas de Barre ou de l'un de ses successeurs possibles, Joël Le Theule – ici aussi confirmé par V. Giscard d'Estaing – en constitue une preuve éclatante. Et les seuls autres « gros poissons » gaullistes que l'Élysée aurait pu nommer à Matignon – Guichard ou Chaban – auraient aggravé la crise avec le RPR. Boulin lui n'est pas, rappelons-le, un « baron » et il n'a pas la notoriété de ses « parrains » en politique. Mais il dispose de nombreux atouts pour occuper la fonction : l'expérience gouvernementale, la réputation de loyauté et surtout ses grandes qualités personnelles, résumées ainsi par François Audigier : « Impressionnante capacité de travail, sens du contact et de l'écoute, force de conviction, talent oratoire et dans les rapports humains beaucoup de diplomatie et de douceur. » De plus, l'homme est profondément imprégné du service de l'État, comme le souligne Patrick Eveno qui observe que l'expression revient 23 fois en 51 minutes dans la *Radioscopie* que lui consacre Jacques Chancel et tous ses contemporains lui reconnaissent cette qualité qui contribue certainement – sans être suffisante – à distinguer l'homme d'État du politicien. Enfin, Boulin a acquis une réputation d'expertise sur les questions économiques, financières et sociales qui, ajoutée à sa réputation de « tuer les dossiers », selon la formule de Jean-Yves Haberer, ne peut que renforcer ses chances pour Matignon.

A-t-il cru à ce destin ? L'a-t-il souhaité ? Tout porte à croire que cela ne lui aurait pas déplu comme couronnement d'une belle carrière gouvernementale, d'un long engagement politique et parce qu'une fois encore, il s'agissait de « servir l'État ». Toutefois, le « moment 1979 » est extrêmement difficile, tant pour des raisons nationales économiques et sociales qu'internes à la droite française, déchirée entre chiraquiens et giscardiens.

Boulin ministre économique et social

Celui qu'on a appelé un « nouveau Colbert », parce qu'il était resté très longtemps ministre comme son illustre prédécesseur, démarre dans sa carrière de ministre économique et social sans aucun « capital d'expertise » dans ces domaines puisqu'il n'était qu'un modeste avocat et militant gaulliste quand il entame sa carrière politique et ministérielle. Il faut relativiser ce point, d'ailleurs, car, à cette époque, le poids des énarques n'a pas encore acquis l'ampleur qu'il obtient dans les années 1980-1990 : une grande majorité des ministres dits « techniques » ne sont pas des énarques ni même des inspecteurs des Finances, et l'admiration que l'on a pu avoir envers V. Giscard d'Estaing résidait en partie de l'aspect nouveau ou exceptionnel que son cas présentait dans les années 1960. Quoi qu'il en soit, Boulin, comme tout ministre jeune ou néophyte, a dû se construire son capital de connaissances techniques et relationnelles, en parallèle avec le registre politique analysé par Bernard Lachaise.

À propos de la stature du ministre

Toute une « cohorte » de jeunes ou moins jeunes ministres s'est d'ailleurs constituée au cours de ces années, qui entreprend de se doter d'un portefeuille de compétences techniques devant leur permettre *in fine* d'obtenir une assise politique robuste à terme. Raymond Marcellin (chez les républicains indépendants), Alain Peyrefitte (énarque), un peu plus tard François-Xavier Ortoli et Olivier Guichard (en 1969) effectuent une percée identique, avec plus ou moins d'épaisseur politique (ou politicienne) selon les cas. Guichard, qui s'affirme dans un premier temps comme un « ministre technicien »[4] avant d'acquérir une stature beaucoup plus large d'homme politique de premier plan, a plus d'ancrage dans l'histoire gaulliste, car plus de proximité avec le de Gaulle du RPF ; Peyrefitte se dessine une aura quelque peu « intellectuelle » – et il est Normalien ; Ortoli, venu d'en haut (le cercle des experts de

---

[4]   Délégué général à l'aménagement du territoire en 1962-1968 ; ministre du Plan et de l'Aménagement du territoire en 1968-1969, de l'Éducation en 1969-1972, de l'Équipement, du Logement, du Tourisme et de l'Aménagement du territoire en 1972-1974 et de la Justice en 1976-1977.

Georges Pompidou), effectue une carrière de ministre technique (Développement industriel, Finances), mais sans cet ancrage « provincial » qui caractérise le Boulin libournais. Edgard Pisani pourrait se situer lui aussi dans le même groupe puisque ce préfet est promu à l'Agriculture puis à l'Équipement, mais sa rupture « politique » avec le gaullisme en 1968 bloque ce processus d'insertion dans un continuum technico-politique[5]. De même, Robert Galley, venu de l'administration économique et technicienne, devient un « ministre technicien », puis un ministre régalien[6], avec l'une des carrières ministérielles les plus longues avec celle de Boulin. N'oublions pas que ce vieux routier de la politique française qu'était Edgar Faure effectue son retour à la grande politique en se coulant dans le moule du ministre technicien, à l'Agriculture, puis à l'Éducation...

Pour « durer », c'est-à-dire faire se succéder les fonctions ministérielles, ce que d'autres ne réussissent pas, il faut acquérir du « sens politique », un relatif « poids » politique au sein de l'UNR, et certainement savoir se placer dans le sillage des grands ministres, des leaders, ceux qui réussissent à glisser avec talent d'un profil technique à un profil politique, voire au profil d'homme d'État, tel V. Giscard d'Estaing. Il faut prouver sa capacité à « faire de la politique » (avec ses collègues, avec le parti majoritaire, avec les commissions parlementaires, avec les élus) et en même temps sa capacité à traiter les dossiers. Or Boulin s'appuie sur ses fonctions ministérielles techniques pour apparaître peu à peu aux yeux de De Gaulle et de Pompidou, certes, mais aussi dans les cercles d'influence de la majorité comme l'un de ces hommes « sur qui l'on peut compter », celui qui « dépote » des dossiers difficiles et épais, celui qui sacrifie de son temps et de son énergie pour les faire avancer dans les circuits de la haute administration, au travers des rapports de force qui se nouent entre les divers bureaux, et enfin au cœur des séances des commissions parlementaires. Il était en effet, on l'a vu, capable de passer des nuits entières au Parlement pour faire avancer (ou bloquer) des amendements, batailler sur tel ou tel article fiscal, bref, se faire l'avocat, non des causes qu'il aurait pu plaider en tant qu'avocat du

---

5 Ministre de l'Agriculture dans les cabinets Debré (1961-1962) et Pompidou (1962-1966), de l'Équipement dans le troisième cabinet Pompidou (1966 à 1967) et de l'Équipement et du Logement dans le quatrième cabinet Pompidou (7-29 avril 1967).

6 Chef de département de construction des usines au CEA en 1955, chargé des études de la construction de l'usine de plutonium de Marcoule ; chargé de la direction des études et de la construction de l'usine de Pierrelatte de 1958 à 1966 ; délégué à l'informatique auprès du Premier ministre ; président du conseil d'administration de l'INRIA depuis 1967 ; ministre de l'Équipement et du Logement en 1968, de la Recherche scientifique en 1968-1969, des Postes et Télécommunications en 1969-1972, des Transports en 1972-1973, de la Défense en 1973-1974, de l'Équipement en 1974-1976, de la Coopération en 1976-1980, puis aussi de la Défense en 1980-1981.

droit, mais de clauses juridiques ou budgétaires. C'est à coup sûr grâce à ces qualités et à cette ténacité qu'il s'affirme en tant que « grand ministre technicien », en « insubmersible » des équipes ministérielles, du même genre à l'évidence que Marcellin[7], déjà ministre sous la IVe République, puis jusqu'en 1974. Guichard aurait pu l'être si de Gaulle ne l'avait pas bloqué avant 1969, tout comme Chaban avait commencé à l'être en 1954-1957, ou tout comme le devient Ortoli[8], avant de partir à la Commission de Bruxelles, ou Galley – mais ces deux derniers sont passés d'une carrière de technicien à celle de ministre technique, alors que Boulin est issu du monde des militants RPF et UNR et des élus.

S'affirmer homme de dossiers et ministre technicien lui a permis à de surmonter ses handicaps politiques. En effet, il n'était ni un « homme de Pompidou » (comme Ortoli et J. Chirac), ni un « compagnon de route » de premier plan du Général (comme Chaban, Guichard, et surtout Debré, grand ministre technicien s'il en fût aux Finances, voire comme Maurice Schumann), ni un homme des réseaux culturels et universitaires, comme Jean Foyer ou Peyrefitte et surtout comme Jean-Marcel Jeanneney (Industrie, Affaires sociales)[9]. L'homme à l'éternel nœud papillon, le grand professeur de sciences économiques à Grenoble puis surtout à Sciences Po Paris, est le type même du technicien-ministre (comme le devient un temps R. Barre, d'ailleurs directeur de l'un des cabinets de Jeanneney, avant de monter à la Commission européenne et de revenir à Paris comme ministre technicien en 1976), surtout dans le domaine des Affaires sociales ; mais il lui aura manqué l'enracinement politique durable.

Or Boulin, faute de ces rapports de proximité immédiate avec de Gaulle (comme Guichard) ou Pompidou (comme Ortoli), faute

---

[7] Sous-secrétaire d'État à l'Intérieur du gouvernement Henri Queuille (1) (du 11 septembre 1948 au 28 octobre 1949), à l'Industrie et au Commerce du gouvernement Georges Bidault (2) (du 29 octobre 1949 au 17 février 1950), à l'Industrie et au Commerce du gouvernement Georges Bidault (2) (du 17 février au 2 juillet 1950), à la Présidence du Conseil du gouvernement Edgar Faure (1) (du 20 janvier au 8 mars 1952), à la Présidence du Conseil du gouvernement Antoine Pinay (du 8 mars 1952 au 8 janvier 1953), à la Fonction publique et à la Réforme administrative du gouvernement Félix Gaillard (du 11 novembre 1957 au 14 mai 1958) ; ministre de la Santé publique et de la Population en 1962-1966, de l'Industrie, 1966-1967, du Plan et de l'Aménagement du territoire en 1967-1968, de l'Intérieur en 1968-1974 et de l'Agriculture en 1974.

[8] Directeur de cabinet de Pompidou en 1962-1966, commissaire général au Plan en 1966-1967, ministre de l'Équipement et du Logement en 1967-1968, de l'Économie et des Finances en 1968-1969, du Développement industriel en 1969-1973 ; président de la Commission européenne en 1973-1977, puis de la Compagnie française des pétroles (CFP).

[9] Ministre de l'Industrie, puis de l'Industrie et du Commerce en 1959-1962, ambassadeur en Algérie en 1962-1964, ministre des Affaires sociales en 1966-1968, ministre d'État chargé de la Réforme constitutionnelle et de la Régionalisation en 1968-1969.

d'insertion dans une « communauté d'intérêts » politique, au sein d'une sorte d'amicale ou de club (gaullistes de gauche ; France libre, à l'image de Pierre Messmer, aux Armées ; démocrates chrétiens comme l'a été Paul Bacon, sempiternel ministre du Travail[10] des années 1950 aux années 1960, ou comme l'est plus tard un autre ministre technicien, Pierre Méhaignerie[11], etc.) et au-delà de sa présence dans l'un des réseaux francs-maçons, a dû se bâtir en *self made man*. C'est bel et bien sa maîtrise de l'exercice de la fonction ministérielle « technique », des dossiers, des circuits de négociation parlementaire, des processus de compromis interadministrations, qui lui aura permis non seulement de durer, mais surtout de progresser peu à peu vers des responsabilités plus éminentes, au point même de s'insérer dans cette nébuleuse quelque peu fallacieuse des « premiers ministrables ».

Pourtant, sa culture technique est limitée : ni médecin, ni spécialiste des finances ou de l'économie (comme Jeanneney ou Barre), ni expert en gestion administrative (comme Pisani ou Guichard, passé par la DATAR[12]), ni proche de groupes de représentation d'intérêts (comme Michel Cointat, à l'Agriculture[13]), Boulin était un « généraliste », qui devait se méfier des erreurs d'appréciation techniques et des groupes de pression internes aux administrations souvent rivales. Sa chance aura été peut-être d'abord sa force personnelle de caractère, ensuite son doigté politicien, qui lui aura permis de surmonter les bisbilles entre les personnalités fortes des gouvernements, de ne pas « faire de l'ombre » à ses mentors (V. Giscard d'Estaing, Debré, Pompidou), de louvoyer avec grand art au sein des commissions parlementaires et comités mixtes paritaires. « Savoir durer » s'apprend, dans une carrière politique et ministérielle, et, apparemment, jusqu'au drame final, et malgré un bref intermède de « mini-traversée du désert », Boulin est parvenu à cet apprentissage.

C'est pourquoi, comme l'analysent les contributions de cet ouvrage, Boulin est devenu un symbole de ces fameux « grands commis » au service de la politique d'État, pas seulement donc le grand commis de la haute administration, mais pas non plus le grand ministre leader politique (comme jadis Raymond Poincaré, voire comme Joseph Caillaux

---

[10] Ministre du Travail et de la Sécurité sociale en février 1950-février 1956 (sauf deux petites interruptions), du Travail en 1958-1962.

[11] Secrétaire d'État auprès du ministre de l'Agriculture (1976-1977), ministre de l'Agriculture dans les gouvernements Barre (1977-1981), ministre de l'Équipement, du Logement et de l'Aménagement du territoire dans le gouvernement Chirac (1986-1988), ministre d'État, garde des sceaux, ministre de la Justice dans le gouvernement Balladur (1993-1995).

[12] Délégation interministérielle à l'aménagement du territoire et à l'action régionale.

[13] Ministre de l'Agriculture (8 janvier 1971-5 juillet 1972), puis du Commerce extérieur (2 octobre 1980 au 13 mai 1981).

ou Étienne Clémentel). Il a atteint la stature de ces hommes, comme René Mayer ou Paul Ramadier, sous la IVe République, ou comme Léon Say, Maurice Rouvier ou Louis Loucheur, sous la IIIe République, qui ont équilibré la dimension politique et la dimension technicienne pour exercer de hautes fonctions ministérielles, voire les plus hautes, et, sans ce « mois terrible » d'octobre 1979 (de la visite du président à Libourne le 5 octobre 1979, au décès tragique le 30), qui sait ce qu'il serait advenu de la carrière de Boulin ?

Quant aux perspectives de la « métamorphose » de Boulin « ministre technique » en « ministre politique », doté de fonctions régaliennes, voire du poste suprême de Premier ministre, au-delà des rumeurs qui ont parcouru durant l'année 1979 le fameux « microcosme politique » dénoncé par Barre, une histoire contrefactuelle pourrait laisser imaginer qu'une telle promotion eût été envisageable. Galley devient ainsi ministre de la Défense, Marcellin ministre de l'Intérieur (pendant même une demi-douzaine d'années, promu à la lutte contre « les gauchistes »), Guichard ministre de la Justice, tandis que Messmer a fini par rejoindre Matignon en 1972-1974. Ces « hasards » de l'histoire politique ont tenu en fait aux préoccupations des présidents de la République de créer des équilibres politiques subtils, entre les différentes tendances de la droite et du centre droit, au sein de l'UNR ou de l'UDR d'une part, ou entre gaullistes et Indépendants d'autre part. Guichard et Galley ont servi de caution pompidolo-gaullienne à V. Giscard d'Estaing, Marcellin de renfort de centre-droit aux gaullistes, etc. L'on sait d'ailleurs que Boulin lui-même, au sein du « pouvoir giscardien », reflétait la tendance non chiraquienne des gaullistes, et ainsi aurait pu monter jusqu'à un poste régalien dans les ultimes semestres de la présidence de V. Giscard d'Estaing.

À propos de l'entourage

Beaucoup de témoins, d'experts ou de participants au colloque ont suggéré que Boulin n'avait pas disposé d'une équipe de « fidèles » conseillers, stables et hautement introduits dans les « élites » de la haute administration ou des cabinets. Certes, des hauts fonctionnaires ont œuvré auprès de lui et ont ensuite poursuivi leur carrière auprès d'autres ministres ; mais cela a été et est sans cesse le cas, et ne constitue en rien un indice probant. Antoine Dupont-Fauville en est le symbole. De toute façon, tout ministre technicien se voit imposer par son ministre de tutelle ou par le Premier ministre tel ou tel membre de son cabinet, et Boulin n'y a pas échappé ! Par ailleurs, il a travaillé longtemps auprès de divers ministres des Finances (Wilfrid Baumgartner, V. Giscard d'Estaing) et il a dû sans aucun doute composer avec les directeurs des bureaux et les « lames » membres du cabinet du ministre, ce qui a réduit d'autant la capacité d'influence de son propre cabinet, quelles qu'aient été sa valeur et sa constance.

Par ailleurs, si l'on scrute son entourage ministériel, des « fidèles » apparaissent bel et bien, reliés à lui par des liens de connivence administrative et politique (des hommes d'action et de dossiers tout à la fois), par des relations d'honnête homme (des hommes de convictions et d'humanisme, semble-t-il), en tout cas par le désir de « faire bouger les choses », mais sans sectarisme ni esprit de chapelle. C'est peut-être cette absence de volonté de tisser un « réseau structuré » et doté d'orientations « idéologiques » qui l'aura empêché d'accéder à une dimension supplémentaire. Mais nous pensons que le socle de sa « pensée » informelle et des « croyances » des hommes qui ont participé durablement à son entourage était constitué d'un gaullisme humaniste et réformateur ; or n'était-ce pas précisément ces aspects qui constituaient, à ses yeux, le cœur même du gaullisme, ce qui l'aurait convaincu qu'il n'était pas indispensable de bâtir une chapelle supplémentaire le long de la grande nef du gaullisme. Peut-être aussi n'était-il pas pénétré comme Chaban-Delmas ou plus tard Messmer de la « culture » de réseaux (gaullisme moderne pour l'un, gaullisme classique pour l'autre) ? Et ne disposait-il pas de l'art des réseaux entrecroisés et denses comme l'avait pratiqué et le pratiquait un Pompidou, en substitut à un véritable parti (comme V. Giscard d'Estaing de son côté).

Quoi qu'il en soit, sans devenir des grands prêtres du « boulinisme » (comme on aura parlé d'un « chabanisme »), ni des fidèles présents dans chacun ses nombreux cabinets, puisque que chacun a pu suivre des voies multiples, Yann Gaillard, Guy Thuillier, Jacques Boyon, Jean-Jacques Dupeyroux, Henri Martinet, Pierre Laduré, Jacques Rool, notamment, sans vouloir être exhaustif, se retrouvent dans plusieurs des grands et longs cabinets de Boulin. Certes, à l'image de leur ministre, eux aussi, pour la plupart (sauf Gaillard et Dupeyroux), sont restés plutôt discrets et n'ont pas fini leur carrière à la tête de grandes administrations ou entreprises publiques ou atteint une notoriété académique (sauf Dupeyroux). Mais Boulin, ministre technique économique et sociale, aura su entretenir des équipes solides, diversifiées, relativement durables, et aptes à lui faciliter à la fois un traitement pertinent de dossiers arides et une pénétration habile des bureaux et divers cercles d'administrations économiques, financières et sociales parfois rétives à partager les informations et à discuter d'une diversité de solutions éventuelles.

À propos du bilan de l'action du ministre technique

Un « grand » ministre technique laisse son nom à des lois dotées d'un renom, d'un impact et d'une durée de vie significatifs. Or des « lois Boulin » ont jalonné la carrière de notre héros. Aux Rapatriés, son premier poste, il aura tout de même cogéré l'une des migrations de population les plus importantes de la seconde moitié du XXe siècle ; et sa loi Boulin, certes co-définie avec le Premier ministre et les Finances, ouvre la voie à un processus d'indemnisation qui a constitué un vague de dépenses substantielles et entamé un mouvement de réinsertion souple mais plutôt rapide des « pieds-noirs ». Au Budget et aux Finances, il aura dû œuvrer auprès d'un ministre, V. Giscard d'Estaing (1959-1962) ou Barre, notamment, qui occupaient une place déterminante dans la conduite des opérations. Mais, au-delà du quotidien de la gestion, il a pu par exemple accompagner la maturation de l'extension de la taxe à la valeur ajoutée à l'ensemble de l'économie, avec des mises en forme en 1965-1967 et une application à partir de janvier 1968. Essentielle pour intensifier la modernisation d'une partie du système de production et d'échanges (dans le commerce, en particulier), elle était aussi l'achèvement d'une grande réforme fiscale enclenchée dans la seconde moitié des années 1940.

C'est là qu'on touche à la limite de la capacité d'action et d'influence d'un ministre technique. En effet, quand il rejoint son poste, il trouve dans ses dossiers des projets de réforme ou de réorganisation qui mûrissent déjà depuis des semestres, tandis que des experts du ministère et d'autres administrations affirment leur bonne connaissance des affaires en cours ; quelles que soient la qualité et la pertinence du cabinet, pour lui permettre de travailler en osmose avec eux, le politique se sent une « petite pièce » dans un engrenage qui tournait et tournera sans lui… De plus en plus aussi, il constate que deux pôles d'expertise concurrencent son ministère, celui des groupes de représentation d'intérêts, vivaces pour toutes les questions budgétaires et fiscales, et celui des commissions des Finances et de la Production et des Échanges, où des noyaux de parlementaires ont vieilli sous le harnais des dossiers financiers et sont autant d'interlocuteurs redoutables pour tout ministre qui négligerait de fréquenter leurs réunions ou de suivre leurs conseils parfois éclairés, ou tout au moins de tirer parti de leur capital d'expérience.

Dans la grisaille et la discrétion de ses fonctions de secrétaire d'État au Budget ou aux Finances, puis même de ministre délégué aux Finances (sous Barre, quand il remplace en 1978 un prédécesseur venant d'être battu aux élections), Boulin, assurent nombre de chapitres de cet ouvrage et nombre de témoins, aura montré de la ténacité, de la clairvoyance, de l'assiduité – ce qui était essentiel pour suivre les travaux des commissions parlementaires ou des fameuses commissions mixtes paritaires, comme nous l'avons nous-même précisé pour tel avantage budgétaire accordé au monde du vin – et donc quelque réussite. Faute de « grandes lois Boulin » dans ces domaines, il aura tenu la barre d'une partie de ce vaste vaisseau de la Rue de Rivoli, il est vrai dans des années de relative croissance et donc d'aisance budgétaire, même s'il a dû gérer les tensions provoquées par les « plans » de resserrement, que ce soit celui appelé *plan Giscard* (mais conçu plus haut) ou son successeur, puisqu'il se transforme en *plan Debré* officieux jusqu'à un premier relâchement des vannes au premier trimestre 1968, trop faible et trop tardif.

Cela dit, au sein du « mouvement long » de ces processus de modernisation, le ministre technique peut déployer son corpus de convictions économiques et sociales et sa « philosophie politique ». Chaque ministre technique transmet son « économie politique » à son action ministérielle. Jadis, Henri Queuille, ministre technique s'il en fût, sous la IIIe République, à l'Agriculture, aux Transports, etc., pendant presque aussi longtemps que Boulin, avait instillé la philosophie d'un radicalisme moderne au service de la modernisation des classes moyennes non salariées. F. Tristram souligne ainsi que Boulin avait de temps à autre veillé à ce que des réformes techniques respectent certains critères de justice sociale, de gaullisme civique, de libéralisme économique destiné à favoriser une compétition modernisatrice, et enfin d'aménagement du territoire. Ainsi, le ministre délégué auprès de Barre partage avec ce néogaulliste l'idée que le *plan Barre II* ne doit pas frapper brutalement des catégories sociales populaires, déjà marquées par la récession de 1974-1975 et par les incertitudes des restructurations industrielles (d'où des aides aux familles, la revalorisation du minimum vieillesse, le maintien vaille que vaille de l'essentiel du pouvoir d'achat des smicards, etc.). Même au sein de la majorité giscardiennne néocentriste, Boulin entretient une petite flamme de « gaullisme libéral et social », sans visées déflationnistes.

Lui aussi ministre de l'Agriculture comme Queuille ou Pisani, Boulin n'y reste qu'une petite année, et, précisément, après les grandes lois Pisani-Debré, il se contente, comme l'analyse Gilbert Noël, de « gérer les affaires courantes », de faire aboutir les réformes déjà lancées et surtout de négocier les lignes budgétaires correspondantes. L'ébullition sociale provoquée dans tout le pays durant la seconde moitié des années 1960 par l'intensification de la modernisation du système productif s'exprime aussi au sein du monde paysan, et Boulin est confronté malheureusement à des tempêtes agricoles, qui le heurtent en direct puisqu'il est élu d'une circonscription où l'agriculture tient une place importante. Mais il n'aura eu le temps que d'un « tour de France » pour prendre le pouls de l'opinion rurale, de séances de discussions avec les syndicats agricoles en cours eux-mêmes de réorganisation autour d'une nouvelle génération de militants et de responsables (adeptes de la « révolution silencieuse ») à la FNSEA[14] et au CNJA[15], et d'esquisser des

---

[14] Fédération nationale des syndicats d'exploitants agricoles.

structures régionales de concertation sur les réformes et leurs effets sociaux, voire sociétaux, dans le cadre de l'aménagement de l'espace de vie rural. Nous pensons que, eût-il été confirmé à son poste par Pompidou (qui choisit un centriste rallié, Jacques Duhamel), il aurait pu à coup sûr lui aussi, sur quelques années, conduire une politique agricole cohérente au sein des schémas de modernisation définis à l'échelle européenne. Mais on aura changé de ministre de l'Agriculture trop souvent entre 1969 et 1981, avec parfois une priorité à un relatif populisme de bon aloi, sous J. Chirac, voire un abandon aux *lobbies*, sous M. Cointat, et on est à ce niveau loin des conceptions et méthodes politiques ou civiques de Boulin...

« Promu » à la Santé, il dispose d'une chance relative puisqu'il intervient quasiment au sommet du mouvement de croissance des Trente Glorieuses, à une époque où les pouvoirs publics ne songent pas encore à une déflation des dépenses sociales, mais accentuent l'intégration de « catégories sociales » plus ou moins précaires, moins stables, au « modèle social français », à un système de Sécurité sociale de plus en plus intégrateur et fédérateur. Boulin, indique Catherine Omnès, accentue les méditations sur le cas des retraités pauvres (retraite faible, veuves, travailleurs de base âgés, etc.) ; il doit aussi, puisque s'accélère le mouvement d'intensification de la modernisation et de la productivité au sein du processus de mise en compétitivité du système productif français face aux défis européen et international (GATT[16]), lancer des discussions sur un mécanisme de préretraites. Un projet de « loi Boulin » prend ainsi corps, riche en modalités techniques et arides, et donc typique de l'action d'un ministre technique. Mais la durée correcte de ce ministère (1969-1972) lui laisse le temps de la réflexion, du travail avec les commissions du Plan, les groupes de représentation d'intérêts sociaux et médicaux, les parlementaires qualifiés dans ces questions, voire le monde du bâtiment-travaux publics, secteur d'activité riche en travailleurs de force marqués par l'usure au travail et surtout dotés d'une période de vie au travail plutôt longue (puisque entamée vers 14-18 ans, sans guère de diplômes, surtout dans des temps où l'enseignement technique et professionnel manquait de solidité).

Enfin, le couronnement de sa carrière (brutalement interrompue par son décès d'octobre 1979) que représente le ministère du Travail permet à Boulin d'accéder à un poste à la fois technique (droit social, gestion des statuts sociaux, etc.) et hautement politique, puisque, dans une France marquée par une chaude histoire de lutte des classes et de tensions entre patronat (et État-patron) et forces syndicales, le ministre du Travail

---

[15] Centre national des jeunes agriculteurs.

[16] *General Agreement on Tariffs and Trade.*

(depuis la création de la fonction en 1906 !) est considéré plutôt comme un poste politique ou du moins à fort contenu politique, soit comme levier d'apaisement des crises et inquiétudes sociales, soit comme promoteur d'un réformisme plus ou moins volontariste. Au bout du compte, pensons-nous, ce ministère correspond parfaitement à la position politique atteinte par Boulin en vingt ans de carrière parlementaire et ministérielle : il dispose d'une riche boîte à outils de gestion financière, budgétaire et parlementaire des réformes et d'une administration. Il entretient son bloc de croyances informelles propre à un gaullisme social-libéral, c'est-à-dire plutôt désireux de promouvoir une intégration sociale dans la ligne de l'interclassisme gaullien, même s'il n'est pas un gaulliste de gauche, comme son prédécesseur Georges Gorse et son successeur Jean Matteoli, ou un homme du centre ou du centre-gauche, comme d'autres prédécesseurs tels Joseph Fontanet, Edgar Faure ou Michel Duraffour. Paradoxalement, les ministres du Travail se sont succédé à un rythme intensif sous Pompidou et V. Giscard d'Estaing, et aucun d'entre eux n'a laissé de trace « historique », faute de temps, contrairement à Paul Bacon, on l'a dit précédemment. Et paradoxalement aussi, ils se sont appuyés sur deux hauts fonctionnaires qui ont été, quant à eux, dotés d'une stabilité étonnante (une dizaine d'années), Gabriel Oheix à l'Emploi, et Pierre Cabanes, au Travail (un grand juriste du droit du Travail, une « lame » conceptuelle), sans parler ici du rôle de Dupeyroux auprès de Boulin.

Juste avant qu'éclate l'une des récessions les plus graves de l'après-guerre (1979-1983), Boulin a tout ce même été placé au cœur de l'accélération de la poussée du chômage, provoquée par la crise de transition de la deuxième à la troisième révolutions industrielles : alors que l'expansion avait peu ou prou absorbé les licenciements économiques et la mobilité intense des travailleurs de tout niveau entre le milieu des années 1950 et le milieu des années 1970, le tsunami des restructurations industrielles rassemble désormais sa puissance dévastatrice – et la responsabilité en est attribuée par l'opinion et l'opposition de gauche au *plan Barre*, à la rigueur, voire aux multinationales (d'où l'idée des nationalisations dans les programmes de gauche). Félix Torres scrute ce qui aurait pu constituer une « politique Boulin » à terme, avec la réforme de l'instance de négociation des conflits individualisés qu'étaient les conseils des prud'hommes, avec l'incitation à la cristallisation d'une « politique sociale » au sein des entreprises – dans la lignée du *rapport Sudreau* sur la « réforme de l'entreprise » et de l'institution du « bilan social » aux côtés du bilan financier et stratégique des firmes.

Dresser une réelle conclusion de l'action ministérielle de Robert Boulin est impossible puisque sa carrière a été « conclue » par un acte tragique qui l'a interrompue alors qu'elle allait peut-être franchir un cap décisif. Le « petit » secrétaire d'État ayant occupé plusieurs postes successifs, le « ministre technique » mûri sous le harnais des réformes arides et discrètes négociées avec les experts des administrations et des commissions parlementaires, avait accédé à un grand ministère, celui du Travail. Sa mort met fin à une carrière politique qui semblait en voie ascendante. L'année 1981 aurait de toute façon interrompu un tel parcours national, à cause de la victoire de la gauche. Le retour de la droite en 1986 aurait-il permis son retour aux affaires ? C'est peu probable car se produit alors un profond renouvellement du personnel gaulliste : Albin Chalandon, à la Justice, est le seul ancien ministre des années de Gaulle-Pompidou[17] à participer au gouvernement en 1986-1988 – si l'on excepte J. Chirac bien sûr.

---

[17] Brièvement ministre de l'Industrie de mai à juillet 1968 dans le dernier gouvernement Pompidou, Albin Chalandon participe au gouvernement Couve de Murville puis au gouvernement Chaban-Delmas en tant que ministre de l'Équipement et du Logement, de 1968 à 1972 ; il préside Elf Aquitaine en 1977-1983, et est Garde des Sceaux du 20 mars 1986 au 11 mai 1988. Chaban-Delmas, à cette époque, redevient président de l'Assemblée nationale.

**Le président V. Giscard d'Estaing et son ministre du Travail
à Libourne le 5 octobre 1979**

ANNEXES

Note sur « l'autre grand Boulin », Philippe Boulin

Hubert BONIN

*Professeur d'histoire économique à l'Institut d'études politiques
de Bordeaux et au GRETHA, UMR CNRS 5113 Université de Bordeaux
[www.hubertbonin.com]*

Tandis que Robert Boulin accède à la notoriété de l'homme politique de premier plan et du ministre, un autre Boulin parvient à de hautes responsabilités, pourtant dans l'ombre de la renommée de son homonyme : il s'agit de Philippe Boulin, sans aucun lien de famille avec le ministre. De façon seulement allusive, cette note est destinée à évoquer en quelques lignes le déroulement d'une carrière parallèle à celle de R. Boulin, et elle aussi brillante, mais déployée dans le monde de l'entreprise et des affaires industrielles.

En effet, P. Boulin (né en 1925) a choisi une carrière dans le monde de l'entreprise. Cet ingénieur, diplômé de l'École polytechnique et de l'École des mines (1949), donc membre de cette élite des « grands corps » d'ingénieurs caractéristique d'une partie déterminante du grand patronat français[1], a commencé sa carrière comme ingénieur public à l'arrondissement numérologique de Metz en 1949-1954, avant de rejoindre un groupe industriel comme le font tant d'ingénieurs publics, en l'occurrence le groupe Schneider en octobre 1954. Il est donc destiné à rester jusqu'en 1982, au sein de la firme contrôlée par la famille Schneider (jusqu'en 1960) puis par le groupe Empain (d'où le nom d'Empain-Schneider en 1962). Tout comme R. Boulin est l'homme de Libourne et du Libournais, P. Boulin devient « l'homme du Creusot », où il passe dix ans de sa vie managériale (ingénieur en janvier 1955, ingénieur en chef en 1958 et directeur de l'usine en 1960-1964). C'est alors l'une des cathédrales de l'industrie lourde nationale (forges, fonderies, tôlerie forte, aciérie électrique, etc.) au sein de la Société des forges

---

[1] Michel Bauer et Bénédicte Bertin-Mourot, *Les 200 : comment devient-on un grand patron ?*, Paris, Le Seuil, coll. « L'Épreuve des faits », 1987.

et ateliers du Creusot (SFAC). Il devient directeur adjoint auprès du directeur général de celle-ci (octobre 1964-décembre 1966). Entre-temps, il assume la fonction de directeur général de Jeumont-Schneider, la grande filiale d'électrotechnique du groupe Empain-Schneider (janvier 1967-décembre 1970), où il revient comme président en 1975-1981.

Or la grande Histoire et la propre histoire de P. Boulin se rejoignent quand celui-ci obtient le haut poste de co-patron de Creusot-Loire en 1970, année où se crée cette société. Elle fédère alors la sidérurgie des aciers spéciaux, la métallurgie de transformation et la mécanique lourde et fine du groupe Schneider, en pleine restructuration, les activités de bonne valeur ajoutée, en aval de la sidérurgie, et en parallèle aux activités liées à l'énergie nucléaire, placées dans Framatome, filiale à 70 %. L'on pourrait donc penser que le monde des deux Boulin homonymes et illustres est complètement différent, que chacun a « réussi » dans sa vie professionnelle au sein d'un « monde » spécifique, le monde politique d'un côté, le monde des affaires de l'autre. Pourtant, ces deux carrières convergent ou, du moins, présentent nombre de points convergents. Diriger Creusot-Loire constitue un poste éminemment « politique ». D'ailleurs, P. Boulin participe au « comité industriel » de Schneider, au sommet, qui se réunit une fois par semaine puis par quinzaine à Paris : il est l'un des « ministres » du groupe Empain-Schneider.

Il se tient au point d'équilibre entre les sphères d'influence de plusieurs cercles d'affaires (Schneider et Marine-Firminy) qui ont contribué à édifier Creusot-Loire dans le cadre du grand mouvement de restructurations de l'industrie française pendant les années 1960-1980, qui porte notamment sur la sidérurgie et la grande métallurgie. C'est que les forges du Creusot (SFAC), en Bourgogne, et celles du Forez (Chantiers, ateliers et forges de la Loire-CAFL, héritières des Forges et aciéries de la Marine) ont été peu ou prou contraintes à fusionner au nom d'une « politique industrielle » publique[2] qui en a appelé à la mutualisation des moyens financiers et productifs et aux « économies d'échelle ». P. Boulin dirige en direct les activités non sidérurgiques et supervise la filière électrotechnique et nucléaire (en tant que président de Jeumont-Schneider et de Framatome à partir de 1975). Mais il doit d'abord partager le réel pouvoir au sein de Creusot-Loire avec son co-directeur

---

[2] Daniel Malkin et Jean-Louis Sarbib dans Ministère de l'Industrie : *Problématique d'une stratégie industrielle : premières réflexions*, Paris, La Documentation française, coll. « Études de politique industrielle, 1 », 1974 ; Ministère de l'Industrie et de la Recherche, *L'industrie française de la machine-outil : perspectives d'évolution*, Paris, La Documentation française, coll. « Études de politique industrielle, ministère de l'Industrie et de la Recherche, 13 », 1976. *La division internationale du travail*, vol. 1 : *Les tendances actuelles*, vol. 2 : *Trois scénarios prospectifs*, Paris, La Documentation française, coll. « Études de politique industrielle, 9 », 1976.

général Michel Collas, issu du second grand actionnaire, Marine-Firminy, qui gère l'activité sidérurgique, considérée comme « noble » car symbolique de la puissance des maîtres de forges. Or les investissements débridés dans cette filière tant en Europe qu'en Amérique consomment des fonds alors même qu'elle subit les pertes dues à un manque de compétitivité dramatique.

Il faut donc gérer des « cultures d'entreprise » et des « cultures techniques » variées, des équipes d'ingénieurs aux coutumes spécifiques, des réseaux de relations bancaires particuliers, en tenant compte de la composition des *pools* bancaires constitués autour de chaque firme disparue et de la prégnance de la banque de groupe de la constellation Schneider, la Banque de l'Union européenne[3]. De tels groupes proches de conglomérats sont gérés par nombre de « baronnies » qu'on peine à fédérer avec autorité : il faut louvoyer, pactiser, nouer des compromis, susciter des alliances ponctuelles, s'y créer des réseaux d'influence et, surtout, s'y forger une légitimité managériale qui permette d'imposer peu à peu des décisions et de les faire appliquer ; bref, c'est bien là un métier « politique »… Quand P. Boulin devient administrateur-directeur général de Creusot-Loire en novembre 1978 et le seul patron de la firme, il supervise alors en direct une constellation de 50 000 salariés – complétée par les 10 000 actifs chez les fournisseurs et sous-traitants –, ce qui en fait, jusqu'en 1982, l'un des plus grands patrons du pays à l'apogée de la deuxième révolution industrielle et juste au moment où éclate la « grande crise » de transition entre celle-ci et la troisième révolution industrielle[4].

Il croit avoir le pouvoir de bousculer les fiefs internes et d'intensifier la rationalisation du groupe ; il s'avère un manageur stratège, qui bataille pour accroître la part des productions à forte valeur ajoutée au sein des activités de Creusot-Loire, pour rationaliser ce qui n'était à l'origine qu'un agrégat disparate d'usines et de centres de recherche & développement (R&D), pour élaguer les sureffectifs et améliorer la productivité, et enfin pour développer sa société à l'étranger, notamment aux États-Unis. Mais l'ampleur de la tâche, les lacunes des techniques de gestion de l'époque (avec un retard en contrôle de gestion et comptabilité analytique) et la difficulté de fermer des usines dans un environnement politique et social « sensible » (grande crise, élections législatives puis présidentielles) constituent autant d'obstacles ; ce fleuron du capitalisme

---

[3]   *Cf.* Bertrand Bellon, *Le pouvoir financier et l'industrie en France*, Paris, Le Seuil, coll. « Économie et société, 29 », 1980.

[4]   *Cf.* Maurice Lévy-Leboyer (dir.), *Histoire de la France industrielle*, Paris, Larousse, 1996. En 1980, la nébuleuse Creusot-Loire fédère quelque 39 000 salariés et 24 usines (Imphy, Creusot-Loire entreprises, Neyrpic, Framatome, etc.), et la seule maison mère 18 500 salariés.

industriel ne peut évoluer que trop lentement face à l'urgence qu'imposerait sa situation financière fragile ; et, surtout, aucune des parties prenantes (ministère de l'Industrie, « barons » du groupe, partenaires de la sidérurgie, syndicats) n'envisage de contester le « modèle » de l'intégration verticale (sidérurgie fine, métallurgie de transformation, mécanique, électronucléaire) qui domine alors ; la stratégie elle-même doit respecter une forme de « consensus » et des processus de décision dont on peut douter, rétrospectivement, de leur efficacité[5]. Au même moment, R. Boulin en vit les tensions d'une telle vague de restructurations depuis son poste de ministre du Travail, Rue de Grenelle, et il s'agit là de trimestres privilégiés de convergence réelle de la carrière des deux homonymes, ce qui leur fournit d'ailleurs quelques (rares) occasions de se rencontrer, comme en témoigne P. Boulin[6].

L'action du P-DG de Creusot-Loire est surtout entravée car il doit veiller à un équilibre entre les sphères d'influence publiques (ministère de l'Industrie, ministère de la Défense, et plus largement ministère de l'Économie et des Finances ; commissions du Plan, etc.) et privées, le groupe Empain-Schneider pour l'essentiel. Celui-ci est certes une entreprise privée[7], marquée par l'autorité de son actionnaire principal, le groupe belge Empain et de son partenaire Wendel (par le biais d'une entité *holding* commune, Marine-Schneider). Mais, comme il contrôle

---

[5] Le nouveau patron du groupe Schneider, en particulier, tire à boulets rouges sur P. Boulin, sans tenir compte de tous ces paramètres « politiques » à une époque bien précise de l'évolution du capitalisme français qui n'a pas encore assimilé la notion de « management stratégique », comme le montrent les travaux d'Élie Cohen. « Seul à la barre, Philippe Boulin a le mérite d'engager quelques réformes et d'amorcer une série limitée de désengagements qui resteront marginaux. Le dogme de l'intégration métallurgie-sidérurgie reste inchangé, conforté par les perspectives du programme nucléaire », Didier Pineau-Valencienne, *Dans la boucle de l'hirondelle : mémoires d'entreprise*, Paris, Albin Michel, coll. « Mémoires d'entrepreneurs », 2004, p. 128. P. Boulin réussit tout de même à céder les aciers spéciaux de Creusot-Loire au groupe sidérurgique Usinor-Sacilor, quand se recompose la sidérurgie française en 1978. Mais les pesanteurs paraissent *a posteriori* l'emporter sur « l'agilité » managériale qui devient le mot d'ordre au tournant des années 1990, d'où les pages « dures », voire caustiques, de D. Pineau-Valencienne (« Peut-on changer Creusot-Loire ? », *ibid.*, p. 129-146). P. Boulin est remplacé à la direction générale de Creusot-Loire le 14 juin 1982 et devient président (non exécutif) : « La guerre de positions que mène Philippe Boulin depuis mon arrivée à la tête d'Empain-Schneider tourne alors à l'affrontement. J'en suis d'autant plus triste que ce commis de l'État, ingénieur du corps des Mines, est doté d'une grande intelligence et est à juste titre respecté par ses troupes », *ibid.*, p. 141. P. Boulin perd alors sa présidence en décembre 1982, malgré un ultime coup de téléphone du ministre (du gouvernement socialiste) Pierre Dreyfus à D. Pineau-Valencienne.

[6] Entretien téléphonique avec P. Boulin, juin 2010.

[7] Tristan de la Broise et Félix Torres, *Schneider : l'histoire en force*, Paris, J.-P. de Monza, 1996.

des pans de l'industrie considérés par la puissance publique comme
« stratégiques » en respect d'une logique de « patriotisme économique », il doit tenir compte de la volonté de l'appareil économique
d'État[8] de préserver le capital technologique et la force en R&D d'un
groupe historiquement considéré comme emblématique de la puissance
industrielle nationale.

Sur tous ces registres, par conséquent, P. Boulin doit se montrer tout
à la fois un manageur habile et ferme, un stratège clairvoyant capable de
discerne les métiers prometteurs et rentables et ceux qui sont en relatif
perte de rythme, et un « diplomate » doté d'un grand sens « politique »
pour louvoyer au sein de ce qui constitue quelque peu une configuration
d'« économie mixte », voire parfois d'« économie administrée »,
comme on disait alors. Par ses fonctions, l'on peut considérer *a posteriori* qu'il était, à son échelle évidemment, une sorte de « mini-ministre
de l'Industrie »… Et l'on sait que le mode de « gouvernement » de la
grande entreprise française de cette époque nourrit des débats[9] sur les
aspects « politiques » d'un management trop soumis alors aux pressions
publiques et aux tensions entre groupes industriels et financiers en cours
de recomposition.

Cet art d'un « management politique » est confirmé à propos de la
gestion de Framatome : dans cette filiale, dont P. Boulin est le patron
référent, doivent cohabiter les influences de Creusot-Loire, au nom de la
plateforme industrielle bourguignonne (Châlons-sur-Saône), de Wes-
tinghouse (fournisseur d'une technologie de centrales nucléaires), EDF,
l'énergéticien public principal donneur d'ordres, le Commissariat à
l'énergie atomique, dont la force de frappe en R&D assure la « francisa-
tion » de la technologie américaine et qui, dans ce cadre, en devient un
actionnaire clé en 1975, l'appareil économique d'État de la France des
« années Pompidou » puis des présidences V. Giscard d'Estaing et
Mitterrand et de leurs ministres de l'Industrie successifs, mais aussi du
groupe « frère » Compagnie générale d'électricité dont la filiale Alsthom produit les éléments électrotechniques des centrales nucléaires et
dont le patron, Ambroise Roux, est un « homme d'influence » essentiel
au sein du patronat et l'appareil économique d'État. En tant
qu'ingénieur, P. Boulin aura été notamment l'un des hommes qui auront
donné une impulsion résolue au déploiement d'une filière électronucléaire française par le biais de Framatome, qu'il parraine activement.
Mais cette « aventure nucléaire » exige de sa part qu'il soit en sus un

---

[8]   Richard Kuisel, *Le Capitalisme et l'État en France : modernisation et dirigisme au
      XXᵉ siècle*, Paris, Gallimard, coll. « Bibliothèque des histoires, 48 », 1984.
[9]   Michel Bauer et Élie Cohen, *Qui gouverne les groupes industriels ? Essai sur
      l'exercice du pouvoir du et dans le groupe industriel*, Paris, Le Seuil, coll. « Sociolo-
      gie, 12 », 1981.

« fin politique » impliqué dans une « politique industrielle » sans cesse mouvante dans son architecture d'ensemble[10].

Comme chaque partie prenante désire accroître son emprise sur Framatome, les tensions sont parfois vives : d'un côté, le CEA désire s'engager en aval dans la valorisation de ses technologies (d'où CEA-Industrie) – et, à terme, c'est ce qui est destiné à se passer, avec la fusion de CEA-Industrie et de Framatome dans Areva ; de son côté, CGE-Alsthom souhaite traiter l'ensemble de la construction d'une centrale nucléaire, donc remonter vers l'amont la filière productive ; enfin, EDF veut prendre la main sur le métier d'« ensemblier » d'une centrale nucléaire, etc. Creusot-Loire devient un nœud de tensions industrielles et politiques, et un enjeu stratégique. Ainsi, quand l'État et Schneider rechignent à accepter le projet de fusion entre Creusot-Loire et Framatome qu'il propose, P. Boulin « perd la main » sur sa stratégie.

Lui aussi, d'ailleurs, comme son homonyme R. Boulin, mais heureusement à un autre degré d'intensité, est « victime » des circonstances ou des pesanteurs de son environnement professionnel[11]. La montée en puissance du nouveau patron du groupe Schneider, Didier Pineau-Valencienne, s'accompagne d'une mise sous pression des « barons » des filiales. Une guerre de légitimité se déploie entre le sommet du groupe et les industriels à la base, pour accélérer l'élagage des branches et usines en perte et le recentrage sur des activités profitables. Finalement, P. Boulin, juste promu président de Creusot-Loire le 1er janvier 1982, doit donner sa démission le 31 décembre 1982 – quelque temps avant le grand effondrement du groupe Schneider et de Creusot-Loire en juin 1984. C'est « sa sortie » du monde des maîtres de forges[12].

---

[10] *Cf.* Philippe Boulin, « L'aventure nucléaire en France : grande et petites histoires », *Revue des ingénieurs*, 433, mars-avril 2008, p. 8-10 ; « Grande et petite histoire du programme nucléaire français », *Bulletin de l'Académie François Bourdon*, 2, janvier 2001, p. 3-11.

[11] *Cf.* Claude Beaud, « Le drame de Creusot-Loire : échec industriel ou fiasco politico-financier ? », *Entreprises et histoire*, 27(1), juin 2001, p. 7-22 ; ce même numéro regroupe des propos recueillis par Ludovic Cailluet avec Philippe Boulin, Élie Cohen et Michel Hau, « Les grands naufrages des années 1974 à 1984 » (p. 104-112). Michel Hau, « Les grands naufrages industriels français » (p. 15-36) ; Catherine Vuillermot, « Creusot-Loire : vie et mort d'un groupe industriel à travers sa revue interne (1970-1984) » (p. 65-78), *in* Pierre Lamard et Nicolas Stoskopf (dir.), *1974-1984, une décennie de désindustrialisation ?*, Paris, Picard, coll. « Histoire industrielle et société, 1 », 2010.

[12] Toutefois, P. Boulin conserve une excellente notoriété dans le monde patronal et dans le monde des ingénieurs puisqu'il obtient plusieurs postes dans des conseils d'administration, notamment la Compagnie générale des eaux en 1978-1984, dont il préside la filiale Montenay en 1985-1995 ; et il préside des organes d'études économiques proches du CNPF, Rexecode (1984-1990) et Ipecode (1984-1990), et l'organisme de gestion des normes industrielles, l'Afnor (1984-1993), tout en

L'on peut prétendre que des points de convergence ont pu exister entre les deux « héros homonymes », l'un ministre de plein exercice, l'autre « mini-ministre de l'Industrie », même si le premier n'a jamais été ministre de l'Industrie ! Dans les années 1970, Robert Boulin a dû accompagner les mutations de l'économie française, à l'Économie et aux Finances, puis au Travail, tandis que Philippe Boulin a fédéré les forces (et les faiblesses) d'un groupe à la fois jeune (1970) et ancien (héritage industriel) qui dépendait fortement des commandes et du patronage publics quand il s'agissait d'enrayer « le déclin industriel »[13] dans le cadre des « grandes manœuvres industrielles »[14] et de conduire un intense effort industriel, technique et social de réadaptation du système productif français.

---

s'impliquant (1965-1995) dans la vie d'une association plutôt proche d'un certain christianisme social et regroupant des patrons décidés à promouvoir un type d'« entreprise sociale », l'Acadi (Association des cadres et dirigeants de l'industrie).

[13] *Cf.* Élie Cohen, *L'État brancardier : politiques du déclin industriel, 1974-1984*, Paris, Calmann-Lévy, coll. « Liberté de l'esprit », 1989. « Les nouveaux enjeux de la compétitivité », introduction à : Bertrand Bellon et Jean-Marie Chevalier (dir.), *L'Industrie en France*, Paris, Flammarion, coll. « Enjeux pour demain », 1983.

[14] Élie Cohen et Michel Bauer, *Les Grandes manœuvres industrielles*, Paris, P. Belfond, coll. « Documents, 2 », 1985.

L'entourage ministériel de Robert Boulin

Composition des treize cabinets ministériels et notices biographiques des 68 collaborateurs officiels du secrétaire d'État et ministre Boulin[1].

Composition des cabinets ministériels

Secrétaire d'État aux Rapatriés (gouvernement Debré/ gouvernement Pompidou, 24 août 1961-avril/11 septembre 1962)

Directeur de cabinet : Alexandre Pasquier (août 1961-mai 1962), Henri Ecal (mai 1962-septembre 1962)

Chef de cabinet : Jean-François de Béarn

Conseillers techniques : Christian Mellac (août 1961-mai 1962), Jean Bergeras (novembre 1961-septembre 1962), Jacques Toutain (mai 1962-septembre 1962)

Chargés de mission : M. de Wailly, Henri Ecal (mars 1962-mai 1962), Alexandre Pasquier

Attaché de presse : Jacques Paquet (décembre 1961-septembre 1962)

Attaché parlementaire : Philippe Nivet-Doumer (mai 1962-septembre 1962)

Chef du secrétariat particulier : Marie-Aleth Marchand (décembre 1961-mai 1962)

Secrétaire d'État au Budget (gouvernement Pompidou I-II-III, 11 septembre 1962-6 avril 1967)

Directeur de cabinet : Antoine Dupont-Fauville, (septembre 1962-mai 1965), Jean Gonot

Chef de cabinet : Henri Martinet

Chef adjoint de cabinet : Jacques Paquet (janvier 1966-avril 1967)

Conseillers techniques : Jean Chenard, André Debron, Paul Questiaux (conseiller technique adjoint au directeur de cabinet septembre 1962-mai 1965), Jacques Rool (février 1963-avril 1967), Gilbert Rastoin (avril 1965-avril 1967), Claude Trabuc (janvier 1966-avril 1967), Jean Driol (octobre 1966-avril 1967)

---

[1] Documents préparatoires établis par Hervé Chauvin, doctorant à l'Université Michel de Montaigne-Bordeaux 3.

Chargés de mission : Jean Bergeras, Jacques Paquet (chargé des relations avec la presse, septembre 1962-janvier 1966), Pierre Laduré (octobre 1962-avril 1967), Daniel Voillereau, Roger Trétare (chargé des Relations avec le Parlement, mai 1965-janvier 1966, chargé de mission janvier 1967-avril 1967)

Attaché de cabinet : Roger Trétare (janvier 1966-janvier 1967)

Secrétaire d'État à l'Économie et aux finances
(gouvernement Pompidou IV, avril 1967-31 mai 1968)

Directeur de cabinet : Pierre Cortesse

Chef de cabinet : Henri Martinet

Chef adjoint de cabinet : Jacques Paquet

Conseillers techniques : Jean Chenard, Jacques Rool, Jean Driol (avril 1967-mai 1968), Jacques Boyon (mai 1968)

Chargés de mission : Roger Trétare (avril 1967-mai 1968)

Attaché parlementaire : Roger Trétare (mai 1968)

Ministre de la Fonction publique
(gouvernement Pompidou IV, 31 mai-10 juillet 1968)

Directeur de cabinet : Pierre Cortesse

Chef de cabinet : Henri Martinet

Chef adjoint de cabinet : Jacques Paquet

Conseillers techniques : Jean Chenard, Jacques Boyon

Chargés de mission : Roger Trétare, Pierre Bochin, Marie-Thérèse Guinier

Ministre de l'Agriculture
(gouvernement Couve de Murville, 10 juillet 1968-20 juin 1969)

Directeur de cabinet : André Bord

Chef de cabinet : Jacques Paquet

Chef adjoint de cabinet : Roger Trétare

Conseillers techniques : Jean Armengaud, Jean-Pierre Bourgin, Pierre Peigné, Jean-Claude Pasty (septembre 1968-juin 1969), Gabriel Ganteil (octobre 1968-juin 1969), Philippe Le Ménestrel (octobre 1968-juin 1969)

Chargés de mission : Henri Martinet, Jean-René Bernard (chargé de mission auprès du ministre)

Ministre de la Santé publique et de la Sécurité sociale
(gouvernement Chaban-Delmas I, 20 juin 1969-5 juillet 1972)

Directeur de cabinet : Yann Gaillard

Chef de cabinet : Jacques Paquet

Chef adjoint de cabinet : Michel Audiat (chargé des Relations avec le Parlement)

Conseillers techniques : Jacques Boyon, Marcel Burlot, Guy Thuillier, Pierre Charbonneau (juin 1969-octobre 1970), Michel Lagrave (juin 1969-octobre 1970), Henri-Pierre Culaud (octobre 1970-juillet 1972), André Maumy (octobre 1970-juillet 1972), Rémy Dhuicque (décembre 1970-juillet 1972), Jacques Leclercq (avril 1972-juillet 1972)

Chargés de mission : Henri Roson, Henri Martinet

Ministre délégué auprès du Premier ministre chargé des Relations avec le Parlement (Messmer I 5 juillet 1972-28 mars 1973)

Chef de cabinet : Jacques Boyon

Chef adjoint de cabinet : Jacques Paquet

Conseillers techniques : Jean Bergeras, Marcel Cats, Marie-Thérèse Guinier, Roger Roche, Henri Martinet (conseiller technique adjoint au directeur de cabinet)

Chargés de mission : Didier Schuller, Julien Berthault (octobre 1972-mars 1973)

Attaché de presse : Luc la Fay

Vide dans sa carrière ministérielle entre 1973 et 1976
(gouvernements Messmer II et Chirac)

Ministre délégué auprès du Premier ministre chargé des Relations avec le Parlement (Barre I, août 1976-mars 1977) avec le rang de ministre

Directeur de cabinet : Jacques Baudoin

Chef de cabinet : Gisèle Godest

Chef adjoint de cabinet : Jacqueline Laury

Conseillers techniques : Roger Roche

Chargés de mission : Loïc Rossignol, Jean Bergeras

Ministre délégué à l'Économie et des Finances auprès du Premier ministre, Barre II (mars 1977-mars 1978)

Directeur de cabinet : Jean-Yves Haberer

Directeur adjoint de cabinet : Gilles Rastoin

Chef de cabinet : Jean Bergeras

Conseillers techniques : Alain Farge, Robert Baconnier, Pierre Bilger, Patrick Bouquet, Philippe Dulac (mars 1977-octobre 1977),

Jean-Luc Lepine, Claude Mulhomme, Gérard Jacquin de Margerie (octobre 1977-mars 1978)

Ministre du Travail et de la Participation (gouvernement Barre III, avril 1978-29 octobre 1979)

Directeur de cabinet : Yann Gaillard

Directeur adjoint de cabinet : Georges Gil

Chef de cabinet : Marcel Cats

Chef adjoint de cabinet : Jérôme Brault, chargé des Relations avec le Parlement

Conseillers techniques : Guy Thuillier, Éric Burgeat

Chargés de mission : Jean-Jacques Dupeyroux, Luc La Fay (chargé des relations avec la presse)

Notices biographiques des 68 collaborateurs officiels de Robert Boulin

Note d'utilisation : ces notices, classées par ordre alphabétique, ont été constituées à l'aide de sources indiquées après le nom. En gras sont soulignés les postes occupés dans les divers cabinets ministériels dirigés par Robert Boulin.

1. Jean ARMENGAUD (*JORF*) : ingénieur du génie rural, des eaux et des forêts, conseiller technique du cabinet Edgar Faure, ministre de l'Agriculture (avril 1967-mai 1968), *idem* après le remaniement du 31 mai (juin-juillet 1968), **conseiller technique au cabinet Boulin, ministre de l'Agriculture (juillet 1968-juin 1969)**.

2. Michel AUDIAT (*JORF*) : chef adjoint de cabinet de Marc Jacquet, ministre des Travaux publics et des Transports (Pompidou II, novembre 1962-janvier 1966), chargé de mission du cabinet Edgar Faure ministre de l'Agriculture (juin-juillet 1968), chargé de mission du cabinet Edgar Faure, ministre de l'Éducation nationale (gouvernement Couve de Murville, juillet 1968-juin 1969), **chef adjoint de cabinet chargé des Relations avec le Parlement dans le cabinet Boulin, ministre de la Santé publique et de la Sécurité sociale (1969-1972)**, chef adjoint de cabinet, chargé des Relations avec le Parlement dans le cabinet Edgar Faure, ministre d'État chargé des Affaires sociales (juillet 1972-mars 1973). Carrière dans le sillage d'Edgar Faure.

3. Robert BACONNIER (*Who's Who*, 2000-2001) : administrateur civil né le 15 avril 1940 à Lyon. Études à la faculté de lettres de Lyon. IEP, ENA (promotion 1965-1967), administrateur civil à la direction générale des Impôts au ministère de l'Économie et des Finances (1967-1970), attaché commercial à l'ambassade de France à Ottawa (1971-1973), chef de bureau à la direction générale des Impôts (1974), **conseiller technique au cabinet Boulin ministre délégué à l'Économie et aux Finances (1977)**, directeur adjoint du cabinet de Maurice Papon, ministre du Budget (1978), directeur adjoint à l'administration centrale du ministère de l'Économie et des Finances (1979-1983), chef du service contentieux à la direction générale des Impôts (1983-1986), directeur général des Impôts (1986-1989), payeur général du Trésor (1990), président du directoire du bureau Francis Lefebvre (depuis 1991), professeur à l'Institut d'études politiques de Paris (1982-1992).

4. **Jacques** BAUDOIN (*Who's Who*, 1985-1986) : membre du conseil d'État. Né le 16 septembre 1924 à Paris. Études à la faculté de lettres et de droit de Paris. Breveté de l'École nationale de la France d'Outre-mer. Diplôme d'études supérieures de droit public et d'économie politique. ENA (1953-1955), administrateur colonial en Afrique (1946-1952), directeur du cabinet du gouverneur de la Polynésie française (1956-1960), maître des requêtes au Conseil d'État (1962), directeur des hôpitaux au ministère de la Santé (1970-1976), **directeur du cabinet de Boulin (ministre chargé des Relations avec le Parlement 1976-1977)**, maître des requêtes au Conseil d'État (1977), membre de la commission des opérations de bourse (depuis 1979), directeur général de l'Agence nationale pour l'emploi (1979-1981), Conseil d'État (1981), président de la 9ᵉ sous-section du contentieux (1982).

5. **Jean-François** DE BÉARN (*Who's Who*, 1979-1980) : sous-préfet né le 9 octobre 1919 à Paris. Faculté de droit de Paris et École libre des sciences politiques. Licence en doit. Chef de cabinet de préfet (1943), directeur du cabinet du préfet de Châlons-sur-Marne (1944), attaché au gouvernement militaire de la zone française d'occupation de l'Allemagne (1945) puis au Commissariat général aux affaires allemandes et autrichiennes (1947). Alternance entre des postes de sous-préfet et de chef de cabinet (chef adjoint de cabinet de François Mitterrand, ministre d'État, garde des Sceaux 1956-1957). Détaché dans un emploi d'administrateur civil au ministère de l'Intérieur (1960), **chef de cabinet Boulin, secrétaire d'État aux Rapatriés 1961-1962**, administrateur civil au ministère de l'Intérieur (1964), sous-préfet, chargé de mission auprès du préfet de la Seine-et-Oise (1965), chef de cabinet du secrétaire général de la Préfecture de Police (1967), puis chef de cabinet du Préfet de Police (1968), administrateur civil au ministère de l'Intérieur (1971), chef du bureau de l'équipement à la direction générale des Collectivités territoriales (1977).

6. **Jean** BERGERAS (*JORF*) : magistrat à l'administration centrale du ministère de la Justice, premier juge du tribunal de grande instance de Paris (1972), **conseiller technique du cabinet Boulin, secrétaire d'État aux Rapatriés (novembre 1961-septembre 1962). Chargé de mission au cabinet Boulin, secrétaire d'État au Budget (septembre 1962-mai 1965)**. Conseiller technique au cabinet du ministre Alexandre Sanguinetti, ministre des Anciens combattants et Victimes de guerre (janvier 1966), conseiller technique au cabinet d'Henri Duvillard, ministre des Anciens combattants et Victimes de guerre (avril 1967-mai 1968 ; juin-juillet 1968 ; juillet 1968-mai 1969 ; juin 1969-juillet 1972), **conseiller technique au cabinet**

Boulin, ministre délégué auprès du Premier ministre, chargé des Relations avec le Parlement (juillet 1972-mars 1973), conseiller technique au cabinet Boulin, ministre délégué auprès du Premier ministre chargé des Relations avec le Parlement (juillet 1972-mars 1973), chef de cabinet Boulin, ministre délégué à l'Économie et des Finances auprès du Premier ministre (gouvernement Barre II, mars 1977-mars 1978).

7. **Jean-René BERNARD** (*Who's Who*, 2006) : inspecteur général des Finances, né le 1er décembre 1932 à Metz. Études de droit et IEP à Paris. ENA (promotion Dix-huit juin, 1956-1958), inspecteur des Finances (1958). Conseiller technique au cabinet de Pierre Sudreau (ministre de l'Éducation nationale, août-septembre 1962). Chargé des questions financières au cabinet de Georges Pompidou (Premier ministre 1962-1968). Adjoint au chef de service de l'Inspection générale des Finances (1965-1966). Administrateur d'Elf Erap (1966-1969). Secrétaire général du Comité interministériel pour les questions de la coopération économique européenne (1967-1977). **Chargé de mission auprès de Boulin (ministre de l'Agriculture 1968-1969)**. Conseiller technique chargé des affaires économiques et financières (juin 1969-1973), puis secrétaire général adjoint (1973-avril 1974) au Secrétariat de la Présidence de la République. Ambassadeur au Mexique (1977-1982), aux Pays-Bas (1989-1993). Inspecteur général des Finances (1980-1997). PDG du Crédit industriel et commercial de Paris (1987-1989). Président de diverses associations. Questionnaire R. Rémond (N° 14). Rentre dans un cabinet « par hasard » en remplacement d'un camarade de l'inspection des Finances qui était membre du cabinet, et ce à 29 ans. Raisons avancées : même corps. Pourtant : poste qui n'est pas une bonne filière pour un inspecteur des Finances. Pense qu'il vaut mieux suivre la même personnalité politique (en l'occurrence Pompidou). Le travail dans les cabinets ministériels donne le sens de la relativité des choix. Existence de « carrières de cabinet ».

8. **Julien BERTHAULT** (*JORF*) : **chargé de mission du cabinet Boulin, ministre délégué auprès du Premier ministre, chargé des Relations avec le Parlement (août-octobre 1972)**

9. **Pierre BILGER** (*Who's Who*, 2006) : Inspecteur général des Finances, président de société, né le 27 mai 1940 à Colmar. Études à Louis Le Grand, IEP de Paris, et ENA (promotion Proust 1965-1967). Inspecteur adjoint des Finances en 1967, inspecteur des Finances en 1969. 1971 : chargé de mission à la direction du Budget. 1974 : chargé de mission, puis conseiller technique (1974-1976) au cabinet Jean-Pierre Fourcade (ministre de l'Économie et des Finances), conseiller technique au cabinet de Michel Durafour

(ministre délégué auprès du Premier ministre, chargé de l'Économie et des Finances, 1976). **Conseiller technique auprès Boulin (ministre délégué aux Finances en 1977).** Sous-directeur à la direction du Budget. Directeur de cabinet Maurice Papon, ministre du Budget (1978-1981). Chef de service à l'Administration centrale du ministère de l'Économie et des Finances (direction du Budget, 1980-1982), directeur de la planification (1982-1983), directeur des services économiques et financiers (1983-1986), directeur général adjoint à la Compagnie générale d'électricité (CGE) 1986-1987. Inspecteur général des Finances en 1987, commence une longue carrière dans le groupe Alsthom. 1999 : administrateur de la Société Générale. 2003 : administrateur de Thales.

10. **Pierre BOCHIN** (*JORF*) : **chargé de mission au cabinet Boulin, ministre de la Fonction publique (mai 1968-juillet 1968).**

11. **André BORD** (*Who's Who*, 1979-1980) : Ingénieur général du Génie rural, des eaux et forêts, né le 31 décembre 1914 à Saint-Marien (Creuse). Diplômé de l'École nationale supérieure agronomique de Rennes. Plusieurs directions de services, ingénieur en chef (1951), chef du cabinet de Pierre Pflimlin (ministre de l'Agriculture 1947-1951), chef de la section d'application de la recherche à la vulgarisation à l'INRA (1960), conseiller technique (1961), directeur adjoint (1964) puis directeur (1971) du FORMA (Fonds d'orientation et de régularisation des marchés agricoles), **directeur de cabinet (Boulin ministre de l'Agriculture, gouvernement Couve de Murville, 10 juillet 1968-20 juin 1969).** Président de l'Association de développement du Bas-Rhin (1978).

12. **Patrick BOUQUET** (*Who's Who*, 2000-2001) : conseiller maître à la Cour des comptes, né le 18 janvier 1943 à Paris. Faculté de droit et de sciences économiques de Paris. Licence de droit et diplôme de l'IEP de Paris. ENA (1966-1968). Administrateur civil au ministère de l'Économie et des Finances (direction du budget, 1968-1972), mis à la disposition du ministère des Affaires sociales (1972-1973). Conseiller technique au cabinet de Michel Poniatowski (ministre d'État, ministre de l'Intérieur 1974-1976), directeur du cabinet de Pierre Brousse (ministre du Commerce et de l'Artisanat 1976-1977), **conseiller technique au cabinet Boulin, ministre délégué à l'Économie et aux Finances (1977-1978),** conseiller référendaire à la Cour des comptes (1978). Sous-directeur des Affaires financières au ministère de l'Intérieur (1979-1982), directeur des Finances du Conseil régional d'Île-de-France (depuis 1982), directeur général des collectivités territoriales au ministère de l'Intérieur (1986-1989), contrôleur financier au ministère des Postes, Télécommunications et de l'Espace (1989-1993), Chef de la mission de

contrôle économique et financier auprès de la Poste et de France Telecom (1991-1993), Conseiller maître à la Cour des comptes (1992), secrétaire général du Groupe central des villes nouvelles (1993-1994), secrétaire général adjoint puis délégué général à la Mairie de Paris (depuis 1994). Administrateur de la RATP.

13. **Jean-Pierre BOURGIN** (*Who's Who*, 2000-2001) : ingénieur agronome né le 18 août 1932 à Nice. Diplômes : ingénieur agronome, ingénieur frigoriste, ingénieur du génie rural, diplômé du Centre d'études des programmes économiques. Ingénieur du génie rural à Chambéry (1959), conseiller technique au ministère de l'Agriculture et auprès du directeur général des collectivités locales au ministère de l'Intérieur (1964), **conseiller technique au cabinet du ministre de l'Agriculture (1966-Boulin ministre de 1968-1969)**, ingénieur en chef du génie rural, des eaux et forêts détaché dans les fonctions de président directeur général de la Société de mise en valeur agricole de la Corse (Somivac 1968-1974), responsable du secteur immeubles et télécommunications à la Caisse nationale du Crédit agricole (1976-1982), chef du département des placements fonciers et immobiliers à la Caisse nationale de Crédit agricole (1982-1983), Contrôleur général adjoint (1984-1986), contrôleur général à la direction générale d'Électricité de France (1986-1988), à la direction des services financiers et juridiques (1989-1996) Ingénieur général du génie rural, des eaux et forêts (1987), honoraire depuis 1996, chef de la mission de contrôle des filiales et des participations (1987-1996).

14. **Jacques BOYON** (*Who's Who*, 2006) : magistrat honoraire à la Cour des comptes, homme politique, né le 30 septembre 1934 à Nantes. Lycées Charlemagne et Buffon à Paris. Nombreux diplômes dont celui de l'IEP. ENA, promotion Vauban (1957-1959). Auditeur à la Cour des comptes (1959), détaché auprès du Premier ministre pour servir en Algérie la même année. Réintégration à la Cour des comptes en 1960. Conseiller technique du cabinet Pierre Dumas (Secrétaire d'État au tourisme), **puis conseiller technique de plusieurs cabinets Boulin (secrétaire d'État à l'Économie et aux Finances, janvier-mai 1968 ; ministre de la Fonction publique (juin-juillet 1968) ; ministre de l'Agriculture (1968-1969), ministre de la Santé publique et Sécurité sociale (1969-1972). Directeur du cabinet Boulin (ministre chargé des Relations avec le Parlement 1972-1973)**. Directeur du cabinet d'Yves Guéna (ministre des Transports puis de l'Industrie). Directeur adjoint du cabinet de Jacques Soufflet (ministre de la Défense 1974). Directeur adjoint (1975-1977) puis directeur du cabinet d'Yvon Bourges (ministre de la Défense). Député RPR de l'Ain (1978-1981, puis en 1986 – il cède son siège – et de nouveau en 1988-1997. Conseiller

maître à la Cour des comptes (1986). Président de la Commission de la Défense nationale et des Forces armées de l'Assemblée nationale (1993-1997). Conseiller général de l'Ain, maire de Pont-d'Ain. Trésorier du RPR (1990-1993). Président, président d'honneur et délégué aux relations internationales de la FNSEM (Fédération nationale des sociétés d'économie mixte). Secrétaire général de l'IRIS depuis 2001 (Institut des relations internationales et stratégiques). Administrateur de *Géostratégies* 2000 (1999). Administrateur de la Caisse de garantie du logement social (2000).

15. **Jérôme BRAULT** (*Who's Who*, 2000-2001) : journaliste, né le 23 juillet 1945 à Paris. Études de droit à Paris, diplômé de l'IEP de Paris, et d'études supérieures de droit public et de sciences politiques. Assistant à la faculté de droit public de Paris (1969-1973), chargé de TD au Centre juridique de l'Université Paris XI à Sceaux (1973), pigiste (1969) puis journaliste permanent à l'ORTF (1973), conseiller technique au cabinet d'Arthur Conte (1972-1973), puis de Marceau Long (1973-1974), président directeur général de l'ORTF. Assistant à la faculté de Paris XI à Sceaux (1975), chargé de mission au cabinet de Jean de Lipkowski (ministre de la Coopération, avril-août 1976), **attaché au cabinet Boulin, ministre chargé des Relations avec le Parlement (septembre 1976-avril 1977), puis ministre délégué à l'Économie (avril 1977, avril 1978), chef adjoint Boulin, ministre du Travail et de la Participation (mai 1978)**. Conseiller pour les relations avec les Pouvoirs publics auprès du Conseil supérieur des experts comptables et des comptables agréés (depuis 1980), conseiller technique pour les Relations avec le Parlement au cabinet Michel Noir (ministre délégué chargé du Commerce extérieur, 1986-1988), conseiller pour les relations avec les Pouvoirs publics auprès du Conseil supérieur de l'Ordre des experts comptables, directeur chargé des relations avec les Pouvoirs publics, au Conseil supérieur de l'Ordre des experts comptables (1991).

16. **Eric BURGEAT** (*JORF*) : assistant des facultés de droit (droit privé), gendre de Robert Boulin, **conseiller technique au cabinet Boulin, ministre du Travail et de la Participation (Gouvernement Barre III, avril 1978-29 octobre 1979)**.

17. **Marcel BURLOT** (*Who's Who*, 1989-1990) : administrateur civil hors-classe, né le 7 décembre 1927 à Saint-Nicolas-Du-Pélem. IEP et faculté de droit de Paris. ENA (1951-1953), administrateur civil (1953), chef de cabinet du préfet du Gers (1954), divers postes de sous-préfet (1956-1962), secrétaire général de la Corse (1966), chef de cabinet du ministre de l'Intérieur (1967), conseiller technique au cabinet du secrétaire d'État à l'Éducation nationale (1968), **conseiller technique au cabinet Boulin, ministre de la Santé publique et**

de la Sécurité sociale (1969-1970), directeur de cabinet de J. Limouzy, secrétaire d'État chargé des Relations avec le Parlement (1971-1972), chef du service du recrutement, de la formation et des stages au ministère de l'Intérieur (1972-1973), chef du service des affaires financières à l'INRA (1973-1975), administrateur civil hors-classe (1978), sous-directeur à l'administration civile du ministère de l'Intérieur (1978), à la direction dans la réglementation et du contentieux au ministère de l'Intérieur et de la Décentralisation (depuis 1982), directeur de la prévention et de la protection civile à la Préfecture de police de Paris depuis 1987.

18. Marcel CATS (*JORF*) : directeur divisionnaire des impôts, **conseiller technique au cabinet Boulin, ministre délégué auprès du Premier ministre chargé des Relations avec le Parlement (gouvernement Messmer I 5 juillet 1972-28 mars 1973), chef de cabinet Boulin, ministre du Travail et de la Participation (gouvernement Barre III, avril 1978-29 octobre 1979)**.

19. Pierre CHARBONNEAU (*Who's Who*, 1979-1980) : inspecteur général au ministère de la Santé publique, né le 16 juillet 1912 à Saigon. Études de médecine à Bordeaux et Paris. Docteur en médecine, externe des hôpitaux de Paris (1936), carrière médicale au Maroc (directeur du service régional d'hygiène et d'épidémiologie à Meknès-1942, jusqu'à inspecteur général de la Santé au Maroc en 1954-1956). Adjoint au directeur général de la Santé en France (1957), conseiller technique au cabinet de Joseph Fontanet, ministre de la Santé publique et de la Population (1961), conseiller technique auprès du directeur général de l'Assistance publique à Paris (1962), inspecteur général des Affaires sociales (1968-1972), **conseiller technique au ministère de la Santé publique et de la Sécurité sociale (1968)**, directeur général de la Santé publique au ministère de la Santé publique (1970-1975), auditeur à l'Institut des hautes études de défense nationale (1959-1960), directeur général du laboratoire national de la santé (depuis 1975).

20. Jean CHENARD (*JORF*) : contrôleur financier, **conseiller technique au cabinet Boulin, secrétaire d'État au Budget (septembre 1962-avril 1967), conseiller technique au cabinet Boulin, secrétaire d'État à l'Économie et aux Finances (avril 1967-mai 1968), conseiller technique au cabinet Boulin, ministre de la Fonction publique (juin-juillet 1968)**, conseiller technique au cabinet Jacques Chirac, secrétaire d'État à l'Économie et aux Finances (juillet 1968-janvier 1971).

21. Pierre CORTESSE (*Who's Who*, 2006) : **directeur de cabinet (Boulin secrétaire d'État à l'Économie et aux Finances, gouvernement Pompidou IV, avril 1967-31 mai 1968, puis ministre de la**

Fonction publique, gouvernement Pompidou V, 31 mai-10 juillet 1968). Sous-directeur à l'administration centrale du ministère de l'Économie et des Finances. Né le 20 novembre 1927 dans les Ardennes. Magistrat honoraire à la Cour des comptes. Études au lycée Louis Le Grand à Paris, ENA promotion Paul Cambon (1951-1953). Administrateur civil au ministère des Finances en 1953. Directeur adjoint du cabinet de Michel Debré (ministre de l'Économie et des Finances) en 1966. **Directeur de deux cabinets Boulin (secrétaire d'État à l'Économie et aux Finances, puis ministre de la Fonction publique 1967-1968)**. 1968 : chef de service du commerce au ministère de l'Économie et des Finances (direction du commerce intérieur et des prix). 1971-1974 : chef de la mission de contrôle économique et financier des entreprises de recherches, d'exploitation et de transport des produits pétroliers. Chargé de mission au cabinet Christian Poncelet (secrétaire d'État au Budget 1974). Directeur de la prévision au ministère de l'Économie (1974-1982). Conseiller maître à la Cour des comptes (1982-1993). Membre du conseil de la concurrence (1987) puis vice-président (1993-2001). Membre de la commission de surveillance de la Caisse des dépôts et des consignations (1987-1993). Président du conseil d'administration de la Caisse autonome nationale de la Sécurité sociale dans les mines (1989-1995).

22. **Henri-Pierre CULAUD** (*Who's Who*, 1985-1986) : administrateur civil né le 28 janvier 1938 à Paris. Études à la faculté de droit et de sciences économiques à Paris. Diplôme d'études supérieures de droit, diplômé de l'IEP de Paris. ENA (1965-1966), inspecteur adjoint à l'Inspection générale des Affaires sociales (1966), **conseiller technique au cabinet Boulin, ministre de la Santé publique et de la Sécurité sociale (1970)**, au cabinet du secrétaire d'État auprès du ministre des Affaires sociales (1972), directeur du fonds d'action sociale pour les travailleurs migrants (1972-1974), conseiller pour les affaires sociales à la représentation permanente de la France auprès des Communautés européennes (1974-1977), conseiller technique au cabinet du Premier ministre (1977-1978), directeur des affaires sociales au ministère de l'Agriculture (1978-1981), Inspecteur général de l'Agriculture depuis 1981, directeur régional de l'agriculture et des forêts pour la région Île-de-France (depuis 1985), président du Comité des politiques agro-alimentaires (depuis 1985).

23. **André DEBRON** (*Who's Who*, 1979-1980) : trésorier-payeur général, né le 20 décembre 1919 à Déville-lès-Rouen. Études à la faculté de sciences de Paris. Attaché au ministère des Finances, service du contrôle économique (1943), direction du Budget (1950), commissaire aux prix (1954), chargé de mission au cabinet d'Antoine Pinay (ministre des Finances, 1958), puis au cabinet Valéry Giscard

d'Estaing (secrétaire d'État puis ministre des Finances, 1960), **conseiller technique au cabinet Boulin (secrétaire d'État au budget, 1962**). À partir de 1967, carrière dans la trésorerie.

24. **Rémy Dhuicque** (*Who's Who*, 2000-2001) : inspecteur des Affaires sociales, né le 17 avril 1936 à Etrépilly (Seine-et-Marne). Faculté de droit de Paris, et École nationale des Impôts. Licence de droit, inspecteur des Impôts (1959), ENA (1967-1969), inspecteur adjoint (1969) puis inspecteur à l'Inspection générale des Affaires sociales, **conseiller technique au cabinet Boulin, ministre de la Santé publique et de la Sécurité sociale (1970-1971)**, puis au cabinet de Christian Poncelet, successivement secrétaire d'État auprès du ministre du Travail, de l'Emploi et de la Population (1973-1974), et secrétaire d'État auprès du Premier ministre chargé de la Fonction publique, 1974. Conseiller technique puis chargé de mission (1976) au cabinet de Michel Durafour, ministre du Travail, inspecteur hors-classe à l'Inspection générale de la Sécurité sociale (1976), conseiller technique au cabinet de Michel Durafour, ministre délégué auprès du Premier ministre chargé de l'Économie et des Finances, 1976, directeur de l'Agence centrale des organismes de Sécurité sociale (1977-1984), président du conseil d'administration du Centre national d'études supérieures de Sécurité sociale (CNESS, 1984-1987), directeur général de la Fédération des caisses de retraite interentreprises (depuis 1987-1992), directeur général à l'inspection générale des Affaires sociales (IGAS) en 1992, président du Conseil d'administration du fonds solidarité vieillesse (depuis 1995), président du Comité des carrières du régime général de la Sécurité sociale depuis 1996). Conseiller municipal de Vincennes (1971), adjoint au maire de Vincennes (1977).

25. **Jean Driol** (*Who's Who*, 2000-2001) : conseiller référendaire à la Cour des comptes, né le 11 novembre 1930 à Saint-Étienne. Faculté de droit et de lettres de Lyon, Licence de droit, diplôme supérieur de droit public, licence d'anglais, diplôme de l'Institut d'études politiques. ENA (1958-1960), auditeur (1960), puis conseiller référendaire (1967) à la Cour des comptes, **conseiller technique cabinet Boulin, secrétaire d'État à l'Économie et aux Finances (1966-1967**), contrôleur général (1968), sous-directeur (1969) puis directeur adjoint (1973), secrétaire général adjoint (1978) à la caisse des dépôts et consignations. Administrateur-directeur général de G. Cam et président de la Sinorg (1983-1984), réintégré à la Cour des comptes (1985), conseiller maître à la Cour des comptes en 1986, président de chambre (1994).

26. **Philippe Dulac** (*Who's Who*, 2000-2001) : inspecteur des Finances, né le 19 août 1942 à Evreux. Diplômé de l'IEP Paris, ENA (1966-

1968), inspecteur des Finances (1968), chargé de mission au service de la l'Inspection générale des Finances (1970), chargé de mission au cabinet du ministre de l'Économie et des Finances (1972), chargé de mission à la direction du Trésor (1973), conseiller technique au cabinet de Michel Durafour (ministre délégué auprès du Premier ministre chargé de l'Économie et des Finances) en 1976, **puis même poste au cabinet Boulin ministre délégué auprès du Premier ministre chargé de l'Économie et des Finances mars 1977-mars 1978**), sous-directeur des investissements à la direction du Trésor (depuis 1977), directeur adjoint puis chef de service (1982) à l'administration centrale du ministère de l'Économie et des Finances, administrateur de la Régie des Usines Renault (1978-1983), membre du Comité exécutif (1983), directeur général adjoint du département bancaire (depuis 1983) de Paribas, président de l'Omnium de participations bancaires Paribas (1983), administrateur directeur de la banque Paribas (1986-1990), administrateur de la Scoa (1986), membre du directoire de la Compagnie financière de Paribas et de la banque Paribas (depuis 1990), président de Paribas Luxembourg (1992), vice-président du conseil de surveillance de la Compagnie bancaire (1994), administrateur de Paribas Suisse, Sinvim, Klépierre, Paribas International, Compagnie foncière, Colgate, Palmolive, Esso, Cetelem.

27. **Jean-Jacques DUPEYROUX** (*Who's Who*, 2006) : universitaire, né le 16 novembre 1929 à Montpellier. Études de droit. Professeur à la Faculté de droit d'Alger puis à celle de Toulouse. Directeur d'études à l'ENA (1966-1970). Directeur de la revue *Droit social* (1974). Expert à la Communauté économique européenne. Membre de la section activités sociales du Comité économique et Social (1972-1973, 1984-1985). Nombreuses missions à l'étranger. **Chargé de mission au cabinet Boulin (ministre du Travail et de la Participation 1978-1979)**. Chargé de mission au cabinet Claude Evin (ministre de la Santé et de la Protection sociale 1989). Membre de diverses commissions : du bilan (1981), comptes de la Sécurité sociale, comptes de la Santé.

28. **Antoine DUPONT-FAUVILLE** (*Who's Who*, 2006) : inspecteur des Finances, né le 15 novembre 1927 à Neuilly-sur-Seine. Études à l'IEP de Paris. ENA (Promotion Paul Cambon 1951-1953). À l'Inspection générale des Finances en 1953. 1957-1958 : services financiers du Commissariat au Plan. Chargé de mission au cabinet du général de Gaulle (président du conseil 1958-1959). Chargé de mission puis conseiller technique au cabinet de Michel Debré (Premier ministre 1959-1962). Chef du service du financement au Commissariat général au plan d'équipement et de la productivité (1962). **Directeur du cabinet Boulin (secrétaire d'État au Budget,**

1962-1965). 1965-1968 : chef du service de l'inspection générale des Finances. 1966-1968 : directeur du cabinet Debré (ministre de l'Économie et des Finances). Directeur du Crédit national (1968-1972). 1974-1982 : PDG du Crédit du Nord. Président du directoire 1982-1993, membre du conseil de surveillance de la banque Neuflize, Schlumberger, Mallet (1993-2000). 1974 : membre du conseil d'administration de l'Association nationale des sociétés par actions, président entre 1981 et 1989. 1990-1993 : membre du bureau puis président de l'Office de coordination bancaire et financière (OCBF). Président du directoire du groupe Alexandre Hatier (1993-1998). Administrateur de Leonardo finances.

Questionnaire R. Rémond (N° 69) : devient membre de cabinet à l'âge de 31 ans. Connaissait un autre membre du cabinet (études communes et même corps). Rentre après 1958 : « il a fallu un changement de République », « On n'hésite pas quand il s'agit du cabinet du général de Gaulle ». Raisons de la composition des cabinets : études communes, même corps, affinités personnelles. Pas d'utilité de participer sans compétences professionnelles. Positionnement politique : gaulliste. Déclare travailler tous les jours avec Robert Boulin.

29. **Henri ECAL** (*Who's Who*, 1985-1986) : conseiller maîtres à la Cour des comptes, né le 11 décembre 1915 à Nîmes. Docteur en droit, avocat à la Cour d'appel de Grenoble (1937-1940), chef de cabinet du préfet de l'Indre (1942), secrétaire général des Basses Alpes (1943), de Constantine (1946), directeur de cabinet du secrétaire général du gouvernement tunisien (1948), chef adjoint du cabinet Georges Bidault (vice-président du conseil 1951), secrétaire général de la Gironde (1953), Sous-préfet de Reims (1954), chargé de mission au cabinet Pierre Schneiter (président de l'Assemblée nationale 1955-1956), préfet de troisième classe, hors-cadre, mis à la disposition du ministre de l'Intérieur (1958), directeur du cabinet Henry Ingrand (secrétaire général pour les affaires algériennes, cabinet Michel Debré, 1959), directeur général de la Fonction publique et des Affaires administratives à la délégation générale du gouvernement en Algérie (1960-1962), **chargé de mission puis directeur au cabinet Boulin (secrétaire d'État aux Rapatriés)** : directeur du cabinet d'Alain Peyrefitte, ministre chargé des Rapatriés (1962), directeur du cabinet Pierre Dumas (secrétaire d'État, chargé des Relations avec le Parlement, 1962-1965), conseiller maître à la Cour des comptes (1965), membre de la section des transports à la Commission de vérification des entreprises publiques (1968), administrateur de la RATP depuis 1974.

30. **Alain** Farge (*JORF*) : administrateur civil, conseiller technique au cabinet de Michel Debré, ministre d'État, chargé de la Défense nationale, (juillet 1969-17 février 1973), **conseiller technique du cabinet Boulin, ministre délégué à l'Économie et des Finances auprès du Premier ministre, Barre II, mars 1977-mars 1978**.

31. **Yann** Gaillard (*Who's Who, 2006*) : inspecteur général des Finances et homme politique, né le 9 octobre 1936 à Paris. Études de droit et Iep Paris. Ena Promotion Lazare Carnot (1959-1961). Inspecteur adjoint des Finances en 1961, puis inspecteur des Finances en 1962. Conseiller technique d'Edgar Faure, ministre de l'Agriculture (1966-1967). Secrétaire général adjoint du Comité interministériel pour les questions de coopération économique européenne (1967-1969). Directeur adjoint du cabinet d'Edgar Faure, ministre de l'Éducation nationale (1968-1969). **Directeur du cabinet Boulin, ministre de la Santé et de la Sécurité sociale (1969-1972)**, directeur du cabinet d'Edgar Faure, ministre des Affaires sociales (1972-1973) puis président de l'Assemblée nationale (1978). **Directeur du cabinet Boulin, ministre du Travail et de la Participation du 3ᵉ gouvernement Barre**. Inspecteur général des Finances. Président du conseil d'administration de la Société centrale de banque (1984-1987). Conseiller lors de la préparation des fêtes du bicentenaire de la Révolution. Conseiller général, puis régional, sénateur de l'Aube 1994, réélu en 1998 (Rpr). Auteur d'*Adieu Colbert* (des passages consacrés à Boulin).

    Questionnaire R. Rémond (N° 81). Entrée dans un cabinet ministériel par l'intermédiaire du service de l'inspection générale des Finances, à 30 ans. Déclare être responsable de la composition de 50 % de ses cabinets après 1972. Critères de choix : études communes, convenances personnelles (maintien des membres d'une même équipe). Raison de l'entrée dans les cabinets : « tout est utile dans la vie ». Pas de préférence entre une personnalité et un ministère dans ses choix. A poussé pour une nouvelle politique hospitalière. Opinions politiques : centre gauche « comme tout le monde ». Autres sources : imposé par Boulin comme directeur de cabinet au ministère du Travail où Boulin se sent isolé.

32. **Gabriel** Ganteil (*JORF*) : ingénieur en chef du génie rural, des eaux et des forêts, **conseiller technique au cabinet Boulin, ministre de l'Agriculture (en remplacement de Jean-Pierre Bourgin, 14 septembre 1968-juin 1969)**, conseiller technique au cabinet Bernard Pons, Secrétaire d'État auprès du ministre de l'Agriculture (juin 1969-juillet 1972).

33. **Georges** Gil (*Who's Who, 2006*) : **directeur adjoint du cabinet Yann Gaillard (Boulin ministre du Travail et de la Participation,**

gouvernement Barre III, avril 1978-29 octobre 1979). Inspecteur général du Travail et de la Main-d'œuvre. Haut fonctionnaire, né à Béziers le 3 décembre 1914. Instituteur, inspecteur du Travail (1945-1963). Directeur adjoint du Travail (1964-1966). Directeur départemental puis régional du Travail (Finistère, Loire Atlantique, Limousin, Auvergne). 1977 : inspecteur général du Travail et de la Main-d'œuvre. Conseiller technique (1973-1974), chargé de mission (1974-1976) puis directeur adjoint au ministère du Travail. Inspecteur général (1977-1985) puis inspecteur général honoraire à l'inspection générale des Affaires sociales. Président de l'Association pour l'histoire de l'inspection du Travail.

34. **Gisèle GODEST** (*JORF*) : chef du secrétariat particulier de Jacques Marette, ministre des Postes et Télécommunications (avril 1962-décembre 1962), *idem* à partir du 1er novembre 1964, puis du 19 janvier 1966 au mois de mars 1967, chef du secrétariat particulier d'Yves Guéna, ministre des Postes et Télécommunications (avril 1967-mai 1968, chargé de mission au cabinet Yves Guéna, ministre des Postes et Télécommunications (juillet 1968-juin 1969), chargé de mission au cabinet Robert Galley, ministre des Postes et Télécommunications (juin 1969-juillet 1972), chef adjoint de cabinet de Hubert Germain, ministre des Postes et Télécommunications (juillet 1972-mars 1973), *idem* à partir d'avril 1973 à février 1974), **chef de cabinet Boulin, ministre délégué auprès du Premier ministre chargé des Relations avec le Parlement (Barre I, août 1976-mars 1977) avec le rang de ministre**.

35. **Jean GONOT** (*Who's Who, 1989-1990*) : inspecteur des Finances en retraite, né le 27 octobre 1926 à Brest. Licence de droit et de lettres à Paris. Diplôme d'études supérieures d'économie politique et de sciences politiques, diplômé de l'IEP de Paris. ENA (1950-1953), inspecteur adjoint (1953) puis inspecteur des Finances (1954-1973), conseiller technique au cabinet de Jean Masson, secrétaire d'État aux Affaires économiques (1956-1957), conseiller technique au cabinet d'Emile Hughes (secrétaire d'État aux Affaires économiques 1957-1958), conseiller technique au cabinet d'Antoine Pinay (ministre des Finances, 1958), chef de service des enquêtes économiques à la direction générale des prix et des enquêtes économiques (1958), directeur du cabinet de F. Missoffe, secrétaire d'État au Commerce extérieur (1961-1962), chef adjoint (1959) puis Chef (1961) de la section économique de l'Institut des hautes études de la défense nationale, adjoint au directeur général des prix et des enquêtes économiques (1962), membre de la commission des marchés des chemins de fer (1963-1970), administrateur de l'Office national industriel de l'azote (1964-1967) et de la caisse nationale des marchés de l'État

(1964-1968), **directeur du cabinet Boulin (secrétaire d'État au Budget 1965-1968)**, chargé de mission par le ministère de l'Économie et des Finances pour la rationalisation des choix budgétaires (1968-1970), mis en disponibilité (1970), directeur général du groupe Albert Rolland SA (1972-1975), directeur administratif et financier de la Cofras (1976-1980), directeur général adjoint (1980-1982), directeur général (1982) de la Compagnie générale de participation et d'assistance, administrateur de la Cofras, de Navfco (depuis 1980), de Cofipac (depuis 1983) d'Airco (depuis 1984), président de la Sicav Cérès (depuis 1984), et de Sicav Orient gestion depuis 1986.

36. **Marie-Thérèse GUINIER** (*JORF*) : docteur en droit, chargée de mission au cabinet de Pierre Dumas, secrétaire d'État auprès du Premier ministre, chargé des Relations avec le Parlement (janvier 1966-mai 1968), **chargée de mission au cabinet Boulin, ministre de la Fonction publique (gouvernement Pompidou IV, 31 mai-10 juillet 1968)**.

37. **Jean-Yves HABERER** (*Who's Who*, 2006) : **directeur de cabinet Boulin ministre délégué à l'Économie et des Finances auprès du Premier ministre, gouvernement Barre II, mars 1977-mars 1978)**. Inspecteur des Finances, chef de service à l'administration centrale du ministère de l'Économie et des Finances. Né en 1932. Questionnaire R. Rémond (N° 90). Entre dans un cabinet à 33 ans sur proposition de son directeur à l'arrivée d'un nouveau ministre. Connaissait le directeur de cabinet et des membres du cabinet. Fait ce choix pour « sortir de la grisaille quotidienne ». Participe aux cabinets Debré (ministre des Finances, 1968-1969, puis ministre de la Défense en 1969), au cabinet Durafour (ministre des Finances en 1976). Choix des collaborateurs qui se fait en fonction des études communes et de l'appartenance à un même corps. Intérêt égal pour la personnalité et le ministère. Dans les cabinets, sont « politiques » le directeur, le chef de cabinet et l'attaché parlementaire. Les autres sont « techniciens ». Retour à l'administration après son passage dans les cabinets. Politiquement, se définit comme éclectique. Favorable à un entretien complémentaire. Autres sources : est imposé à R. Boulin par Raymond Barre et Valéry Giscard d'Estaing. Proche de Michel Debré, collaborateur de VGE en 1973 et protégé de Raymond Barre. En 1978, devient directeur du Trésor, puis en 1988 PDG du Crédit Lyonnais jusqu'en 1993.

38. **Gérard JACQUIN DE MARGERIE** (*Who's Who*, 1979-1980) : Administrateur civil né le 10 septembre 1940 à Paris. IEP Paris, ENA (1965-1967), administrateur civil à la direction du Trésor au ministère des Finances (1967), rapporteur adjoint du Comité de financement du VIe Plan (1970), attaché financier près l'ambassade de

France à Washington (1972), administrateur suppléant pour la France du Fonds monétaire international (1974-1975), en poste à la direction du Trésor au ministère de l'Économie et des Finances, **conseiller technique au cabinet Boulin, ministre du Budget (1977-1978)**, sous-directeur à la direction du Trésor (1978).

39. Luc LA FAY (*JORF*) : **attaché de presse au cabinet Boulin, ministre délégué auprès du Premier ministre, chargé des Relations avec le Parlement (juillet 1972-mars 1973)**, relations avec la presse au cabinet Boulin, **ministre du Travail et de la Participation (gouvernement Barre III, avril 1978-29 octobre 1979)**.

40. Pierre LADURÉ (*Who's Who*, 1985-1986) : trésorier-payeur général, né le 13 février 1921 à Pierre-Buffière (Haute-Vienne). Licence de droit à la faculté de Poitiers. Contrôleur puis inspecteur des Contributions indirectes (1941-1950), ENA (1951-1953), administrateur civil à la direction de la comptabilité publique au ministère des Finances (1953), chargé de travaux pratiques à la Faculté de droit de Paris (1956-1960), Professeur de législation financière à l'École nationale des services du Trésor (1958-1964), chef de bureau à la direction de Comptabilité publique (1962), **chargé de mission puis conseiller technique (1962-1966) au cabinet Boulin, secrétaire d'État au Budget**, sous-directeur à la direction de Comptabilité publique (1965), chef de service à l'administration centrale des Finances, adjoint au directeur de la Comptabilité publique (1968-1973), divers postes de trésorier général payeur (1974-1977), membre des conseils d'administration du Port autonome du Havre et du port de Rouen (1974) et du port autonome de Marseille (1978), chargé de mission auprès du secrétaire d'État auprès du ministre de la Santé et de la Sécurité sociale (1979-1981).

41. Michel LAGRAVE (*Who's Who*, 1989-1980) : conseiller référendaire à la Cour des comptes, né le 19 juin 1934 à Agen. Faculté de droit de Toulouse, diplôme d'études supérieures de droit public, diplôme de l'IEP de Toulouse. Inspecteur-élève des Impôts (1955-1957), attaché de préfecture (1957-1961), directeur d'hôpital (1961-1964), ENA (1964-1966), inspecteur adjoint à l'inspection générale de la Sécurité sociale (1966), **conseiller technique du cabinet Boulin, ministre de la Santé publique et de la Sécurité sociale (1969-1970)**, inspecteur à l'Inspection générale de la Sécurité sociale (1970), attaché social puis conseiller social à la représentation permanente de la France auprès des Communautés européennes (1970-1974), conseiller technique au cabinet du ministre du Travail de l'Emploi et de la Population (1974), chargé de mission auprès du Premier ministre (1974), inspecteur hors-classe à l'Inspection générale de la Sécurité sociale (1976), conseiller référendaire à la Cour des comptes (1977), délégué

dans les fonctions d'avocat général près la Cour des comptes (1985-1987), directeur de la Sécurité sociale (depuis 1987), conseiller maître à la Cour des comptes (1989), rapporteur de la Commission de la protection sociale et de la famille au VIIIe Plan, vice-président de l'Union nationale des associations familiales depuis 1982, professeur associé de droit public à l'Université de Paris-X depuis 1983.

42. **Jaqueline** LAURY *(JORF)* : **chef adjointe du cabinet Boulin, ministre délégué auprès du Premier ministre chargé des Relations avec le Parlement (Barre I, août 1976-mars 1977).**

43. **Philippe** LE MÉNESTREL *(Who's Who*, 1979-1980) : maître des requêtes au Conseil d'État. Né en 1937. Licence de droit, diplôme d'études supérieures en droit public, diplôme de l'IEP de Paris. ENA (1960-1962). Auditeur au Conseil d'État (1962), conseiller technique à la délégation générale à la promotion sociale (1962-1965), chargé de mission auprès du directeur de la coopération culturelle et technique (secrétaire d'État aux Affaires étrangères, chargé de la coopération) 1966-1968. Maître des requêtes au Conseil d'État (1968), **Conseiller technique au cabinet Boulin (ministre de l'Agriculture septembre 1968-juin 1969)** puis au cabinet de J. Bailly, secrétaire d'État au Commerce (juin 1969-juin 1970), chargé de mission au secrétariat général du gouvernement (1973-1978). Président directeur général de la Régie française de publicité (1978).

Questionnaire R. Rémond (N° 130) : entre dans un cabinet à 31 ans. « J'étais disponible et le ministre cherchait quelqu'un ». Déclare ne connaître personne au cabinet, mais que les études communes et les relations professionnelles ont joué. À la question de la préférence pour le ministre ou le ministère : répond : « cela dépend ». Le départ provient le plus souvent du changement de portefeuille du ministre. ENA, auditeur au conseil d'État. Carrière ensuite dans un cabinet de la Région parisienne, puis Secrétaire général du gouvernement. Se déclare de centre gauche.

44. **Jacques** LECLERCQ : *(Who's Who*, 2000-2001) : ingénieur en chef des ponts et chaussées et directeur de sociétés, né le 7 septembre 1942 à Ligny-en-Barrois (Meuse). Ancien élève de l'École polytechnique, diplômé de l'Institut de langues orientales vivantes (russe), licencié ès sciences économiques. Chargé de mission auprès du directeur de l'équipement sanitaire et social du ministère de la Santé publique (1968-1969), **conseiller technique au cabinet Boulin, ministre de la Santé publique et de la Sécurité sociale (avril-juillet 1972)**, conseiller technique au cabinet d'Edgar Faure (ministre d'État chargé des Affaires sociales, 1972-1973), conseiller technique au cabinet d'Yves Guéna (ministre des Transports 1973-

1974), conseiller technique du ministre de l'Industrie, de la Recherche, du Commerce et de l'Artisanat (1974), chef d'aménagement de la centrale du Blayais (1974-1977), de Gravelines (1977-1979), directeur de la région d'équipement Alpes-Lyon (1979-1983), chef du service de la production thermique (1984-1987), directeur délégué de la production et du transport (1987) à EDF, directeur général Energie et activités nouvelles du groupe Bouygues (depuis 1988), président-directeur général de Smac Acieroid et de ETDE (Entreprises de transport et de distribution d'énergies) en 1988, président directeur général de la Compagnie européenne d'accumulateurs (CEAC) depuis 1989. membre du comité exécutif d'Ucla, président du groupement Fiat dans le domaine des accumulateurs (1991), président directeur général d'Alcatel Submarine Networks (1995-1996), président directeur général de Saft (1997), consultant international (2000).

45. Jean-Luc LEPINE (*Who's Who*, 2000-2001) : inspecteur des Finances né le 7 novembre 1943 à Paris. Élève de l'École polytechnique, ENA (1966-1968), inspecteur adjoint des Finances (1968), au service de l'Inspection générale des Finances (1968-1972), mission auprès du conseiller financier à l'ambassade de France à Washington (1972), chargé de mission à la direction générale du Crédit national (1972-1973), conseiller technique au cabinet Michel Jobert, ministre des Affaires étrangères (juillet 1973-mai 1974), conseiller technique au cabinet de Michel Durafour (ministre délégué auprès du Premier ministre, chargé de l'Économie et des Finances, 1976-1977), **conseiller technique auprès de Boulin, ministre délégué auprès du Premier ministre, chargé de l'Économie et des Finances (1977-1978)**, adjoint au chef de service de l'inspection générale des Finances depuis 1978-1979, Administrateur du groupe d'assurances GAN (1978-1979), secrétaire général de la commission des opérations de bourse (1979-1984), président du directoire de la société Gérance parisienne privée (groupe Worms et Cie, 1984-1986), associé-gérant de Worms et Cie Finance (depuis 1986), Gérant de Worms et Cie (depuis 1987), administrateur de Saint Louis (depuis 1987), président d'Athéna Banque (1989-1991), Gérant de la banque Demachy-Worms et Cie (1989-1993), Inspecteur général des Finances (1994).

46. Marie-Aleth MARCHAND (*JORF*) : **chef de secrétariat particulier du cabinet Boulin, secrétaire d'État aux Rapatriés (octobre 1961-mai 1962).**

47. Henri MARTINET (*Who's Who*, 1985-1986) : préfet hors-cadre, né le 24 juin 1916 à Toulouse. Licence de droit. Rédacteur au ministère de l'Intérieur (1943), chef de cabinet du préfet de la Drôme (1945), de l'Eure (1946), sous-préfet d'Ussel (1948), de Pontivy (1954), de Mascara (1958). **Chef de cabinet de Boulin, successivement secrétaire d'État aux rapatriés, juin-septembre 1962, secrétaire d'État au budget (septembre 1962-mars 1967), secrétaire d'État à l'Économie et aux Finances (avril 1967-mai 1968) puis ministre chargé de la Fonction publique (mai-juillet 1968), chargé de mission au cabinet Boulin, ministre de l'Agriculture puis ministre de la Santé publique et de la Sécurité sociale, 1968-1972), adjoint au directeur du cabinet Boulin, ministre chargé des Relations avec le Parlement (juillet 1972-mars 1973)**, préfet de la Creuse (1973-1974), préfet hors-cadre (février 1974), président du conseil d'administration du Fonds d'intervention et de régulation du marché du sucre depuis 1974, haut fonctionnaire de Défense auprès du ministre de l'Agriculture (1976-1981), en retraite (1981).

48. **André Maumy** (JORF) : docteur, **conseiller technique au cabinet Boulin, ministre de la Santé publique et de la Sécurité sociale (octobre 1970-juillet 1972).**

49. **Christian Mellac** (*Who's Who*, 1969-1970) : directeur de ministère, né le 17 juillet 1906 à Lorient. Diplômé de droit et de l'École libre de sciences politiques. Chef adjoint du cabinet du ministre des PTT, du ministre des Colonies, du ministre de l'Intérieur (1935-1940), administrateur civil du ministère des Finances, Inspecteur général du commandement en chef français en Allemagne (1946), délégué français pour l'enclave de Bonn (1949), chef du cabinet du ministre d'État, du ministre des PTT, puis du ministre des Travaux publics (1955-1958), directeur des affaires économiques et sociales au secrétariat d'État aux Rapatriés (1962), **conseiller technique du cabinet Boulin**, directeur au ministère de l'Intérieur (1964-1966), directeur adjoint à la Caisse nationale de l'Énergie (depuis 1967).

50. **Claude Mulhomme** (*JORF*) : administrateur à l'INSEE, **conseiller technique au cabinet Boulin, ministre délégué à l'Économie et des Finances auprès du Premier ministre (gouvernement Barre II, mars 1977-mars 1978).**

51. **Philippe Nivet-Doumer** (*Who's Who*, 2000-2001) : conseiller économique et social, né le 18 octobre 1933 à Paris. Licence de droit. **Attaché parlementaire au cabinet Boulin, secrétaire d'État aux Rapatriés (1961-1962), attaché au cabinet Boulin, secrétaire d'État au Budget (1962)**, chargé de mission (Relations avec le Parlement) au cabinet de Pierre Messmer, ministre des Armées (1962-1969), chef de cabinet de Robert-André Vivien, secrétaire d'État au Logement (1969), conseiller technique au cabinet de Jacques Baumel, secrétaire d'État auprès du Premier ministre (1970), conseiller technique au cabinet de Jean Taittinger, secrétaire

d'État auprès du ministre de l'Économie et des Finances, chargé du Budget (1971), conseiller technique du cabinet Pierre Messmer, ministre d'État chargé des DOM TOM (1971-1972), conseiller technique au cabinet de Pierre Messmer, Premier ministre (1972-1974). Administrateur (depuis 1973) de l'Office d'annonces (filiale d'Havas), directeur à la direction générale de la Seeri (filiale du groupe Drouot) depuis 1974, conseiller économique et social (1974-1979), chargé de mission auprès du ministre du Travail (1980-1981), administrateur de la banque Keyser-Ullmann France (1980) et de Prossel SA (depuis 1983), conseiller de Paris et délégué aux domaines de la ville de Paris (depuis 1983). Adjoint au maire de Paris (1987-1989), chargé de mission au cabinet du président de la région Ile-de-France (1995-1997).

52. **Jacques PAQUET** (*JORF*) : attaché de cabinet de Roger Frey, ministre délégué auprès du Premier ministre (octobre 1960-mai 1961), **attaché de presse du cabinet Boulin, secrétaire d'État aux Rapatriés (octobre 1961-septembre 1962), chargé des relations avec la presse au cabinet Boulin, secrétaire d'État au Budget (septembre 1962-janvier 1966), chef adjoint de cabinet (janvier 1966, dans le même cabinet jusqu'en avril 1967), chef adjoint de cabinet Boulin, secrétaire d'État à l'Économie et aux Finances (avril 1967-mai 1968), chef adjoint de cabinet Boulin, ministre de la Fonction publique (juin-juillet 1968), chef de cabinet Boulin, ministre de l'Agriculture (juillet 1968-juin 1969), chef de cabinet Boulin, ministre de la Santé publique et de la Sécurité sociale (juin 1969-juin 1972), chef de cabinet de Boulin, ministre délégué auprès du Premier ministre, chargé des Relations avec le Parlement (juillet 1972-mars 1973).**

53. **Alexandre PASQUIER** (*Who's Who*, 1969-1970) : sous-préfet né le 10 juin 1911 à Ajaccio. Officier d'infanterie (1931-1946), contrôleur adjoint des affaires indigènes (1940-1943), chef du secrétariat particulier du général Catroux, commissaire pour l'Afrique du Nord (1943), aide de camp du gouverneur général de l'Afrique du Nord puis attaché au cabinet militaire d'Y. Chataigneau (gouverneur général de l'Algérie 1945-1946), sous-préfet de Constantine (1946), de Tlemcen (1947), de Vendôme (1951), de Louhans (1954) et de Vendôme (1960), **directeur du cabinet Boulin, secrétaire d'État aux Rapatriés (septembre 1961-avril 1962), puis chargé de mission auprès du même (avril-septembre 1962)**, inspecteur général du ministère des Rapatriés (juin 1962), chargé de mission au cabinet d'Alain Peyrefitte (ministre chargé des Rapatriés, septembre-octobre 1962), conseiller technique au cabinet de F. Missoffe (ministre de la Jeunesse et des Sports 1966), administrateur civil hors-

classe (1968). Directeur des centres d'instruction de l'Institut de la protection civile.

54. **Jean-Claude PASTY** (*Who's Who*, 2006) : administrateur civil, homme politique né le 15 juin 1937 à Luçon. Études de droit, IEP Paris. ENA promotion Saint-Just (1961-1963). Administrateur civil attaché au cabinet du directeur général de la production et des marchés au ministère de l'Agriculture (1963). Chef de bureau de l'organisation économique à la Direction des industries agricole et alimentaire (1964). Adjoint au chef de la division orientation (1965-1967). Chef de la division des Études (1967), du Fonds d'orientation et de régularisation des marchés agricoles (FORMA). **Conseiller technique au cabinet Boulin (ministre de l'Agriculture 1968)**. Conseiller technique au cabinet Bernard Pons (secrétaire d'État à l'Agriculture en 1969), puis au cabinet Jacques Chirac (ministre de l'Agriculture 1972-1973). 1973 : directeur des affaires sociales au ministère de l'Agriculture. Député de la Creuse (1978-1981, RPR). Secrétaire national du RPR chargé de l'Agriculture (1984-1992). Parlementaire européen (1984-1989). Deux présidences de groupe. 1999 : membre du Conseil économique et social. Chargé de mission à l'inspection générale du ministère de l'Agriculture et de la Pêche (1999-2003).

Questionnaire R. Rémond (N° 203) : entre à 31 ans la première fois dans un cabinet sur demande du directeur de cabinet, ancien supérieur hiérarchique au FORMA (*id est* André Bord). Son cas relève plutôt de l'attachement au ministère, bien qu'il ne souhaite pas être un permanent du cabinet. Quitte Boulin à cause du départ du ministre, Bernard Pons pour convenances personnelles, et pour d'autres responsabilités après Jacques Chirac. Trouve une coloration plutôt technique du cabinet Boulin. Carrière d'administrateur civil au ministère de l'Agriculture (chef de division au FORMA). Nommé directeur des affaires sociales au ministère de l'Agriculture. Député de la Creuse en 1978. Se déclare plutôt de centre gauche.

55. **Pierre PEIGNÉ** (*Who's Who*, 2000ORMA2001) : délégué général d'organisations professionnelles, né le 4 mai 1925 à Dol-de-Bretagne (Ille-et-Vilaine). Diplôme d'études supérieures en sciences économiques et économie politique, diplômé de l'IEP de Paris. Attaché de direction dans l'industrie agro-alimentaire (1950-1955), administrateur d'une société de presse et d'édition (1956-1963), assistant (1964-1967) au Fonds d'orientation et de régulation des marchés agricoles (FORMA), **conseiller technique aux cabinets d'Edgar Faure puis de Boulin au ministère de l'Agriculture (1967-1969)**. Secrétaire général de l'Institut national des appellations d'origine (1968-1973), délégué général du commerce des

grands vins (1973) et de la Fédération nationale des exportateurs de vins et de spiritueux de France, délégué général au Comité national de liaison des comités interprofessionnels des vins et eaux de vie d'appellation d'origine.

56. **Paul QUESTIAUX** (*Who's Who*, 2000-2001) : inspecteur général des Finances, né le 11 mai 1929 à Douai. Licence de droit, diplôme d'études supérieures d'économie politique et de sciences économiques, diplômé de l'IEP Paris. ENA (1951-1953), inspecteur adjoint des Finances (1953), inspecteur des Finances (1955), secrétaire général adjoint du Comité central d'enquête sur le coût et le rendement des Services publics (1960-1967), **conseiller technique adjoint au directeur du cabinet Boulin, secrétaire d'État au Budget (septembre 1962-mai 1965)**, sous-directeur à l'administration centrale des Finances (1964-1969), secrétaire général de la Commission centrale des marchés (1964-1970), conseiller technique au cabinet de Jacques Chaban-Delmas (Premier ministre, 1969-1972) puis directeur des services financiers et juridiques (depuis 1976), directeur des services financiers à Électricité de France (1973), inspecteur général des Finances (1977), Inspecteur général à EDF (1985), Délégué aux filiales et participations (1987), président du conseil de surveillance de la Gérance générale foncière (GGF) depuis 1995.

57. **Gilbert RASTOIN** (*Who's Who*, 2000-2001) : conseiller référendaire à la Cour des comptes, né le 13 juin 1933 à Marseille. Licence de lettres et de droit, diplômé de l'IEP de Paris, diplômé d'études supérieures d'économie politique. ENA (1959-1961), auditeur puis conseiller référendaire à la Cour des comptes, **conseiller technique au cabinet Boulin, secrétaire d'État au Budget (1964-1966)**, au cabinet du ministre de l'Économie et des Finances (1966-1968), conseiller référendaire à la Cour des comptes (1967), directeur du cabinet de G. Kaspereit, secrétaire d'État à la petite et moyenne industrie et à l'artisanat (1969-1972), à l'administration centrale du ministère de l'Économie et des Finances, **directeur adjoint du cabinet Boulin, ministre délégué à l'Économie et aux Finances (1977-1978)**, contrôleur d'État (1973), chef de mission de contrôle économique et financier (1978), président fondateur de l'Ardim, chef de la section économique de l'Institut des hautes études de la défense nationale (depuis 1970). Conseiller maître à la Cour des comptes (1986), conseiller général des Bouches-du-Rhône (1986-1992), conseiller régional Provence-Alpes-Côte d'Azur (depuis 1989). Maire de Cassis (1971-1995).

58. **Roger ROCHE** (*JORF*) : chef adjoint de cabinet chargé des Relations avec le Parlement du cabinet de Pierre Dumas, secrétaire

d'État aux Travaux publics (mai 1962), chargé des Relations avec l'Assemblée nationale au cabinet de Pierre Dumas, secrétaire d'État auprès du Premier ministre, chargé des Relations avec le Parlement (mai 1962-1967), chargé des Relations avec le Parlement au cabinet de François Ortoli, ministre de l'Équipement et du Logement, (avril 1967-mai 1968), chargé de mission au cabinet de Roger Galley, ministre de l'Équipement et du Logement (juin 1968-juillet 1968), chargé des Relations avec le Parlement au cabinet d'André Malraux, ministre d'État, chargé des Affaires culturelles (juillet 1968), chargé de mission puis chef de cabinet (décembre 1969) d'Edmond Michelet, ministre d'État, chargé des Affaires culturelles (juillet 1969-juillet 1972), **conseiller technique au cabinet Boulin, ministre délégué auprès du Premier ministre, chargé des Relations avec le Parlement (juillet 1972-mars 1973)**.

59. **Jacques ROOL** (*JORF*) : inspecteur de l'économie nationale, **conseiller technique au cabinet Boulin, secrétaire d'État au Budget (février 1963-avril 1967),** *idem* **dans le cabinet Boulin, secrétaire d'État à l'Économie et aux Finances (avril 1967-mai 1968)**.

60. **Henri ROSON** (*Who's Who*, 1989-1990) : maître des requêtes au conseil d'État, né le 29 mai 1930 à Blida (Algérie). Études de droit et IEP à Paris et Alger. ENA (1956-1958), auditeur au conseil d'État (1958), maître des requêtes (1964), conseiller technique au cabinet de Louis Joxe, ministre d'État chargé de la réforme administrative 1963-1965), puis mis à la disposition du ministre des Affaires étrangères (mission en Amérique latine, 1965-1967), réintégré au Conseil d'État (1967), chef du département Amérique Latine à l'Institut international d'administration publique (1967-1970). **Chargé de mission au cabinet Boulin, ministre de la Santé publique et de la Sécurité sociale (juin 1969-novembre 1970)**, directeur général de la Sécurité sociale (1970-1974), directeur de l'Institut international d'administration publique (depuis 1974), conseiller d'État (1982).

61. **Loïc ROSSIGNOL** (*Who's Who*, 2000-2001) : sous-préfet, magistrat à la Cour des comptes, né le 31 mai 1936 à Saint-Marcel (Morbihan). Études supérieures d'économie politique, de sciences économiques et de droit public, diplômé de l'IEP de Paris. Chef de cabinets de préfets (1959-1960), commissaire de la Marine (1961-1962), chef de cabinet du préfet du Lot-et-Garonne (1963-1965), chargé de mission au secrétariat général de la défense nationale (1965-1966), chef adjoint du cabinet du ministre des Affaires sociales (1966-1968), chargé de mission au cabinet du ministre des DOM TOM (1968), chef adjoint du cabinet du ministre d'État (1968-1969), chargé de mission au cabinet du président de l'Assemblée nationale (1969-1973), conseiller technique au cabinet du ministre chargé des Relations avec le Parlement

(1973-1974), puis conseiller technique au cabinet du ministre des Affaires étrangères (1974) et à nouveau au cabinet du secrétaire d'État auprès du Premier ministre puis **au cabinet du ministre chargé des Relations avec le Parlement (1974-1977)**. Sous-directeur des affaires culturelles de la ville de Paris (1977-1978), chargé de mission auprès de J. Limouzy, secrétaire d'État chargé des Relations avec le Parlement (1978-1979). Sous-préfet hors-classe (1978), conseil référendaire à la Cour des comptes (1979). Conseiller technique au cabinet du Premier ministre (1986-1988), directeur du cabinet de Roger Romani (ministre des Relations avec le Parlement, 1995-1997).

62. **Didier** SCHULLER (*JORF*) : né le 8 juin 1947 à Paris. ENA. Attaché de cabinet, chargé des Relations avec le Parlement du cabinet Michel Cointat, ministre de l'Agriculture (janvier 1971), **chargé de mission au cabinet Boulin, ministre délégué auprès du Premier ministre, chargé des Relations avec le Parlement (juillet 1972-mars 1973)**.

63. **Guy** THUILLIER (*Who's Who*, 2006) : magistrat honoraire à la Cour des comptes et historien, né le 24 août 1932 à Vaucouleurs (Meuse). IEP de Paris et EPHE, ENA, promotion Carnot (1959-1961). 1961 : auditeur à la Cour des comptes. Conseiller référendaire en 1967 et conseiller technique au secrétariat d'État à l'Éducation nationale (Michel Habib-Deloncle). Conseiller technique au cabinet d'Edgar Faure (ministre de l'Éducation nationale 1968-1969), **puis au cabinet Boulin (ministre de la Santé publique et Sécurité sociale, 1969-1972)**. Conseiller technique au cabinet d'Edgar Faure (ministre d'État, chargé des Affaires sociales 1972-1973, puis président de l'Assemblée nationale en 1973-1978). De nouveau **conseiller technique de Boulin (ministre du Travail et de la Participation 1978-1979)**. Directeur d'études à l'EPHE (depuis 1981), IEP de Paris (1981-1997). Conseiller maître à la Cour des comptes (1986-2000).

64. **Jacques** TOUTAIN (*Who's Who*, 1979-1980) : inspecteur des Finances, né e 17 avril 1929 à Saint-Martin-du-Manoir (Seine Maritime). Études de droit à Paris. Licence de droit, diplômé de l'IEP de Paris. ENA (1953-1955), inspecteur des Finances (1955), conseiller technique au cabinet du secrétaire général de l'administration en l'Algérie (1960-1961), conseiller technique au cabinet Louis Joxe, ministre d'État chargé des Affaires algériennes (1961-1962), **puis de Boulin, secrétaire d'État aux Rapatriés (avril-novembre 1962)**. Chef du service des biens et droits des rapatriés (août-décembre 1962), conseiller technique au cabinet de F. Missoffe (ministre des Rapatriés) et simultanément chef de l'Administration générale et du budget au ministère des Rapatriés (décembre 1962-juillet 1964). Conseiller technique au cabinet André Bord (secrétaire

d'État à l'Intérieur, 1966) et à la direction générale des collectivités locales. Divers postes concernant les collectivités locales au ministère de l'Intérieur. Maire de Jouy-en-Josas (1970), conseiller général du canton de Versailles sud (depuis 1973), rapporteur général du budget des Yvelines (depuis 1976), conseiller technique au cabinet Poniatowski (ministre de la Santé publique et de la Sécurité sociale, mai-octobre 1973), auditeur à l'Institut des hautes études de défense nationale (1974-1975).

65. **Claude TRABUC** (*Who's Who*, 1989-1990) : inspecteur des Finances, né le 17 février 1931 à Casablanca. Licence de droit et diplôme de l'IEP de Paris. ENA (1958-1959). Inspecteur des Finances (1960), **Conseiller technique du cabinet Boulin, secrétaire d'État au Budget, 1966-1967**, maître de conférence à l'IEP de Paris (1966), directeur du cabinet de Jean-François Deniau, membre de la commission unique des Communautés européennes à Bruxelles (1967-1970), conseiller technique au cabinet de F.-X. Ortoli, ministre du Développement industriel et scientifique, directeur financier de la Société centrale immobilière de la caisse des dépôts, ancien auditeur de l'Institut des hautes études de défense nationale, Inspecteur général des Finances dans les cadres.

66. **Roger TRÉTARE** (*JORF*) : attaché d'administration à l'administration centrale des Finances, **chargé de mission, au cabinet Boulin, secrétaire d'État au Budget (mai 1965-mai 1968), chargé de mission au cabinet Boulin, ministre de la Fonction publique (juin-juillet 1968), chef adjoint de cabinet, chargé des Relations avec le Parlement au cabinet Boulin, ministre de l'Agriculture (juillet 1968-juin 1969)**.

67. **Daniel VOILLEREAU** (*Who's Who*, 2000-2001) : magistrat honoraire à la Cour des comptes, né le 20 avril 1932. Ancien élève de l'École polytechnique, ENA (1957-1959), auditeur (1959), conseiller référendaire (1959-1979) à la Cour des comptes, enquêteur au Comité central d'enquêtes sur le coût et le rendement des Services publics (1961), **chargé de mission au cabinet Boulin, secrétaire d'État au Budget (1962-1965)**, directeur des mines et des carburants de l'Organisme technique de mise en valeur du sous-sol saharien (1964-1966), conseiller juridique et financier du président de la République du Cameroun (1966-1970), rapporteur de la Commission de vérification des comptes des entreprises publiques (1971), directeur à la direction générale du groupe Thomson (1974-1981), président directeur général de la Cilomi (1974-1983), vice-président directeur général de la société financière électrique de banque (1982-1983), président directeur général du Crédit électrique et gazier (Creg-groupe Société générale, 1982-1984), directeur général

de Bail Équipement (groupe CIC 1985-1989), président directeur général de Lionbail (groupe du Crédit Lyonnais, 1990-1996), Trésorier du conseil national des ingénieurs et scientifiques de France (1993-2000), administrateur, puis président (1998) de l'Association française des trésoriers et responsables d'associations (Afta). Questionnaire R. Rémond (N° 191). À la formation du cabinet Pompidou en 1962, Antoine Dupont-Fauville devient directeur du cabinet, et R. Boulin secrétaire d'État auprès de VGE. Il forme son cabinet et demande à Jérôme Monod de lui indiquer quelqu'un de la Cour des comptes. Entrée à l'âge de 30 ans. Ne connaissait personne, ni Monod personnellement. Importance de l'appartenance au même corps. Volonté d'accéder à d'autres responsabilités, et marchepied pour hautes fonctions administratives ou para-administratives. Cabinet à tendance technique, pas d'entourage politique du ministre. Parcours antérieur : ENA, Cour des comptes. Se déclare de centre gauche.

68. **Jean WARNIER DE WAILLY** (*JORF*) : inspecteur général des Finances, **chargé de mission au cabinet Boulin, secrétaire d'État aux Rapatriés (octobre 1961-mars 1962)**.

Notices biographiques

AUDIGIER François est maître de conférences en histoire contemporaine à l'Université de Nancy 2 depuis 2003. Membre du CRULH Nancy, il participe aussi à l'ANR GAULHORE (*Gaullistes, hommes et réseaux, 1958-1976*). C'est un spécialiste d'histoire politique française contemporaine et plus spécialement du gaullisme de la IVe et de la Ve Républiques. Après une thèse sur les jeunes gaullistes des années 1960-1970 centrée sur les problématiques des entrées en politique et de l'apprentissage militant, il s'est engagé depuis quelques années dans le cadre de son HDR sur la thématique de la violence militante et de sa gestion partidaire autour du cas gaulliste.

BLANCHETON Bertrand est professeur de sciences économiques à l'Université Montesquieu-Bordeaux IV, directeur de la Faculté d'Économie, Gestion et AES, responsable du programme de recherche Structure de marché et finance au sein de L'UMR GRETHA CNRS 5113. Ses domaines de recherche sont l'histoire économique et l'économie internationale. En 2009 il a publié : Blancheton B. et Bonin H. (dir.) *La croissance en économie ouverte (XVIIIe-XXIe siècles) : mélanges en l'honneur de Jean-Charles Asselain*, Bruxelles, PIE Peter Lang ; « French Exchange Management in the 1920's », *Financial History Review*, 16(2), p. 183-201 ; (avec Samuel Maveyraud). « Les fonds souverains : un nouveau mode de régulation du capitalisme financier ? », *Revue de la Régulation*, [www.regulation.revues.org], 5, 1er semestre (avec Yves Jégourel) ; « Les marges de manœuvre de politique budgétaire de la France pour affronter la crise financière », *Gestion & Finances publiques*, 6, juin, p. 471-474 ; *Sciences économiques*, Paris, Dunod, coll. « Maxi-Fiches » ; *La mondialisation : principe, histoire et perspective*. Alger, Pages Bleues.

BONIN Hubert a rejoint Bordeaux en été 1987, après son élection comme maître de conférences d'histoire à l'Université Michel de Montaigne-Bordeaux 3 ; depuis septembre 1995, il est Professeur d'histoire économique contemporaine à l'Institut d'études politiques de Bordeaux, où il enseigne dans divers parcours de master professionnalisants. En tant que chercheur, il est membre du GRETHA UMR CNRS 5113, Université de Bordeaux. Il est spécialiste d'histoire bancaire et financière, mais aussi de l'histoire des entreprises et des organisations tertiaires, de l'esprit d'entreprise, et du négoce et de la banque ultramarines. Il intervient en communication institutionnelle, culturelle et historique au profit de groupes transnationaux, d'associations européennes fédérant des entreprises ou de comités franco-chinois. Il organise régulièrement des colloques ou ateliers de congrès internationaux, au nom de la « performance » académique ; mais il accompagne aussi une douzaine de doctorants et co-gère la Société française d'histoire des outre-mers (SFHOM) et sa maison d'édition [www.hubertbonin.com].

CHAUME **Alain**, professeur d'histoire et membre de la société d'histoire locale, a publié une centaine d'articles sur la ville et sa région à l'époque contemporaine. Il a collaboré à plusieurs ouvrages : avec Marc Prival, *De la montagne au vignoble, les Corréziens ambassadeurs des vins de Bordeaux (1870-1995)* (Institut d'études du Massif Central, 1997), avec Hubert Bonin, *Les patrons du Second Empire : Bordeaux et la Gironde* (Picard et Cenomane, 1999), avec Christophe-Luc Robin, *Dictionnaire des rues de Libourne* (Éditions Sud-Ouest, 2004), et avec Claude Pestaña, *Libourne, entre vignobles et rivières* (Éditions Alan Sutton, 2008). Il vient de participer à un numéro spécial de la *Revue d'histoire locale* en hommage à Maurice Druon, président d'honneur de la Société historique et archéologique de Libourne. Il doit de plus publier prochainement un dictionnaire sur l'écrivain libournais Jean Freustié.

CHAUVIN **Hervé**, professeur agrégé d'histoire, doctorant rattaché au CEMMC (Centre d'étude des mondes moderne et contemporain), Université Michel-de-Montaigne-Bordeaux 3, prépare une thèse sur *L'URSS dans le débat politique et intellectuel en France de 1975 à 1991*, sous la direction du Professeur Bernard Lachaise. Thèmes de recherche : histoire politique, histoire de mentalités. En poste actuellement au collège Chantereine de Sarcelles (Val d'Oise).

DUBASQUE **François**, maître de conférences d'histoire contemporaine à l'université de Poitiers, membre du GERHICO-CERHILIM (axes « cultures politiques » et « sociétés conflictuelles »), il travaille sur l'histoire politique de la France du XXe siècle. Il a publié *Jean Hennessy (1874-1944). Argent et réseaux au service d'une nouvelle république* (PUR, 2008) et prépare la publication des actes d'un colloque intitulé *Fiefs, bastions, terres de mission et déserts électoraux de la Révolution à nos jours*.

EVENO **Patrick**, spécialiste de l'histoire des médias, est Professeur à l'université Paris I Panthéon-Sorbonne, où il dirige les masters *Histoire des médias*. Il enseigne également dans des écoles de journalisme, à l'École supérieure de journalisme (ESJ-Lille) et à l'Institut pratique de journalisme (IPJ-Paris). Dernières publications : (avec Yves Agnès, dir.), *Ils ont fait la presse, L'histoire des journaux en France en 40 portraits*, Vuibert, 2010 ; *J'accuse et autres grands articles, anthologie du journalisme français*, Le Monde-Flammarion, 2010 ; *La culture audiovisuelle en France, les années 1960-1980*, dir. Avec Denis Maréchal, L'Harmattan, 2010 ; (avec Agnès Callu et Hervé Joly, dir.), *Culture et médias sous* *l'Occupation, Des entreprises dans la France de Vichy,* Éditions du CTHS, 2009 ; *La presse quotidienne nationale, fin de partie ou renouveau ?* Vuibert, 2008 ; *Les médias sont-ils sous influence ?* Larousse, 2008 ; *Histoire du journal Le Monde 1944-2004* Albin Michel, 2004 ; *L'Argent de la presse française des années 1820 à nos jours,* Éditions du CTHS, 2003 ; (avec Jacques Marseille, dir.), *Histoire des industries culturelles en France, XIXe-XXe siècles,* ADHE, 2002.

GUILLAUME **Pierre** a été professeur d'histoire contemporaine à Sciences Po Bordeaux et à l'Université Michel-de-Montaigne-Bordeaux 3. Il a publié nombre d'ouvrages en histoire des outre-mers coloniaux, en histoire sociale et en histoire économique, et notamment un livre sur *Gaullisme et antigaullisme en Aquitaine.*

LACHAISE **Bernard** est professeur d'histoire contemporaine à l'Université Michel de Montaigne-Bordeaux 3 et directeur-adjoint du CEMMC (EA 2958). Ses recherches portent sur l'histoire politique de la France du XXe siècle et plus particulièrement sur le gaullisme. Il dirige le programme ANR GAULHORE (*Gaullistes. Hommes et réseaux*). Il a publié notamment *Du général de Gaulle à Jacques Chirac. Le gaullisme et les Français* (CRDP Aquitaine, 2006), *Chaban en politique* (en co-direction avec Gilles Le Béguec et Jean-François Sirinelli) (PUF, 2006) ainsi que *Georges Pompidou et mai 1968* (en co-direction avec S. Tricaud) (PIE Peter Lang, 2009), *Mai 1958 : le retour du général de Gaulle* (en collaboration avec J.-P. Thomas et Gilles Le Béguec) (PUR, 2010) et *Chaban et Bordeaux* (Confluences, 2010).

OMNÈS **Catherine**, spécialiste d'histoire économique et sociale du XXe siècle, est Professeure d'histoire contemporaine à l'Université de Versailles-Saint-Quentin-en-Yvelines et membre de l'IDHE, UMR 8533 au sein de laquelle elle coordonne l'axe 1 *Dynamique du travail, du salariat et de l'emploi.* Après avoir consacré sa thèse de doctorat aux marchés du travail et trajectoires professionnelles des ouvrières parisiennes, publiée aux Éditions de l'EHESS en 1997, elle a orienté ses recherches vers l'inaptitude au travail, les risques professionnels et la santé au travail. Sur ces thématiques, elle a rassemblé une équipe pluridisciplinaire qui mène depuis dix ans un travail collectif dans le cadre de trois contrats de recherche successifs. En sont issus trois ouvrages collectifs : *Les mains inutiles. Inaptitude au travail et Marchés du travail* (dirigé avec Anne-Sophie Bruno) (Belin, 2004) ; *Cultures du risque au travail et pratiques de prévention au XXe siècle* (édité avec Laure Pitti) (PUR, 2009) ; le dernier ouvrage à paraître à l'automne 2010 propose une synthèse sur l'histoire de la santé au travail. C'est à l'occasion de ces travaux, qui abordent bien sûr le thème de la vieillesse et de la retraite, qu'elle a croisé la loi Boulin.

PERVILLÉ Guy est rofesseur d'histoire contemporaine à l'Université de Toulouse 2-Le Mirail depuis 1999. Il est spécialisé dans l'histoire de la colonisation et de la décolonisation, et tout particulièrement dans le cas algérien. Il a publié depuis 2002 quatre ouvrages : *Pour une histoire de la guerre d'Algérie*, Picard, 2002, *Atlas de la guerre d'Algérie*, coll. « Autrement », 2003, *La guerre d'Algérie*, PUF, coll. « Que sais-je ? », 2007, *La guerre d'Algérie, histoire et mémoire*, Bordeaux, CRDP d'Aquitaine, 2008. Ses articles et communications sont directement disponibles sur son site [http://guy.perville.free.fr].

PETAUX Jean, responsable de la communication et des relations extérieures et institutionnelles de Sciences Po Bordeaux, est docteur habilité à diriger des recherches en science politique. Il enseigne la culture générale et la science politique. Spécialisé dans l'analyse localisée de la politique, il s'est beaucoup intéressé aux trajectoires et à l'évolution des mentalités ainsi qu'au parachutage. Il vient de coordonner la publication des *Figures et institutions de la vie politique française* (Éditions Biotop, 2010), contenant 22 mini-biographies d'acteurs politiques français en activité. Depuis 2002, il coproduit sur *TV7 Bordeaux* une émission mensuelle et intervient régulièrement dans de nombreux médias en qualité de politologue.

POZZI Jérôme, professeur agrégé, docteur en histoire contemporaine et chargé de cours à l'Université Nancy 2, est membre du CRULH Nancy et de l'ANR GAULHORE (*Gaullistes, hommes et réseaux, 1958-1976*). Il a soutenu une thèse en 2008 (à paraître aux PUR en 2011) intitulée : « Les mouvements gaullistes de 1958 à 1976 : la diversité d'une famille politique, réseaux, cultures et conflits ». Parmi ses dernières publications : « Georges Pompidou et les mouvements gaullistes en mai 1968 », Bernard Lachaise et Sabrina Tricaud (dir.), *Georges Pompidou et Mai 1968*, Bruxelles, PIE Peter Lang, 2009, p. 61-73 ; « La famille gaulliste et les élections européennes de juin 1979 », Jean-Michel Guieu et Christophe Le Dréau (dir.), *Les Cahiers IRICE*, 4, 2009, p. 101-112, actes du colloque *Anti-européens, eurosceptiques et souverainistes : une histoire des résistances à l'Europe (1919-1992)* ; « Les entourages et les initiatives gaullistes au début de 1958 », Jean-Paul Thomas, Gilles Le Béguec et Bernard Lachaise (dir.), *Mai 1958 : le retour du général de Gaulle*, Rennes, PUR, 2010, p. 101-112.

ROBIN Christophe-Luc, docteur en histoire, diplômé de l'Institut d'études politiques de Bordeaux, est président de la Société historique et archéologique de Libourne depuis 2009. Auteur d'un *Dictionnaire des rues de Libourne* (2004) écrit en collaboration avec Alain Chaume, sa thèse a été publiée en 2007 sous le titre : *Les hommes politiques du Libournais, de Decazes à Luquot*. Co-auteur de *Députés et sénateurs de l'Aquitaine sous la IIIᵉ République (1870-1940), portrait de groupe* (1995), de

Bordeaux et la Gironde pendant la Reconstruction, 1945-1954 (1997), du *Dictionnaire des parlementaires de l'Aquitaine sous la IIIᵉ République* (1998), co-organisateur (1998) du colloque sur Jules Steeg, il a écrit des articles sur l'histoire politique, l'affaire Dreyfus, l'architecture funéraire, le syndicalisme agricole, etc.

TALIANO-DES GARETS Françoise est professeure d'histoire contemporaine à l'Institut d'études politiques de Bordeaux où elle coordonne une formation aux métiers de la culture. Spécialisée en histoire politique et culturelle, elle est l'auteure de nombreux articles et contributions sur l'histoire des politiques culturelles et des acteurs culturels. Elle a collaboré aux travaux du Comité d'histoire du ministère de la Culture. Dernières publications : *Les métropoles régionales et la culture 1945-2000*, Comité d'histoire du ministère de la culture/la Documentation française, 2007 ; (avec Hubert Bonin et Bernard Lachaise), *Adrien Marquet, les dérives d'une ambition. Bordeaux, Paris, Vichy (1924-1955)*, Bordeaux, Confluences, 2007.

TORRES Félix, historien et auteur d'une histoire du ministère du Travail. Ancien élève de l'École normale supérieure de Saint-Cloud, agrégé d'histoire, docteur de l'École des hautes études en sciences sociales, est directeur depuis 1983 du cabinet d'histoire appliquée Public Histoire et éditeur. En matière d'histoire d'institutions, il a notamment dirigé *Former pour l'emploi. L'AFPA, 50 ans de formation professionnelle des adultes*, Paris, Imprimerie nationale, 1999 ; et écrit avec Boris Dänzer-Kantof, Véronique Lefebvre et Michel Lucas, *Un siècle de réformes sociales. Une histoire du ministère du Travail, 1906-2006*, Paris, la Documentation française, Paris, 2006. Il achève actuellement une histoire de l'Office français de l'immigration et de l'intégration (OFII).

TRISTRAM Frédéric est maître de conférences à l'Université de Paris 1-Panthéon-Sorbonne. C'est un spécialiste d'histoire financière et administrative et de l'appareil économique d'État. Il a notamment publié *Une fiscalité pour la croissance : la direction générale des Impôts et la politique fiscale en France de 1948 à la fin des années 1960*, Paris, Comité pour l'histoire économique et financière de la France, coll. « Histoire économique et financière de la France, Études générales », 2005.

Index des noms cités

France contemporaine

La collection *France contemporaine* publie des travaux portant sur l'histoire de la France du XIXe au XXIe siècle fondés, en tout ou en partie, sur des sources de première main. Elle se propose d'illustrer la fécondité des approches historiques les plus récentes à la croisée de l'histoire politique et de l'histoire économique.

Elle se veut une contribution à une meilleure intelligence des mutations que connaît la société française contemporaine dans un monde en rapide évolution.

Collection dirigée par
Mathias Bernard et Olivier Feiertag